3

비트겐슈타인 선집

청색 책·갈색 책

비트겐슈타인 선집 **3**

청색 책 • 갈색 책

The Blue and Brown Books

루트비히 비트겐슈타인 이영철 옮김

책세상

일러두기

1. 이 책은 루트비히 비트겐슈타인(Ludwig Wittgenstein)의 *The Blue and Brown Books*(Oxford : Blackwell, 1958; 재판 1969)를 번역한 것이다.

2. 주는 모두 각주로 처리했으며, 옮긴이주는 (옮긴이주), 저자주는 (저자주)로 표시했다.

3. 원서에서 강조된 것은 고딕체로 표시했다.

4. 맞춤법과 외래어 표기는 1989년 3월 1일부터 시행된 〈한글 맞춤법 규정〉과 《문교부 편수자료》, 《표준국어대사전》(국립국어연구원, 1999)에 따랐다.

차례 | 청색 책 · 갈색 책

*옮긴이의 말

《청색 책》은 비트겐슈타인이 케임브리지 대학 1933~34 학년도의 한 강의에서 학생들에게 나누어 주기 위해 구술한 강의록이다. 비트겐슈타인의 강의는 보통 비형식적인 방식으로 이루어졌다. 그의 강의 방식은 미리 준비한 강의안에 따라 진행되는 보통의 방식이 아니라, 아무런 강의 노트 없이, 그가 미리 사색했거나 사색하고 있는 문제들을 소수의 학생들과 더불어 자유롭게 다시 생각하고 토론하는 그런 식이었다. 그러므로 그의 강의는 언제나 새롭고 강한 집중력을 요구하는 것이었다. 그는 강의 도중에 자신의 생각을 쥐어짜 내려고 때때로 깊은 침묵 속에서 몸부림치곤 했다. 그러나 이 해의 강의는, 비트겐슈타인에게는 실망스럽게도, 수강하는 학생이 '무려' 30~40명이나 되었다. 이 상황에서는 그가 해오던 스타일의 강의는 불가능하였다. 그러므로 그는 강의 대용으로, 자신의 생각을 소수의 학생들에게 구술하고 기록하게 한 후 그것을 복제하여 나머지 수강생들에게 나누어 주는 방식을 채택하였다. 이것은, 그에 의하면, 학생들이 '비록 그들의 머릿속에는 아니라도 손에는 무엇인가를 가지고 집에 갈 수 있게' 하기 위함이었다. 그렇게 하여 유포된 사본들은 제목이 없었는데, 당시 우연히 청색으로 제본된 겉표지의 색깔에 따라 '청색 책'으로 불리게 되었다. 만일 비트겐슈타인 자신이 제목을 붙였다면 분명 다른 이름—아마도 '철학적 고찰' 같은—을 붙였을 것이다.

《청색 책》이 구술되던 시기는 비트겐슈타인의 《철학적 문법》의 모태가 된 이른바 《큰 타자원고》의 내용이 대부분 작성된 후 수정되던 시기에 해당한다. (《큰 타자원고》는 1930년 7월에서 1932년 7월 사이에 대부분 작성된 내용들을 1933년 여름부터 아마도 1934년까지 타자본으로 만들면서 동시에 일부 수정한 방대한 분량의 원고이다. 비트겐슈타인 사후, 이 원고의 수정된 부분과 수정되지 않은 일부로부터 《철학적 문법》이 편집되어 출판되었다. 또 최근에는 《큰 타자원고》도 원래 그대로 출판되었다.) 그래서 《청색 책》과 《철학적 문법》(I부) 사이에는 내용적으로 많은 유사성이 존재한다. 그러나 《청색 책》은 학생들을 위해 구술한 것이니만큼, 비트겐슈타인의 전형적인 글쓰기에 아직 익숙하지 않은 독자들이 좀 더 쉽게 접근할 수 있는 스타일로 되어 있다고 할 수 있다. 그러므로 이 책은 후기 비트겐슈타인의 사상에 대한 하나의 입문서로 읽힐 수 있을 것이다. 실제로, 비트겐슈타인의 후기 주저와 유고들이 출판되기 전까지, 《청색 책》은 《갈색 책》과 더불어 한동안 그의 후기 사상에 대한 사실상 유일한 통로였다.

《청색 책》은 많은 점에서 《철학적 탐구》로 대표되는 비트겐슈타인 후기 사상의 초기 원형으로 간주될 수 있다. 이 책은 '낱말의 의미란 무엇인가?'라는 철학적 물음을 '어떤 한 낱말을 설명한다는 것은 어떤 것인가?'라는 물음을 통해 접근하는 것으로 시작한다. 이 책에 의하면, 그렇게 함으로써 우리는 '의미'라는 낱말이 명사이기 때문에 의미를 어떤 사물 또는 대상으로 간주하려는 유혹에서 벗어나 문제를 현실로 가져올 수 있다. 그리고 이러한 시각에서 보면, 기호에 그 생명인 '의미'를 주는 것은 어떤 대상이나 심상, 또는 어떤 심리적 과정으로 이해된 '이해함'이나 '뜻함'과 같은 것이 아니라, 기호의 사용이다. 또한 철학적 문제는 우리의 언어를 신비화시키는 사용으로 야기되기 때문에, 철학적 곤경에서 벗어나려면, 우리는 실제의 언어 사용에 주목해야 하고, 철학적 탐구는 결국 문법적 탐구가 되어야 한다. 이런 맥락에서 이 책은, 탐구를 효과적으로 수행하기 위해, 언어놀이의 개념을 도입한다. 언어놀이 개념의 도입은 언어의 원초적 형태들 또는 원초적 언어들에서의 다양한 행동들과 반응들을 보게 만들기 위한 것인데, 여기에 비트겐슈타인 후기 사상의 특징적인 많은 점들이 연계되어 있다. 즉 언어 학습과 훈련에 관계된 문제들에 대한 주목, 일반성 또는 본질 추구의 경향에 대한 비판과 가족 유사성 개념의 도입, 규칙 따르기의 문제나 기준의 문제와 같은 새로운 주제들에 대한 논의 등등이 그것이다. 또 이러한 고찰들과 더불어, '이해', '사유' 등과 같은 개념들과 연관된 문제들도 새롭게, 탈—형이상학적인 방식으로 고찰되며, 이것들은 특히 유아주의에 대한 근본적인 비판으로 이어진다.

《갈색 책》도《청색 책》과 마찬가지로 비트겐슈타인이 강의 대신에 학생들에게 구술한 것이다. (그 책의 이름 또한《청색 책》과 마찬가지로 제본된 겉표지의 색깔에서 연유한다.) 1934~35학년도에 그는 한 강좌만을 담당했는데, 강의를 하는 대신 그는 두 명의 친한 학생에게 자신의 생각을 구술하였다. 그러나《청색 책》이 비트겐슈타인이 학생들을 위해 자신의 생각을 보통의 강의처럼 설명조로 풀어 구술한 것이었다면, 《갈색 책》은 그가 자신의 연구를 그 나름의 스타일로 정리한 것이다. 그가 그것을 그대로 출판하려고 생각했을 리는 없지만, 그래도 그가 그것을 하나의 작품을 위한 초안으로 간주했을 수는 있다. 왜냐하면 어쨌든 그는 《갈색 책》이 작성된 후 그것을 독일어 판으로 개작하는 일에 착수했기 때문이다. 그러나 그의 다른 많은 시도와 마찬가지로, 비트겐슈타인은 그 결과에 만족하지 못했고, 결국 중도에 포기하고 만다. 《갈색 책》의 독일어 판—이것은 원래 그의 원고 MS 115(II)에서 "철학적 탐구. 개작의 시도"라고 이름 붙여졌으나, 그의 사후에 《철학적 고찰》(Eine Philosophische Betrachtung)로 출판되었다—은 《갈색 책》의 II부 12절까지를 개작하고 있는데, 여기서 비트겐슈타인은 "[처음]부터 지금까지의 이 전(全) '개작의 시도'는 아무 가치도 없다"라고 쓰고 중단하고 말았다. 이것이 1936년 8월의 일이었다. 그러나 두어 달 뒤 그는 '새로운 개작'에 착수하여 지금의 《철학적 탐구》 대략 188절까지에 해당하는 부분을 집필하였다.

그러므로 비록 비트겐슈타인이 《갈색 책》을 개작하다가 중도에 그만두었으나, 이 책—그리고 그것의 독일어 개작—은 《철학적 탐구》로 가는 과정에서 중요한 위치를 차지하고 있다. 《청색 책》이 비록 내용에 있어서 《철학적 탐구》의 초기 원형을 보여준다고 할 수 있지만, 《갈색 책》에서 비로소 내용뿐 아니라 스타일에 있어서도 《탐구》에 가까운 모습이 나타난다. 《갈색 책》은 《탐구》와 마찬가지로 아우구스티누스식 언어관의 단순성에 대한 비판적 언급으로 시작한다. 이어서 언어놀이의 개념이 제시되고, 단순한 언어놀이들로부터 보다 복잡한 언어놀이들(또는 그 변형들)이 도입된다. 그 도입 순서는 《탐구》의 배열과 대체로 유사하다. 각각의 언어놀이는 아무 설명 없이 도입되기도 하지만 '주의' 또는 '단평(들)'을 동반하기도 한다. 이를 통해 비트겐슈타인은 기본적으로, 구체적인 언어 사용의 문제에 주목하는 것이 철학에서 결정적이라는 것과 아울러 언어 사용의 문제가 구체적으로 어떻게 고찰되어야 하는지를 보이고 있다. 대체적으로 말해서, 이 책의 I부는 고찰의 원리적이고 방법적인 면에 해당하고, II부는 그것의 적용에 해당한다고 할 수 있다. 독일어 개작은 비트겐슈타인이 I, II부를 나누지 않고 자연스럽게 통합하려고 했음을 보여주는데, 이는 (그 노력이 미완으로 남겨진 것까지)《탐구》의 경우와 같다.

이런 점에서《갈색 책》은 '《철학적 탐구》를 위한 예비적 연구'라고 할 수 있다. 그러나 이것은 비트겐슈타인이《탐구》를 완성해 가는 과정을 염두에 두었을 때의 이야기이지,《갈색 책》이《탐구》보다 쉽다거나 해서 하는 이야기는—적어도 독자의 입장에서는—결코 아니다.《갈색 책》이 그 독일어 개작에 대해 비트겐슈타인이 신경질적으로 썼던 것처럼 '아무 가치도 없다'고는 결코 할 수 없지만, 그 책은 분명히 어떤 결함을 가지고 있다고 할 수 있다. 많은 곳에서 단순히 언어놀이들이 나열된다거나, 이런저런 '상상을 해 보라'는 식의 연습이 그 취지가 분명히 밝혀지지 않은 채 제시된다. 그리하여 이 책은 '지루하고 인위적'이라는 인상과 함께 '교과서적'이라는 느낌을 불러일으킬 수 있다. 필경 이것이 비트겐슈타인이《갈색 책》의 단순한 개작을 포기했던 이유일 것이다.

오늘날,《갈색 책》은 일반 독자들에게《탐구》를 위한 입문서로 권유될 수는 없다. 그렇다고 이 책이 특별히 비트겐슈타인 연구자들만을 위한 책이라고도 할 수 없다. 이 책에서 우리는《탐구》보다 풍부한 언어놀이들의 예와 언어놀이의 고찰을 통한 철학하기 방식의 직접적 예들을 볼 수 있다. 그리고 그 가운데에는《탐구》에서는 간단히 언급된 주제들에 대한 좀 더 자세한 고찰들(가령 I부 50~56)에서의 시간 개념에 관한 고찰)도 포함되어 있다. 아마도《탐구》를 이미 읽은 독자가《갈색 책》을 곁들여 읽는다면, 후기 비트겐슈타인의 생각들을 더 분명하고 깊이 이해하는 데 도움을 얻을 수 있을 것이다.

이 책은 영국 블랙웰 출판사에서 나온 원래의《청색 책 · 갈색 책》을 번역 텍스트로 삼았다. (이 블랙웰 판은 1960년 2쇄에서 약간 수정되었고, 1969년 재판에서는 '찾아보기'가 추가되었다.) 이미 언급했다시피《갈색 책》에 대한 비트겐슈타인의 개작은 중도에 포기되었기 때문에, 독일어 개작은 이 번역을 위해 참고하는 데 그쳤다. 지금까지《갈색 책》에 관한 논의들이 주로 블랙웰 판을 놓고 이루어져왔다는 점을 고려할 때, 이러한 처사가 온당할 것이다. 그리고 물론《청색 책》의 독일어 번역, 그리고《갈색 책》의 개작 부분 이외의 독일어 번역도 참고했는데, 이것은 비트겐슈타인의 영어 표현이 불분명할 때 도움이 되었다. 블랙웰 판에는 러시 리스의 서문이 있는데, 저작권 문제로 여기에 실을 수 없는 것을 아쉽게 생각한다.

개정판을 펴내며

이번에 꽤 많은 부분을 다듬고 고쳤다. 주로 우리말 어법과 문체 차원에서의 개선이었지만, 더 적합한 번역어나 더 명료한 문구로의 교체 등 내용상의 수정이라고 할 것도 여럿이 있다. 그리고 35쪽에서 한 문장의 번역이 빠져 있던 것도 바로잡았다. 옮긴이의 주도 몇 개 추가하였다. 앞선 번역이 그만큼 불충분했던 점에 대해서는 역자로서 부끄러울 따름이다.

청색 책

낱말의 의미란 무엇인가?

먼저, 낱말의 의미의 설명이란 무엇인가를 묻는 것으로 이 문제에 착수하자; 낱말을 설명한다는 것은 어떤 것인가?

이 물음이 우리에게 도움이 되는 방식은, "길이는 어떻게 측정되는가?"라는 물음이 "길이란 무엇인가?"라고 하는 문제를 이해하는 데 우리에게 도움이 되는 방식과 유사하다.

"길이란 무엇인가?", "의미란 무엇인가?", "1이란 수는 무엇인가?" 등의 물음들은 우리에게 정신적 경련을 일으킨다. 우리는 그것들에 대한 대답으로 우리가 어떤 것도 가리킬 수 없는데도, 어떤 것을 가리켜야 한다고 느낀다. (우리는 철학적 혼란스러움의 가장 큰 원천들 가운데 하나에 직면해 있다. 즉 명사는 그것에 대응하는 사물을 찾게 만든다.)

"의미의 설명이란 무엇인가?"를 먼저 묻는 것은 두 가지 이점을 지닌다.

어떤 뜻에서 당신은 "의미란 무엇인가?"라는 물음을 현실로 가져온다. 왜냐하면, "의미"의 의미를 이해하려면 분명 당신은 "의미의 설명"의 의미를 또한 이해해야 하기 때문이다. 거칠게 말해서: "의미의 설명이 무엇인가를 묻자, 왜냐하면 그 설명이 무엇이건 그것이 의미일 것이므로." "의미의 설명"이란 표현의 문법을 연구하는 것은 당신에게 "의미"라는 낱말의 문법에 관해 무엇인가를 가르칠 것이다. 그리고 당신이 "의미"라고 부를지도 모를 어떤 대상을 당신 주위에서 찾으려고 하는 유혹을 당신에게서 치료해 줄 것이다.

일반적으로 "한 낱말의 의미의 설명들"이라고 불리는 것은, 매우 거칠게 말해서, 언어적 정의와 지시적 정의로 구분될 수 있다. 이 구분이 어떤 뜻에서 단지 거칠고 잠정적인지는 나중에 보게 될 것이다(그리고 그것이 그러하다는 것은 중요한 점이다). 언어적 정의는 우리를 한 언어 표현으로부터 다른 언어 표현으로 인도하므로, 어떤 뜻에서 우리를 더 이상 나아가게 하지 않는다. 그렇지만 지시적 정의에서는 우리는 의미 학습을 향한 훨씬 더 진정한 걸음을 내딛는 것으로 보인다.

우리가 부딪히는 한 가지 난점은, 우리 언어 내의 많은 낱말들에 대해 지시적 정의가 있는 것으로 보이지 않는다는 것이다; 예를 들어, "하나", "수", "아니다" 등과 같은 낱말들에 대해서 말이다.

물음: 지시적 정의 자체도 이해되어야 하는가?―지시적 정의는 오해될 수 없는가?

정의가 한 낱말의 의미를 설명한다면, 당신이 그 낱말을 이전에 들어 본 적이 있어야 한다는 것은 분명히 본질적일 수 없다. 그것에 하나의 의미를 주는 것은 지시적 정의의 일이다. 그렇다면 연필 하나를 가리키면서 "이것은 토브(tove)다"라고 말함으로써 "토브"란 낱말의 의미를 설명해 보자. ("이것은 토브다" 대신 나는 여기서, "이것은 '토브'라고 불린다"라고 말할 수 있었을 것이다. 내가 이것을 지적하는 것은, 지시적 정의의 낱말들은 정의된 것에 관해 무엇인가를 서술한다고 하는 관념을 단호히 제거하기 위해서, 즉 어떤 것에 붉은색을 부여하는 문장 "이것은 붉다"와 지시적 정의 "이것은 '붉다'고 불린다" 사이의 혼동을 제거하기 위해서이다.) 이제 "이것은 토브다"라고 하는 지시적 정의는 온갖 종류의 방식으로 해석될 수 있다. 나는 잘 확립된 용법을 지닌 한국어[2] 낱말들을 사용하여 그러한 해석 몇을 제공할 것이다. 그렇다면 그 정의는 다음을 의미하는 것으로 해석될 수 있다:

"이것은 연필이다",
"이것은 둥글다",
"이것은 나무다",
"이것은 하나다",
"이것은 단단하다", 등등, 등등.

이 논증에 대해, 이 모든 해석들은 또 하나의 낱말 언어를 전제하고 있다는 반론이 제기될지도 모른다. 그리고 "해석"으로 우리가 오직 "낱말 언어로의 번역"만을 뜻한다면, 이 반론은 유의미하다.—이것을 보다 명료하게 해 줄지도 모르는 몇 가지 힌트를 주어 보겠다. 우리가 어떤 사람이 지시적 정의를 특정한 방식으로 해석했다고 말할 때 우리의 기준이 무엇인가를 자문해 보자. 내가 어떤 한국인에게 "이것은 독일인들이 'Buch'라고 부르는 것이다"라고 하는 지시적 정의를 준다고 가정해 보자. 그러면 적어도 대부분의 경우에, "책"이란 한국어 단어가 그 한국인의 마음에 떠오를 것이

---

1 (옮긴이주) '토브(tove)'는 허구적인 낱말이다.
2 (옮긴이주) 원문엔 '영어'. 이하에서, 원문을 번역한 결과가 한국어 표현들을 가리키는 것이 될 경우 같은 식으로 조정하였다.

다. 우리는 그가 "Buch"는 "책"을 의미한다고 해석했다고 말해도 될 것이다. 사정은, 예를 들어 우리가 그가 이전에 결코 본 적이 없는 사물을 가리키며 "이것은 밴조다"라고 말한다면 달라질 것이다. 그 경우 어쩌면 "기타"란 낱말이 그의 마음속에 떠오를 것이며, 어쩌면 비슷한 악기의 표상 말고는 전혀 어떤 낱말도 떠오르지 않을 것이며, 어쩌면 전혀 아무것도 떠오르지 않을 것이다. 그렇다면 내가 그에게 "이제 이것들 가운데서 밴조를 골라잡아라"라고 하는 명령을 준다고 가정하자. 그가 우리가 "밴조"라고 부르는 것을 골라잡는다면, 우리는 "그가 '밴조'라는 낱말에 올바른 해석을 제공했다"라고 말해도 될 것이다; 그가 어떤 다른 악기를 골라잡으면,—"그는 '밴조'가 '현악기'를 의미하는 것으로 해석했다".

우리는 "그가 '밴조'라는 낱말에 이러한 또는 저러한 해석을 제공했다"라고 말한다, 그리고 선택한다는 행위 이외에 해석이라는 일정한 행위를 가정하는 경향이 있다.

우리의 문제는 다음과 유사하다:

내가 어떤 사람에게 "저 초원에서 붉은 꽃 하나를 나에게 가져오라"라는 명령을 한다면, 나는 그에게 단지 하나의 낱말을 주었을 뿐이므로, 어떤 종류의 꽃을 가져와야 할지 그는 어떻게 알 수 있는가?

이제 첫 번째로 제안될지 모르는 대답은, 그가 마음속에 붉은 표상을 지니고서 붉은 꽃을 찾으러 가고, 꽃들 중 어느 것이 그 표상의 색깔을 지녔는지를 보기 위해 그 표상을 꽃들과 비교한다는 것이다. 자, 그러한 탐색 방식이 있다. 그리고 우리가 사용하는 표상이 정신적인 것이어야 한다는 것은 전혀 본질적이 아니다. 사실 그 과정은 이러할지 모른다: 나는 이름들과 채색된 네모들이 짝지어진 도표를 휴대한다. "붉은 꽃을 나에게 가져오라"라는 명령을 들을 때, 나는 내 손가락을 "붉은"이란 낱말로부터 어떤 하나의 네모로, 그 도표를 가로질러 끌어당긴다. 그리고 그 네모와 같은 색깔을 지닌 꽃을 찾으러 간다. 그러나 이것은 유일한 탐색 방식이 아니며, 통상적인 방식이 아니다. 우리는 가서, 주위를 살피고, 꽃으로 걸어가 그것을 어떤 것에도 비교하지 않고 꺾는다. 그 명령에 복종하는 과정이 이러한 종류일 수 있다고 하는 것을 보기 위해, "붉은 반점을 하나 **상상하라**"라는 명령을 숙고하라. 이 경우에 당신은, 당신이 상상하라고 명령받은 붉은 반점을 위한 본보기로 쓰일 어떤 붉은 반점을 당신이 복종하기 전에 상상했어야 한다는 생각에 빠지지 않는다.

이제 당신은 "우리가 명령에 복종하기 전에 우리는 그 낱말들을 해석하는가?" 하고 물을지 모른다. 그리고 당신은 어떤 경우에는 당신이 복종하기 전에 해석이라고 일컬어질 수 있을 어떤 것을 한다는 것을 발견할 것이며, 어떤 경우에는 발견하지 못할 것이다.

언어의 작동과 밀접히 결합된 **어떤** 일정한 정신적 과정들, 즉 그것을 통해서만 언어가 기능할 수 있는 과정들이 있는 것처럼 보인다. 나는 이해함과 뜻함의 과정들을 의미하고 있다. 우리 언어의 기호들은 이들 정신적 과정 없이는 죽어 있는 것처럼 보인다. 그리고 기호들의 유일한 기능은 그러한 과정을 유발하는 것인 것처럼, 그리고 이것들이 우리가 실제로 관심을 가져야 할 것들인 것처럼 보일지 모른다. 그리하여, 한 이름과 그 이름이 붙여진 사물 사이의 관계가 무엇인가라는 질문을 받으면, 당신은 그 관계가 심리학적인 것이라고 대답하는 경향이 있을 것이며, 아마도 이렇게 말할 때 당신은 특히 연상 기제(聯想機制)를 생각한다.—우리는 언어의 작용이 두 부분으로, 즉 기호들을 취급함이라는 비유기적 부분과 이 기호들을 이해함, 의미함, 생각함이라고 부를 수 있는 유기적 부분으로 이루어져 있다고 생각하기 쉽다. 이 후자의 활동들은 마음이라고 하는 기묘한 종류의 매체 속에서 일어나는 것으로 보인다; 그리고 마음의 기제, 그 본성을 우리가 아직 다 이해하지 못한다고 보이는 이 기제는 어떤 물질적 기제도 일으킬 수 없는 효과들을 일으킬 수 있다. 가령, 예를 들어, 하나의 사고(그것은 그러한 정신적 과정인데)는 실재와 일치하거나 불일치할 수 있다; 나는 여기 있지 않은 사람을 생각할 수 있다; 비록 그가 수천 마일이나 떨어져 있거나 죽어 있더라도, 나는 그를 상상할 수 있고, 그에 관해 내가 하는 말 속에서 '그를 의미'할 수 있다. "결코 일어나지 않을 것을 내가 소망할 수 있다면, 소망함이라는 기제는 얼마나 기묘한 기제인가" 하고 우리들은 말할지 모른다.

사유 과정의 불가사의한 모습을 적어도 부분적으로 피하는 한 가지 방식이 존재하는데, 그것은 이들 과정에서 상상력의 활동 하나하나를 실제 대상들을 바라보는 행위들로 대체하는 것이다. 가령 내가 "붉은"이란 낱말을 이해하면서 들을 때, 적어도 어떤 경우에는 붉은 표상이 내 마음의 눈앞에 있어야 하는 것이 본질적이라고 보일지 모른다. 그러나 내가 붉은 반점을 상상함을 붉은 종이 쪼가리를 보는 것으로 대신해서는 왜 안 되는가? 시각 표상은 단지 더 생생한 것일 것이다. 한 장의 종이 위에 색깔들의 이름들과 색칠해진 반점들이 짝져 있는데, 그 종이를 어떤 사람이 늘 자기 주머니에 지니고 다닌다고 상상하라. 당신은 말할지도 모른다, 그러한 견본들의 표를 지니고 돌아다니는 것은 귀찮은 일일 것이며, 우리가 늘 사용하는 것은 그런 표가 아니라 연상 기제라고 말이다. 그러나 이것은 무관하다; 그리고 많은 경우에 그것은 심지어 참도 아니다. 예를 들어, 만일 당신이 "감청색"이라고 불리는 특정한 색조의 청색을 칠하라고 명령받았다면, 당신은 "감청색"이란 낱말로부터 당신의 사본으로 쓰일 한 색깔 견본으로 당신을 인도할 표를 사용해야 할지 모른다.

우리의 목적을 위해 우리는 상상하기의 모든 과정을 어떤 한 대상을 바라보기라는 과정으로나 그림 그리기로, 소묘하기나 본뜨기로 완전히 잘 대체할 수 있을 것이다. 그리고 혼잣말하기라는 과정은 모두, 소리 내어 말하기로, 또는 글쓰기로 대체할 수 있을 것이다.

프레게[3]는 형식주의자들이 기호라는 중요하지 않은 것을 의미라는 중요한 것과 혼동했다고 말함으로써 형식주의적 수학 개념을 조롱했다. 분명─우리들은 이렇게 말하고 싶어 하는데─수학은 종이 쪼가리 위에 있는 선들을 취급하지 않는다. 프레게의 관념은 이렇게 표현될 수 있을 것이다: 수학의 명제들은 명백히 일종의 생명을 지니고 있지만, 만일 그것들이 그저 선들의 복합체들이라면 죽어 있고 전적으로 흥미가 없을 것이다. 그리고 물론 같은 말이 어떠한 명제에 대해서도 가능할 것이다. 즉 뜻이 없다면, 또는 사고가 없다면, 명제는 전적으로 죽은 그리고 하찮은 것일 것이라고 말이다. 그리고 더 나아가, 비유기적인 기호들을 더해 보았자 명제가 생명을 지니게 만들 수 없다는 것은 분명해 보인다. 그리고 이로부터 얻어지는 결론은, 살아 있는 명제를 만들기 위해 죽어 있는 기호들에 더해져야 하는 것은 비물질적인 어떤 것, 그저 단순한 기호들과는 다른 성질들을 지니는 어떤 것이라는 것이다.

그러나 만일 우리가 기호의 생명인 어떤 것의 이름을 말해야 한다면, 그것은 기호의 쓰임이라고 우리는 말해야 할 것이다.

기호의 의미(거칠게 말해서, 기호에서 중요한 것)가 우리가 기호를 보거나 들을 때 우리들 마음속에 구축되는 표상이라면, 먼저 우리는 방금 기술된 방법, 즉 이 정신적 표상을 눈에 보이는 어떤 외적 대상으로, 예를 들어 화상(畫像) 또는 모형으로 대체한다고 하는 방법을 채택하자. 그렇다면, 만일 씌어 있는 기호만으로는 죽어 있다면, 씌어 있는 기호 더하기 이 화상은 왜 살아 있어야 하는가?─사실, 당신이 정신적 표상을 예컨대 화상으로 대체하려고 생각하자마자, 그리고 그 표상이 그 때문에 그것의 불가사의한 성

---

3 (옮긴이주) 프레게(Gottlob Frege, 1848~1925): 독일의 수학자이자 철학자로, 예나 대학에서 가르쳤다. 현대 기호논리학의 창시자로 일컬어진다. 주요 저서로 《개념 표기법》, 《산수의 기초》, 《산수의 근본 법칙》이 있고, 주요 논문으로 〈뜻과 지시체에 관하여〉가 있다.

격을 잃자마자, 그것은 문장에 어떤 생명을 나누어 주는 것으로는 전혀 보이지 않게 된다. (당신의 목적을 위해 당신이 필요로 한 것은 사실 정신적 과정의 바로 그 불가사의한 성격이었다.)

우리가 범하기 쉬운 잘못은 이렇게 표현될 수 있을 것이다. 즉 우리는 기호의 쓰임을 찾고 있었으나, 우리는 마치 그것이 기호와 공존하는 어떤 대상인 것처럼 찾는다고 말이다. (이러한 실수의 이유 가운데 하나는 다시, 우리는 "명사에 대응하는 사물"을 찾고 있다는 것이다.)

기호(문장)는 그것의 의의를 기호들의 체계로부터, 그것이 속하는 언어로부터 얻는다. 거칠게 말해서, 한 문장을 이해한다는 것은 한 언어를 이해한다는 것을 의미한다.

언어 체계의 일부로서, 문장은 생명을 지닌다고 말할 수 있을 것이다. 그러나 우리들은 문장에 생명을 주는 것을 불가사의한 영역 속에서 그 문장에 동반되는 어떤 것으로서 상상하고 싶은 유혹을 받는다. 그러나 그것에 동반되는 것이 무엇이건, 그것은 우리에게는 그저 또 하나의 기호일 것이다.

첫눈에는, 사유에 그 특이한 성격을 주는 것은 사유가 일련의 정신적 상태들이라는 점인 것처럼 보인다. 그리고 사유에 관해 이상하고 이해하기 어려운 것은 마음이란 매체 속에서 일어나는 과정들, 오직 이 매체에서만 가능한 과정들인 것처럼 보인다. 이제 우리에게 강요되는 비교는 정신적 매체와 세포의—가령 아메바의—원형질과의 비교이다. 우리는 아메바의 어떤 행위들을 관찰한다. 즉 그것이 팔을 뻗쳐 음식을 취하거나, 그것이 비슷한 세포들로 분할되고, 그 각각이 원래의 것처럼 자라고 행동하는 것 따위를 말이다. "이런 식으로 행동하려면 원형질은 얼마나 기묘한 본성을 지니고 있어야 하는가" 하고 우리는 말한다. 그리고 아마 우리는, 어떤 물리적 기제도 이런 식으로 행동할 수 없으며, 아메바의 기제는 완전히 다른 종류여야 한다고 말할 것이다. 같은 방식으로 우리는 "마음이 행하는 것을 할 수 있으려면 마음의 기제는 대단히 특이한 종류여야 한다"라고 말하고 싶은 유혹을 받는다. 그러나 여기서 우리는 두 가지 잘못을 범하고 있다. 왜냐하면 사고와 사유에서 기묘한 것으로 우리에게 와 닿은 것은, 그것이 우리가 아직 (인과적으로) 설명할 수 없는 신기한 효과들을 지녔다는 것이 전혀 아니었기 때문이다. 우리의 문제는, 다른 말로 하자면, 과학적인 문제가 아니었다; 오히려 문제로 느껴진 뒤죽박죽이었다.

우리가 심리학적 탐구의 결과로서 어떤 정신 모형을, 마음의 작용을 설명해 주리라고 말할 수 있을 어떤 모형을 구성하려고 시도한다고 가정해 보자. 이 모형은 에테르의 역학적 모형이 전기 이론의 일부일 수 있는 방식으로 심리학적 이론의 일부일 것이다. (그런데 그러한 모형은 언제나 어떤 한 이론의 상징체계의 일부이다. 그것의 이점은, 그것은 한눈에 취할 수 있고 마음속에 쉽게 간직될 수 있다는 것일 것이다. 하나의 모형은 어떤 뜻에서 순수 이론에 옷을 입힌다고, 벌거벗은 이론은 문장들 혹은 방정식들이라고 말해져 왔다. 이것은 나중에 더 면밀히 검토되어야 한다.)

우리는 관찰된 정신적 활동들을 설명하기 위해서는 그러한 정신 모형이 매우 복잡하고 난해해야 하리라는 것을 발견할 수 있을 것이다. 그리고 이러한 근거에서 우리는 마음을 기묘한 종류의 매체라고 일컬을 수 있을 것이다. 그러나 마음의 이러한 측면은 우리의 관심사가 아니다. 그것이 부과할 수 있는 문제들은 심리학적인 문제들이며, 그것들의 해결 방법은 자연과학의 방법이다.

이제 우리가 관계하는 것이 인과적 연관들이 아니라면, 마음의 활동들은 우리 앞에 공개되어 놓여 있다. 그리고 우리가 사유의 본성에 관해 고민할 때, 우리가 매체의 본성에 관한 것이라고 잘못 해석하는 그 난문제는 우리의 언어를 신비화하는 사용으로 야기되는 난문제이다. 이런 종류의 잘못은 철학에서 되풀이하여 재발한다. 예를 들면, 우리가 시간의 본성에 관해 난감해할 때, 시간이 우리에게 기묘한 것으로 보일 때. 우리는 여기에 사물들이 숨겨져 있다고, 우리가 외부에서 볼 수는 있지만 들여다볼 수는 없는 어떤 것이 있다고 하는 생각에 아주 강하게 빠져든다. 그렇지만 그런 종류의 어떤 것도 사실이 아니다. 우리가 알고자 하는 것은 시간에 관한 새로운 사실들이 아니다. 우리에게 관계되는 모든 사실은 우리 앞에 공개되어 놓여 있다. 그러나 우리를 미혹하는 것은 "시간"이란 명사의 사용이다. 우리가 그 낱말의 문법을 들여다본다면, 우리는 시간이 신성(神性)을 지니고 있다고 상상한다는 것이 부정(否定)이나 선언(選言)의 신성을 상상하는 것 못지않게 대경실색할 일이라고 느낄 것이다.

그렇다면 사유를 "정신적 활동"인 것처럼 이야기하는 것은 잘못이다. 우리는 사유가 본질적으로 기호들을 가지고 일을 처리하는 활동이라고 말해도 될 것이다. 이 활동은 우리가 글을 쓰는 방식으로 생각할 때는 손에 의해서, 그리고 우리가 말을 하는 방식으로 생각할 때는 입과 후두에 의해서 수행된다. 그리고 우리가 기호들이나 그림들을 상상하는 방식으로 생각한다면, 나는 당신에게 사유의 어떠한 동작주(動作主)도 줄 수 없다. 그때 당신이, 이런 경우들에는 마음이 생각한다고 말한다면, 나는 단지 당신이 하나의 은유를 사용하고 있다는 사실, 여기서 마음이 하나의 동작주라는 것은 손이 글을 쓰는 데서 하나의 동작주라고 말해질 수 있는 것과는 다른 뜻이라는 사실에 당신이 주의하도록 이끌 것이다.

사유가 일어나는 장소에 관해 다시 우리가 이야기한다면, 우리는 이 장소가 우리가 글을 쓰는 종이이거나 말을 하는 입이라고 말할 권리를 가지고 있다. 그리고 우리가 머리나 두뇌를 사고의 장소로서 이야기한다면, 이는 "사유의 장소"라는 표현을 다른 뜻으로 사용하고 있는 것이다. 머리를 사유의 장소라고 부르는 이유가 무엇인지 검토해 보자. 이러한 표현 형식을 비판하거나 그것이 적절하지 않음을 보이려는 것이 우리의 의도는 아니다. 우리가 해야 하는 것은 그것의 작동을, 그것의 문법을 이해하는 것이다. 예를 들어, 이 문법이 "우리는 우리의 입으로 생각한다"나 "우리는 한 장의 종이 위에서 연필로 생각한다"라고 하는 표현의 문법과 어떤 관계가 있는지를 보는 것이다.

우리가 머리를 우리의 사고의 장소로서 이야기하는 경향이 그렇게 강한 주된 이유는 아마도 이러할 것이다: 글을 씀, 말을 함 등과 같은 (신체적) 활동들을 지칭하는 낱말들과 나란히 "사유"와 "사고"라는 낱말들이 존재한다는 것이 우리로 하여금 "사유"라는 낱말에 대응하는, 이 활동들과 다르지만 비슷한 어떤 활동을 찾도록 만든다. 우리의 일상 언어의 낱말들이 일견 유사한 문법들을 가지고 있을 때, 우리는 그것들을 유사하게 해석하려는 경향이 있다. 즉 우리는 그 유사성이 철두철미하게 적용되도록 만들려고 노력한다. 우리는 "사고는 문장과 같지 않다; 왜냐하면 전혀 다른 영어 문장과 불어 문장이 같은 사고를 표현할 수 있으니까"라고 말한다. 그리고 이제, 문장들은 어딘가에 있으므로, 우리는 사고의 자리를 찾는다. (그것은 마치 우리가 체스 규칙들이 취급하는 왕의 자리를, 다양한 나뭇조각들의 자리, 즉 다양한 체스 세트들에서의 왕들의 자리와 대립되는 것으로서 찾는 것과 같다.)—우리는 말한다, "분명 사고는 어떤 것이다; 그것은 무가 아니다"라고. 그리고 이에 대해 우리들이 할 수 있는 대답은, "사고"라는 낱말이 지니는 쓰임은 "문장"이란 낱말의 쓰임과는 전적으로 다른 종류라는 것이 전부이다.

그런데 이것은 사고가 일어나는 장소에 관해 이야기하는 것이 무의미함을 의미하는가? 물론 아니다. 이 문구는 우리가 그것에 뜻을 준다면 뜻을 지닌다. 이제 우리가 "사고는 우리의 머릿속에서 일어난다"라고 말한다면, 냉정하게 이해할 때 이 문구의 뜻은 무엇인가? 그것은 어떤 생리학적 과정들이 우리의 사고들에 대응하며, 우리가 그 대응을 안다면 우리는 이러한 과정들을 관찰함으로써 그 사고들을 발견할 수 있다는 것일 게다. 그러나 어떤 뜻에서 생리학적 과정이 사고에 대응한다고 말할 수 있으며, 어떤 뜻에서 우리가 뇌의 관찰로부터 사고들을 얻을 수 있다고 말할 수 있는가?

나는 우리가 그 대응이 실험적으로 검증되었다고 상상한다고 가정한다. 그러한 실험 하나를 조야하게 상상해 보자. 그것은 피험자가 생각하는 동안 그 뇌를 바라보는 데 있다. 그리고 이제 당신은 이렇게 생각할지 모른다. 나의 설명이 잘못되게 될 이유는, 물론 실험자는 피험자의 사고들을 오직 간접적으로, 즉 피험자가 이런저런 방식으로 그 사고들을 표현할 때 그것들을 들음으로써 얻는다는 것이라고 말이다. 그러나 이 난점을 나는 피험자가 동시에 자기 자신의 뇌를 이를테면 거울로 바라보는 실험자라고 가정함으로써 제거할 것이다. (이 기술의 조야성은 논증의 힘을 결코 줄이지 않는다.)

그렇다면, 나는 묻는다, 그 피험자이자 실험자는 하나의 사물을 관찰하고 있는가 아니면 두 개의 사물을 관찰하고 있는가? (그는 하나의 사물을 내면으로부터 그리고 외면으로부터 관찰하고 있다고 말하지 말라; 왜냐하면 이것은 난점을 제거하지 않기 때문이다. 우리는 외면과 내면에 관해서는 나중에4 말할 것이다.) 그 피험자이자 실험자는 두 현상의 상관관계를 관찰하고 있다. 그중 하나를 그는 아마도 사고라고 부를 것이다. 이것은 일련의 표상들, 유기적 감각들로 이루어져 있거나, 또는 한편으로 그가 어떤 한 문장을 글로 쓰거나 말하기에서 가지는 일련의 다양한 시각적인, 촉각적인, 그리고 근육의 경험들로 이루어져 있을 것이다.—다른 경험은 그의 뇌가 작동하는 것을 보는 것이다. 이 두 현상 모두 "사고의 표현들"이라고 옳게 일컬어질 수 있다; 그리고 "사고 자체는 어디에 있는가?"라는 물음은, 혼란을 방지하기 위해서는, 무의미한 것으로서 거부되는 것이 더 낫다. 그러나 우리가 "사고는 머릿속에서 일어난다"라고 하는 표현을 사용한다면, 우리는

---

4 (저자주) 38~39쪽과 82쪽 이하를 보라.

사고가 우리의 머리들 속에서 일어난다고 하는 가설을 정당화해 줄 경험을 기술함, 즉 "우리 뇌 속의 사고를 관찰함"이라고 우리가 부르기를 바라는 경험을 기술함으로써, 그 표현에 의미를 주었다.

우리는 "장소"라는 낱말이 많은 상이한 뜻으로 사용되고 있다는 것을, 그리고 한 사물에 관한 많은 상이한 진술들이 특수한 경우에, 일반 용법에 따라서, 그 사물이 있는 장소의 명시들이라고 일컬어질 수 있다는 것을 쉽게 잊는다. 가령 시각적 공간에 대해서, 그것의 장소는 우리의 머릿속에 있다고 말해 왔다. 그리고 나는 우리가 부분적으로 문법적 오해로 인해 이러한 말을 하고픈 유혹을 받아왔다고 생각한다.

나는 "나의 시야에서 나는 탑의 표상 오른편에서 나무의 표상을 본다"라거나 "나는 시야의 한가운데에서 나무의 표상을 본다"라고 말할 수 있다. 그리고 이제 우리는 "그리고 당신은 어디서 시야를 보는가"라고 묻는 경향이 있다. 그런데 그 "어디서"가, 우리가 나무의 표상의 장소를 명시했던 뜻에서의 장소를 묻고자 하는 것이라면, 나는 당신이 아직 이 물음에 뜻을 주지 않았다는 사실에 당신이 주의하도록 이끌 것이다. 즉 당신은 문법적 유사성에 의해 진행해 나가고 있었으면서도 그 유사성을 자세히 풀어내지는 않았다는 사실에.

우리의 시야가 우리의 뇌 속에 위치한다는 관념이 문법적 오해로부터 일어났다고 말하면서, 나는 우리가 그러한 장소의 명시에 뜻을 줄 수 없으리라고 말하려 하지는 않았다. 우리는, 예를 들어, 그러한 진술로 기술해야 할 경험을 쉽게 상상할 수 있을 것이다. 우리가 이 방 안에 있는 사물들의 한 집단을 바라보았고, 그렇게 바라보는 동안 우리의 뇌 속으로 탐침(探針)이 하나 꽂혔으며, 그 탐침의 뾰족한 끝이 우리 뇌 속의 특정 지점에 도달하면 그 때문에 우리 시야의 특정한 작은 지점이 지워졌다는 것이 발견되었다고 상상하라. 이런 식으로 우리는 우리의 뇌의 지점들과 시야의 지점들을 짝지을 수 있을 것이며, 이는 우리로 하여금 시야가 우리 뇌의 이러이러한 곳에 자리 잡고 있다고 말하도록 만들 수 있을 것이다. 그리고 만일 이제 "당신은 이 책의 표상을 어디에서 보는가"라고 하는 질문이 우리에게 주어지면, 그 대답은 (위에서처럼) "저 연필의 오른편에서", 또는 "내 시야의 좌측 부분에서", 또는 다시, "내 왼쪽 눈 3인치 뒤에서"일 수 있을 것이다.

그러나 만일 어떤 사람이 "내 장담하거니와, 나는 시각적 표상이 내 콧등 2인치 뒤에 있음을 느낀다"라고 말한다면 어찌 되는가? 우리는 그에게 무엇이라고 대답해야 하는가? 우리는 그가 진실을 말하고 있지 않다거나, 그러한 느낌은 있을 수 없다고 말해야 하는가? "당신은 존재하는 모든 느낌들을 아는가? 그런 느낌이 없다는 것을 당신이 어떻게 아는가?"라고 그가 우리에게 묻는다면 어찌 되는가?

만일 점쟁이가 우리에게, 자기는 막대기를 잡을 때 물이 지하 5피트에 있다는 것을 느낀다고 말한다면 어떠한가? 또는 자기는 구리와 금의 혼합물이 지하 5피트에 있다는 것을 느낀다고 말한다면? 우리의 의심에 대해 그가 다음과 같이 대답했다고 해 보자: "당신은 어떤 길이를 볼 때 그것을 어림잡을 수 있다. 내가 그것을 어림잡는 다른 방법을 가지고 있어서는 왜 안 된단 말인가?"

만일 우리가 그러한 어림잡음의 관념을 이해한다면, 우리는 점쟁이의 진술들이나 자기 콧등 뒤에서 시각 표상을 느꼈다고 말한 사람의 진술들에 관한 우리의 의심의 본성에 관해 분명해질 것이다.

"이 연필의 길이는 5인치이다"라고 하는 진술과 "나는 이 연필의 길이가 5인치라고 느낀다"라고 하는 진술이 있다. 그리고 우리는 첫 번째 진술의 문법과 두 번째 진술의 문법의 관계를 분명히 해야 한다. "나는 지하 3피트에 물이 있다는 것을 내 손안에서 느낀다"라고 하는 진술에 대해 우리는 "나는 그것이 무엇을 의미하는지 모르겠다"라고 말했으면 한다. 그러나 점쟁이는 말

할 것이다: "당신은 분명 그것이 무엇을 의미하는지 안다. 당신은 '지하 3피트'가 무엇을 의미하는지 알며, '나는 느낀다'가 무엇을 의미하는지 안다!" 그러나 나는 그에게 이렇게 대답할 것이다: 한 낱말이 무엇을 의미하는가를 나는 어떤 문맥들 속에서 안다. 가령 나는 "지하 3피트"라는 문구를, 이를테면 "측정 결과 지하 3피트에서 물이 흐르고 있음이 드러났다", "3피트 깊이 파헤치면, 우리는 물과 마주치게 될 것이다", "물의 깊이는 눈대중으로 3피트이다"와 같은 연관 관계들 속에서 이해한다. 그러나 "지하 3피트에 물이 있음을 내 손안에서 느낌"이란 표현의 쓰임은 이제 나에게 설명되어야 한다.

우리는 점쟁이에게 물을 수 있을 것이다. "당신은 '3피트'란 낱말의 의미를 어떻게 배웠는가? 그러한 길이들을 봄, 그것들을 측정함 따위에 의해서일 게다. 당신은 지하 3피트에 물이 있다는 느낌, 이를테면 당신 손안의 느낌에 관해 이야기하는 것도 역시 배웠는가? 왜냐하면, 그렇지 않다면 무엇이 당신으로 하여금 '3피트'라는 낱말을 당신 손안의 느낌과 연결하도록 만들었는가?" 우리가 눈대중으로는 길이들을 어림짐작해 왔으나, 길이를 뼘으로 잰 적은 결코 없었다고 가정하자. 어떻게 우리는 길이를 뼘으로 잼으로써 길이를 인치로 어림짐작할 수 있었는가? 즉, 어떻게 우리는 뼘으로 잼의 경험을 인치로 해석할 수 있었는가? 문제는, 이를테면 촉각과 야드 자로 사물을 측정하는 경험 사이에는 어떤 연관이 있는가 하는 것이다. 이 연관이 '한 사물의 길이가 6인치라고 느낀다'는 것이 무엇을 의미하는지를 우리에게 보여 줄 것이다. 점쟁이가 "나는 지하수의 깊이와 내 손안의 느낌들을 상호 관련시키는 것을 결코 배운 적이 없지만, 내가 내 손안에서 어떤 긴장의 느낌을 지닐 때는 '3인치'라는 말이 내 마음속에 솟아오른다"라고 말했다고 가정하자. 우리는 이렇게 대답할 것이다: "이것은 '깊이가 3피트라고 느낌'으로 당신이 무엇을 의미하는가에 대한 매우 좋은 설명이며, 당신이 이렇게 느낀다고 하는 그 진술은 당신의 설명이 그것에 준 것보다 더 많지도 더 적지도 않은 의미를 지닐 것이다. 그리고 물의 실제 깊이가 당신의 마음속에 들어오는 'n피트'라는 말과 언제나 일치한다는 것을 경험이 보여 준다면, 당신의 경험은 물의 깊이를 결정하는 데 매우 유용할 것이다."—그러나 당신은 "나는 물의 깊이가 n피트임을 느낀다"라는 말의 의미가 설명되어야 했다는 것을 본다. 그것의 의미는 "n피트"라는 말의 의미가 일상적인 뜻에서 (즉 일상적인 문맥들에서) 알려졌을 때 알려지지 않았다.—우리는 자기 콧등 2인치 뒤에서 시각 표상을 느낀다고 우리에게 이야기하는 사람은 거짓말을 하고 있거나 헛소리를 하고 있다고 말하지 않는다. 그러나 우리는 그러한 문구의 의미를 이해하지 못한다고 말한다. 그것은 잘 알려진 낱말들을 결합하지만, 우리가 아직 이해하지 못하는 방식으로 그것들을 결합한다. 이 문구의 문법은 이제 우리에게 설명되어야 한다.

점쟁이의 대답을 탐구하는 것의 중요성은, 우리는 "나는 P가 사실이라고 느낀다(또는 믿는다)"라고 우리가 주장하기만 하면 우리는 진술 P에 의미를 주었다고 종종 생각한다는 사실에 놓여 있다. (나중에 우리는 골드바흐[5]의 정리는 그것이 참이라고 자기가 믿을 수 있으므로 하나의 명제라고 하는 하디[6] 교수의 말에 대해 이야기할 것이다.[7]) 우리는 이미, "3피트"라는 말의 의미를 통례적인 방식으로 설명하는 것만으로는 "물이 지하 n피트에 있음을 느낌"이라는 문구의 뜻을 아직 설명하지 않았다고 말한 바 있다. 그런데 만일 점쟁이가 자기는 물의 깊이를 어림짐작하는 법을, 가령 자기가 특정한

---

5 (옮긴이주) 골드바흐(Christian Goldbach, 1690~1764): 프로이센의 쾨니히스베르크에서 태어나 러시아의 페테르부르크와 모스크바에서 활동한 수학자. 그는 1742년 오일러에게 보낸 편지에서 "2보다 큰 모든 짝수는 두 소수(素數)의 합으로 나타낼 수 있다"라는 가정을 세웠는데, '골드바흐의 추측'으로 불리는 이 가정은 아직도 증명되지 않았다.
6 (옮긴이주) 하디(Godfrey H. Hardy, 1877~1947): 영국 케임브리지 대학의 수학자. 여기서의 하디의 말은 그의 논문 〈Mathematical Proof〉(Mind, 38, 1929)에서 인용된 것이다.
7 (옮긴이주) 이 약속은 지켜지지 않는다.

느낌을 지녔을 때는 언제나 물을 찾아 파헤침으로써, 그리고 이러한 방식으로 그러한 느낌들을 깊이의 **측정들**과 상호 관련시킴으로써 배웠다고 말했다면, 우리는 이러한 난점들을 느끼지 않았을 것이다. 이제 우리는 어림짐작하기를 배우는 과정과 어림짐작하는 행위의 관계를 검사해야 한다. 이러한 검사의 중요성은, 그것이 한 낱말의 의미를 배우기와 그 낱말을 사용하기 사이의 관계에 적용된다는 점에 놓여 있다. 또는 더 일반적으로, 그것이 주어진 규칙과 그것의 적용 사이의 다른 가능한 관계들을 보여 준다는 점에 놓여 있다.

길이를 눈대중으로 어림짐작하는 과정을 고찰해 보자. 우리가 "눈대중으로 어림짐작하기"라고 부르는 몹시 많은 상이한 과정들이 있다는 것을 당신이 깨닫는 것이 극히 중요하다.

다음과 같은 경우들을 고찰하자: ─

(1) 어떤 사람이 "당신은 이 빌딩의 높이를 어떻게 어림짐작하였는가?" 하고 묻는다. 나는 대답한다: "그것은 4층으로 되어 있다. 각 층의 높이는 대략 15피트일 게다. 그러므로 그것은 대략 60피트라야 한다."

(2) 다른 경우에는: "나는 그 거리에서 1야드가 어떻게 보이는지 대충 안다. 그러므로 그것은 대략 길이가 4야드라야 한다."

(3) 또는 다시: "나는 키 큰 사람이 대략 이 지점까지 도달하는 것을 상상할 수 있다. 그러므로 그것은 대략 지상 6피트여야 한다."

(4) 또는: "나는 모르겠다. 그것은 그냥 1야드처럼 보인다."

이 마지막 경우는 우리를 난감하게 할 것 같다. "그 사람이 길이를 어림짐작했을 때, 그 경우 무엇이 일어났는가?" 하고 당신이 묻는다면, 올바른 대답은, "그는 그 사물을 바라보았고 '그것은 길이가 1야드로 보인다'라고 말했다"일 수 있다. 이것이 일어난 모든 것일 수 있다.

우리는 앞에서, 만일 점쟁이가 우리에게 자기는 깊이를 어떻게 어림짐작하는지를 배웠다고 말했다면, 우리는 그의 대답에 대해 난감해하지 않았을 것이라고 말했다. 이제 어림짐작하기를 배움은, 대체로 말해서, 어림짐작하는 행위에 대해 두 가지 다른 관계 속에서 볼 수 있다. 즉 어림짐작하기 현상의 원인으로서 아니면 우리가 어림짐작할 때 이용하는 하나의 규칙(일람표, 도표, 또는 그런 어떤 것)을 우리에게 공급하는 것으로서 말이다.

내가 어떤 사람에게 노란 반점을 반복적으로 가리키면서 "노랑"이란 낱말을 발음함으로써 그 낱말의 사용을 가르친다고 가정하자. 다른 기회에 나는 그에게 "이 자루에서 노란 공을 골라라"라고 하는 명령을 내림으로써 그로 하여금 자기가 배운 것을 적용하게 만든다. 그가 나의 명령에 복종했을 때 일어난 것은 무엇이었는가? 나는 "그가 내 말을 들었고 자루에서 노란 공을 하나 취했다는 것, 아마 이것뿐일 것이다"라고 말한다. 이제 당신은 이것이 아마 전부였을 수는 없을 거라고 생각하는 데로 기울지 모른다. 그리고 당신은 이런 종류의 제안을 할 것이다. 즉 그가 그 명령을 이해했을 때 그는 노란 어떤 것을 상상했으며, 그다음 그 표상에 따라 공을 골랐다고 말이다. 이것이 필연적이 아니라는 것을 보려면, 내가 그에게 "노란 반점을 하나 상상하라"라는 명령을 할 수도 있었다는 것을 기억하라. 당신은 여전히, 나의 명령을 이해하면서 그는 먼저 노란 반점을 하나 상상하고, 그러고 나서 첫 번째 것과 짝할 노란 반점 하나를 상상한다고 가정하고 싶은가? (그런데 나는 이것이 가능하지 않다고 말하지는 않는다. 단지, 그것을 이런 식으로 제시하는 것은 그것이 꼭 일어나지는 않는다는 것을 당신에게 직접적으로 보여 준다. 그건 그렇고, 이것은 철학의 방법을 예시한다.)

우리에게 어떤 종류의 지시적 정의(낱말 용법의 한 규칙)를 줌으로써 "노랑"이란 낱말의 의미를 가르친다면, 이 가르침은 두 가지 다른 방식으로 고찰될 수 있다.

A. 그 가르침은 훈육이다. 이 훈육은 우리가 "노랑"이란 낱말과 함께 노란 표상을, 노란 사물들을 연상하도록 야기한다. 가령 내가 "이 자루에서 노란 공을 하나 골라라"라고 하는 명령을 했을 때, "노랑"이란 낱말은 노란 표상을 불러일으켰거나, 또는 그 인물의 시선이 노란 공에 떨어졌을 때 인지의 느낌을 불러일으켰을지도 모른다. 그 가르침의 훈육은 이 경우 심리적 기제를 구축했다고 말할 수 있을 것이다. 그러나 이것은 단지 하나의 가설이거나 아니면 하나의 은유일 것이다. 우리는 가르침을 스위치와 전구 사이에 전기적 연결을 장치하는 것과 비교할 수 있을 것이다. 그렇다면 그 연결이 잘못되거나 끊어지는 것은 이른바 그 낱말의 설명이나 의미를 잊는 것과 유사한 것이 될 것이다. (우리는 "한 낱말의 의미를 잊음"의 의미에 관해서는 나중에 더 이야기해야 한다.[8])

그 가르침이 연상, 인지의 느낌 등등을 초래하는 한, 그것은 이해함, 복종함 등의 현상의 원인이다. 그리고 이러한 효과들을 일으키기 위해 그 가르침의 과정이 필요하다는 것은 하나의 가설이다. 이러한 뜻에서, 이해함, 복종함 등의 그 모든 과정이 그 인물에게 그 언어를 가르친 적이 없음에도 일어났으리라고 하는 것이 상상 가능하다. (바로 지금, 이것은 극히 역설적으로 보인다.)

B. 그 가르침은 이해함, 복종함 등의 과정들에 포함되어 있는 어떤 규칙을 우리에게 제공했을지 모른다; 그러나 "포함되어 있는"이란 말은 이 규칙의 표현이 이 과정들의 부분을 형성함을 의미한다.

우리는 이른바 "규칙과 일치하는 과정"과 (위의 뜻에서) "규칙을 포함하는 과정"을 구별해야 한다.

---

8 (편집자주) 비트겐슈타인은 이 책에서는 이 주제로 다시 돌아가지 않는다.
　(옮긴이주) 이 주제는 그의《철학적 문법》I부 §38에서 다루어지고 있다.

예를 들어 보자. 어떤 사람이 나에게 기수(基數)들을 제곱하기를 가르친다; 그가 다음의 수열을 적어 놓는다.

$$1 \quad 2 \quad 3 \quad 4$$

그리고 나에게 그것들을 제곱하라고 요구한다. (이 경우에 나는 다시, '마음속에서' 일어나는 모든 과정을 종이 위에서의 계산 과정으로 대체한다.) 첫 번째 수열 아래에 내가 다음과 같이 쓴다고 하자.

$$1 \quad 4 \quad 9 \quad 16$$

내가 쓴 것은 제곱의 일반적 규칙과 일치한다. 그러나 명백히 그것은 수많은 다른 규칙들과도 일치한다. 그리고 그것은 이것들 가운데에서 다른 하나보다 어떤 하나와 더 일치하지는 않는다. 앞에서 우리가 어떤 과정에 규칙이 포함되어 있음에 관해 이야기한 뜻에서는, 이것에는 아무런 규칙도 포함되어 있지 않다. 나의 결과들에 도달하기 위해 내가 1×1, 2×2, 3×3, 4×4를 계산했다고(즉, 이 경우 그 계산들을 적어 놓았다고) 가정하자. 이것들은 다시 한없이 많은 수의 규칙들과 일치할 것이다. 다른 한편, 내가 나의 결과들에 도달하기 위해 이른바 "제곱의 규칙"을, 이를테면 대수적으로, 적어 놓았다고 가정하자. 이 경우에 이 규칙은 다른 어떤 규칙도 포함되어 있지 않았던 뜻에서 포함되어 있었다.

만일—나는 이렇게 표현하고 싶은데—규칙의 상징이 계산의 일부를 형성한다면, 우리는 그 규칙이 이해함, 복종함 등에 **포함되어** 있다고 말할 것이다. (우리는 사유의 과정, 계산의 과정이 일어나는 곳에는 관심이 없으므로, 우리의 목적을 위해 우리는 그 계산들이 전적으로 종이 위에서 행해진다고 상상할 수 있다. 우리는 '내적, 외적'의 차이에는 관여하지 않는다.)

경우 B의 특징적 예는, 그 가르침이 이해함, 복종함 등에서 우리가 실제로 사용하는 일람표를 우리에게 제공한 경우일 것이다. 우리가 체스를 배웠다면, 우리는 규칙들을 배웠을 것이다. 그러고 나서 우리가 체스를 둔다면, 이 규칙들이 체스 두기의 행위 속에 포함되어 있어야 할 필요는 없다. 그러나 그것들은 포함될 수도 있다. 예를 들어 그 규칙들이 일람표의 형태로 표현되어 있었다고 상상하라; 한쪽 난(欄)에는 체스의 말들의 형태들이 그려져 있고, 평행한 난에는 말들의 '자유'(적법한 수들)를 보이는 도해들이 있다. 이제, 놀이를 하는 방법이, 손가락을 일람표를 가로질러 가게 한 다음 이 수들 중 한 수를 둠으로써 형태로부터 가능한 수로 이행하기를 포함한다고 해 보자.

우리의 그다음 행위들(이해함, 복종함, 길이를 어림짐작함 등)의 가설적 역사로서의 가르침은 우리의 고려에서 빠진다. 우리에게 가르쳐졌고 그 이후에 적용되는 규칙은, 그것이 적용 속에 포함되어 있는 한에서만 우리의 관심사가 된다. 우리의 관심사가 되는 한, 규칙은 멀리서 작용하지 않는다.

내가 한 장의 종이를 가리키며 "이 색을 나는 '빨강'이라 부른다"라고 어떤 사람에게 말했다고 해 보자. 나중에 나는 그에게 "이제 나에게 빨간 반점을 칠해 보여라"라고 명령한다. 그러고 나서 나는 그에게 묻는다: "내 명령을 수행하면서 당신은 왜 바로 이 색을 칠했는가?" 그 경우 그의 대답은 이러할 수 있을 것이다: (내가 그에게 준 견본을 가리키며) "이 색은 빨강이라고 불렸다; 그리고 당신이 보다시피, 내가 칠한 반점은 견본의 색을 지닌다." 이제 그는 그 명령을 그가 수행한 방식으로 수행한 이유를 나에게 대었다. 우리들이 행하거나 말한 어떤 것에 대해 이유를 댄다는 것은 이 행위로 이어지는 어떤 길을 보여 준다는 것을 의미한다. 어떤 경우에 그것은 우리들 자신이 간 길을 기술함을 의미한다; 다른 경우에 그것은 거기에 이르면서 어떤 수용된 규칙들과 일치하는 길을 기술함을 의미한다. 가령 "당신은 왜 바로 이 색을 칠함으로써 내 명령을 수행했는가?"라고 질문을 받았을 때, 그 인물은 이 특정한 색조의 색깔에 도달하기 위해 자기가 실제로 취한 길을 기술할 수 있었을 것이다. 이는 만일 그가, "빨강"이란 낱말을 듣고는, 내가 그에게 주었던 견본을 집어 든 다음, 그 반점을 색칠할 때 그 견본을 본떴다면 그러했을 것이다. 다른 한편, 그는 그것을 '자동적으로' 또는 어떤 기억 상으로부터 색칠했을 수도 있으나, 이유를 대라고 요구받았을 때, 그는 여전히 그 견본을 가리키며, 그것이 자기가 색칠한 반점과 일치함을 보일 수 있을 것이다. 이 후자의 경우에, 주어진 이유는 두 번째 종류의 것이었을 것이다. 즉 그것은 사후(事後) 정당화였을 것이다.

이제 사전(事前) 가르침 없이는 명령을 이해한다는 것과 복종한다는 것은 있을 수 없으리라고 생각하는 사람이 있다면, 그는 그 가르침을 우리들이 행한 것을 행하는 데 대한 하나의 이유를 제공하는 것으로서 생각하는 것이다. 즉 우리들이 걸어가는 도로를 제공하는 것으로서 생각하는 것이다. 그런데 만일 하나의 명령이 이해되고 복종된다면, 우리가 그것을 우리가 복종하듯 복종하는 데 대한 어떤 이유가 있어야 한다는 관념, 그리고 사실상 무한히 거슬러 올라가는 이유들의 사슬이 있어야 한다는 관념이 존재한다. 이는 마치 다음과 같이 말하는 것과 같다: "당신이 어디에 있든지, 당신은 그 밖의 어디에서부터 거기에 도달했어야 한다; 그리고 그 이전의 장소에는 또 다른 장소로부터 도달했어야 한다; 등등 그런 식으로 무한히." (반면에 만일 당신이, "당신이 어디에 있든지, 당신은 10야드 떨어진 다른 곳으로부터 거기에 도달할 수 있었을 것이다; 그리고 그 다른 곳에는 제3의, 10야드 더 떨어진 곳으로부터 도달할 수 있었을 것이며, 등등 그렇게 무한히"라고 말했다면, 당신은 한 걸음 나갈 무한한 가능성을 강조한 것이 될 것이다. 따라서 무한한 이유의 사슬이란 관념은 다음의 혼동과 비슷한 혼동으로부터 일어난다. 즉 어떤 길이의 선분이 무한정 분할될 수 있으므로, 즉 그 선분을 분할하는 가능성에 끝이 없으므로, 그 선분은 무한수의 부분들로 이루어져 있다는 혼동.)

반면에 실제의 이유의 사슬에는 시초가 있다는 것을 당신이 깨닫는다면, 당신은 당신이 명령에 복종하는 방식에 대해 **아무런** 이유가 없는 경우가 있다고 하는 관념에 더 이상 거부감을 갖지 않을 것이다. 그러나 이 지점에서, 이유와 원인 사이의 혼동이라는 또 하나의 혼동이 생긴다. 우리들은 "왜"라는 낱말의 모호한 사용으로 이러한 혼동에 이르게 된다. 이를테면, 이유의 사슬이 끝이 났는데 여전히 "왜?"라고 하는 질문이 주어지면, 우리들은 이유 대신 원인을 제시하려는 경향이 있다. 예를 들어, "내가 당신에게 빨간 반점을 칠하라고 말했을 때, 당신은 왜 바로 이 색을 칠했는가?"라고 하는 물음에 대해 당신이 "나에게 이 색의 견본이 제시되었고, 그와 동시에 '빨강'이란 낱말이 나에게 발음되었다; 그리고 그 때문에 내가 '빨강'이란 낱말을 들을 때는 이 색깔이 언제나 내 마음에 떠오른다"라고 대답한다면, 당신은 당신 행위에 대한 이유가 아니라 원인을 댄 것이다.

당신의 행위에 이러이러한 원인이 있다는 명제는 하나의 가설이다. 우리들이, 대충 말해서, 당신의 행위가 이른바 그 행위의 원인들이라고 불리는 어떤 조건들의 규칙적 귀결임을 보여 주는 점에서 일치하는 수많은 경험들을 해왔다면, 그 가설은 좋은 근거를 지닌다. 당신이 어떤 진술을 한 이유, 특정한 방식으로 행위를 한 이유 등등을 알기 위해서는, 일치하는 경험들이 필요하지 않다. 그리고 당신의 이유의 진술은 가설이 아니다. "이유"와 "원인"의 문법 차이는 "동기"와 "원인"의 문법 차이와 아주 비슷하다. 원인에 대해서는, 우리들이 그것을 알 수는 없고 단지 **추측**할 수만 있다고 말할 수 있다. 반면에 **동기**에 관해 이야기하면서 우리들은 종종, "분명 나는 내가 왜 그것을 했는지를 알고 있어야 한다"라고 말한다. "우리는 원인을 단지 추측할 수 있다; 그러나 우리는 동기는 안다"라고 말한다면, 이 진술은 문법적 진술이라는 것이 나중에 드러날 것이다. 그 "할 수 있다"는 논리적 가능성을 언급한다.

"왜"란 낱말의 이중적 사용, 즉 원인의 요구와 동기의 요구는, 우리는 우리의 동기들을 단지 추측할 수 있는 것이 아니라 알 수 있다는 관념과 함께, 동기는 우리가 직접적으로 의식하여 아는 원인, '내면으로부터 본' 원인, 또는 경험된 원인이라고 하는 혼동을 발생시킨다.—이유를 제시하는 것은, 당신이 어떤 결과에 도달하는 데 사용한 계산을 제시하는 것과 같다.

사유는 본질적으로 기호들을 가지고 일을 처리하는 데 있다고 하는 진술로 돌아가자. 나의 주안점은, 만일 우리가 '사유는 정신적 활동이다'라고 말한다면, 그것은 우리를 오도하기 쉽다는 것이었다. 사유가 어떤 종류의 활동이냐 하는 물음은 다음과 유사하다: "사유는 어디에서 일어나는가?" 우리는 대답할 수 있다: 종이 위에서, 우리 머릿속에서, 마음속에서. 이 장소 진술들 가운데 어느 것도 사유의 유일한(the) 장소를 제시하지 않는다. 이 규정들 가운데 어느 것을 사용해도 옳다. 그러나 우리는 그것들의 언어적 형식의 유사점에 의해 그것들의 문법에 대해 잘못된 생각을 품는 데로 오도되어서는 안 된다. 예를 들어, "분명히, 사고의 진정한 장소는 우리의 머릿속에 있다"라고 당신이 말할 때처럼 말이다. 동일한 것이 활동으로서의 사유라는 관념에도 적용된다. 사유가 우리의 글 쓰는 손의 활동이라고, 우리의 후두의 활동이라고, 우리의 머리의 활동이라고, 그리고 우리의 마음의 활동이라고 말하는 것은 우리가 이 진술들의 문법을 이해하는 한 옳다. 그리고 더욱이, 우리의 표현들의 문법을 오해함으로써 우리가 어떻게 이 진술들 가운데 특히 하나가 사유 활동의 진정한 자리를 제공한다고 생각하는 데로 이끌리게 되는지를 깨닫는 것은 극히 중요하다.

사유가 손의 활동과 같은 그런 어떤 것이라고 말하는 데 대해서는 반대가 있다. 사유는—혹자는 이렇게 말하고 싶어 한다—우리의 '사적 경험'의 일부이다. 그것은 물질적이 아니라, 사적 의식 속의 사건이다. 이러한 반대가, "기계가 생각할 수 있을까?"라는 물음 속에 표현되어 있다. 나는 이 문제에 관해서는 나중의 한 지점에서[9] 말할 것이다. 지금은 단지, "기계가 치통이 있을 수 있는가?"라고 하는 유사한 물음을 당신에게 언급할 것이다. 당신은 틀림없이 "기계는 치통이 있을 수 없다"라고 말하는 데로 기울 것이다. 내가 지금 할 것은, "수 있다"란 낱말에 대한 당신의 사용에 당신의 주의를 환기시키고 당신에게 다음과 같이 묻는 것이 전부이다: "당신이 말하려고 뜻한 것은, 우리의 모든 과거 경험이 기계는 결코 치통이 있지 않았음을 보여주었다는 것인가?" 당신이 이야기하는 불가능성은 논리적인 것이다. 문제는 이렇다: 사유(또는 치통)와 생각하는, 치통이 있는 등등의 주체 사이의 관계는 무엇인가? 나는 지금은 이것에 대해 더 이상 말하지 않을 것이다.

사유는 본질적으로 기호들을 가지고 일을 처리하는 것이라고 우리가 말한다면, 당신이 물을지도 모르는 첫 번째 물음은 "기호란 무엇인가?"이다.—이 물음에 대해 어떤 종류의 일반적 대답을 주는 대신, 나는 이른바 "기호들을 가지고 일을 처리하기"라는 특정한 경우들을 면밀히 바라보도록 당신에게 제안할 것이다. 낱말들을 가지고 일을 처리하기의 단순한 예를 바라보자. 내가 어떤 사람에게 "식료품 장수에게서 사과 여섯 개를 나에게 가져오라"라고 하는 명령을 내린다. 그리고 나는 그러한 명령을 이용하는 한 방법을 다음과 같이 기술할 것이다: "사과 여섯 개"란 말이 종잇조각 위에 씌어 있다, 그 종이가 식료품 장수에게 건네어진다, 식료품 장수는 "사과"라는 낱말을 상이한 선반들 위의 꼬리표들과 비교한다. 그는 그것이 꼬리표들 가운데 하나와 일치함을 발견한다, 1에서부터 종이쪽지 위에 쓰인 수까

---

9 (편집자주) 87~88쪽에 이 주제에 관한 약간의 소견이 더 있다.

지 센다. 그리고 세어진 모든 수마다 선반에서 과일 하나를 취해 그것을 봉지 속에 넣는다.─그리고 여기서 당신에게는 낱말들의 쓰임의 한 경우가 주어진다. 앞으로 나는 내가 언어놀이들이라고 부를 것에 당신이 주의하도록 되풀이해서 이끌 것이다. 이것들은 우리가 우리의 고도로 복잡한 일상 언어의 기호들을 사용하는 방식들보다 단순한 기호 사용 방식들이다. 언어놀이들은 어린아이가 낱말들을 이용하기 시작하는 언어 형태들이다. 언어놀이들의 연구는 원초적 언어 형태들 혹은 원초적 언어들의 연구이다. 우리가 참과 거짓의 문제, 명제들과 실재의 일치와 불일치의 문제, 주장, 가정, 물음의 본성의 문제들을 연구하고 싶다면, 우리는 이러한 사유의 형태들이 나타나는 원초적 언어 형태들을 고도로 복잡한 사고 과정의 혼란스러운 배경 없이 바라보는 것이 크게 유리할 것이다. 우리가 언어의 그러한 단순한 형태들을 바라볼 때, 우리 언어의 일상적 사용을 뒤덮고 있는 것처럼 보이는 정신적 안개는 사라진다. 우리는 선명하고 투명한 활동들을, 반응들을 본다. 다른 한편으로, 이들 단순한 과정들 속에서 우리는 우리의 더 복잡한 언어 형태들로부터 단절되지 않은 언어 형태들을 인지한다. 우리는 원초적 형태들로부터 새로운 형태들을 점차 덧붙임으로써 복잡한 형태들을 구축할 수 있음을 본다.

이제 우리가 이런 탐구 노선을 취하기 어렵게 만드는 것은 일반성에 대한 우리의 열망이다.

일반성에 대한 이러한 열망은 특정한 철학적 혼동들과 연관된 다수의 경향들의 결과이다. 여기에는─

(a) 우리가 보통 어떤 일반 용어 아래에 포섭하는 모든 실재물에 공통적인 어떤 것을 찾으려는 경향이 존재한다.─우리는, 이를테면, 모든 놀이들에 공통적인 어떤 것이 있어야 하며, 이 공통적 성질이 "놀이"라는 일반 용어를 다양한 놀이들에 적용하는 것을 정당화해 준다고 생각하는 경향이 있

다. 하지만 놀이들은 그 구성원들이 가족 유사성들을 지니는 하나의 가족을 형성한다. 그들 중 어떤 이들은 같은 코를 가지고 있고, 다른 이들은 같은 눈썹들을, 그리고 또 다른 이들은 같은 걸음걸이 방식을 가지고 있다. 그리고 이들 유사성들은 겹친다. 하나의 일반 개념이 그것의 특수한 예들의 공통적 성질이라는 관념은 언어의 구조에 관한 다른 원시적인, 너무 단순한 관념들과 연결된다. 그것은, 성질들은 그 성질들을 지니는 사물들의 **구성 요소들**이라는 관념과 비교될 수 있다. 예를 들어 알코올이 맥주와 포도주의 한 구성 요소인 것처럼, 아름다움은 모든 아름다운 것들의 한 구성 요소이며, 그러므로 우리는 아름다운 어떤 것으로도 더럽혀지지 않은 순수한 아름다움을 가질 수 있을 거라는 관념.

(b) 우리의 통례적 표현 형식들 속에는, 일반 용어—이를테면 "나뭇잎"이라는 용어—를 이해하는 법을 배운 사람은 그로써 특수한 나뭇잎들의 그림들과 대립되는, 일종의 일반적인 나뭇잎의 그림을 소유하게 된 것이라고 생각하는 경향이 뿌리박혀 있다. 그가 "나뭇잎"이라는 낱말의 의미를 배웠을 때, 그에게는 상이한 나뭇잎들이 제시되었다; 그리고 특수한 나뭇잎들을 그에게 보여 주는 것은, 어떤 종류의 일반적 표상이라고 우리가 상상하는 관념을 '그 사람 속에' 산출한다고 하는 목적에 대한 하나의 수단일 뿐이었다. 우리는 그가 이 모든 나뭇잎들에 공통적인 것을 본다고 말한다; 그리고 이는, 질문을 받으면 그는 그것들이 공유하는 어떤 특징들이나 성질들을 우리에게 말해 줄 수 있다는 뜻이라면, 옳다. 그러나 우리는 나뭇잎의 일반 관념이 시각 표상과 같은 어떤 것이라고, 그러나 다만 모든 나뭇잎들에 공통적인 것을 포함하는 것이라고 생각하는 경향이 있다. (골턴[10]의 합성 사진.)

---

10 (옮긴이주) 우생학의 창시자 프랜시스 골턴(Francis Galton, 1822~1911)을 말함. '합성 사진'의 방법은 그의 저서 *Inquiries into Human Faculty*에서 "참으로 대표적인 얼굴들"을 얻기 위한 목적으로 고안되었다.

이것은 다시 한 낱말의 의미는 표상이라는, 또는 그 낱말과 상호 관련된 사물이라고 하는 관념과 연결되어 있다. (이것은 대충, 우리는 마치 낱말들이 모두 고유명사인 것처럼 낱말들을 바라보고 있으며, 그다음에 우리는 한 이름의 소지자를 그 이름의 의미와 혼동한다는 것을 뜻한다.)

(c) 또, 우리가 '나뭇잎', '식물' 등등의 일반 관념을 포착할 때 일어나는 것에 대해 우리가 갖는 관념은, 가설적인 정신적 기제의 상태를 의미하는 정신 상태와 의식의 상태(치통 등)를 의미하는 정신 상태 사이의 혼동과 연결되어 있다.

(d) 일반성에 대한 우리의 열망에는 과학의 방법에 대한 우리의 편애라는 또 다른 주된 원천이 있다. 내가 뜻하는 것은, 자연현상의 설명을 가능한 가장 작은 수의 기본적 자연법칙들로 환원하는 방법이다. 그리고 수학에서는, 상이한 주제들의 취급을 일반화를 사용하여 통일하는 방법이다. 철학자들은 끊임없이 과학의 방법을 안중에 두고 있으며, 과학이 하는 방식으로 물음들을 묻고 대답하려는 저항할 수 없는 유혹을 받는다. 이러한 경향이 형이상학의 진정한 원천이다. 그리고 철학자를 완전한 어둠 속으로 이끈다. 나는 여기서, 어떤 것을 어떤 것으로 환원하거나 어떤 것을 설명하는 것은 결코 우리의 일일 수 없다고 말하고 싶다. 철학은 정말로 '순전히 기술적'이다. ("감각 자료는 존재하는가?"와 같은 그런 물음들을 생각하고, 이것을 결정할 무슨 방법이 있는가 하고 물어보라. 내성(內省)?)

"일반성에 대한 열망" 대신에 나는 "특수한 경우에 대한 경멸적 태도"라고도 말할 수 있었을 것이다. 예를 들어, 어떤 사람이 수의 개념을 설명하려고 시도하면서, 이러이러한 정의는 이를테면 유한 기수들에만 적용되기 때문에 충분하지 않거나 어색할 것이라고 말한다면, 나는 그가 그런 제한된 정의를 줄 수 있었다는 사실은 이 정의를 우리에게 극히 중요하게 만든다고 대답할 것이다. (우아함은 우리가 추구하고 있는 것이 아니다.) 왜냐하면 유한수들과 초한수들이 공유하는 것이 그것들을 구별해 주는 것보다 왜 우리에게 더 흥미로워야 한단 말인가? 또는 차라리, 나는 "그것이 왜 우리에게 더 흥미로워야 한단 말인가?"라고 말하지 말았어야 했다. 그것은 더 흥미롭지 않다; 그리고 이것이 우리의 사유 방식을 특징짓는다.

더 일반적인 것과 더 특수한 것에 대한 논리학에서의 태도는 혼동을 일으키기 쉬운 "종류"라는 낱말의 용법과 연결되어 있다. 우리는 수의 종류들, 명제의 종류들, 증명의 종류들에 관해서 이야기한다; 그리고 또한 사과의 종류들, 종이의 종류들 등에 관해서도 이야기한다. 한쪽의 뜻에서, 종류를 정의하는 것은 달콤함, 딱딱함 등과 같은 성질들이다. 다른 한쪽의 뜻에서는, 상이한 종류들은 상이한 문법적 구조들이다. 과실학(果實學)에 관한 논문은 그것이 언급하지 않은 사과 종류들이 존재한다면 불완전하다고 불릴지 모른다. 여기서 완전성의 표준은 자연에 있다. 이에 반해, 체스와 닮은 놀이이지만 졸은 사용되지 않는 더 단순한 놀이를 상상해 보자. 우리는 이 놀이를 불완전하다고 불러야 할까? 또는 만일 어떤 놀이가 어떤 방식으로 체스를 포함하지만 새로운 요소들을 덧붙였다면, 우리는 그것을 체스보다 더 완전한 놀이라고 불러야 할까? 덜 일반적인 경우로 보이는 것에 대한 논리학에서의 경멸은 그것이 불완전하다는 관념으로부터 발원한다. 기수(基數) 산수를 보다 일반적인 어떤 것과 대조되는 특수한 어떤 것으로서 이야기하는 것은 사실상 혼란을 일으키는 것이다. 기수 산수는 불완전성의 어떠한 표시도 지니고 있지 않다; 유한 기수 산수 역시 그러하다. (논리적 형식들 사이에는 상이한 종류의 사과들의 맛 사이에 있는 것과 같은 미묘한 구별들이 없다.)

우리가, 이를테면, "소망하다", "사유하다", "이해하다", "의미하다"란 낱말들의 문법을 연구한다면, 우리는 소망함, 사유함 등의 다양한 경우들을 기술했을 때 불만스럽지 않을 것이다. 만일 어떤 사람이 "분명 이것은 '소망함'이라고 불리는 것의 전부가 아니다"라고 말한다면, 우리는 이렇게 대답할 것이다. "확실히 아니다; 그러나 당신이 좋다면, 당신은 더 복잡한 경우들을 구성할 수 있다"라고 말이다. 그리고 어쨌든, 소망함의 모든 경우를 특징짓는 특징들의 하나의 명확한 집합은 없다(적어도 그 낱말이 보통 사용되는 바로는, 없다). 반면에 당신이 소망함의 정의를 내리고자 한다면, 즉 명확한 경계를 긋고자 한다면, 당신은 당신이 좋은 대로 그것을 자유롭게 그을 수 있다. 그리고 이 경계는 실제의 용법과 결코 전적으로 일치하지는 않을 것인데, 왜냐하면 이 용법에는 선명한 경계가 없기 때문이다.

일반 용어의 의미에 관해 명료해지기 위해서는 그것의 적용들 모두에서 공통적인 요소를 찾아야 한다는 관념은 철학적 탐구에 족쇄를 채워 왔다. 왜냐하면 그것은 아무런 결과도 낳지 못했을 뿐 아니라, 철학자로 하여금 구체적인 경우들을—그것들만이 그가 일반 용어의 용법을 이해하도록 도울 수 있었을 터인데도—무관한 것으로서 기각하게 했기 때문이다. 소크라테스가 "지식이란 무엇인가?"라는 물음을 물을 때, 그는 지식의 경우들을 열거하는 것을 심지어 예비적인 대답으로서조차도 간주하지 않는다.[11] 만일 내가 산수가 어떤 종류의 것인지를 발견해 내기 원한다면, 나는 유한 기수 산수의 경우를 탐구한 것으로 실로 매우 만족할 것이다. 왜냐하면,

(a) 이것은 나를 더한층 복잡한 경우들로 이끌 것이며,

(b) 유한 기수 산수는 불완전하지 않기 때문, 즉 그것에는 여분의 산수가 채워야 할 틈새들이 없기 때문이다.

A가 4시부터 4시 30분까지 B가 자기 방에 오기를 기대한다면 무엇이 일어나는가? "어떤 것을 4시부터 4시 30분까지 기대하다"라는 문구가 사용되는 한 가지 뜻에서, 그것은 확실히 그 간격 내내 진행되는 마음의 한 과정이

---

11 (저자주)《테아이테토스》146D~7C.

나 상태를 지시하지 않고, 마음의 매우 많은 상이한 활동들과 상태들을 지시한다. 예를 들어 B가 차 마시러 오기를 내가 기대한다면, 다음과 같은 일이 일어날 수도 있다. 즉 4시에 나는 나의 달력을 바라보고, 오늘 날짜에 이름 "B"가 적혀 있음을 본다; 나는 두 사람을 위한 차를 준비한다; 나는 잠시 동안 "B가 담배를 피우는가"를 생각하고 담배를 내놓는다; 4시 30분 무렵, 나는 조바심이 나기 시작함을 느낀다; 나는 B가 내 방에 들어올 때 어떤 모습으로 들어올지를 상상한다. 이 모든 것이 "4시부터 4시 30분까지 B를 기대함"이라고 불린다. 그리고 이 과정에는 우리 모두가 같은 표현으로 기술하는 끝없는 변이(變異)들이 있다. 어떤 사람이 차 마시러 오기를 기대함의 상이한 과정들은 무엇을 공유하는가 하고 혹자가 묻는다면, 그 대답은, 비록 많은 공통적 특징들이 겹치기는 하지만, 그것들 모두에는 공통적인 어떤 단일한 특징도 없다는 것이다. 기대의 이러한 경우들은 하나의 가족을 형성한다; 그것들은 명료하게 한정되어 있지 않은 가족 유사성을 지닌다.

우리가 "기대"라는 낱말을 어떤 특정한 감각을 의미하기 위해 사용한다면, 그 낱말의 전적으로 다른 사용이 존재한다. "소망", "기대" 등과 같은 낱말들의 이러한 사용은 쉽게 연상이 된다. 이러한 사용과 위에서 기술된 사용 사이에는 명백한 연관이 있다. 많은 경우에 우리가 어떤 사람을 첫 번째 뜻에서 기대한다면, 기술된 활동들의 일부 또는 전부가 어떤 특이한 느낌, 긴장을 동반한다는 것은 의심의 여지가 없다; 그리고 이러한 긴장의 경험을 의미하기 위해 "기대"라는 낱말을 사용하는 것은 자연스럽다.

이제 물음이 발생한다: 이 감각은 "기대감"이라고 불려야 하는가, 아니면 "B가 올 것이라는 기대감"이라고 불려야 하는가? 첫 번째 경우라면, 당신이 기대 상태에 있다고 말하는 것은 이러이러한 것이 일어날 것이라고 기대하는 상황을 충분히 기술하지 않음이 명백하다. 두 번째 경우는 "이러이러한 것이 일어날 것이라고 기대함"이라는 문구의 사용에 대한 하나의 설명으로서 종종 경솔하게 제안된다. 그리고 당신은 심지어 이러한 설명으로 당신이 안전한 지반 위에 있다고 생각할지도 모른다. 왜냐하면 더 이상의 모든 물음은, 기대감은 정의 불가능하다고 말함으로써 취급되니까 말이다.

자, 어떤 특정한 감각을 "B가 올 것이라는 기대"라고 부르는 데 대해서는 아무 이의가 없다. 이러한 표현을 사용하는 데 대해 좋은 실용적 이유들조차 있을지 모른다. 다만 유의하라:—"B가 올 것이라고 기대함"이라는 문구의 의미를 우리가 이런 식으로 설명했어도, 그렇게 해서는 그 문구로부터 "B" 대신 다른 이름을 대입함으로써 도출되는 어떠한 문구도 설명되지 않는다. "B가 올 것이라고 기대함"이란 문구는 "x가 올 것이라고 기대함"이란 함수의 값이 아니라고 말할 수 있을 것이다. 이를 이해하기 위해서는, 우리의 경우를 "나는 x를 먹는다"라는 함수의 경우와 비교하라. 비록 우리가 "의자를 먹는다"란 표현의 의미를 특별히 배우지 않았더라도, 우리는 "나는 의자를 먹는다"란 명제를 이해한다.

현재 우리의 경우에 이름 "B"가 "나는 B를 기대한다"라는 표현에서 행하는 역할은 "브라이트"란 이름이 "브라이트병(Bright's disease)"에서 행하는 역할과 비교될 수 있다.[12] 어떤 특정한 종류의 질병을 지칭할 때의 이 낱말의 문법을 브라이트에게 있는 질병을 의미할 때의 "브라이트의 병"이란 표현의 문법과 비교하라. 나는 첫 번째 경우에서의 낱말 "브라이트"는 "브라이트 씨 병"이라는 복합적 이름에서의 지표(指標)라고 말함으로써 그 차이를 특징지을 것이다; 두 번째 경우에 나는 그것을 'x의 병'이라는 함수의 논항(論項)이라고 부를 것이다. 지표는 어떤 것을 넌지시 언급한다고 말할 수 있다. 그리고 그러한 언급은 온갖 종류의 방식으로 정당화될 수 있을 것이다. 가령 어떤 감각을 "B가 올 것이라는 기대"라고 부르는 것은 그것에 복합적

---

12 (저자주) 《논리-철학 논고》 5.02를 보라.

이름을 주는 것이며, "B"는 아마도 그 감각이 그가 옴에 앞서 규칙적으로 일어난 적이 있는 그 사람을 넌지시 언급할 것이다.

또한 우리는 "B가 올 것이라는 기대"라는 문구를 어떤 감각들의 이름으로서가 아니라 특징으로서 사용할지도 모른다. 예를 들어 우리는 이렇게 설명할 수 있을 것이다. 즉 어떤 긴장이 B가 옴으로써 경감된다면, 우리는 그 긴장을 B가 올 것이라는 하나의 기대라고 한다고 말이다. 이런 식으로 우리가 그 문구를 사용한다면, 우리는 우리의 기대가 충족되기 전까지는 우리가 무엇을 기대하는지를 알지 못한다고 말하는 것은 참이다(러셀[13] 참조). 그러나 이것이 "기대하다"란 낱말을 사용하는 유일한 방식이라거나 심지어 가장 흔한 방식이라고는 누구도 믿을 수 없다. 내가 어떤 사람에게 "당신은 누구를 기대하고 있는가?"라고 묻고 대답을 받은 후에 "당신이 다른 누군가를 기대하지 않는 것이 확실한가?"라고 다시 묻는다면, 대부분의 경우 이 물음은 부조리하다고 간주될 것이다. 그리고 그 대답은 "물론, 나는 내가 누구를 기대하는지를 안다"와 같은 어떤 것이 될 것이다.

혹자는 "소망함"이란 낱말에 러셀이 준 의미를, 그것은 그에게 일종의 배고픔을 의미한다고 말함으로써 특징지을지도 모른다.—배고픔의 특정한 느낌이 특정한 것을 먹음으로써 경감될 것이라는 것은 하나의 가설이다. "소망함"이라는 낱말을 러셀이 사용하는 방식에서는 "나는 사과를 원했지만, 배가 나를 만족시켰다"라고 말하는 것은 아무런 뜻도 없다.[14] 그러나 "소망함"이라는 낱말을 러셀과는 다른 방식으로 사용하면서, 우리는 때때로 그렇게 말한다. 이런 뜻에서는 우리는 소망함의 긴장이 그 소망이 충족됨 없이

---

13 (옮긴이주) 러셀(Bertrand Russell, 1872~1970): 영국의 논리학자이자 수학자이자 철학자. 또 사회비평가와 평화운동가로서도 활약했다. 주요 (철학적) 저서로 《수학 원리》(A. N. 화이트헤드와 공저), 《신비주의와 논리》, 《수리철학 입문》, 《외적 세계에 대한 우리의 지식》, 《마음의 분석》, 《의미와 진리에 관한 탐구》, 《인간의 지식: 그 범위와 한계》 등이 있다.
14 (저자주) 러셀의 《마음의 분석》 III 참조.

도 경감되었다고 말할 수 있다; 그리고 또한 그 긴장이 경감됨 없이도 그 소망이 충족되었다고 말할 수 있다. 즉 나는, 이런 뜻에서, 나의 소망이 충족됨 없이도 만족하게 될 수 있다.

이제 혹자는 우리가 이야기하고 있는 차이는 단순히 이런 것, 즉 우리는 어떤 경우들에는 우리가 무엇을 원하는지를 알고 다른 경우들에는 알지 못한다는 것이 될 뿐이라고 말하고 싶은 유혹을 받을지 모른다. 확실히, 우리가 다음과 같이 말하는 경우들이 존재한다: "내가 무엇을 그리워하는지는 모르지만, 나는 그리움을 느낀다", 또는 "나는 공포를 느끼지만, 내가 무엇을 두려워하는지는 모른다", 또는 다시, "나는 공포를 느끼지만, 내가 특히 어떤 것을 두려워하는 것은 아니다".

이 경우들을 이제 우리는, 우리에게는 대상들을 지시하지 않는 어떤 감각들이 있다고 말함으로써 기술할지도 모른다. "대상들을 지시하지 않는"이라는 문구는 하나의 문법적 구별을 도입한다. 그러한 감각들을 특징지음에 있어 우리가 "두려워하다", "그리워하다" 등과 같은 동사들을 사용한다면, 이들 동사들은 자동사일 것이다; "나는 두려워한다"는 "나는 울부짖는다"와 유사할 것이다. 우리는 어떤 것에 대해 울부짖지만, 우리가 울부짖는 대상은 울부짖음이란 과정의 구성 성분이 아니다. 즉 우리가 울부짖는 대상을 언급하지 않고도, 우리는 우리가 울부짖을 때 일어나는 모든 것을 기술할 수 있을 것이다.

이제 내가, "나는 공포를 느낀다"와 그 비슷한 표현들을 우리는 오직 타동사적으로 사용해야 한다고 제안했다고 해 보자. 이전에 우리가 "나는 공포감이 든다"라고 (자동사적으로) 말한 곳에서 언제나 이제 우리는 "나는 어떤 것을 두려워하고 있지만 그게 무엇인지는 알지 못한다"라고 말할 것이다. 이러한 용어법에 대해 이의가 있는가?

우리는 이렇게 말할지 모른다: "이의는 없다, 그럴 경우 우리가 '안다'라는 낱말을 기묘한 방식으로 사용하는 게 될 것이라는 점을 제외하면 말이다." 이런 경우를 생각해 보라:—우리는 방향이 없는 일반적인 공포감을 지니고 있다. 나중에 우리는 우리로 하여금 "이제 나는 내가 무엇을 두려워하는지 안다. 나는 이러이러한 일이 일어나지나 않나 하고 두려워하고 있다"라고 말하게 하는 경험을 한다. 나의 첫 번째 느낌을 자동사에 의해 기술하는 것이 옳은가, 아니면 나는 그것을 몰랐지만 나의 공포는 대상이 있었다고 나는 말해야 할까? 이 두 기술 형식 모두가 사용될 수 있다. 이를 이해하려면 다음의 예를 검토하라:—우리가 보통 "치통"이라 부르는 것에 의해 동반되지 않은 치아의 어떤 부식 상태를 "무의식적 치통"이라고 부르는 것이 유용하다고 여겨질지도 모른다. 그리고 이런 경우에 우리는 치통이 있지만 그걸 알지 못한다는 표현을 사용하는 것이 유용하다고 여겨질지도 모른다. 정신분석이 무의식적인 사고들, 의지 작용들 등에 관해 이야기하는 것은 바로 이런 뜻에서이다. 이제 이러한 뜻에서 "나는 치통이 있지만 그것을 알지는 못한다"라고 말하는 것은 잘못인가? 그것은 그저 하나의 새로운 용어법이며 어느 때나 일상 언어로 재번역될 수 있으므로, 거기에는 잘못된 것이 아무것도 없다. 다른 한편, 그것은 분명히 "안다"라는 낱말을 새로운 방식으로 이용하고 있다. 이 표현이 어떻게 사용되는가를 당신이 검사하기를 원한다면, "알게 된다고 하는 과정은 이 경우 어떤 것인가?", "우리는 무엇을 '알게 됨', '발견해 냄'이라고 부르는가?" 하고 자문하는 것이 도움이 될 것이다.

우리의 새로운 규약에 따르면, "나는 무의식적 치통이 있다"라고 말하는 것은 잘못이 아니다. 왜냐하면 당신의 표기법에 대해 당신이, 당신에게 치통을 주지 않는 나쁜 치아와 치통을 주는 나쁜 치아를 구별해야 한다는 것 이상의 무엇을 요구할 수 있는가? 그러나 그 새로운 표현은 우리가 우리의 규약을 관철하기 어렵게 만드는 그림들과 유추들을 불러일으킴으로써 우리를 오도한다. 그리고 우리가 항상 조심하지 않으면, 이 그림들을 버리기는 극히 어렵다; 철학을 할 적에 우리가 사물들에 관해 우리가 말하는 것을 심사숙고할 때 특히 어렵다. 가령, "무의식적 치통"이란 표현으로 당신은 굉장한 발견—어떤 뜻에서는 우리의 이해를 전적으로 혼란스럽게 하는 발견—이 이루어졌다고 생각하는 데로 오도될지 모른다. 아니면 그 표현으로 당신은 극도로 난감해져서(철학의 난문), "어떻게 무의식적 치통이 가능한가?"와 같은 질문을 할지도 모른다. 그러면 당신은 무의식적 치통의 가능성을 부정하고 싶은 유혹을 받을지 모른다. 그러나 과학자는 당신에게 그런 것이 있다는 것은 증명된 사실이라고 말할 것이다. 그리고 그는 흔한 편견을 파괴하고 있는 사람처럼 그 말을 할 것이다. 그는 이렇게 말할 것이다: "분명 그건 아주 간단하다. 당신이 알지 못하는 다른 것들이 존재하는 것이다. 그리고 당신이 알지 못하는 치통도 있을 수 있다. 그것은 정말 새로운 하나의 발견이다." 당신은 만족하지 않을 것이지만, 무슨 대답을 해야 할지 모를 것이다. 이러한 상황이 과학자와 철학자 사이에서 끊임없이 발생한다.

그러한 경우 우리는 "'무의식적', '안다' 등등의 낱말이 이 경우에는 어떻게 사용되며, 또 다른 경우에는 어떻게 사용되는지 보자"라고 말함으로써 문제를 풀 수 있을 것이다. 이 사용들 사이의 유사성은 어느 정도까지인가? 우리는 또한 우리가 익숙해 있는 표기법들의 주문(呪文)을 깨뜨리기 위해 새로운 표기법들을 구성하려 시도할 것이다.

우리가 검사하고 있는 특정한 경우에 우리가 무엇을 "알게 됨"이라고 불러야 할 것인지를 자문하는 것은 '안다'란 낱말의 문법(사용)을 검사하는 한 가지 방식이라고 우리는 말했다. 이 물음은 "'안다'란 낱말의 의미는 무엇인가?"라고 하는 물음에 설혹 관련되어 있다 해도 단지 모호하게 관련되어 있다고 생각하고 싶은 유혹이 존재한다. "이 경우 '알게 된다'고 하는 것은 어떤 것인가?"라고 우리가 물을 때 우리는 주제에서 벗어나 있는 것처럼 보인다. 그러나 이 물음은 실제로는 "안다"라고 하는 낱말의 문법에 관한 물음이다. 그리고 이는 우리가 그 물음을, "우리는 무엇을 '알게 됨'이라고 부르는가?"라는 형식으로 제시하면 더 명료해진다. 이것이 우리가 "의자 위에 앉음"이라고 부르는 것이라는 것은 "의자"라는 낱말의 문법의 일부이다. 그리고 이것이 우리가 "의미의 설명"이라고 부르는 것이라는 것은 "의미"란 낱말의 문법의 일부이다. 같은 방식으로, 다른 인물이 치통을 지니고 있음에 대한 나의 기준을 설명하는 것은 "치통"이란 낱말에 관해 문법적 설명을 하는 것이며, 이런 뜻에서 "치통"이란 낱말의 의미에 관해 설명을 하는 것이다.

"아무개는 치통이 있다"라는 문구의 사용을 우리가 배웠을 때, 우리에게 지적된 것은 치통이 있다고 말해지는 사람들의 어떤 종류의 행동이었다. 이런 종류의 행동의 예로서, 당신의 뺨을 붙잡음을 들어보자. 이 첫 번째 기준들이 나에게 어떤 인물이 치통이 있음을 말해 주는 어떤 경우마다 그 인물의 뺨에 붉은 반점이 나타났음을 내가 관찰을 통해 발견했다고 해 보자. 이제 내가 어떤 사람에게, "나는 A가 치통이 있음을 안다, 그의 뺨에 붉은 반점이 생겼다"라고 말했다고 가정하자. 그는 나에게 "당신이 붉은 반점을 볼 때, 어떻게 당신은 A가 치통이 있음을 아는가?"라고 물을지 모른다. 그러면 나는 어떤 현상들이 그 붉은 반점의 출현과 언제나 동시에 일어났음을 지적할 것이다.

이제 혹자는 계속해서 다음과 같이 물을지 모른다: "그가 자신의 뺨을 붙잡을 때 그가 치통이 있다는 것을 당신은 어떻게 아는가?" 이에 대한 대답은 다음과 같을 수 있을 것이다: "내가 치통이 있을 때 나는 내 뺨을 붙잡기 때문에, 그가 그의 뺨을 붙잡을 때 그는 치통이 있다고 나는 말한다." 그러나 우리가 계속해서 묻기를, "그런데 당신이 당신의 뺨을 붙잡음에 당신의 치통이 대응하기 때문에 그가 그의 뺨을 붙잡음에는 치통이 대응한다고 당신이 상상하는 건 왜인가?"라고 한다면 어떻게 될까? 당신은 이 물음에 대답하기가 난감할 것이다; 그리고 여기서 우리가 암석 바닥에 부딪혔다는 것, 즉 우리가 관행(慣行)들에 도달했다는 것을 발견할 것이다. (만일 당신이 마지막 물음에 대한 대답으로서, 사람들이 자신들의 뺨을 붙잡고 있음을 보고 우리가 그들에게 무슨 문제가 있느냐고 물을 때마다 그들은 "나는 치통이 있다"라고 대답하더라는 것을 든다면,—이 경험은 당신의 뺨을 붙잡음과 어떤 말을 함을 단지 짝지을 뿐이라는 것을 기억하라.)

어떤 초보적인 혼동들을 피하기 위해 정반대의 두 용어를 도입하자: "이러이러한 것이 사실이라는 것을 당신은 어떻게 아는가?"라는 물음에 대해 우리는 때때로 '기준들'을 진술함으로써 대답하고, 때때로는 '징후들'을 진술함으로써 대답한다. 의학이 후두염을 특정한 세균으로 인해 야기된 염증이라고 부른다면, 그리고 우리가 특정한 경우에 "왜 당신은 이 사람이 후두염에 걸렸다고 말하는가?"라고 묻는다면, "나는 그의 혈액에서 이러이러한 세균을 발견했다"라고 하는 대답은 우리에게 기준을, 또는 이른바 후두염의 정의적 기준을 진술한다. 반면에 그 대답이 "그의 목구멍에 염증이 있다"였다면, 이것은 우리에게 후두염의 한 징후를 진술하는 것일 것이다. 나는 우리의 정의적 기준인 현상과 이런저런 방식으로 일치했다고 경험이 우리에게 가르친 바 있는 현상을 "징후"라고 부른다. 그러면 "이 세균이 어떤 사람에게서 발견되면 그는 후두염이 있다"라고 말하는 것은 동어반복이거나 "후두염"의 정의를 진술하는 하나의 느슨한 방식이다. 그러나 "목구멍에 염증이 있는 사람은 언제나 후두염이 있다"는 하나의 가설을 세우는 것이다.

실제로는, 만일 당신이 어느 현상이 정의적 기준이고 어느 현상이 징후인가 하는 질문을 받는다면, 당신은 대부분의 경우 임시변통의 자의적 결단을 함으로써 말고는 이 물음에 대답할 수 없을 것이다. 한 현상을 정의적 기준으로 채택함으로써 한 낱말을 정의하는 것이 실용적일지 모르지만, 우리는 우리의 첫 번째 사용법에 따르면 징후였던 것에 의해 낱말을 정의하도록 쉽게 설득될 것이다. 의사들은 어떤 현상들이 기준들로 채택되고 어떤 현상들이 징후들로 채택되어야 할지를 결정해 본 바 없이 병명들을 사용할 것이다. 그리고 이것은 꼭 명료성의 통탄할 만한 결여는 아니다. 왜냐하면 일반적으로 우리는 언어를 엄격한 규칙들에 따라서 사용하지 않는다는 것을 기억하라―또한 우리는 그것을 엄격한 규칙들에 의해 배운 바도 없다. 다른 한편으로, 우리의 논의에서 우리는 언어를 정확한 규칙들에 따라 나아가는 계산법과 끊임없이 비교한다.

이것은 매우 일면적인 언어 고찰 방식이다. 실제로는 우리가 언어를 그러한 계산법으로서 사용하는 경우는 매우 드물다. 왜냐하면 언어를 사용하는 동안 우리는 사용 규칙들에 관해―정의들 등등에 관해―생각하지 않을 뿐 아니라, 그러한 규칙들을 제시하라고 요구받을 때, 대부분의 경우 우리는 우리가 사용하는 개념들을 분명하게 한정 지을 수 없다; 우리가 그것들의 진정한 정의를 알지 못해서가 아니라, 그것들에는 진정한 '정의'가 없기 때문이다. 있어야 한다고 상상하는 것은, 아이들이 공을 가지고 놀 때마다 아이들이 엄밀한 규칙들에 따라서 놀이를 하고 있다고 상상하는 것과 같은 것이다.

우리가 언어를 정확한 계산법에서 사용되는 상징체계로서 이야기할 때 우리의 마음속에 있는 것은 과학들과 수학에서 발견될 수 있다. 정확성의 이러한 표준에 우리의 일상적 언어 사용은 오직 드문 경우에만 순응한다. 그러면 왜 우리는 철학할 적에 끊임없이 우리의 낱말 사용을 정확한 규칙들을 따르는 것과 비교하는가? 그 대답은, 우리가 제거하려고 시도하는 수수께끼들은 언어에 대한 바로 이러한 태도로부터 언제나 발생한다는 것이다.

성(聖) 아우구스티누스 및 다른 사람들이 물어왔던바 "시간이란 무엇인가?"라는 물음을 하나의 예로 생각해 보라. 첫눈에 이 물음이 요구하는 것은 하나의 정의이다. 그러나 그렇다면 즉시 다음의 물음이 발생한다: "정의는 우리를 정의되지 않은 다른 용어들로 이끌 수 있을 뿐인데, 정의로 우리는 무엇을 얻을까?" 그리고 왜 우리는 "의자"에 대한 정의의 결여로 해서가 아니라 바로 시간에 대한 정의의 결여로 난감해질까? 왜 우리는 우리가 정의를 내린 적이 없는 모든 경우에 난감해져서는 안 될까? 자, 정의는 종종 낱말의 **문법**을 명료하게 한다. 그리고 사실 우리를 난감하게 하는 것은 "시간"이란 낱말의 문법이다. 우리를 약간 오도하는 물음, 즉 "……은 무엇인가?"라는 물음으로 우리는 이러한 난감함을 표현하고 있을 뿐이다. 이 물음은 불명료성의, 정신적 불안의 표명이다. 그리고 그것은 어린이들이 매우 자주 묻곤 하는바 "왜?"라고 하는 물음과 비교될 수 있다. 이것 역시 정신적 불안의 한 표현이며, 원인이나 이유 둘 중의 하나를 반드시 요구하지는 않는다. (헤르츠[15], 《역학의 원리》(*Principles of Mechanics*).) 이제 "시간"이란 낱말의 문법에 관한 난감함은 그 문법에서의 외관상의 모순들이라고 불릴 수 있을 것으로부터 발생한다.

성 아우구스티누스가 다음과 같이 논하였을 때 그를 난감하게 한 것이 그러한 "모순"이었다: 시간을 측정한다는 것이 어떻게 가능한가? 왜냐하면 과거는 지나가 버렸으므로 측정될 수 없고, 미래는 아직 오지 않았기 때문에 측정될 수 없기 때문이다. 그리고 현재는 연장(延長)이 없으므로 측정될 수 없다.

여기서 일어난다고 보이는 모순은 한 낱말—이 경우에는 "측정"이란 낱말—의 상이한 두 용법 사이의 충돌이라고 부를 수 있을 것이다. 아우구스

---

15 (옮긴이주) 헤르츠(Heinrich R. Hertz, 1857~1894): 독일의 물리학자. 그의 주저 《역학의 원리》에서 헤르츠는 힘의 본성에 관한 물음은 '힘'이란 개념을 사용하지 않고 뉴턴 물리학을 재기술함으로써 해소된다고 말한다. 그것은 '힘이란 무엇인가?'에 대한 직접적인 대답을 주는 것이 아니지만, "우리의 마음은, 더는 혼란스러워하지 않은 채, 불합리한 물음들을 제기하는 것을 그만둘 것이다"(서문)라고 말한다. 비트겐슈타인은 이러한 헤르츠의 방책을 철학적 혼란들에 대한 해결책의 완전한 모델로 간주했다.

티누스는 길이의 측정 과정을 생각하고 있다고 우리는 말할 수 있을 것이다; 이를테면, 우리 앞을 지나가는, 그리고 우리는 우리 앞에서 그것의 작은 조각(현재)만을 볼 수 있는, 이동 벨트 위의 두 표시 사이의 거리. 이 수수께끼를 푸는 것은 이동 벨트 위의 거리에 적용되었을 때 "측정"으로 우리가 의미하는 것("측정"이란 낱말의 문법)과 시간에 적용되었을 때의 그 낱말의 문법을 비교하는 데 있을 것이다. 그 문제는 단순해 보일지 모른다. 그러나 그것이 지니는 극도의 어려움은 우리의 언어에서 비슷한 두 구조 사이의 유사성이 우리에게 행사할 수 있는 마력에 기인한다. (여기서, 한 낱말이 두 의미를 지닐 수 있다고 어린아이가 믿는 것은 때때로 거의 불가능하다는 점을 기억하는 것이 도움이 된다.)

이제, 시간의 개념에 관한 이 문제가 엄격한 규칙들의 형식으로 주어진 대답을 요구한다는 것은 분명하다. 수수께끼는 규칙들에 관한 것이다.—다른 예로, "앎이란 무엇인가?"라고 하는 소크라테스의 물음을 들어 보자. 그 논의는 정확한 정의의 예를 주는 학생과 더불어 시작되고 나서 그것과 유사하게 "앎"이란 낱말의 정의가 요구되므로, 여기서 사정은 한층 더 분명하다. 문제가 진술되면서, "앎"이란 낱말의 일상적 사용에 뭔가 잘못된 것이 있는 것처럼 보인다. 우리는 그것이 의미하는 바를 알지 못하는 것처럼 보이고, 그 때문에 아마도 우리는 그것을 사용할 권리가 없는 것처럼 보인다. 우리는 대답할 것이다: "'앎'이란 낱말에 대한 하나의 정확한 용법은 없다; 그러나 우리는 그러한 여러 용법을 만들어 낼 수 있고, 그것들은 그 낱말이 실제 사용되는 방식들과 다소간 일치할 것이다."

철학적으로 수수께끼에 빠진 사람은 어떤 낱말이 사용되는 방식에서 어떤 하나의 법칙을 본다; 그리고 이 법칙을 일관적으로 적용하려고 애쓰면서, 그것이 역설적인 결과들에 이르는 경우들과 맞부딪친다. 이러한 수수께끼에 대한 논의가 진행되는 방식은 매우 자주 다음과 같다: 먼저 "시간이란 무엇인가?"라고 하는 물음이 제기된다. 이 물음은 우리가 원하는 것이 하나의 정의인 것처럼 보이게 만든다. 우리는 정의가 그 골칫거리를 제거할 것이라고 잘못 생각한다(소화불량의 어떤 상태에서 우리가, 음식을 먹는 것으로는 제거될 수 없는 종류의 배고픔을 느끼는 것처럼 말이다). 그러면 그 물음은 잘못된 정의를 통해 대답된다; 이를테면, "시간은 천체들의 운동이다". 그다음 단계는 이 정의가 불만족스럽다고 보는 것이다. 그러나 이것은 우리가 "시간"이란 낱말을 "천체들의 운동"과 동의어로 사용하지 않는다는 것을 의미할 뿐이다. 그렇지만 첫 번째 정의가 잘못되었다고 말하는 가운데, 이제 우리는 그것을 다른 정의, 올바른 정의로 대체해야 한다고 생각하고 싶은 유혹에 빠진다.

이 경우와 수에 대한 정의의 경우를 비교하라. 여기서 수는 숫자와 같은 것이라고 하는 설명은 정의에 대한 최초의 열망을 충족시킨다. 그리고 다음과 같이 묻지 않기가 매우 어렵다: "자, 그것이 숫자가 아니라면, 그것은 무엇인가?"

철학은―우리가 그 낱말을 사용하는 바로는―표현의 형식들이 우리에게 행사하는 마력에 대한 하나의 투쟁이다.

나는 당신이, 낱말들은 우리가 그것들에 준 의미들을 지닌다는 것을 기억하기 바란다; 그리고 우리는 설명들을 통해 그것들에 의미를 준다. 내가 한 낱말의 정의를 주고 그에 따라 그 낱말을 사용했거나, 나에게 그 낱말의 사용을 가르친 사람들이 나에게 설명을 주었을 수 있다. 아니면 한 낱말의 설명으로 우리는, 질문을 받았을 때 우리가 해 줄 준비가 되어 있는 설명을 의미할 수도 있을 것이다. 즉 우리가 어떠한 설명이라도 해 줄 준비가 되어 있다면 말이다; 대부분의 경우, 우리는 그렇게 준비가 되어 있지 않다. 그렇다면 이런 뜻에서 많은 낱말들은 엄밀한 의미를 지니지 않는다. 그러나 이것은 결점이 아니다. 그것이 결점이라고 생각하는 것은, 나의 독서 램프의

빛이 명확한 경계가 없으므로 진정한 빛이 아니라고 말하는 것과 비슷할 것이다.

철학자들은 낱말들의 의미를 탐구하는 일, 분석하는 일에 관해 매우 자주 이야기한다. 그러나 낱말은 그것이 실제로 의미하는 것에 대한 일종의 과학적 탐구가 존재할 수 있을 정도로, 말하자면 우리와 독립된 힘에 의해 주어진 의미를 지니지 않는다는 것을 잊지 말자. 낱말은 어떤 사람이 그것에 준 의미를 지닌다.

명확히 정의된 여러 의미를 지니는 낱말들이 존재한다. 이런 의미들의 목록을 작성하기는 쉽다. 그리고 서로 점차 융합되는 수천의 다른 방식으로 사용된다고 말해질 수 있을 터인 낱말들이 존재한다. 우리가 그것들의 사용에 대해 엄격한 규칙들의 목록을 작성할 수 없다는 것은 당연하다.

철학에서 우리가 우리의 일상 언어와 대립되는 이상 언어를 고려한다고 말하는 것은 잘못이다. 왜냐하면 이는 마치 우리가 우리는 일상 언어를 개선할 수 있을 거라고 생각한 것처럼 보이게 만들기 때문이다. 그러나 일상 언어는 아무 일 없다. 우리가 '이상 언어들'을 만들어 낼 때마다, 그것이 우리의 일상 언어를 그것들로 대체하기 위함은 아니다. 그것은 그저, 어떤 사람의 마음속에 그가 보통의 낱말에 대한 정확한 사용을 포착했다고 생각함으로써 야기된 골칫거리를 제거하기 위함이다. 그것은 또한 우리의 방법이 단지 낱말들의 실제 용법들을 열거할 뿐 아니라, 오히려 새로운 용법들을—그것들 중 일부는 그것들의 부조리한 외양 때문에—일부러 발명해야 하는 이유이기도 하다.

우리의 방법으로 우리는 어떤 유사성들이 오도하는 효과에 대항하려고 노력한다고 우리가 말할 때, 유사성이 오도한다는 그 관념은 명확하게 정의되지 않은 것임을 이해하는 것이 중요하다. 어떤 유사성이 어떤 사람을 오도했다고 우리가 말해야 할 경우들 둘레에 어떠한 명확한 경계도 그을 수 없다. 유사한 패턴들 위에서 구성된 표현들의 새로운 사용은 종종 서로 멀리 떨어진 경우들 사이의 유사성들을 강조한다. 그리고 이렇게 함으로써 이들 표현들은 대단히 유용할 수도 있다. 대부분의 경우, 어떤 유사성이 우리를 오도하기 시작하는 정확한 지점을 보이기는 불가능하다. 모든 특수한 표기법은 각각 어떤 특정한 관점을 강조한다. 예를 들어, 우리가 우리의 탐구들을 "철학"이라고 부른다면, 이 칭호는 한편으로는 적합해 보이지만, 다른 한편으로는 확실히 사람들을 오도해 왔다. (우리가 다루고 있는 주제는 원래 "철학"이라고 일컬어진 주제의 상속자들 가운데 하나라고 말할 수 있을 것이다.) 어떤 사람이 표현의 형식에 의해 오도되었다고 우리가 특히 말하고 싶은 경우들은 우리가 다음과 같이 말할 경우들이다: "만일 그가 이러이러한 낱말들의 문법에서 이러한 차이를 알아차렸다면, 또는 만일 그가 이러한 다른 표현의 가능성을 알아차렸다면, 그는 그가 말하는 것처럼 말하지는 않을 것이다" 등등. 가령 우리는 철학하는 어떤 수학자들에 대해, 그들은 명백히 "증명"이라는 낱말의 상이한 많은 용법들 사이의 차이를 알아차리지 못하고 있다고 말할 수 있다; 그리고 그들이 수의 종류들, 증명의 종류들에 관해 마치 여기서 "종류"라는 낱말이 "사과들의 종류"라는 문맥에서와 같은 것을 의미하는 것처럼 말할 때, 그들은 "종류"라는 낱말의 사용들 사이의 차이에 관해 명료하지 못하다고 말할 수 있다. 또는, 한 경우에는 우리가 오각형 작도법의 발견에 관해 말하고 다른 경우에는 남극의 발견에 관해 말할 때, 그들은 "발견"이라는 낱말의 상이한 의미들을 알아차리지 못하고 있다고 우리는 말할 수 있다.

그런데 우리가 "그리워하다", "두려워하다", "기대하다" 등과 같은 낱말들의 타동사적 사용과 자동사적 사용을 구별했을 때, 우리는 어떤 사람이 다음과 같이 말함으로써 우리의 난점들을 감추려고 시도할지 모른다고 말했다: "그 두 경우의 차이는 단순히, 우리는 한 경우에는 우리가 무엇을 그리워하는지를 알고, 다른 경우에는 알지 못한다는 것이다." 이제 이렇게 말하는 사람은, 내 생각에는, 그가 설명하여 없애려고 시도한 차이가 그 두 경우에 우리가 "안다"라는 낱말의 사용을 주의 깊게 고려할 때 다시 나타난다는 것을 명백히 보지 못하고 있다. "그 차이는 단순히……"라는 그 표현은 마치 우리가 그 경우를 분석했고 어떤 단순한 분석을 발견한 것처럼 보이게 만든다; 우리가 두 개의 다른 이름을 지닌 두 실체가 구성에서는 거의 차이가 없다는 것을 지적할 때처럼 말이다.

우리는 이 경우에, "우리는 그리움을 느낀다"(여기서 "그리움"은 자동사적으로 사용되어 있다)와 "우리는 그리움을 느끼는데, 무엇을 그리워하는지는 알지 못한다"란 두 표현을 모두 사용해도 될 것이라고 말했다. 서로 모순되어 보이는 두 표현 형식 가운데 어느 쪽이든 올바로 사용할 수 있다고 말하는 것은 이상하게 보일지 모른다; 그러나 그러한 경우들은 매우 빈번하다.

이 점을 분명히 하기 위해서 다음과 같은 예를 사용해 보자: 우리는 방정식 $x^2 = -1$은 $\pm\sqrt{-1}$이란 해답을 갖는다고 말한다. 이 방정식은 해답이 없다고 말하던 때가 있었다. 이제 이러한 진술은, 우리에게 그 해답을 말해 준 진술과 일치하든 불일치하든, 분명 근(根)의 다중성을 지니지 않는다. 그러나 우리는 방정식 $x^2 + ax + b = 0$이 해답이 없지만 가장 가까운 해답인 β에 α만큼 가깝게 다가간다고 말함으로써, 쉽게 그것에 그러한 다중성을 줄 수 있다. 유사하게 우리는 "직선은 언제나 원과 교차한다; 때로는 실수(實數)점에서, 때로는 복소수 점에서"라고 말하거나, "직선은 원과 교차하거나, 아니면 그렇지 않고, 교차함으로부터 α만큼 떨어져 있다"라고 말할 수 있다. 이들 두 진술은 정확히 같은 것을 뜻한다. 그것들은 어떤 사람이 그것을 바라보기 원하는 방식에 따라 다소간 만족스러울 것이다. 그는 교차함과 교차하지 않음 사이의 차이를 가능한 한 눈에 띄지 않게 만들기를 원할지 모른다. 또는 반대로 그는 그것을 강조하기를 원할지 모른다; 그리고 그 어느 쪽 경향도 가령 그의 특정한 실천적 목적에 의해 정당화될 수 있다. 그러나 이것이 그가 하나의 표현 형식을 다른 표현 형식보다 선호하는 이유일 수는 없다. 어느 형식을 그가 선호하는가, 그리고 그가 도대체 선호하기는 하는가는 종종 그의 사유의 일반적인, 깊이 뿌리박힌 경향들에 달려 있다.

(우리는 어떤 사람이 다른 사람을 경멸하면서 그것을 모르는 경우들이 있다고 말해야 할까; 아니면 우리는 이런 경우들을, 그는 그를 경멸하지 않지만, 그를 경멸하는 것과 일반적으로 어울릴 방식으로 무심코 그에 대해 행동한다—그에게 어떤 어조의 음성으로 말한다 등등—고 말함으로써 기술해야 할까? 어느 쪽 표현 형식도 옳다; 그러나 그것들은 마음의 상이한 경향들을 드러낼 수 있다.)

"소망하다", "기대하다", "그리워하다" 등의 표현들의 문법을 검토하는 데로 되돌아가자. 그리고 "나는 이러이러한 것이 일어나기를 소망한다"라고 하는 표현이 의식적 과정의 직접적 기술인 저 가장 중요한 경우를 고찰해 보자. 즉, "당신이 소망하는 것이 이것임은 확실한가?"라는 물음에 대해, "분명 나는 내가 무엇을 소망하는지 안다"라고 말함으로써 대답하고 싶어질 경우를 말이다. 이제 이 대답을, "당신은 ABC를 아는가?"라고 하는 물음에 대해 우리 대부분이 할 대답과 비교하라. 당신이 그것을 안다고 하는 단호한 주장은 전자의 주장과 유사한 뜻을 지니는가? 두 주장 다 어떤 뜻에서는 물음을 일축한다. 그러나 전자는 "분명 나는 이처럼 단순한 것을 안다"라고 말하고자 한다기보다는 오히려, "당신이 나에게 제기한 물음은 무의미하다"라고 말하고자 하는 것이다. 이 경우 우리는 이렇게 말할 수 있을 것이다. 즉 우리는 물음을 일축하는 잘못된 방법을 채용하고 있다고 말이다. "물론 나는 안다"는 여기서 "물론, 의심이 존재하지 않는다"로 대체될 수 있을 것이며, 이것은 "이 경우 의심에 관해 이야기하는 것은 아무런 뜻도 없다"를 뜻하는 것으로 해석될 수 있을 것이다. 이런 방식으로, "물론 나는 내가 무엇을 소망하는지를 안다"라고 하는 대답은 하나의 문법적 진술이라고 해석될 수 있다.

우리가 "이 방은 길이가 있는가?"라고 묻고, 어떤 사람이 "물론 있다"라고 대답할 때도 비슷하다. 그는 "무의미한 것을 묻지 말라"라고 대답했을 수도 있다. 다른 한편으로, "방은 길이를 지닌다"는 하나의 문법적 진술로서 사용될 수 있다. 그 경우 그것은 "방의 길이는 ……피트이다"라고 하는 형식의 문장이 뜻을 지님을 말한다.

대단히 많은 철학적 난점들이 "소망하다", "생각하다" 등의 표현들이 지니는, 우리가 지금 고찰하고 있는 저 뜻과 연결되어 있다. 이것들은 모두 다음의 물음 속에 요약될 수 있다: "사실이 아닌 것이 어떻게 생각될 수 있는가?"

이것은 철학적 물음의 멋진 예이다. 그것은 "어떻게 ……될 수 있는가?"를 묻고 있으며, 이것이 우리를 괴롭히기는 하지만, 우리는 사실이 아닌 것을 생각하는 것보다 더 쉬운 것은 없다는 것을 인정해야 한다. 내가 뜻하는 바는, 이것은 우리가 처해 있는 어려움이, 어떤 것을 생각하는 것이 어떻게 이루어지는가를 우리가 상상하지 못함으로써 일어나지 않는다는 것을 다시 우리에게 보여 준다는 것이다; 시간의 측정에 관한 철학적 난점이, 시간이 실제로 어떻게 측정되었는지를 우리가 상상하지 못함으로써 일어나지 않는 것과 마찬가지로 말이다. 내가 이 말을 하는 이유는, 때때로 우리의 난점은 마치 우리가 어떤 것을 생각했을 때 무엇이 일어났는가를 정확히 기억해 내는 것인 양, 즉 내성의 어려움 또는 그런 어떤 것인 양 거의 그렇게 보이기 때문이다; 반면에 사실 그것은 우리가 사실들을 오해를 일으키는 표현 형식의 매체를 통해서 바라볼 때 일어난다.

"사실이 아닌 것이 어떻게 생각될 수 있는가? 킹스 칼리지(King's

College)가 불타고 있지 않은데 내가 그것이 불타고 있다고 생각한다면, 그것이 불타고 있다고 하는 사실은 존재하지 않는다. 그렇다면 어떻게 나는 그것을 생각할 수 있는가? 존재하지 않는 도둑을 어떻게 우리가 목매달 수 있는가?" 우리의 대답은 다음과 같은 형식으로 제시될 수 있다: "그가 존재하지 않을 때, 나는 그를 목매달 수 없다; 그러나 그가 존재하지 않을 때, 나는 그를 찾을 수 있다."

여기서 우리는 "사고의 대상"과 "사실"이란 명사에 의해, 그리고 "존재한다"란 낱말의 상이한 의미들에 의해 오도된다.

사실을 "대상들의 복합체"라고 이야기하는 것은 이러한 혼동으로부터 발생한다(《논리-철학 논고》참조). 우리가 이렇게 물었다고 하자: "존재하지 않는 것이 어떻게 **상상**될 수 있는가?" 그 대답은 다음과 같이 보인다: "우리가 그런 상상을 한다면, 우리는 존재하는 요소들의 존재하지 않는 조합들을 상상하는 것이다." 반인반마(半人半馬)의 괴물은 존재하지 않지만, 사람의 머리와 몸통과 팔, 그리고 말의 다리들은 존재한다. "그러나 존재하는 어떠한 것과도 완전히 다른 대상을 우리는 상상할 수 없는가?"—우리는 다음과 같이 대답하는 경향이 있을 것이다: "없다; 요소들은, 개별자들은 존재해야 한다. 만일 붉음과 둥긂과 달콤함이 존재하지 않는다면, 우리는 그것들을 상상할 수 없을 것이다."

그러나 "붉음이 존재한다"로 당신은 무엇을 뜻하는가? 나의 시계는, 만일 그것이 산산조각 나지 않았다면, 파괴되지 않았다면, 존재한다. 우리는 무엇을 "붉음을 파괴함"이라고 부를 것인가? 우리는 물론 모든 붉은 대상들을 파괴함을 뜻할 수 있을 것이다; 그러나 이것이 붉은 대상을 상상하는 것을 불가능하게 만들까? 이에 대해 어떤 사람이 다음과 같이 대답했다고 하자: "그러나 분명, 당신이 붉은 대상들을 상상할 수 있다면, 그것들은 존재해 왔어야 하고 당신은 그것들을 보았어야 한다."—그러나 이것이 그러하다는 것을 당신은 어떻게 아는가? "당신의 눈동자에 압력을 가하는 것은 붉은 표상을 산출한다"라고 내가 말했다고 해 보자. 당신이 처음 붉음을 알게 된 방식이 이러한 것이었을 수 있지 않을까? 그리고 그것이 바로 붉은 반점을 상상하는 것이어서는 왜 안 될까? (당신이 여기서 느낄지 모르는 난점은 나중 기회에 논의되어야 할 것이다.[16])

이제 우리는 이렇게 말하는 경향이 있을 수 있다: "만일 존재한다면 우리의 사고를 참으로 만들 터인 사실이 언제나 존재하지는 않으므로, 우리가 생각하는 것은 사실이 아니다." 그러나 이것은 단지 내가 "사실"이라는 낱말을 어떻게 사용하기를 원하느냐에 달려 있을 뿐이다. "나는 그 대학이 불타고 있다는 사실을 믿는다", 이렇게 내가 말해서는 왜 안 되는가? 그것은 "나는 그 대학이 불타고 있다고 믿는다"라고 말하기 위한 단지 어색한 표현일 뿐이다. "우리가 믿는 것은 사실이 아니다"라고 말하는 것 자체는 혼동의 결과이다. 우리는 우리가 다음과 같은 어떤 것을 말하고 있다고 생각한다: "우리가 먹는 것은 사탕수수가 아니라 설탕이다", "미술관에 걸려 있는 것은 스미스(Smith) 씨가 아니라 그의 그림이다".

우리가 취하는 경향이 있는 다음 단계는, 우리의 사고 대상이 사실이 아니므로 그것은 사실의 그림자라고 생각하는 것이다. 이 그림자에 대해서는 상이한 이름들이 존재한다. 예를 들면, "명제", "문장의 뜻".

그러나 이것은 우리의 난점을 제거하지 않는다. 왜냐하면 문제는 이제, "어떻게 어떤 것이 존재하지 않는 사실의 그림자일 수 있는가?"이기 때문이다.

나는 우리의 골칫거리를 다음과 같이 말함으로써 다른 형식으로 표현할 수 있다: "그 그림자가 무엇의 그림자인지 우리는 어떻게 알 수 있는가?"—그 그림자는 어떤 종류의 초상화일 것이다; 그리고 따라서 나는 "무

---

16 (편집자주) 이 일은 행해지지 않는다.

엇이 하나의 초상화를 N 씨의 초상화로 만드는가?"라고 물음으로써 우리의 문제를 재진술할 수 있다. 처음에 떠오를지 모르는 대답은, "그 초상화와 N 씨 사이의 유사점"이다. 사실 이 대답은 우리가 사실의 그림자에 관해 이야기했을 때 우리가 마음속에 지녔던 것을 보여 준다. 그렇지만 유사점이 우리의 초상화라는 관념을 구성하지 않는다는 것은 매우 분명하다; 왜냐하면 이 관념의 본질 속에는, 좋거나 나쁜 초상화에 관해 이야기하는 것이 뜻을 지녀야 한다는 것이 들어 있기 때문이다. 다른 말로 하자면, 그림자가 사물들을 사물들의 실제와 다르게 재현할 수 있어야 한다는 것은 본질적이다.

"무엇이 하나의 초상화를 아무개의 초상화로 만드는가?"라는 물음에 대한 하나의 명백한, 그리고 올바른 대답은, 그것은 의도라는 것이다. 그러나 "이것이 아무개의 초상화이기를 의도함"이 무엇을 의미하는지를 알고 싶다면, 우리가 이것을 의도할 때 실제로 무엇이 일어나는가를 보자. 우리가 어떤 사람을 4시에서 4시 30분까지 기대할 때 일어나는 것에 대해 우리가 이야기한 경우를 기억하라. 하나의 그림을 아무개의 초상화로 (예를 들어 화가의 편에서) 의도하는 것은 특정한 마음의 상태도 아니요 특정한 정신적 과정도 아니다. 그러나 우리가 "……을 의도함"이라고 불러야 할 행위들과 마음 상태들의 조합은 대단히 많이 있다. 그는 N의 초상화를 그리라는 말을 들었고, N의 앞에 앉아 우리가 "N의 얼굴을 본뜸"이라고 부르는 어떤 행위들을 해 나간 것이었을 수도 있다. 이에 대해서 어떤 사람은, 본뜸의 본질은 본뜨려는 의도라고 말함으로써 이의를 제기할지 모른다. 나는, "어떤 것을 본뜸"이라고 우리가 부르는 대단히 많은 상이한 과정들이 존재한다고 대답하겠다. 예를 하나 들어보자. 내가 종이 위에 타원을 하나 그리고, 그것을 본뜨라고 당신에게 요구한다. 무엇이 본뜸의 과정을 특징짓는가? 왜냐하면 그것이, 당신이 비슷한 타원을 그린다는 사실이 아니라는 것은 분명하기 때문이다. 당신은 그것을 본뜨려고 노력했는데, 성공하지 못했을 수도 있다; 또는 당신은 완전히 다른 의도를 가지고 타원을 그렸는데, 그것이 우연히도 당신이 그렸어야 하는 그것과 같이 되었을 수도 있다. 그럼 당신이 그 타원을 본뜨려고 노력할 때, 당신은 무엇을 하는가? 자, 당신은 그것을 바라본다, 한 장의 종이 위에 어떤 것을 그린다, 당신이 그린 것을 아마도 측정할 것이다, 그것이 모형과 일치하지 않음을 당신이 발견한다면 당신은 아마 저주할 것이다; 또는 아마 당신은 "나는 이 타원을 본뜨려고 한다"라고 말하고는 바로 그것과 같은 타원을 하나 그린다. "본뜨려고 노력함"이라고 불리는 끝없이 다양한 행위들과 말들이 서로에 대해 가족 유사성을 지니면서 존재한다.

우리가 다음과 같이 말했다고 해 보자: "하나의 그림이 특정한 대상의 초상화라는 것은 그것이 그 대상으로부터 특정한 방식으로 도출됨에 있다". 이제 우리가 어떤 대상으로부터 하나의 그림을 도출하는 과정들(대충 말해서, 투사의 과정들)이라고 불러야 할 것을 기술하기는 쉽다. 그러나 그러한 과정은 어느 것이나 우리가 "의도적 재현"이라고 부르는 것임을 인정하는 데에는 특이한 어려움이 있다. 왜냐하면 우리가 어떤 투사 과정(활동)을 기술하건, 이 투사를 재해석하는 길이 있기 때문이다. 그러므로—우리는 이렇게 말하고 싶은 유혹을 받는다—그러한 과정은 결코 의도 자체일 수 없다. 왜냐하면 투사 과정을 재해석함으로써 우리는 언제나 그 반대를 의도했을 수 있기 때문이다. 이러한 경우를 상상하라: 우리가 어떤 방향을 가리킴으로써, 또는 가리키는 화살표를 그음으로써, 어떤 사람에게 그 방향으로 걸어가라는 명령을 내린다. 화살표들을 긋는 것이 일반적으로 우리가 그러한 명령을 내리는 언어라고 해 보자. 명령을 받는 사람은 그 화살표의 방향과는 반대 방향으로 걸어가야 한다는 것을 뜻하는 것으로 그러한 명령이 해석될 수는 없을까? 명백히 이것은 우리의 화살표에 우리가 "하나의 해석"이라고 부를 수 있을 터인 어떤 상징들을 덧붙임으로써 이루어질 수 있을 것이다. 가령 어떤 사람을 속이기 위해서, 우리가 어떤 명령이 그 정상적인 것과는 반대되는 뜻에서 수행되어야 하게끔 조처할지도 모르는 경우를 상상하기는 쉽다. 우리의 원래 화살표에 해석을 덧붙이는 상징은, 예를 들어, 또 하나의 화살표일 수 있을 것이다. 우리가 하나의 상징을 이모저모로 해석할 때마다, 해석은 옛 상징에 덧붙여진 새 상징이다.

이제 우리는 이렇게 말할지 모른다. 즉 우리가 어떤 사람에게 화살표를 보임으로써 명령을 내리고 그것을 '기계적으로'(아무 생각 없이) 행하지 않을 때는 언제나, 우리는 그 화살표를 어떻게든 뜻한다고 말이다. 그리고 이러한 뜻함의 과정은, 그게 어떤 종류의 과정이든지 간에, (첫 번째 화살표를 같은 뜻으로 또는 정반대의 뜻으로 가리키는) 또 하나의 화살표에 의해 재현될 수 있다. '뜻함과 말함'에 대해 우리가 그리는 이러한 그림에서는, 말함과 뜻함의 과정들을 두 개의 다른 영역에서 일어나는 것으로 상상해야 한다는 것이 본질적이다.

그렇다면, 모든 화살표가 각각 정반대로 뜻해질 수 있을 것이므로, 어떠한 화살표도 뜻해진 의미일 수 없을 것이라고 말하는 것은 옳은가?―말함과 뜻함의 도식을 우리가 화살표들의 세로 열(列)로, 하나를 다른 하나 아래에 두는 식으로 적어 놓았다고 해 보자.

이 도식이 우리의 목적에 조금이라도 도움이 되고자 한다면, 그것은 세 단계 중 어느 것이 의미의 단계인지를 우리에게 보여 주어야 한다. 예를 들어, 나는 밑바닥 단계가 언제나 의미의 단계인 세 단계로 된 도식을 만들 수 있다. 그러나 어떠한 모형 또는 도식을 당신이 채택하든지 간에, 그것은 밑바닥 단계가 있을 것이고, 그것의 해석과 같은 그런 것은 없을 것이다. 이 경우에 모든 화살표가 여전히 해석될 수 있다고 말하는 것은 단지, 나는 말함과 뜻함에 대해 내가 사용하고 있는 모형보다 한 단계를 더 가진 다른 모형을 언제나 만들 수 있을 것이라는 것을 뜻할 것이다.

그것을 이런 식으로 나타내 보자:—우리들이 말하고 싶은 것은, "모든 기호는 해석될 수 있다; 그러나 의미는 해석될 수 있어서는 안 된다. 그것은 마지막 해석이다"라는 것이다. 이제 나는 당신이 의미를, 말함에 동반되는 어떤 과정으로 여기고 있다고, 그리고 그것은 그 밖의 다른 기호로 번역될 수 있고, 그런 한 그 다른 기호와 동등하다고 여기고 있다고 가정한다. 그러므로 더 나아가, 당신은 무엇을 하나의 기호와 의미를 구별하는 표시로 여기고 있는지를 나에게 말해야 한다. 예를 들어 만일 당신이, 의미는 당신이 그리거나 임의의 다른 방식으로 산출할 수 있는 어떠한 화살표와도 대조적으로 당신이 상상하는 화살표라는 식으로 말한다면, 그로써 당신은 그 밖의 다른 어떠한 화살표도 당신이 상상했던 것의 해석이라고 부르지 않을 것이라고 말하는 것이다.

이 모든 것은, 우리가 어떤 것을 말하고 우리가 말하는 것을 뜻할 때 실제로 일어나는 것이 무엇인가를 숙고한다면 더 분명해질 것이다.—우리 자신에게 물어보자: 우리가 어떤 사람에게 "당신을 뵙게 되면 무척 기쁘겠습니다"라고 말한다면, 그리고 그렇게 뜻한다면, 이 말과 나란히 어떤 하나의 의식적 과정—그 자체는 입말로 번역될 수 있는 하나의 과정—이 흘러가는가? 이는 거의 사실이 아닐 것이다.

그러나 그런 일이 일어나는 예를 하나 상상해 보자. 나는 내가 소리 내어 말한 모든 영어 문장에 나 자신에게 내적으로 말한 한국어[17] 문장을 동반하는 버릇이 있다고 가정하자. 그 경우 당신이, 이런저런 이유로, 그 무언의 문장을 소리 내어 말한 문장의 의미라고 부른다면, 말함의 과정에 동반되는

---

17 (옮긴이주) 원문에는 '독일어'.

그 의미 과정은 그 자체 외면적인 기호들로 번역될 수 있는 과정일 것이다. 또는, 우리가 소리 내어 말하는 어떠한 문장 이전에 우리는 그것의 의미(그 것이 무엇이건 간에)를 우리 자신에게 일종의 방백(傍白)으로 말한다. 우리 가 원하는 경우와 적어도 비슷한 예는, 어떤 것을 말하면서 그 의미이자 우 리가 말하는 것과 일치하거나 불일치하는 어떤 그림을 우리 마음의 눈앞에 서 동시에 보는 것일 것이다. 이러한 경우들 및 비슷한 경우들이 존재한다. 그러나 그것들은 우리가 어떤 것을 말하고 그것을 뜻할 때, 또는 다른 어떤 것을 뜻할 때, 일반적으로 일어나는 것이 전혀 아니다. 물론, 우리가 의미라 고 부르는 것이 언어적 표현에 동반되거나 선행하거나 뒤따르는, 그리고 그 자체는 어떤 종류의 언어적 표현이거나 그런 표현으로 번역될 수 있는, 특 정한 의식 과정인 경우들이 실제 존재한다. 그 전형적인 예는 무대 위에서 의 '방백'이다.

그러나 우리가 말하는 것의 의미를 본질적으로 우리가 기술한 종류의 과 정으로 생각하도록 우리를 유혹하는 것은, 평행하는 두 개의 과정을 지시하 는 것처럼 보이는 다음의 표현 형식들 사이의 유사성이다:

"어떤 것을 말하다"
"어떤 것을 뜻하다".

우리의 말에 동반되는 과정으로서 "우리의 말을 뜻하는 과정"이라고 부 를 수 있을 것은 우리가 그 말을 하는 소리의 억양이다; 또는 표정의 움직임 과 같이, 이와 비슷한 과정들 중 하나이다. 이것들은 한국어 문장이 영어 문 장에 동반될 수 있거나, 문장을 쓰는 일이 문장을 말하는 일에 동반될 수 있 을 터인 방식으로가 아니라, 노래의 가락이 그 가사에 동반된다는 뜻에서 입말에 동반된다. 노랫가락은 우리가 문장을 말하는 '느낌'에 대응한다. 그리고 나는, 이 느낌은 그 문장을 말하는 표정이거나, 이 표정과 비슷한 어떤 것임을 지적하고 싶다.

우리의 문제로 되돌아가자: (예를 들어, "나는 킹스 칼리지에 불이 났다고 생각한다"라고 우리가 말할 때,) "사고의 대상은 무엇인가?"

우리의 물음은, 우리가 제시한 바대로는, 이미 여러 가지 혼동의 표현이다. 이는 그것이 거의 물리학의 물음처럼, 즉 "물질의 궁극적 요소들은 무엇인가?"라고 묻는 것처럼 들린다는 단순한 사실에 의해서 드러난다. (그것은 전형적으로 형이상학적인 물음이다; 왜냐하면 형이상학적 물음의 특징은, 우리가 낱말들의 문법에 관한 불명료성을 과학적 물음의 형식으로 표현한다는 것이기 때문이다.)

우리의 물음의 원천들 가운데 하나는, "나는 x를/라고 생각한다(I think x)"[18]라는 명제 함수의 이중적 사용이다. 우리는 "나는 이러이러한 것이 일어날 것이라고―또는 이러이러한 것이 사실이라고―생각한다"라고 말하며, 또 "나는 그와 똑같은 것을 생각한다"라고도 말한다; 그리고 우리는 "나는 그를 기대한다"라고 말하며, 또 "나는 그가 올 것이라고 기대한다"라고도 말한다. "나는 그를 기대한다"를 "나는 그를 쏜다"와 비교하라. 우리는 그가 존재하지 않으면 그를 쏠 수 없다. 이렇게 해서 다음과 같은 물음이 발생한다: "사실이 아닌 어떤 것을 우리는 어떻게 기대할 수 있는가?", "존재하지 않는 사실을 우리는 어떻게 기대할 수 있는가?"

이러한 난점으로부터의 탈출구는 이렇다고 보인다: 우리가 기대하는 것은 사실이 아니라 사실의 그림자, 말하자면 사실에 버금가는 것이다. 우리는 이것이 단지 물음을 한 단계 더 뒤로 밀어 놓는 것이라고 말했다. 그림자

---

18 (옮긴이주) "I think x"에서 'x'에 대입되는 것이 단칭 명사냐 아니면 명사절이냐에 따라 우리말 번역은 각각 'x를'과 'x라고'로 구별된다.

라는 이 관념에 대해서는 여러 기원들이 존재한다. 그것들 중 하나는 이것이다: 우리는 "분명, 상이한 언어의 두 문장이 같은 뜻을 지닐 수 있다"라고 말한다; 그리고 우리는 "그러므로 뜻은 문장과 같지 않다"라고 주장하며, "뜻이란 무엇인가"라고 묻는다. 그리고 우리는 '그것'을 아무런 물질적 대상도 대응하지 않는 명사들에 의미를 주고 싶을 때 우리가 창조하는 많은 것들 가운데 하나인 어떤 그림자 같은 존재로 만든다.

그림자가 우리의 사고의 대상이라는 관념의 또 다른 원천은 이것이다. 즉 우리는 그 그림자를 그 의도가 문제시될 수 없는 그림, 즉 그것을 이해하기 위해 우리가 해석하지 않는, 그러나 우리가 그것을 해석하지 않고 이해하는 하나의 그림이라고 상상한다. 자, 우리가 이해하기 위해서 우리는 해석한다고, 즉 다른 종류의 그림으로 번역한다고 말해야 할 그림들이 존재한다; 그리고 우리가 더 이상의 어떠한 해석도 없이 즉시 이해한다고 말해야 할 그림들이 존재한다. 당신이 암호로 씌어 있는 전보를 보고, 또 이 암호를 풀 열쇠를 안다면, 일반적으로 당신은 당신이 그 전보를 일상 언어로 번역하기 전에 당신이 그 전보를 이해한다고 말하지 않을 것이다. 물론 당신은 단지 한 종류의 상징들을 다른 종류로 대체하였을 뿐이다; 그렇지만 이제 당신이 그 전보를 당신의 언어로 읽는다면, 더 이상의 해석 과정은 일어나지 않을 것이다.—더 정확히 말하자면, 이제 당신은, 어떤 경우에는, 이 전보를 예컨대 그림으로 다시 번역할지도 모른다; 그러나 그 경우에도 당신은 단지 상징들의 한 집합을 다른 것으로 대체했을 뿐이다.

그 그림자는, 우리가 그것을 생각하는 바로는, 어떤 종류의 그림이다. 그것은 사실 우리의 마음의 눈앞에 오는 표상과 매우 닮은 어떤 것이다. 그리고 이것은 다시, 일상적인 뜻에서의 회화(繪畵)적 재현과는 닮지 않은 어떤 것이다. 그림자란 관념의 한 원천은 확실히, 어떤 한 문장을 말하기, 듣기, 또는 읽기가 어떤 경우에는 우리의 마음의 눈앞에 표상들을 가져온다는 것이다; 그 문장에 다소간 엄격하게 대응하는, 그리고 따라서 어떤 뜻에서는 이 문장을 회화적 언어로 번역한 것들인 표상들을 말이다.—그러나 우리가 그림자라고 상상하는 그 그림에 대해서 절대적으로 본질적인 것은, 그것은 내가 "유사점에 의한 그림"이라고 부를 그런 것이어야 한다는 것이다. 이로써 내가 뜻하는 것은, 그것은 그것이 재현하고자 의도된 것과 비슷한 그림이라는 것이 아니라, 그것은 그것이 재현하는 것과 비슷할 때만 올바른 그림이라는 것이다. 이런 종류의 그림에 대해서는 "복사물"이라는 낱말이 사용될 수 있을 것이다. 대충 말해서, 복사물들은 그것들이 재현하는 대상으로 쉽게 오해될 수 있을 때 좋은 그림이다.

우리 지구의 한쪽 반구(半球)의 평면 투사는 유사점에 의한 그림이나 이런 뜻에서의 복사물이 아니다. 내가 어떤 사람의 얼굴을 한 장의 종이 위에 어떤 기묘한 방식으로, 그렇지만 채택된 투사 규칙에 따라 투사함으로써 올바르게 초상을 그렸는데, 그것이 조금도 그를 닮지 않을 것이기 때문에 통상 아무도 그 투사물을 "아무개의 초상"이라고 부르지 않는 일이 생각 가능할 것이다.

비록 올바르지만 그것의 대상과 아무런 닮은 점이 없는 그림의 가능성을 우리가 염두에 둔다면, 문장과 실재 사이에 하나의 그림자를 삽입하는 것은 전적으로 요점을 벗어나는 것이다. 왜냐하면 이제 문장 자체가 그러한 그림, 즉 그것이 재현하는 것과 조금도 닮은 점이 없는 그림이기 때문이다. "킹스 칼리지에 불이 났다"란 문장이 어떻게 킹스 칼리지에 불이 났음의 그림일 수 있는지에 관해 우리가 의심스럽다면, 우리는 단지 다음과 같이 자문해 볼 필요가 있다: "그 문장이 무엇을 뜻하는지를 우리는 어떻게 설명해야 할 것인가?" 그러한 설명은 지시적 정의들로 이루어질 것이다. 예를 들어, 우리는 "이것은 킹스 칼리지이다"(그 건물을 가리키며), "이것은 불이다"(불을 가리키며)라고 말해야 할 것이다. 이것은 당신에게 낱말들과 사물들이 연결되는 방식을 보여 준다.

우리가 일어나기를 바라는 것이 우리의 소망 속에 하나의 그림자로서 현존해 있어야 한다는 관념은 우리의 표현 형식들 속에 깊이 뿌리박혀 있다. 그러나 사실 우리는 이렇게 말할지 모른다. 즉 그것은 우리가 실제로 말했으면 하는 것에 비하면 버금가게 좋은 부조리한 생각일 뿐이라고 말이다. 만일 너무 부조리하지 않다면, 우리는 우리가 소망하는 사실이 우리의 소망 속에 현존해 있어야 한다고 말할 것이다. 왜냐하면 바로 이것이 우리의 소망 속에 현존해 있지 않다면, 어떻게 우리가 바로 이것이 일어나기를 바랄 수 있는가? 다음과 같이 말하는 것은 과연 옳다: 단순한 그림자로는 충분하지 않다; 왜냐하면 그것은 대상에 미치지 못하기 때문이다; 그리고 우리는 소망이 대상 자체를 포함하기를 원한다.—우리는 스미스(Smith) 씨가 이 방으로 왔으면 하는 소망은, 다른 어떤 대용물이 아닌 바로 스미스 씨가, 다른 어떤 대용물이 아닌 내 방으로, 다른 어떤 대용물이 아닌 오는 일을 행했으면 하고 바라는 것이기를 원한다. 그러나 이것이 정확히 우리가 말한 것이다.

우리의 혼동은 이런 식으로 기술될 수 있을 것이다: 우리의 통상적인 표현 형식과 상당히 일치하게, 우리는 우리가 원하는 사실을 아직 여기 있지 않은 것으로서, 그리고 따라서 우리가 가리킬 수 없는 것으로서 생각한다. 이제 "우리의 소망의 대상"이란 우리의 표현의 문법을 이해하기 위해서, "당신의 소망의 대상은 무엇인가?"란 물음에 대해 우리가 하는 대답을 고려해 보자. 이 물음에 대한 대답은 물론, "나는 이러이러한 것이 일어났으면 하고 바란다"이다. 이제 만일 우리가 계속해서 묻기를, "그런데 이 소망의 대상은 무엇인가?"라고 한다면, 그 대답은 무엇일까? 그것은 단지 이전의 우리의 소망의 표현의 반복에 있거나, 그렇지 않으면 다른 어떤 형태의 표현으로의 번역에 있을 수 있을 뿐이다. 예를 들어, 우리는 우리가 무엇을 소망했는지를 다른 말로 진술하거나, 그것을 그림으로 예시하거나 등등을 할 것이다. 이제 우리의 소망의 대상이라고 우리가 부르는 것이, 말하자면, 우리 방에 아직 들어오지 않은 사람이고, 따라서 아직 우리가 볼 수 없는 사람이라고 하는 인상을 받을 때, 우리는 우리가 소망하는 것이 무엇인가에 대한 어떠한 설명도 실제의 사실—유감이지만, 아직 들어오지 않았으므로 아직 우리가 볼 수 없는 것—을 보일 설명에 단지 버금가는 것일 뿐이라고 상상한다.—그것은 마치, 내가 어떤 사람에게 "나는 스미스 씨를 기다리고 있습니다"라고 말했고, 그는 나에게 "스미스 씨가 누구지요?" 하고 물었는데, 내가 대답하기를, "그가 없으므로, 나는 지금 그를 당신에게 보일 수가 없습니다. 내가 당신에게 보일 수 있는 것은 그의 그림이 전부입니다"라고 하는 것과 같다. 그 경우 나는 마치 내가 소망한 것을 그것이 실제로 일어났을 때까지는 결코 온전하게 설명할 수 없을 것처럼 보인다. 그러나 물론 이것은 하나의 착각이다. 진실은, 내가 무엇을 소망했는지에 대해 내가 그 소망이 충족되기 이전보다 이후에 더 좋은 설명을 할 수 있을 필요는 없다는 것이다; 왜냐하면 스미스 씨가 내 방에 들어오기 전에, 나는 내 친구에게 스미스 씨를 완전히 잘 보였을 수 있으며, "들어온다"는 것이 무엇을 의미하는지를 보였을 수 있으며, 내 방이 무엇인지를 보였을 수 있기 때문이다.

우리의 난점은 이런 식으로 나타낼 수 있다: 우리는 사물들에 관해 생각한다,—그러나 어떻게 이 사물들이 우리의 사고 속에 들어오는가? 우리는 스미스 씨에 관해 생각한다; 그러나 스미스 씨가 그 자리에 있어야 할 필요는 없다. 그의 그림으로는 충분하지 않을 것이다; 왜냐하면 그게 누구를 재현하는지 우리는 어떻게 알 수 있는가? 사실상 그에 대한 어떠한 대용물도 충분하지 않을 것이다. 그렇다면 어떻게 그 자신이 우리 사고의 대상일 수 있는가? (나는 여기서 "우리의 사고의 대상"이란 표현을 이전에 내가 그것을 사용해 왔던 것과는 다른 방식으로 사용하고 있다. 이제 나는 '내가 생각하고 있는 것'이 아니라, 나의 생각이 관여하고 있는 것을 의미한다.)

우리는 어떤 사람에 대한 우리의 생각이나 말과 그 사람 자신 사이의 연관은 "스미스 씨"란 낱말의 의미를 설명하기 위해 우리가 "이분은 스미스 씨입니다"라고 말하면서 그를 가리킬 때 만들어졌다고 말했다. 그리고 이 연관에 대해서는 아무것도 신비로운 것이 없다. 내가 뜻하는 바는, 스미스 씨가 실제로 여기 있지 않을 때 어떻게든 그를 불러내는 기묘한 정신적 작용이 없다는 것이다. 이것이 그 연관임을 보기 어렵게 만드는 것은, 우리의 사고(또는 우리의 사고의 표현)와 우리의 생각이 관여하는 것 사이의 연관이 사유 작용 **동안** 존속했어야 하는 것처럼 보이게 만드는 일상 언어의 특이한 표현 형식이다.

"미국에 있는 어떤 사람을 유럽에서 우리가 뜻할 수 있다고 하는 것은 기묘하지 않은가?"—만일 어떤 사람이 "나폴레옹은 1804년에 왕위에 올랐다"라고 말했고, 우리가 그에게 "당신은 아우스터리츠(Austerlitz) 전투에서 이긴 그 사람을 뜻했는가?"라고 묻는다면, 그는 "그렇다, 나는 그를 뜻했다"라고 말할 것이다. 그리고 "뜻했다"란 과거 시제의 사용은 마치, 나폴레옹은 1804년에 왕위에 올랐다고 그가 말했을 때, 나폴레옹이 아우스터리츠 전투에서 이겼다는 관념이 그 사람의 마음속에 현존해 있었어야 하는 것처럼 보이게 만들 것이다.

어떤 사람이 "N 씨가 오늘 오후 나를 보러 올 것이다"라고 말한다; 나는 그 자리에 있는 어떤 사람을 가리키면서, "당신은 그를 뜻하고 있는가?"라고 묻고, 그는 "그렇다"라고 대답한다. 이 대화에서 "N 씨"라는 낱말과 N 씨 사이에 하나의 연관이 확립되었다. 그러나 우리는, "N 씨가 나를 보러 올 것이다"라고 내 친구가 말하고 그가 말한 것을 뜻하는 동안, 그의 마음이 그 연관을 만들어 놓았어야 한다고 생각하는 데로 빠지기가 쉽다.

이것이 부분적으로 우리로 하여금 뜻함 또는 생각함은 특이한 종류의 정신적 활동이라고—그리고 여기서 "정신적"이라는 낱말은 우리가 이것들이 어떻게 작동하는지 이해하기를 기대해서는 안 된다는 것을 표시한다고—생각하게 만드는 것이다.

생각에 대해 우리가 말한 것은 또한 상상에 대해서도 적용될 수 있다. 어떤 사람이, 자기는 킹스 칼리지에 불이 났다고 상상한다고 말한다. 우리는 그에게 묻는다: "당신이 불이 났다고 상상하는 것이 **킹스 칼리지**임을 당신은 어떻게 아는가? 그것은 그것과 매우 닮은, 다른 건물일 수 없을까? 사실, 당신의 표상이 재현하고 있을 수 있는 건물이 다수가 있지 않을 만큼 당신의 상상이 절대적으로 정확한가?"—그리고 당신은 여전히 말한다: "내가 다른 건물이 아니라 킹스 칼리지를 상상한다는 것은 의심의 여지가 없다." 그러나 이렇게 말하는 것이 우리가 원하는 바로 그 연관을 만들고 있을 수는 없는가? 왜냐하면 그렇게 말하는 것은 어떤 그림 밑에 "아무개 씨의 초상"이라는 말을 쓰는 것과 닮았기 때문이다. 킹스 칼리지에 불이 났다고 당신이 상상하는 **동안** 당신은 "킹스 칼리지에 불이 났다"라는 말을 했을지도 모른다. 그러나 매우 많은 경우에, 당신이 그 표상을 지니는 동안 당신은 당신의 마음속에서 설명적인 말을 하지 않는 게 확실하다. 그리고 생각해 보라; 설사 당신이 그렇게 한다 해도, 당신은 당신의 표상으로부터 킹스 칼리지에 이르는 전체 길을 가고 있는 것이 아니라, 단지 "킹스 칼리지"라는 말로 가고 있을 뿐이다. 이 말과 킹스 칼리지 사이의 연관은 아마도 다른 때에 만들어졌다.

이들 문제에 대한 우리의 모든 추리에서 우리가 범하는 경향이 있는 잘못은, 어떤 뜻에서 서로 밀접히 연결된 온갖 종류의 표상들과 경험들이 우리 마음속에 동시에 현존해 있어야 한다고 생각하는 것이다. 우리가 외우고 있는 곡을 노래 부르거나 알파벳을 말한다면, 음표들이나 문자들은 서로 연결되어 있는 것처럼 보인다. 그리고 각각은 그것 바로 다음의 것을 끌어내는 것처럼 보인다. 마치 그것들이 상자 안에 있는 진주 목걸이이고, 나는 하나의 진주를 끌어당김으로써 그것에 이어지는 것을 끌어당기게 되는 것처럼 말이다.

이제 구슬 목걸이가 상자로부터 뚜껑에 있는 구멍을 통해 끌어 당겨진다는 시각 표상을 얻을 때, 우리가 다음과 같이 말하는 경향이 있다는 것은 의심의 여지가 없다: "이 구슬들은 이전에 상자 속에 모두 함께 있었음이 틀림없다." 그러나 이것이 하나의 가설을 만들고 있다는 것을 보기는 쉽다. 구슬들이 뚜껑의 구멍에서 점차로 존재하게 되었다 하더라도, 나는 같은 표상을 얻었을 것이다. 우리는 의식적인 정신적 사건을 진술하기와 마음의 기제라고 부를 수 있을 터인 것에 관해 가설을 만들기 사이의 구별을 쉽게 간과한다. 이는, 우리의 마음의 작동에 대한 그러한 가설들이나 그림들이 우리 일상 언어의 표현 형식들 가운데 다수에 구현되어 있기에 더욱 그러하다. "나는 아우스터리츠 전투에서 이긴 사람을 뜻했다"란 문장에서 "뜻했다"라고 하는 시제는 그러한 그림의 일부이다; 거기서 마음은 우리가 기억하는 것이 우리가 그것을 표현하기 전에 간직되고 저장되는 장소로서 그려진다. 내가 잘 아는 어떤 곡을 내가 휘파람 불다가 중간에 방해받는다면, 그리고 그때 어떤 사람이 나에게 "당신은 어떻게 계속해 나가는지 알았는가?"라고 묻는다면, 나는 "그렇다, 나는 알고 있었다"라고 대답할 것이다. 이 어떻게 계속해 나가는지 앎은 어떤 종류의 과정인가? 마치, 어떻게 계속해 나가는지 내가 아는 동안 그 곡의 이어짐 전체가 현존해야 하는 것처럼 보일지 모른다.

당신 자신에게 다음과 같은 질문을 해 보라: "어떻게 계속해 나가는지를 아는 것은 얼마나 오래 걸리는가?" 또는 그것은 순간적인 과정인가? 우리는 어떤 곡에 대한 축음기 기록의 존재와 그 곡의 존재를 혼동하는 것과 같은 잘못을 범하고 있지 않은가? 그리고 우리는 어떤 곡이 존재 영역으로 들어올 때는 언제나, 그것에 대한 축음기 기록이 있어야 하고 그로부터 그것이 연주되는 거라고 가정하고 있지 않은가?

다음의 예를 고찰하라: 내가 있는 자리에서 총이 발사된다, 그리고 나는 말한다: "이 굉음은 내가 기대했던 것만큼 소리가 크지 않았다." 어떤 사람이 나에게 묻는다: "어떻게 이런 일이 가능한가? 총의 굉음보다 더 큰 굉음이 당신의 상상 속에 있었는가?" 그런 것은 없었다고 나는 고백하지 않으면 안 된다. 이제 그는 말한다: "그렇다면 실제로는 당신은 더 큰 굉음을 기대한 것이 아니라, 아마도 그 그림자를 기대한 것이다.―그런데 그것이 더 큰 굉음의 그림자인 것을 당신은 어떻게 알았는가?"―이러한 경우에 실제로 무엇이 일어날 수 있었을지 보자. 아마도 보고를 기다리는 가운데 나는 입을 열었고, 내 마음을 가라앉히려고 뭔가를 꼭 붙들고 있었고, 아마도 "이것은 굉장할 것이다"라고 말했을 것이다. 그런 다음 폭발이 끝났을 때, "그것은 결국 그렇게 소리가 크지 않았다"라고 말했다.―내 몸속의 어떤 긴장들이 누그러진다. 그러나 이 긴장들과 내 입을 열기 등등과 실제의 더 큰 굉음 사이의 연관은 무엇인가? 아마도 이 연관은 그러한 굉음을 들어본 적이 있음과 언급된 그 경험들을 해 본 적이 있음에 의해 만들어졌을 것이다.

"마음속에 어떤 관념을 가짐", "마음속에 있는 어떤 관념을 분석함"과 같은 표현들을 검사하라. 그것들에 의해 오도되지 않기 위해서는, 편지를 쓰면서 당신이 "당신 마음속에 있는" 관념을 올바로 표현하는 낱말들을 찾을 때 실제로 무엇이 일어나는가를 보라. 우리가 우리 마음속에 있는 관념을 표현하기 위해 애쓰고 있다고 말하는 것은 하나의 은유, 매우 자연스럽게 머리에 떠오르는 은유를 사용하는 것이다; 그리고 그것은 우리가 철학하고 있을 때 우리를 오도하지 않는 한 괜찮다. 왜냐하면 그러한 경우에 실제로 무엇이 일어나는가를 우리가 상기할 때, 우리는 서로 다소간에 유사한 대단히 다양한 과정들을 발견하기 때문이다.―우리는 이 모든 경우에 어쨌든 우리는 우리 마음속에 있는 어떤 것에 의해서 인도된다고 말하고 싶은 데로 기울어질지 모른다. 그러나 그 경우 "인도된다"와 "우리 마음속에 있는 것"이란 낱말들은 "관념"과 "관념의 표현"만큼 많은 뜻으로 사용되고 있다.

"우리의 마음속에 있는 관념을 표현하다"란 구절은 우리가 말로 표현하려고 애쓰고 있는 것이, 단지 다른 언어에서이지만, 이미 표현되어 있다고 암시한다; 이 표현이 우리 마음의 눈앞에 있다고, 그리고 우리가 하는 것은 정신적 언어에서 말의 형태로 된 언어로 번역하는 것이라고 암시한다. "관념을 표현하기"라고 우리가 부르는 대부분의 경우에, 매우 다른 어떤 것이 일어난다. 내가 어떤 한 낱말을 암중모색한다고 하는 그런 경우에 일어나는 것이 무엇인가를 상상하라. 몇 가지 낱말들이 암시되고, 나는 그것들을 퇴짜 놓는다. 마침내 하나가 제안되고, 나는 말한다: "그것이 내가 뜻한 거야!"

(우리는 자와 컴퍼스를 가지고 각을 3등분하기가 불가능하다는 증명은 각의 3등분이라는 우리의 관념을 분석한다고 말하는 경향이 있을 것이다. 그러나 그 증명은 우리에게 3등분에 대한 새로운 관념을 준다; 그 증명에 의해 구성되기 전에는 우리에게 없었던 하나의 관념을 말이다. 그 증명은 우리가 가는 경향이 있던 길을 우리가 가도록 인도했다; 그러나 그것은 우리가 있던 곳으로부터 우리를 끌어내었고, 우리가 그동안 내내 있었던 장소를 분명하게 보여 주지는 않았다.)

이제, 우리의 사고의 표현과 우리의 사고가 관여하는 실재 사이에 어떤 하나의 그림자가 끼어들어야 한다고 가정하는 것으로는 우리는 아무것도 얻을 수 없다고 우리가 말한 지점으로 되돌아가자. 우리는, 만일 우리가 실재의 그림을 원한다면 문장 자체가 그러한 그림(비록 유사점에 의한 그림은 아니지만)이다라고 말했다.

나는 이 모든 것에서, 생각함, 희망함, 소망함, 믿음 등의 정신적 과정이라고 불리는 것은 사고, 희망, 소망 등을 표현하는 과정과 독립해 '있지 않으면 안 된다'고 생각하려는 유혹을 제거하려고 노력해 왔다. 그리고 나는 당신에게 다음과 같은 대략적 규칙을 주고자 한다: 만일 당신이 사고, 믿음, 지식 따위와 같은 것의 본성에 대해 난감해하고 있다면, 사고 대신 사고의 표현을 (등등을) 대입하라. 이러한 대입에 놓여 있는 난점은—그리고 동시에 그것의 전(全) 요점은—다음과 같다: 믿음, 사고 등의 표현이 바로 문장이다;—그리고 문장은 오직 언어 체계의 한 구성원으로서만, 즉 어떤 계산법 내에서의 한 표현으로서만 뜻을 지닌다. 이제 우리는 이 계산법을, 말하자면, 우리가 말하는 모든 문장 각각에 대한 영구적인 배경으로 상상하려는 유혹을 받는다. 그리고 비록 한 장의 종이 위에 쓰여 있는 문장이나 말해진 문장은 고립되어 놓여 있지만, 생각한다고 하는 정신적 작용 가운데에는—일괄적으로—계산법이 있다고 생각하려는 유혹을 받는다. 정신적 작용은 상징들의 어떠한 조작(操作) 행위에 의해서도 수행될 수 없을 것을 기적적인 방식으로 수행하는 것처럼 보인다. 이제, 전체 계산법이 어떤 뜻에서 동시에 현존해 있어야 한다고 생각하려는 유혹이 사라질 때, 우리의 표현과 나란히 특이한 종류의 정신적 작용의 존재를 요청하는 것은 더 이상 소용이 없다. 이것은 물론 의식의 특이한 작용들이 우리의 사고들의 표현들에 동반되지 않는다는 것을 우리가 보였음을 의미하지는 않는다! 단지 우리는 그것들이 그것들에 동반되어야 한다고 더 이상 말하지 않을 뿐이다.

"그러나 우리는 하나를 말하면서 다른 것을 뜻할 수도 있으므로, 우리의 사고들의 표현은 언제나 거짓말을 할 수 있다." 우리가 하나를 말하고 다른 것을 뜻할 때 일어나는 많은 상이한 것들을 상상하라!—다음과 같은 실험을 해 보라: "이 방은 덥다"라는 문장을 말하면서, "춥다"를 뜻하라. 당신이 무엇을 하고 있는지 자세히 관찰하라.

우리는 '방백(傍白)들'로 자신들의 사적인 사유를 하는, 그리고 하나를 소리 내어 말하고는 잇따라 그 반대를 말하는 방백을 함으로써 감쪽같이 거짓말을 해내는 존재들을 쉽게 상상할 수 있을 것이다.

"그러나 뜻함, 사유함 등등은 사적인 경험들이다. 그것들은 쓰기, 말하기 등등과 같은 활동들이 아니다."—그러나 왜 그것들이 쓰기의 특유한 사적 경험들—쓰기 또는 말하기에서의 근육의 감각들, 시각적 감각들, 촉각적 감각들—이어서는 안 되는가?

다음과 같은 실험을 해 보라: 예를 들어 "내일은 아마 비가 올 것이다"라는 문장을 말하고 뜻하라. 이제 같은 사고를 다시 하고, 당신이 금방 뜻한 것을 그러나 (소리 내어서나 당신 자신에게) 아무것도 말함이 없이 뜻하라. 만일 내일 비가 올 것으로 생각함이 내일 비가 올 것이라고 말함에 동반된다면, 그러면 그 첫 번째 활동만을 하고 두 번째 것은 빼 버리라.—만일 생각함과 말함이 노래의 가사와 멜로디의 관계처럼 있다면, 우리가 가사 없이 곡을 노래 부를 수 있는 것과 꼭 마찬가지로 우리는 말하기를 빼 버리고 생각을 할 수 있을 것이다.

그러나 어쨌든 말하면서 생각을 뺄 수 있지 않은가? 물론이다—그러나 당신이 생각하지 않고 말을 한다면 당신은 무슨 종류의 일을 하고 있는지 관찰하라. 무엇보다 먼저, "당신이 말하는 것을 말하고 뜻함"이라고 우리가 부를 터인 과정과 생각 없이 말함의 과정은 당신이 말하는 그때 일어나는 것에 의해서 필연적으로 구별되지는 않는다는 것을 관찰하라. 그 둘을 구별하는 것은 아마 당신이 말하기 전이나 후에 일어나는 것일 수도 있다.

내가 생각하지 않고 말하려고 의도적으로 노력한다고 해 보자;—나는 사실상 무엇을 할 것인가? 나는 책에서 어떤 한 문장을 소리 내어 읽을지 모른다—그 문장을 자동적으로 읽으려고 노력하면서, 즉 그렇지 않으면 그 문장이 산출할 표상들과 감각들을 지니고 내가 그 문장을 뒤따라가는 것을 방해하려고 노력하면서 말이다. 이 일을 하는 한 방식은 내가 그 문장을 말하는 동안 다른 어떤 것에 내 주의를 집중시키는 것일 것이다; 예를 들면, 내가 말하는 동안 내 살갗을 심하게 꼬집음으로써 말이다.—그것을 이런 식으로 나타내 보자. 즉 생각하지 않고 문장을 말함은, 말하기 스위치를 켜고 말하기의 어떤 동반물들의 스위치는 끄는 데 있다고 말이다. 이제 당신 자신에게 물어보라: 말하기 없이 문장을 생각하기는 그 스위치를 바꾸는 데(이전에 우리가 껐던 스위치는 켜고, 켰던 스위치는 끄는 데) 있는가? 즉, 말하기 없이 문장을 생각하기는 이제 단순히 말에 동반된 것을 남겨두고 말은 빼 버리는 데 있는가? 어떤 한 문장의 사고를 그 문장 없이 생각하려 노력하고, 이런 일이 일어나는지를 보라.

요약해 보자: "생각함", "뜻함", "소망함" 등과 같은 낱말들에 대한 우리의 용법들을 우리가 조사한다면, 이러한 과정을 거치는 것은, 우리의 사고들을 표현하는 작용과 독립적이고 어떤 특이한 매체 속에 실려 있는 특이한 사유 작용을 찾아내려는 유혹을 우리에게서 제거해 준다. 확립된 표현 형식들은, 생각함의 경험이 바로 말함의 경험일 수도 있다는 것, 또는 이 경험 더하기 그것에 동반되는 다른 것들로 이루어질 수도 있다는 것, 이 점을 우리가 인식하는 것을 더 이상 방해하지 않는다. (다음의 경우를 검토하는 것도 역시 유익하다: 어떤 곱셈이 한 문장의 일부라고 해 보자. 그리고 당신 자신에게 물어보라, 7×5=35라는 곱셈을 생각하면서 말한다는 것은 어떠한 것인가를. 그리고 한편으로는, 그것을 생각하지 않고 말한다는 것은.) 한 낱말의 문법에 대한 정밀 조사는, 우리가 편견 없는 눈으로 사실들을 보는 것을 방해해 왔던, 우리의 표현의 어떤 고정된 표준들의 지위를 약화한다. 우리의 탐구는, 사실들은 우리의 언어에 박혀 있는 어떤 그림들에 부합해야 한다고 생각하도록 우리를 강제하는 이러한 편견을 제거하려고 노력했다.

"뜻함"은 우리의 언어에서 임시적인 일을 맡는다고 말할 수 있는 낱말들 가운데 하나이다. 대부분의 철학적 골칫거리들을 야기하는 것은 이러한 낱말들이다. 어떤 단체를 상상하라: 그 단체의 구성원 대부분은 어떤 정규적 기능들, 예컨대 그 단체의 정관에 쉽게 기술될 수 있는 기능들을 지니고 있다. 한편, 임시적이지만 그럼에도 불구하고 극히 중요할 수도 있는 일들을 위해 고용된 어떤 구성원들이 존재한다.—철학에서 대부분의 골칫거리를 야기하는 것은, 우리가 중요한 '임시적 일'을 하는 낱말들의 사용을 마치 그것들이 정규 기능들을 지니는 낱말들인 양 기술하려는 유혹을 받는다는 것이다.

내가 개인적 경험에 관해 이야기하기를 뒤로 미룬 이유는, 이 논제에 관해 생각하는 것은 우리가 보통 우리의 경험의 대상들이라고 불러야 할 것에 관한 우리의 모든 상식적 개념들을 깨버릴 우려가 있는 다수의 철학적 난점들을 제기한다는 것이었다. 그리고 만일 우리가 이러한 문제들에 맞닥뜨린다면, 우리가 기호들에 관하여, 그리고 우리의 예들에서 우리가 언급한 다양한 대상들에 관해 말해 온 모든 것이 개혁되어야 할 것처럼 보일 수 있을 것이다.

어떤 면에서 이러한 상황은 철학 연구에서 전형적이다; 그리고 우리들은 때때로 그것을, 모든 철학적 문제들이 해결되기 전까지는 어떠한 철학적 문제도 해결될 수 없다고 말함으로써 기술해 왔다. 이것이 뜻하는 바는, 그것들이 모두 해결되지 않는 한, 모든 새로운 난점들은 각각 우리의 이전의 결과들을 의문스러운 것으로 되게 한다는 것이다. 이 진술에 대해 우리는, 만일 우리가 철학에 관해 그처럼 일반적인 용어로 말해야 한다면, 단지 대략적인 대답을 줄 수 있을 뿐이다. 그 대답은, 발생하는 모든 새로운 문제가 우리의 이전의 부분적 결과들이 최종적인 그림에서 차지해야 할 위치를 문제 삼을 수 있다는 것이다. 그 경우 사람들은 이전의 이 결과들을 재해석해야 한다는 말을 쓴다; 그리고 우리는 그것들이 다른 주위 상황에 놓여야 한다고 말할 것이다.

우리가 도서관의 책들을 정리해야 한다고 상상하라. 우리가 시작할 때,

책들은 마룻바닥에 뒤죽박죽으로 놓여 있다. 이제 그것들을 분류하고 그것들을 제자리에 놓는 많은 방법이 있을 것이다. 한 가지 방법은, 책들을 하나씩 잡고 각각을 선반 위의 올바른 자리에 놓는 것일 것이다. 다른 한편으로, 우리는 단지 이 책들은 이런 순서로 어울려야 한다는 것을 표시하기 위해, 마루에서 여러 책을 집어 들고는 그것들을 선반 위에 일렬로 놓는다. 도서관을 정리하는 과정에서 책들의 이 전체 열은 자리를 바꾸어야 할 것이다. 그러나, 그러므로 그것들을 선반 위에 함께 놓는 것은 최종 결과를 향한 한 걸음이 아니라고 말하는 것은 잘못일 것이다. 사실 이 경우, 비록 그것들의 전체 열이 옮겨져야 한다고 할지라도, 그룹을 이루는 책들을 함께 놓는 것이 일정한 성과라는 것은 꽤 명백하다. 그러나 철학에서의 최대 성과들 가운데 어떤 것들은 단지, 그룹을 이루는 것처럼 보인 어떤 책들을 들어 올려서 다른 선반들에 놓는 것과 비교될 수 있을 것이다; 그것들이 더 이상 나란히 놓여 있지 않다는 것도 그렇고, 그것들의 위치에 관해서는 어떤 것도 최종적이지 않다. 그 작업의 어려움을 알지 못하는 구경꾼은 이러한 경우에 전혀 아무것도 성취된 것이 없다고 생각할지도 모른다.—철학에서의 난점은, 우리가 아는 것보다 더 많이 말하지 않는 것이다. 예를 들면, 우리가 책 두 권을 함께 올바로 정돈해 놓았을 때, 그로써 우리가 그것들을 그것들의 최종적인 자리에 놓지 않았다는 것을 보는 것.

우리가 우리 주위의 대상들과 그것들에 대한 우리의 개인적 경험들의 관계에 관해 생각할 때, 때때로 우리는 이 개인적 경험들이 실재를 구성하는 재료라고 말하고 싶은 유혹을 받는다. 이러한 유혹이 어떻게 발생하는지는 나중에 더 명료해질 것이다.

우리가 이런 식으로 생각할 때, 우리는 우리 주위의 대상들에 대한 우리의 확고한 장악력을 잃는 것처럼 보인다. 그리고 대신에 우리에게는 상이한 개인들의 따로따로 떨어진 많은 개인적 경험들이 남는다. 게다가 이들 개인적 경험들은 모호해 보이고 끊임없는 유동 상태에 있는 것처럼 보인다. 우리의 언어는 그것들을 기술하기 위해 만들어지지 않은 것으로 보인다. 우리는 이러한 문제들을 철학적으로 해명하기 위해 일상 언어는 너무 조악하다고, 우리에게는 더 미묘한 언어가 필요하다고 하는 생각에 빠지기 쉽다.

우리는 어떤 하나의 발견을 한 것처럼 보이는데, 나는 그것을, 우리가 서 있었고 확고하며 신뢰할 만하게 보였던 지반이 습지 같고 안전하지 못하다는 것이 발견되었다는 말로써 기술할 수 있을 것이다.—즉 이것은 우리가 철학을 할 때 일어난다; 왜냐하면 우리가 상식의 관점으로 되돌아가자마자, 이 일반적인 불확실성은 사라지기 때문이다.

이 기묘한 상황은 하나의 예—사실은 우리가 처해 있는 난점을 예시하는, 그리고 또한 이런 종류의 난점을 벗어나는 길을 보여 주는 일종의 우화—를 고찰함으로써 얼마간 해명될 수 있다: 통속 과학자들은 우리가 서 있는 마루는 상식에 나타나 보이는 것처럼 견고하지 않다고 우리에게 말해 왔다. 왜냐하면 목재는 공간을 너무나 드문드문 채우고 있어서 거의 텅 비었다고 불릴 수 있음이 발견되었기 때문이라는 것이다. 이것은 우리를 당혹스럽게 하기 쉽다. 왜냐하면 어떤 점에서 물론 우리는 마루가 견고하다는 것을 알기 때문이다; 또는 그것이 견고하지 않다면, 이는 그 목재가 썩었기 때문일 수 있지만, 그것이 전자(電子)들로 구성되어 있기 때문은 아니라는 것을 알기 때문이다. 이 후자의 근거에서 마루가 견고하지 않다고 말하는 것은 언어를 오용하는 것이다. 왜냐하면 설령 입자들이 모래알들만큼 크다고 해도, 또 이것들이 모래 더미 속에서처럼 함께 밀집되어 있다고 해도, 만일 마룻바닥이 모래 더미가 알갱이들로 구성되어 있다는 뜻에서 알갱이들로 구성되어 있다면, 마룻바닥은 견고하지 않을 것이기 때문이다. 우리의 당혹감은 오해에 기초해 있었다; 드문드문 채워진 공간이란 그림은 잘못 적용되었다. 왜냐하면 물질의 구조에 대한 이러한 그림은 견고성이란 바로 그 현상을 설명하려고 뜻해졌기 때문이다.

이 예에서 "견고성"이란 낱말은 잘못 사용되었고 또 우리는 아무것도 실제로는 견고하지 않음을 보인 것처럼 보였듯이, 바로 이런 방식으로 감각 경험의 일반적 모호성에 관한 우리의 수수께끼들, 그리고 모든 현상의 유동성에 관한 우리의 수수께끼들을 진술하면서 우리는 "유동성"과 "모호성"이란 낱말들을 잘못되게, 전형적으로 형이상학적인 방식으로, 즉 대립물 없이 사용하고 있다; 반면에 올바르고 일상적인 사용에서 모호성은 명료성에, 유동성은 안정성에, 부정확성은 정확성에, 문제는 해결에 대립한다. "문제"라는 바로 그 낱말도 우리의 철학적 골칫거리들을 위해 쓰일 때는 잘못 적용되어 있다고 말할 수 있을 것이다. 이들 난점들은, 그것들이 문제로서 보이는 한, 사람을 애태우는 것이며, 해결 불가능하게 보인다.

오직 나 자신의 경험만이 진정한 것이라고 말하고 싶은 유혹이 나에게는 존재한다: "나는 내가 보고, 듣고, 고통을 느끼고 등등을 한다는 것을 안다; 그러나 나는 다른 누군가가 그렇게 한다는 것은 알지 못한다. 나는 이것을 알 수 없다; 왜냐하면 나는 나이고 그들은 그들이므로."

또 한편으로는, 나는 내 경험이 유일하게 진정한 것이라고 그 누구에겐가 말하는 것을 부끄럽게 느낀다; 그리고 나는 그가 자기는 자신의 경험에 관해 정확히 같은 것을 말할 수 있으리라고 대답할 것임을 안다. 이것은 어리석은 말장난에 이르게 되는 듯이 보인다. 또한 나는 다음과 같은 말을 듣는다: "만일 당신이 어떤 사람을 그가 고통을 지녔다 하여 동정한다면, 분명 당신은 그가 고통을 지녔다고 최소한 믿기는 해야 한다." 그러나 어떻게 내가 이것을 믿을 수조차 있는가? 어떻게 이 말이 나에게 뜻을 지닐 수 있는가? 다른 사람의 경험이란 관념에 대해 어떠한 증거의 가능성도 존재하지 않는다면, 어떻게 나는 그러한 관념을 얻을 수조차 있었을까?

그러나 이것은 묻기에 기묘한 물음이 아니었을까? 나는 다른 어떤 사람이 고통을 지녔다고 믿을 수 없는가? 이것을 믿기는 아주 쉽지 않은가?—사물들은 상식에 대해 나타나는 바대로 있다고 말하는 것은 대답인가?—게다가, 말할 필요도 없이, 우리는 이러한 난점들을 일상생활에서는 느끼지 않는다. 우리는 그 난점들을 우리가 우리의 경험들을 내성에 의해 조사하거나 그것들에 관해 과학적인 탐구들을 할 때 느낀다고 말하는 것도 역시 참은 아니다. 그러나 아무튼, 우리가 그것들을 어떤 방식으로 고찰할 때, 우리의 표현은 혼란에 얽혀들기가 쉽다. 우리에게는 마치 우리가 우리의 조각 그림들을 합쳐 모으기에는 잘못된 조각들을 가졌거나 아니면 조각들을 충분히 갖고 있지 않은 것처럼 보인다. 그러나 모두가 뒤섞여 있을 뿐, 그것들은 모두 거기에 있다. 그리고 조각 그림 맞추기와 우리의 경우 사이에는 그 이상의 유사성이 존재하는데, 그것은 조각들을 서로 맞춤에 있어 힘을 행사하려고 애쓰는 것은 아무 소용이 없다는 것이다. 우리가 해야 할 것은 그것들을 주의 깊게 고찰하고 그것들을 배열하는 것이 전부이다.

물질세계(외부 세계) 내의 사실들을 기술한다고 말해질 수 있는 명제들이 존재한다. 대충 말해서, 그것들은 물리적 대상들—물체들, 유체들 등등—을 다룬다. 나는 특히 자연과학의 법칙들을 생각하고 있는 게 아니라, "우리 정원의 튤립들이 활짝 피어 있다"나 "스미스는 어느 순간에건 올 것이다"와 같은 그런 명제들을 생각하고 있다. 다른 한편으로는, 개인적 경험들을 기술하는 명제들이 존재한다; 심리학 실험에서 피험자가 자기의 눈앞에 실제로 어떤 물체들이 있는가와는 독립적인, 그리고 (주의하라!) 또한 자기의 망막, 자기의 신경, 자기의 뇌, 또는 자기 몸의 다른 부분들 속에서 일어나는 것으로 관찰될 수 있을 어떠한 과정들과도 독립적인 (즉, 물리적 사실들과 생리학적 사실들 양자로부터 독립적인) 자기의 감각 경험들을—이를테면 자기의 시각 경험을—기술할 때처럼 말이다.

첫눈에 여기서 우리에게는 정신적 세계와 물리적 세계라는 두 종류의 세계, 상이한 재료들로 지어진 세계들이 있는 것처럼 보일 것이다(그러나 왜 그런지는 나중에야 비로소 분명하게 될 수 있다). 사실, 정신적 세계는 기체 (氣體)적이거나 또는 차라리 에테르적인 것이라고 상상하기 쉽다. 그러나 여기서 나는, 명사가 일반적으로 대상의 이름이라고 부르는 것으로서 사용되지 않는다는 것을 우리가 지각할 때, 그리고 따라서 우리가 그것은 에테르적인 대상의 이름이라고 우리 자신에게 말하지 않을 수 없을 때,—기체적이고 에테르적인 것이 철학에서 행하는 기묘한 역할에 대해 당신에게 상기시켜 주고 싶다. 내가 뜻하는 바는, 우리가 어떤 낱말들의 문법에 관해 당혹해할 때, 그리고 우리가 아는 것은 그것들이 물질적 대상들의 이름들로 사용되지 않는다는 것이 전부일 때, 우리는 이미 '에테르적인 대상들'이란 관념을 그럴 때 사용하는 하나의 핑계로서 알고 있다는 것이다. 이것이 마음과 물질이라는 두 재료의 문제가 어떻게 해소될 것인가에 관한 하나의 힌트이다.

때때로, 개인적 경험의 현상은 어떤 면으로는 지상에서 일어나는 물질적 현상에 대립하는 대기 상층에서의 현상인 것처럼 우리에게는 보인다. 상층의 이 현상들은 물질적 현상들이 어떤 정도의 복잡성에 도달할 때 발생한다고 하는 견해들이 존재한다. 예를 들면, 정신 현상, 감각 경험, 의지 등은 어떤 복잡성을 지닌 어떤 유형의 동물 신체가 진화했을 때 출현한다고 하는 견해. 여기에는 어떤 명백한 진리가 있는 것처럼 보인다. 왜냐하면 확실히 아메바는 말하거나 글 쓰거나 토론하지 않는 데 반해, 우리는 하기 때문이다. 다른 한편으로, 다음과 같은 물음으로 표현될 수 있는 문제가 여기서 일어난다: "기계가 생각하는 것이 가능한가?"(이 기계의 작용이 물리학의 법칙들에 의해 기술되거나 예측될 수 있는지, 또는 아마도 유기체들의 행동에 적용되는 다른 종류의 법칙들에 의해서만 그렇게 될 수 있는지 하는 물음). 그리고 이 물음 속에서 표현된 골칫거리는 실제로는, 그 일을 할 수 있을 기계를 우리가 아직 알고 있지 못하다는 것이 아니다. 그 물음은 어떤 사람이 백 년 전에 물었을 법한 다음의 물음과는 유사하지 않다: "기계가 기체를 액화할 수 있는가?" 골칫거리는 오히려, "기계가 생각한다(지각한다, 소망한다)"란 문장은 여하튼 헛소리로 보인다는 것이다. 그것은 마치 우리가 다음과 같이 물은 것과 같은 것이다: "3이란 숫자는 색깔을 지니고 있는가?" ("그것은 우리에게 알려진 색깔들 중 명백히 어떤 것도 지니고 있지 않으므로, 그것은 무슨 색깔일 수 있을까?") 왜냐하면 문제의 한 측면에서는, 개인적 경험은 물리적·화학적·생리학적 과정들의 산물이기는커녕, 그러한 과정들에 관해 우리가 어떤 뜻을 갖고 말하는 모든 것의 기초, 바로 그것인 것 같이 보이기 때문이다. 그것을 이런 식으로 바라볼 때, 우리는 건축 재료라는 우리의 관념을 오해를 일으키는 또 다른 방식으로 사용하고 정신적 세계와 물리적 세계의 전체 세계가 하나의 재료로만 만들어져 있다고 말하는 경향이 있다.

우리가 개인적 경험에 기초하고 있는 것으로서의 세계에 관해 우리가 알고 있고 말할 수 있는 모든 것을 고찰할 때, 우리가 아는 것은 그것의 가치와 신뢰성과 견고성의 상당량을 잃는 것처럼 보인다. 그 경우 우리는 그것이 전적으로 "주관적"이라고 말하는 경향이 있다; 여기서 "주관적"은 우리가 어떤 한 견해가 단지 주관적이라고, 취향의 문제라고 말할 때와 같이 경멸적으로 사용된다. 이제, 이러한 면이 경험과 지식의 권위를 흔드는 것처럼 보이리라는 것은, 여기서 우리의 언어가 우리로 하여금 어떤 오도하는 유비를 끌어내도록 유혹하고 있다는 사실을 가리킨다. 우리에게 이것은 통속 과학자가 우리가 서 있는 마룻바닥이 전자들로 이루어져 있으므로 실제로는 견고하지 않음을 우리에게 보여 준 것처럼 보인 경우를 상기시킬 것이다.

우리는 우리의 표현 방식으로 인해 야기된 골칫거리에 직면하고 있다.

밀접하게 유사한 그러한 또 하나의 골칫거리가 다음의 문장 속에 표현되어 있다: "나는 내가 개인적 경험을 한다는 것만을 알 수 있고, 다른 누군가가 한다는 것은 알 수 없다."—그렇다면 다른 누군가가 개인적 경험을 한다는 것을 우리는 불필요한 가정이라고 부를 것인가?—그러나 그것은 도대체 하나의 가정인가? 왜냐하면 그것이 모든 가능한 경험을 초월한다면, 나는 어떻게 심지어 그런 가정을 할 수조차 있는가? 어떻게 그러한 가정이 의미에 의해 뒷받침될 수 있을까? (그것은 금으로 뒷받침되지 않은 지폐와 같지 않은가?)—어떤 사람이 우리에게 말하기를, 비록 우리는 다른 인물이 고통을 지녔는지 알지 못하지만, 예를 들어 우리가 그를 동정할 때는 우리는 분명히 그렇게 믿는다고 한다면, 그것은 도움이 되지 않는다. 만일 우리가 그가 고통을 지녔다고 믿지 않는다면, 확실히 우리는 그를 동정해서는 안 된다; 그러나 이것이 철학적인, 형이상학적인 믿음인가? 관념주의자나 유아주의자보다 실재주의자가 나를 더 동정하는가?—사실 유아주의자는 다음과 같이 묻는다: "다른 사람이 고통을 지녔다는 것을 우리는 어떻게 믿을 수 있는가; 그렇게 믿는 것은 무엇을 뜻하는가? 그러한 추정의 표현이 어떻게 뜻을 지닐 수 있는가?"

이제 상식 철학자—주의하라, 그는 관념주의로부터 멀리 떨어져 있는 만큼 실재주의로부터도 멀리 떨어져 있는 상식적 인간이 아니다—의 대답은, 다른 어떤 사람이 내가 지닌 것을 가졌다고 가정한다, 생각한다, 상상한다고 하는 관념에는 확실히 아무런 난점이 없다는 것이다. 그러나 실재주의자의 병폐는 언제나, 그는 자신의 적들이 비록 해결하는 데 성공하지는 못해도 보기는 하는 난점들을 해결하지 않고 건너뛴다는 것이다. 실재주의자의 대답은, 우리에게는, 그저 난점을 꺼내 놓을 뿐이다: 왜냐하면 이렇게 주장하는 사람은 "가지다/지니다(have)", "상상하다"란 낱말들의 상이한 용법들 사이의 차이를 간과하기 때문이다. "A는 금니를 가졌다"는 그 이가 A의 입속에 있다는 것을 뜻한다. 이것은 내가 그것을 볼 수 없다는 사실을 설명할 수도 있다. 그런데 그의 치통, 그것은 그의 입속에 있기 때문에 나는 그것을 느낄 수 없다고 내가 말하는 그의 치통의 경우는 금니의 경우와는 유사하지가 않다. 우리의 골칫거리를 야기하는 것은 이 경우들 사이의 외관상의 유사성과 또 한편으로는 유사성의 결여이다. 그리고 실재주의자들이 알아차리지 못하는 것은 우리 문법 내에 있는 이러한 골치 아픈 특징이다. 내가 다른 사람의 입속에 있는 이에서 고통을 느낀다는 것은 생각할 수 있는 일이다; 그리고 자기는 다른 사람의 치통을 느낄 수 없다고 말하는 사람이 이것을 부정하고 있지는 않다. 우리가 처해 있는 문법적 난점을 우리는 다른 인물의 신체에서 고통을 느낌이라고 하는 관념에 우리가 친숙해질 경우에만 명료히 보게 될 것이다. 왜냐하면 그렇지 않다면, 이 문제에 관해 난감해하는 가운데, 우리는 "나는 그의 고통을 느낄 수 없다"란 우리의 형이상학적 명제를 "우리는 다른 인물의 이에서 고통을 지닐 수 없다(일반적으로 지니지 않는다)"란 경험적 명제와 혼동하기 쉬울 것이기 때문이다. 이 후자의 명제에서 "수 없다"는 "철제 못은 유리를 긁을 수 없다"란 명제에서와 같은 방식으로 사용되고 있다. (우리는 이 명제를 "경험은 철제 못이 유리를 긁지 않는다는 것을 가르친다"라는 형태로 쓸 수 있을 것이며, 그리하여 그 "수 없다"를 제거할 수 있을 것이다.) 한 인물이 다른 인물의 몸에서 고통을 지닐 수 있다는 것이 생각 가능함을 보기 위해서는, 우리들은 어떤 종류의 사실들을 우리가 어떤 곳에 고통이 있음에 대한 기준으로 부르는지를 검토해야 한다. 다음과 같은 경우를 상상하기는 쉽다: 내가 나의 손들을 볼 때, 나는 그것들과 내 몸의 나머지와의 연관성을 언제나 의식해 알고 있지는 않다. 즉 나는 종종 내 손이 움직이고 있음을 보지만, 내 손을 내 몸통에 연결하는 팔을 보지는 않는다. 또한 내가 그때 반드시 팔의 존재를 다른 어떤 방식으로 점검하는 것도 아니다. 그러므로 아마도 손은 내 곁에 서 있는 어떤 사람의 몸에 연결되어 있을 수도 있다(또는 물론 사람의 몸에 전혀 연결되어 있지 않을 수도 있다). 내가 고통을 느끼는데, 그 고통을 나는, 그 고통만을 증거로 해서는, 예를 들어 눈을 감고서는, 내 왼손에 있는 고통이라고 부를 것이라고 해 보자. 어떤 사람이 나에게, 내 오른손으로 그 고통스러운 지점을 건드리라고 요구한다. 나는 그렇게 한다; 그리고 주위를 살펴보았을 때, 나는 내 이웃의 손(내 이웃의 몸통에 연결되어 있는 손)을 건드리고 있음을 지각한다.

　당신 자신에게 물어보라: 고통스러운 지점을 가리키라고 요구받을 때, 어디를 가리켜야 할지 우리는 어떻게 아는가? 이런 종류의 가리킴은 어떤 사람이 "이 종이 위에 있는 검은 반점을 가리켜라"라고 말할 때 종이 위에 있는 검은 반점을 지적하는 것과 비교될 수 있는가? 어떤 사람이 "당신이 이 지점을 가리키는 이유는 당신이 가리키기 전에 고통이 거기에 있다는 것을 당신이 알기 때문이다"라고 말했다고 해 보자; "고통이 거기에 있음을 안다는 것은 무엇을 뜻하는가?"라고 자문해 보라. "거기에"라는 낱말은 장소를 지시한다;—그러나 어떤 공간에, 즉 어떤 뜻에서의 '장소'에? 우리는 유클리드 공간 내에서 고통의 장소를 아는가; 그래서 우리가 고통이 있는 곳을 알 때, 우리는 이 방의 두 벽으로부터, 그리고 마룻바닥으로부터 얼마의 거리인지를 아는가? 내가 내 손가락 끝에 고통이 있는데, 그걸로 내 이를 건드린다면, 이제 나의 고통은 치통이기도 하고 내 손가락에 있는 고통이기도 한가? 확실히, 한 가지 뜻에서는 그 고통은 이에 위치한다고 말할 수 있다. 이 경우에 내가 치통을 지녔다고 말하는 것이 잘못인 이유는, 이에 있으려면 그 고통이 내 손가락 끝으로부터 1인치의 16분지 1만큼 떨어져 있어야 하기 때문인가? "어디에"라는 낱말은 상이한 많은 뜻으로 장소들을 지시할 수 있음을 기억하라. (다소간에 서로 닮은, 상이한 많은 문법적 놀이가 이 낱말을 가지고 행해진다. "1"이란 숫자의 상이한 사용을 생각해 보라.) 나는 한 사물이 있는 곳을 알고, 그러면 그 지식 덕택에 그것을 가리킬 수 있을 것이다. 그 지식이 나에게 어디를 가리켜야 할지를 말해 준다. 우리는 여기서 이 지식을 그 대상을 의도적으로 가리키기 위한 조건으로 생각했다. 그리하여 우리들은 다음과 같이 말할 수 있다: "나는 당신이 뜻하는 그 지점을 보기 때문에 그것을 가리킬 수 있다", "나는 그 장소가 어디 있는지 알기 때문에 당신을 그리로 안내할 수 있다; 처음엔 오른쪽으로 돌고, 기타 등등." 이제 우리들은 "나는 한 사물을 가리킬 수 있기 전에 그것이 어디에 있는지 알아야 한다"라고 말하는 경향이 있다. 아마 당신은 다음과 같이 말하는 데 대해선 덜 만족스럽게 느낄 것이다: "나는 한 사물을 바라볼 수 있기 전에 그것이 어디에 있는지 알아야 한다." 이렇게 말하는 것은 물론 때때로 옳다. 그러나 우리는 가리킴, 어디를 향해 움직임 등의 모든 의도적 행위에 선행해야 하는 하나의 특정한 심리학적 상태나 사건—그 장소에 대한 지식—이 있다고 생각하고 싶은 유혹에 빠진다. 유사한 다음의 경우를 생각하라: "명령을 이해한 후에만 우리들은 명령을 따를 수 있다."

내가 내 팔의 고통스러운 지점을 가리킨다면, 어떤 뜻에서 나는 내가 그 장소를 가리키기 전에 그 고통이 있는 곳을 알았다고 말할 수 있는가? 내가 가리키기 전에 나는 "내 왼팔에 고통이 있다"라고 말했을 수 있을 것이다. 내 팔이 그 표면에 있는 어떠한 곳이건 내가 지시할 수 있게끔 번호 매겨진 선들의 그물로 덮여 있었다고 한다면 어떠할까? 내가 고통스러운 지점을 가리킬 수 있기 전에 내가 그 지점을 이 좌표들에 의해 기술할 수 있었어야 한다는 것은 필수적이었는가? 내가 말하고 싶은 것은, 가리킴의 행위가 고통의 장소를 결정한다는 것이다. 그런데 이러한 가리킴의 행위는 면밀한 탐사를 통해 그 고통스러운 지점을 발견하는 행위와 혼동되어서는 안 된다. 사실 그 둘은 상이한 결과에 이를 수 있다.

우리가 다음과 같이 말할 무수히 다양한 경우들이 생각될 수 있다. 즉 어떤 사람이 다른 인물의 몸에서 고통을 지닌다고; 또는, 이를테면, 가구 한 점에서, 또는 어떤 빈 지점에서, 고통을 지닌다고 말이다. 물론 우리는 우리 몸의 특정한 부분에 있는—예컨대 윗니에 있는—고통이 특이한 촉각적이고 운동감각적인 이웃을 가졌음을 잊어서는 안 된다. 우리의 손을 위로 짧은 거리를 움직이면, 우리는 우리의 눈을 건드린다; 그리고 "짧은 거리"란 말은 여기서 촉각적인 거리나 운동감각적인 거리를, 또는 둘 다를, 지시한다. (통상의 방식과는 다른 방식으로 상호 관련된 촉각적인 그리고 운동감각적인 거리들을 상상하는 것은 쉽다. 우리가 우리의 손가락을 입에서부터 눈까지 움직일 때 우리의 입에서부터 우리의 눈까지의 거리는 '우리의 팔의 근육들'에게는 매우 크게 보일 수도 있다. 당신 이에 있는 충치 구멍을 치과 의사가 드릴로 뚫고 면밀히 조사할 때, 당신이 그 구멍을 얼마나 크게 상상하는지를 생각하라.)

우리가 우리의 손을 위로 조금 움직이면 우리는 우리의 눈을 건드린다고 내가 말했을 때, 나는 촉각적 증거만을 언급하고 있었다. 즉 내 손가락이 내 눈을 건드림에 대한 기준은 오직, 설령 내가 아무런 시각적 증거를 가지고 있지 않을지라도, 그리고 거울을 들여다보면 나는 내 손가락이 내 눈이 아니라 이를테면 내 이마를 건드리고 있음을 볼지라도, 나는 내 눈을 건드리고 있었다고 나로 하여금 말하게 했을 특정한 느낌을 내가 가지고 있었다는 것이어야 했다. 내가 언급한 '짧은 거리'가 촉각적이거나 운동감각적이었던 것처럼, "그것들은 조금 떨어져서 놓여 있다"라고 내가 말한 장소들역시 촉각적인 장소들이었다. 촉각적이고 운동감각적인 공간들 속에서 나의 손가락이 내 이로부터 눈으로 움직인다고 말하는 것은 그러니까 "내 손가락이 내 이로부터 내 눈으로 움직인다"라고 우리가 말할 때 우리가 통상적으로 하는 촉각적이고 운동감각적인 경험들을 내가 한다는 것을 뜻한다. 그러나 우리가 이 후자의 명제를 위한 증거로 간주하는 것은, 우리 모두가 알다시피, 결코 촉각적이고 운동감각적이지만은 않다. 사실, 언급된 그 촉각적이고 운동감각적인 감각들을 내가 가졌어도, 내가 본 것 때문에 나는 "내 손가락이……움직인다"라고 하는 그 명제를 여전히 부정할 것이다. 저 명제는 물리적 대상들에 관한 명제이다. (그리고 이제 "물리적 대상들"이란 표현이 한 종류의 대상을 다른 종류의 대상과 구별하려고 뜻해졌다고는 생각하지 말라.) 물리적 대상들에 관한 명제들이라고 우리가 부르는 명제들의 문법은 그러한 모든 명제 각각에 대해 다양한 증거들을 허용한다. "나의 손가락이 움직인다 등등"이란 명제에 대해 내가, "나는 그것이 움직이는 것을 본다", "나는 그것이 움직이는 것을 느낀다", "그는 그것이 움직이는 것을 본다", "그는 나에게 그것이 움직인다고 말한다" 등등의 명제들을 증거로 간주한다는 것은 그 명제의 문법을 특징짓는다. 이제 내가 "나는 내 손이 움직이는 것을 본다"라고 말한다면, 일견 이것은 내가 "나의 손이 움직인다"란 명제에 동의한다는 것을 전제하는 것처럼 보인다. 그러나 내가 "나는 내 손이 움직이는 것을 본다"란 명제를 "내 손이 움직인다"란 명제에 대한 증거들 중의 하나로 간주한다면, 후자의 참은 물론 전자의 참 속에 전제되어 있지 않다. 그러므로 혹자는 "나는 내 손이 움직이고 있는 것을 본다" 대신에 "마치 내 손이 움직이고 있는 듯이 보인다"라고 하는 표현을 제안할지도 모른다. 그러나 비록 이 표현이 내 손이 실제로는 움직임이 없이도 움직이고 있는 것처럼 보일 수 있다는 것을 나타내기는 하지만, 이 표현은 여전히, 손이 움직이고 있는 것처럼 보이기 위해서는 어쨌든 손이 있어야 한다는 것을 암시할 수도 있을 것이다; 반면에 우리는 시각적 증거를 기술하는 명제가 참이면서, 동시에 다른 증거들은 우리로 하여금 내가 손을 가지고 있지 않다고 말하게 하는 경우들을 쉽게 상상할 수 있을 것이다. 우리의 일상적 표현 방식은 이것을 모호하게 만든다. 우리가 말하고자 하는 것이 눈이나 손가락 등의 존재를 함의하지 않을 때, 일상 언어에서 우리는 이를테면 촉각적 감각을 "눈", "손가락" 등의 낱말과 같이 물리적 대상들을 위한 용어들에 의해 기술해야 한다는 불리한 조건을 가지고 있다. 우리는 우리의 감각들에 대한 우회적인 기술(記述)을 사용해야 한다. 물론 이것은 일상 언어가 우리의 특별한 목적들을 위해 불충분하다는 것을 뜻하는 것이 아니라, 일상 언어가 조금 성가시고 때때로 오도하는 면이 있다는 것을 뜻한다. 우리의 언어의 이러한 특이성의 이유는 물론 어떤 감각 경험들의 규칙적인 동시 발생이다. 가령 내 팔이 움직임을 내가 느낄 때, 나는 대부분 또한 그것이 움직임을 본다. 그리고 내가 그것을 내 손으로 건드리면, 그 손 또한 그 움직임을 느낀다 등등. (발이 절단되어버린 사람은 특정한 고통을 자기 발에 있는 고통으로 기술할 것이다.) 이러한 경우에 우리는 다음과 같은 표현에 대한 강한 필요를 느낀다: "어떤 감각이 나의 촉각적 뺨으로부터 나의 촉각적 눈으로 이동한다." 내가 이 모든 것을 말한 이유는, 고통의 촉각적이고 운동감각적인 환경을 당신이 의식해 알고 있다면, 당신은 우리들이 자신의 이 이외의 다른 어떤 곳에서 치통을 앓을 수 있을 것임을 상상하는 데 어려움을 발견할 수도 있기 때문이다. 그러나 만일 우리가 그러한 경우를 상상한다면, 이것은 단순히 우리가 시각적, 촉각적, 운동감각적 등등의 경험들 사이에서 일상적 상관관계와는 다른 상관관계를 상상한다는 것을 뜻한다. 가령 우리는 어떤 인물이 치통의 감각에 더하여, 자신의 손이 자신의 이에서 자신의 코, 눈 등으로 이동함을 봄과 통상 결합된, 그러나 자신의 손이 다른 인물의 얼굴에 있는 저 장소들로 움직임의 시각적 경험과 상호 관련된, 촉각적이고 운동감각적인 경험들을 하는 것을 상상할 수 있다. 또는 다시, 우리는 어떤 인물이 자신의 손을 움직이고 있음이란 운동감각을 지니고, 또 자신의 손가락들을 자신의 얼굴 위로 움직임이고 있음이란 촉각을 자신의 손가락과 얼굴에서 갖는 데 반해, 그의 운동감각과 시각은 자신의 손가락들이 자신의 무릎 위를 움직이고 있음이란 감각들로서 기술되어야 하는 것을 상상할 수 있다. 만일 우리가 치통의 감각에 더하여 아픈 이와 그에 이웃하고 있는 우리의 얼굴의 부분들을 만짐에 통상적으로 특징적인 어떤 촉각과 운동감각을 갖는다면, 그리고 만일 이들 감각이 내 손이 내 책상의 모서리를 건드리고 그 위에서 움직이는 것을 봄에 의해 동반된다면, 우리는 이 경험을 그 책상에서 치통을 경험함이라고 불러야 할지 말아야 할지 의심스럽게 느낄 것이다. 다른 한편으로, 만일 기술된 그 촉각과 운동감각이 내 손이 다른 인물의 이와 얼굴의 다른 부분들을 건드리고 있음을 봄이란 시각 경험과 상호 관련되어 있다면, 내가 이 경험을 "다른 인물의 이에 있는 치통"이라고 부르리라는 것은 의심의 여지가 없다.

나는 다른 인물의 고통을 느끼는 것이 불가능하다고 주장한 사람이 그로써 한 인물이 다른 인물의 몸에서 고통을 느낄 수 있을 것임을 부정하고 싶어 하지는 않았다고 말했다. 사실 그는 이렇게 말했을 것이다: "나는 다른 사람의 이에서 치통을 지닐 수 있을지 모르지만, 그러나 그의 치통을 지닐 수는 없다."

그러니까, "A는 금니가 있다"라는 명제와 "A는 치통이 있다"라는 명제는 유사하게 사용되지 않는다. 그것들은 첫눈에는 달라 보이지 않을지도 모르는 곳에서 문법이 다르다.

"상상하다"라고 하는 낱말의 사용에 대해서는—이렇게 말할 사람이 있을지 모른다: "분명, 다른 인물이 고통을 지녔다고 상상하는 아주 명확히 한정된 작용이 존재한다." 물론, 우리는 이것을, 또는 사실들에 관한 다른 그 어떤 진술도 부정하지 않는다. 그러나 보자: 우리가 다른 인물의 고통이라는 표상을 떠올린다면, 우리는 그것을, 이를테면 우리가 다른 인물이 검은 눈을 지녔다고 상상할 때 우리가 검은 눈의 표상을 적용하는 것과 같은 방식으로 적용하는가? 일상적인 뜻에서의 상상하기를, 채색 그림 그리기로 다시 대체하자. (이것은 어떤 존재들이 상상을 할 때 행한 바로 그 방법일 수 있을 것이다.) 그다음 이런 식으로 어떤 사람이 A가 검은 눈을 지녔다고 상상하게 하라. 이 그림의 매우 중요한 적용은 그 그림이 옳은지를 보기 위해 그것을 실제의 눈과 비교하는 것일 것이다. 우리가 어떤 사람이 고통을 겪는다고 생생하게 상상할 때, 우리의 표상 속에는, 그의 고통이 느껴진다고 우리가 말하는 장소에 해당하는 장소에서 느껴진, 고통의 그림자라고 불릴 수 있을 것이 종종 들어온다. 그러나 하나의 표상이 표상인 뜻은, 그것이 실재와 비교되는 방식으로 결정된다. 이것을 우리는 투사의 방법이라고 부를 수 있을 것이다. 이제, A의 치통에 대한 표상을 그의 치통과 비교하는 일을 생각해 보라. 당신은 그것들을 어떻게 비교할 것인가? 만일 당신이, 당신은 그것들을 그의 신체적 행동으로 '간접적으로' 비교한다고 말한다면, 나는 대답한다. 이는 당신이 그것들을 당신이 그의 행동의 그림을 그의 행동과 비교하는 것처럼 비교하지 않음을 뜻한다고.

그리고 또, "나는 당신이 언제 A가 고통을 지녔는지를 알지 못한다고 하는 당신의 말을 인정한다, 당신은 그것을 단지 추측할 수 있을 뿐이다"라고 당신이 말할 때, 당신은 "추측하다"와 "알다"란 낱말들의 상이한 사용에 놓여 있는 난점을 보지 못한다. 당신은 알 수 없을 것이라고 당신이 말했을 때, 당신은 어떤 종류의 불가능성을 지시하고 있었는가? 당신은 다른 사람이 입을 닫아버렸기 때문에 한 사람은 그 다른 사람이 자기 입속에 금니를 가졌는지를 알 수 없을 경우와 비슷한 경우를 생각하고 있지는 않았는가? 여기서 당신이 알지 못한 것을 당신은 그럼에도 불구하고 안다고 상상할 수 있을 것이다; 비록 당신이 그 이를 보지 못했지만, 당신이 그 이를 보았다고 말하는 것은 뜻을 지녔다; 또는 차라리, 당신이 그의 이를 보지 못한다고 말하는 것은 뜻을 지니며, 따라서 당신이 그것을 본다고 말하는 것 역시 뜻을 지닌다. 이에 반해서, 사람은 다른 인물이 고통을 지녔는지를 알 수 없다는 나의 말을 당신이 인정할 때, 당신이 말하고 싶은 것은, 사람들이 사실상 알지 못한다는 것이 아니라, 그들이 안다고 말하는 것이 아무런 뜻을 지니지 못한다(그리고 따라서 그들이 알지 못한다고 말하는 것이 아무런 뜻을 지니지 못한다)는 것이다. 그러므로 이 경우에 당신이 "추측하다"와 "믿다"란 용어를 사용한다면, 당신은 그것을 "알다"에 대립적인 것으로서 사용하지 않는다. 즉 당신은, 안다는 것은 당신이 도달할 수 없을 하나의 목표이며 당신은 추측하는 것으로 만족해야 한다고 말하지 않았다; 오히려, 이 놀이에는 목표가 없다. "당신은 기수의 전체 열을 끝까지 셀 수 없다"라고 우리들이 말할 때와 꼭 마찬가지로, 우리들은 인간적 약점에 관한 사실이 아니라 우리가 만든 규약에 관한 사실을 진술하고 있는 것이다. 우리의 진술은 "인간이 대서양을 수영해 건너는 것은 불가능하다"와 같은 그런 진술과 비록 늘 잘못 비교되기는 하지만, 그렇게 비교될 수가 없다; 그러나 그것은 "인내력 경쟁에는 목표가 없다"와 같은 진술과는 유사하다. 그리고 이것이, 당신은 …… 알 수는 없고 …… 추측할 수는 있다고 하는 설명에 만족하지 못하는 인물이 어렴풋이 느끼는 것 중 하나이다.

어떤 사람이 코감기에 걸린 채 추운 날 밖에 나가려 하는 것 때문에 우리가 화가 난다면, 우리는 때때로 이렇게 말한다: "너 감기 들어도 난 몰라 (I won't feel your cold)." 그리고 이것은 "네가 감기 걸릴 때, 나는 괴로워하지 않는다"를 뜻할 수 있다. 이것은 경험이 가르치는 명제이다. 왜냐하면 우리는 다른 인물이 그의 몸을 찬 공기에 노출했을 때 한 인물이 자기 머리에서 고통을 느끼게 만드는, 말하자면 무선 연결을 그 두 몸 사이에서 상상할 수 있을 터이기 때문이다. 이 경우, 그 고통은 나의 머리에서 느껴지기 때문에 그 고통은 나의 것이라고 주장하는 사람이 있을지도 모른다. 그러나 나와 어떤 다른 사람이 우리의 몸의 일부를, 이를테면 손을, 공유하고 있다고 상상하라. 이제 그 손이 말벌에 쏘였다고 상상하라. 우리 둘 다 소리 지르고, 얼굴을 일그러뜨리고, 그 고통에 대해 같은 기술을 하고 등등을 한다.

자, 우리는 우리가 같은 고통을 지녔다고 말해야 하는가, 아니면 다른 고통을 지녔다고 말해야 하는가? 이러한 경우에 당신이, "우리는 같은 몸, 같은 곳에서 고통을 느끼고 우리의 기술은 일치하지만, 그러나 나의 고통은 여전히 그의 고통일 수 없다"라고 말한다면, 당신은 그 이유로서 다음과 같이 말하는 경향이 있을 것으로 나는 생각한다: "왜냐하면 나의 고통은 나의 고통이고 그의 고통은 그의 고통이기 때문이다." 그리고 여기서 당신은 "같은 고통"과 같은 그런 어구의 사용에 관해 하나의 문법적 진술을 하고 있다. 당신이 말하고 있는 것은, 당신은 "그가 나의 고통을 지녔다"거나 "우리는 둘 다 같은 고통을 지녔다"란 문구를 적용하고 싶지 않으며 대신에 당신은 아마도 "그의 고통은 정확히 나의 고통과 비슷하다"와 같은 문구를 적용할 것이라는 것이다. (두 사람 중 한 사람이 마취되었거나 살해당해 있는데도 다른 한 사람은 여전히 고통을 느낄 것이기 때문에, 두 사람은 같은 고통을 지닐 수 없을 것이라고 말하는 것은 아무런 논증이 아닐 것이다.) 물론, "나는 그의 치통을 지녔다"란 문구를 우리가 배제한다면, 그로써 우리는 "나는 나의 치통을 지녔다(느낀다)"도 역시 배제한다. 우리의 형이상학적 진술의 다른 형식은 이러하다: "사람의 감각 자료는 그 자신에게 사적이다." 그리고 그것을 이런 방식으로 표현하는 것은 훨씬 더 오도하는 면이 있는데, 왜냐하면 그것은 경험적인 명제와 더욱더 비슷해 보이기 때문이다; 이렇게 말하는 철학자가 자기는 일종의 과학적 진리를 표현하고 있다고 생각하는 것도 무리는 아니다.

우리는 "두 책이 같은 색깔을 지니고 있다"란 문구를 사용한다. 그러나 우리는 다음과 같이 완전히 잘 말할 수 있을 것이다: "그것들은 같은 색깔을 지닐 수 없다; 왜냐하면 어쨌든 이 책은 그 자신의 색깔을 지니고, 다른 한 책 역시 그 자신의 색깔을 지니기 때문이다." 이것도 역시 하나의 문법적 규칙—첨언하자면, 우리의 일상 용법과는 일치하지 않는 규칙—을 진술하고 있을 것이다. 이 상이한 두 용법을 우리들이 좌우간 생각해야 하는 이유는 이러하다: 우리는 감각 자료의 경우를 물리적 대상들의 경우와 비교하는데, 후자의 경우에 우리는 "이것은 내가 한 시간 전에 본 것과 같은 의자이다"와 "이것은 같은 의자는 아니지만, 다른 것과 정확히 닮은 의자이다"를 구별한다. 여기서 다음과 같이 말하는 것은 뜻을 지니며, 그것은 하나의 경험적 명제이다: "A는 런던에 있었고 B는 케임브리지에 있었으므로, A와 B는 같은 의자를 보았을 수가 없다; 그들은 정확히 닮은 두 의자를 보았다." (여기서 당신이 "이 대상들의 동일성"이라고 우리가 부르는 것에 대한 상이한 기준들을 고려한다면 유용할 것이다. "이것은……같은 날[日]이다", "이것은……같은 낱말이다", "이것은……같은 경우이다" 등등의 진술들을 우리는 어떻게 적용하는가?)

이러한 논의들에서 우리가 행한 것은, 형이상학적 명제에서 "할 수 있다"란 낱말을 만날 때 우리가 항상 행하는 것이었다. 우리는 이러한 명제가 문법적 규칙을 감추고 있다는 것을 보인다. 다시 말해서, 우리는 형이상학적 명제와 경험적 명제 사이의 외형적 유사점을 파괴한다; 그리고 우리는 우리의 일상 언어가 충족하지 못하는, 그리고 그것이 충족되지 못하는 한, 형이상학적 난문제를 산출하는, 어떤 열망을 충족하는 표현 형식을 발견하려고 노력한다. 또한, 형이상학적인 뜻에서 내가 "나는 내가 고통을 지녔을 때 언제나 알아야 한다"라고 말할 때, 이것은 단순히 "안다"라는 말을 잉여적인 것으로 만든다; 그리고 "나는 내가 고통을 지녔다는 것을 안다" 대신에 나는 단순히 "나는 고통을 지녔다"라고 말할 수 있다. 물론, 어떤 사람이 고통을 지녔으면서 그것을 알지 못하는 경우를 위한 경험적 기준들을 고정함으로써 우리가 "무의식적인 고통"이란 어구에 뜻을 준다면, 그리고 사실상 아무도 자기가 알지 못하는 고통을 지닌 적이 없다고 우리가 그 경우 (옳게 혹은 그르게) 말한다면, 문제는 다르다.

"나는 그의 고통을 느낄 수 없다"라고 우리가 말할 때, 극복할 수 없는 장벽의 관념이 우리에게 떠오른다. "녹색과 청색은 동시에 같은 곳에 있을 수 없다"라고 하는, 비슷한 경우를 즉시 생각해 보자. 여기서 마음속에 떠오르는 물리적 불가능성의 그림은 아마도 장벽이라는 그림은 아닐 것이다; 오히려 우리는 그 두 색이 서로에게 방해가 되고 있다고 느낀다. 이러한 관념의 기원은 무엇인가?—우리는 세 사람이 이 벤치 위에 나란히 앉을 수는 없다고, 그럴 공간이 없다고 말한다. 그런데 색깔들의 경우는 이것과 유사하지 않다; 그러나 그것은 "3×18인치는 3피트가 되지 않을 것이다"라고 말하는 것과는 얼마간 유사하다. 이것은 하나의 문법적 규칙이며, 논리적 불가능성을 진술하고 있다. "1야드 길이의 벤치 위에 세 사람이 나란히 앉을 수는 없다"란 명제는 물리적 불가능성을 진술한다; 그리고 이 예는 왜 그 두 불가능성이 혼동되는지를 명료하게 보여 준다. ("그는 나보다 6인치가 더 크다"란 명제를 "6피트는 5피트 6인치보다 6인치가 더 길다"와 비교하라. 이 명제들은 전혀 다른 종류이지만, 정확히 비슷하게 보인다.) 이들 경우에 물리적 불가능성의 관념이 우리 마음속에 떠오르는 이유는, 한편으로 우리는 특정한 표현 형식을 사용하는 것에 반대하는 결정을 한다는 것, 그리고 다른 한편으로 (a) 그것은 아주 좋은 한국어 또는 영어 등으로 들리고, (b) 우리 언어의 다른 부분들에서 사용되는 아주 비슷한 표현 형식들이 존재하기 때문에, 우리는 그것을 사용하려는 유혹을 강하게 받는다는 것이다. "그것들은 같은 곳에 있다"란 어구를 사용하는 것에 대해 우리는 반대 결정을 했다; 다른 한편으로 이 문구는 다른 문구들과의 유사성을 통해 우리의 호감을 강력히 불러일으키고, 그래서 우리는 어떤 뜻에서 이 표현 형식을 강제로 쫓아내야 한다. 그리고 이것이 우리가 보편적으로 거짓인 명제를 거부하고 있는 것처럼 우리 자신에게 보이는 까닭이다. 우리는 두 색이 서로의 길을 막고 있다고 하는 것과 같은 그림을 그리거나, 한 인물이 다른 인물의 행동을 관찰하는 것 이상으로는 한 인물이 다른 인물의 경험에 더 가까이 가도록 허락하지 않는 장벽이란 그림을 그린다. 그러나 더 자세히 바라보면, 우리는 우리가 그린 그 그림을 적용할 수 없다는 것을 발견한다.

논리적 불가능성과 물리적 불가능성 사이에서의 망설임이 우리로 하여금 다음과 같은 진술을 하게 만든다: "내가 느끼는 것이 언제나 나의 고통뿐이라면, 다른 어떤 사람이 고통을 지녔다는 추정은 무엇을 뜻할 수 있는가?" 이러한 경우에 해야 할 일은 언제나, 문제의 말이 우리의 언어에서 실제로 어떻게 쓰이고 있는가를 보는 것이다. 이 모든 경우에 우리는 우리의 일상 언어가 이 말을 사용하는 것과는 다른 사용을 생각하고 있다. 다른 한편으로는, 바로 그때 어떤 이유로 우리의 호감을 불러일으키는 사용을 생각하고 있다. 우리의 말의 문법에 관해 어떤 것이 기묘하게 보일 때, 그것은 우리가 한 낱말을 몇몇 다른 방식으로 사용하려는 유혹을 번갈아 받기 때문이다. 그리고 형이상학자가 하는 주장이 우리의 문법에 대한 불만족을 표현한다는 것은, 이 주장을 담은 말이 경험의 사실을 진술하는 데도 역시 쓰일 수 있을 때는 발견하기가 특히 어렵다. 이를테면, "오직 나의 고통만이 진정한 고통이다"라고 그가 말할 때, 이 문장은 다른 사람들은 단지 사칭하고 있다는 것을 뜻할 수도 있을 것이다. 그리고 "이 나무는 아무도 그것을 보지 않을 때는 존재하지 않는다"라고 그가 말할 때, 그것은 "이 나무는 우리가 그것에 등을 돌릴 때는 사라진다"를 뜻할 수도 있을 것이다. "오직 나의 고통만이 진정한 것이다"라고 말하는 사람은, 고통을 지녔다고 말한 다른 사람들이 속이고 있었다는 것을 그가 공통의 기준들에 의해서—즉 우리의 말에 공통적 의미들을 주는 기준들에 의해서—발견했음을 말하려 하는 게 아니다. 그러나 그가 반항하는 것은 이 표현을 이 기준들과 연관하여 사용하는 것이다. 즉 그는 이 낱말을 그것이 보통으로 사용되고 있는 그 특정한 방식으로 사용하는 것에 대해 반대한다. 다른 한편으로, 그는 자기가 어떤 하나의 관행에 대해 반대하고 있다는 것을 의식해 알지 못한다. 그는 일상의 지도에서 사용된 방식과는 다르게 지역을 분할하는 방식을 보고 있다. 그는, 이를테면, "데 번셔(Devonshire)"란 이름을 그 관행적 경계선을 지닌 지역에 대해서가 아니라 다르게 경계 지어진 지방에 대해서 사용하고 싶은 유혹을 느낀다. 이것을 그는 다음과 같이 말함으로써 표현할 수 있을 것이다: "이것을 한 지역으로 만드는 것, 여기에 경계선들을 긋는 것은 불합리하지 않은가?" 그러나 그가 말하는 것은, "진정한 데번셔는 이것이다"라는 것이다. 우리는 다음과 같이 대답할 수 있을 것이다: "당신이 원하는 것은 단지 하나의 새로운 표기법일 뿐이다. 그리고 새로운 표기법으로는 지리학의 어떠한 사실들도 변화하지 않는다." 그렇지만 표기법이 우리를 저항할 수 없을 정도로 매혹하거나 물리칠 수 있다는 것은 참이다. (우리는 표기법이, 표현 형식이, 우리에게 얼마나 많은 것을 의미할 수 있는지, 그리고 그것을 바꾸는 것이 수학이나 과학에서 종종 그러한 것처럼 언제나 쉽지는 않다는 것을 쉽게 잊는다. 옷이나 이름들의 변화는 매우 사소한 의미밖에 없을 수도 있고 상당한 의미를 지닐 수도 있다.)

나는 실재주의자들과 관념주의자들과 유아주의자들에 의해 논의된 문제를 그것과 밀접하게 관계된 하나의 문제를 당신에게 보임으로써 해명하고자 노력할 것이다. 그 문제는 이러하다: "우리는 무의식적인 사고들, 무의식적인 느낌들 등을 지닐 수 있는가?" 무의식적인 사고들이 존재한다는 관념은 많은 사람의 반감을 일으켰다. 한편 다른 사람들은 이들이 의식적 사고들만 존재한다고 추정하는 점에서 틀렸으며, 정신분석은 무의식적인 사고들을 발견했다고 말해 왔다. 무의식적 사고에 대한 반대자들은 자신들이 새로 발견된 심리학적 반응들에 대해 반대하고 있는 게 아니라 그것들이 기술된 방식에 대해 반대하고 있다는 것을 보지 못하였다. 한편 정신분석가들은 그들 자신의 표현 방식에 의해 오도되어, 자신들은 새로운 심리학적 반응들을 발견하는 것 이상의 일을 했다고, 어떤 뜻에서 자신들은 무의식적인 의식적 사고들을 발견했다고 생각하는 데로 빠졌다. 첫 번째 사람들은 자신들의 반대를 다음과 같은 말로 진술할 수 있었을 것이다: "우리는 '무의식적인 사고들'이란 어구를 사용하고 싶지 않다; 우리는 '사고'라는 낱말을 당신이 '의식적 사고들'이라고 부르는 것에 한정하고 싶다." "오직 의식적인 사고들만이 존재할 수 있고, 무의식적인 사고들은 존재할 수 없다", 그들이 이렇게 말할 때 그들은 자신들의 입장을 잘못 진술하고 있다. 왜냐하면 그들이 "무의식적인 사고들"에 관해 이야기하고 싶지 않다면, 그들은 "의식적인 사고"라는 어구도 역시 사용해서는 안 되기 때문이다.

그러나 의식적인 사고들과 무의식적인 사고들 둘 다에 관해 말하는 인물은 여하튼 그로써 "사고들"이란 낱말을 다른 두 방식으로 사용하는 것이라고 말하는 것은 옳지 않은가?—우리가 망치로 못을 박고, 다른 한편으로는 구멍에 쐐기를 박을 때, 우리는 망치를 다른 두 방식으로 사용하는가? 그리고 우리가 이 쐐기를 이 구멍에, 그리고 한편으로 또 하나의 쐐기를 또 하나의 구멍에 박을 때, 우리는 망치를 다른 두 방식으로 사용하는가 아니면 같은 방식으로 사용하는가? 또는 한 경우에는 우리가 어떤 것을 어떤 것 속에 박고, 다른 경우에는 (이를테면) 우리가 어떤 것을 박살 낼 때만, 우리는 그것을 다른 사용이라고 불러야 할까? 또는 이 모든 것은 망치를 한 방식으로 사용하는 것이고, 우리가 망치를 서진(書鎭)으로 사용할 때만 그것은 다른 방식이라고 불려야 하는가?—어떤 경우에 우리는 한 낱말이 다른 두 방식으로 사용되었다고 말해야 하고, 어떤 경우에 우리는 그것이 한 방식으로 사용되었다고 말해야 하는가? 한 낱말이 다른 두(또는 더 많은) 방식으로 사용되었다고 말하는 것은 그 자체로는 아직 우리에게 그것의 쓰임에 관해 어떠한 관념도 주지 않는다. 그것은 이 용법을 고찰하는 하나의 방식을, 이 용법의 기술(記述)을 위한 도식에 두 개의(또는 그 이상의) 세부 구분을 제공함으로써 명기할 뿐이다. "나는 이 망치로 두 가지 일을 한다: 나는 이 판자에 못을 박으며, 저 판자에 못을 박는다"라고 말하는 것은 좋다. 그러나 나는 또한 이렇게도 말할 수 있었을 것이다: "나는 이 망치로 단지 하나의 일을 하고 있다: 나는 이 판자에 못을 박으며, 저 판자에 못을 박는다." 한 낱말이 하나의 방식으로 쓰이고 있느냐 또는 두 방식으로 쓰이고 있느냐에 관해서는 두 종류의 논의가 존재할 수 있다: (a) "cleave"란 영어 낱말이 어떤 것을 쪼개는 데 대해서만 사용되는지, 아니면 사물들을 함께 결합하는 데 대해서도 사용되는지를 두 사람이 논의할 수 있을 것이다. 이것은 어떤 현실적 용법의 사실들에 관한 논의이다. (b) 그들은 "깊은"과 "높은" 둘 다를 나타내는 "altus"란 낱말이 그로써 다른 두 방식으로 사용되고 있는지를 논의할 수 있을 것이다. 이 물음은 우리가 의식적 사고와 무의식적 사고에 관해 이야기할 때 "사고"란 낱말이 두 방식으로 사용되고 있는지 아니면 한 방식으로 사용되고 있는지 하는 물음과 유사하다. "물론, 이것들은 다른 두 용법이다"라고 말하는 사람은 이미 두 방식의 도식을 사용하려고 결정한 것이며, 그가 말한 것은 이 결정을 표현한 것이다.

자, 유아주의자가 자기 자신의 경험들만이 진정한 것이라고 말할 때, 그에게 다음과 같이 대답하는 것은 아무 소용이 없다: "우리가 실제로 당신 말을 듣는다고 당신이 믿지 않는다면, 당신은 왜 우리에게 이런 말을 하는가?" 또는 어쨌든, 우리가 그에게 이러한 대답을 한다면, 우리는 우리가 그의 난점에 대답했다고 믿어서는 안 된다. 철학적인 문제에 대해 상식적인 대답은 존재하지 않는다. 철학자들의 공격에 맞서 상식을 옹호하는 일은 오직 그들의 수수께끼들을 해결함으로써만, 즉 상식을 공격하고 싶어 하는 그들의 유혹을 치료함으로써만 가능하고, 상식의 견해들을 재진술함으로써는 가능하지 않다. 철학자는 제정신이 아닌 사람, 모두가 보는 것을 보지 못하는 그런 사람이 아니다; 다른 한편으로, 그와 상식의 불일치도 또한 과학자와 보통 사람의 조야한 견해들의 불일치와 같은 그런 것이 아니다. 즉 그의 불일치는 사실에 대한 더 면밀한 지식에 기초하고 있지 않다. 그러므로 우리는 그의 난문제의 원천을 조사해 보아야 한다. 그리고 어떤 사실들에 관한 우리의 호기심이 충족되지 않았을 때나 우리의 모든 경험과 맞아떨어지는 자연법칙을 우리가 발견할 수 없을 때뿐만이 아니라, 어떤 표기법이—아마도 그것이 불러일으키는 다양한 연상들 때문에—우리를 만족시키지 못할 때도 역시 우리는 난문제와 정신적 불안이 존재함을 발견한다. 모든 가능한 표기법 중에서 우리의 모든 삶에 스며들어 있는 표기법인 우리의 일상 언어는 우리의 마음을 말하자면 한 입장에 고정적으로 붙잡는다; 그리고 이 입장에서 때때로 우리의 마음은, 다른 입장들에 대한 욕구도 마찬가지로 지니고 있으므로, 옥죄어져 있다고 느낀다. 그리하여 때때로 우리는 일상 언어보다 차이를 더 강하게 강조하는, 차이를 더 명백히 만드는 표기법을 원하거나, 특정한 경우에 우리의 일상 언어보다 더 밀접하게 비슷한 표현 형식들을 사용하는 표기법을 원한다. 우리의 정신적 족쇄는 이러한 필요들을 충족하는 표기법들이 우리에게 보일 때 벗겨진다. 이 필요들은 대단히 다양할 수 있다.

이제, 우리가 유아주의자라고 부르는, 그리고 오직 자기 자신의 경험들만이 실재적이라고 말하는 사람은 그로써 그 어떤 실천적 사실문제에 관해서도 우리와 불일치하지 않는다; 그는 우리가 고통을 호소할 때 우리가 가장하고 있다고 말하지 않는다, 그는 다른 누구나와 마찬가지로 우리를 동정한다. 그런데 동시에 그는 "실재적"이라는 형용 어구의 사용을 우리가 그의 경험들이라고 부를 것에 한정하기를 바란다; 그리고 아마 그는 우리의 경험들을 전혀 "경험"이라고 부르기를 원하지 않는다(게다가 어떠한 사실문제에 관해서도 우리와 불일치함이 없이 말이다). 왜냐하면 그는 그 자신의 경험들 이외의 경험들이 실재적이라는 것은 **상상할 수도 없는** 것이라고 말할 터이기 때문이다. 그러므로 그는 "A가 진정한 치통을 지녔다"(여기서 A는 그가 아니다)와 같은 문구가 그 속에서는 의미 없는 표기법, 그 규칙들이 이 문구를 체스의 규칙들이 병졸이 기사의 동작을 하는 것을 배제하는 것처럼 배제하는 표기법을 사용해야 한다. 유아주의자의 제안은, "스미스(유아주의자)가 치통을 지녔다" 대신에 "진정한 치통이 존재한다"와 같은 문구를 사용하자는 것이 된다. 그리고 왜 우리가 그에게 이 표기법을 허용해서는 안 될까? 말할 필요도 없이, 혼란을 피하기 위해서는 그는 이 경우에 "진정한"이란 낱말을 "가장된"과 대립된 것으로서 아예 사용하지 않는 것이 낫다; 이는 단지, 우리는 "진정한/가장된"이란 구별에 다른 방식으로 대비해야 한다는 것을 뜻한다. "오직 나만이 진정한 고통을 느낀다", "오직 나만이 실제로 본다(또는 듣는다)"라고 말하는 유아주의자는 어떤 견해를 진술하고 있지 않다. 그리고 그 때문에 그는 자기가 하는 말을 그렇게 확신하는 것이다. 그는 어떤 표현 형식을 사용하고 싶은 저항할 수 없는 유혹을 받고 있다. 그러나 왜 그가 그렇게 유혹받는지를 우리는 여전히 발견해야 한다.

"오직 나만이 실제로 본다"라는 문구는 "우리는 다른 사람이 사물을 볼 때 실제로 무엇을 보는지 결코 알지 못한다"란 주장이나 "우리는 그가 우리가 '청색'이라고 부르는 것과 같은 것을 '청색'이라고 부르는지 결코 알지 못한다"라고 하는 주장에서 표현된 관념과 밀접히 연결되어 있다. 사실 우리는 다음과 같이 주장할 수 있을 것이다: "나는 그가 무엇을 보는지, 또는 그가 도대체 보기는 하는지를 결코 알 수 없다. 왜냐하면 내가 가진 것은 그가 나에게 주는 다양한 종류의 기호들이 전부이기 때문이다. 그러므로 그가 본다고 하는 것은 전혀 불필요한 가설이다. 본다는 것이 무엇인지를, 나는 오직 나 자신을 보는 것에서 알 뿐이다. 나는 '본다'라는 낱말이 내가 의미하는 것을 의미함을 배웠을 뿐이다." 물론 이것은 단적으로 참이 아닌데, 왜냐하면 나는 "본다"란 낱말을 내가 여기서 공언하는 것과 다르게, 그리고 훨씬 더 복잡하게 사용하는 것을 명확히 배웠기 때문이다. 내가 그렇게 했을 때 나를 인도한 경향을 조금 다른 영역으로부터의 한 예로 분명히 해 보자. 다음과 같은 논증을 검토하라: "이 종이가 붉지 않다면, 어떻게 우리는 그것이 붉었으면 하고 원할 수 있는가? 이것이 의미하는 바는, 나는 전혀 존재하지 않는 것을 소망한다는 것 아닌가? 그러므로 나의 소망은 종이의 붉음과 비슷한 어떤 것을 포함할 수 있을 뿐이다. 그러므로 어떤 것이 붉기를 소망함에 관해 우리가 이야기할 때, 우리는 '붉은'이란 낱말 대신에 다른 낱말을 사용해야 하지 않는가? 소망의 이미지는 확실히 우리에게 종이의 붉음이란 실재보다 덜 명확한 어떤 것을, 더 막연한 어떤 것을 보여 준다. 그러므로 나는 '나는 이 종이가 붉었으면 하고 원한다' 대신에 '나는 이 종이에 엷은 붉은색을 원한다'와 같은 어떤 것을 말해야 한다." 그러나 만일 그가 보통의 말하기 방식으로 "나는 이 종이에 엷은 붉은색을 원한다"라고 말했더라면, 그의 소망을 충족하기 위해서 우리는 그것을 엷은 적색으로 칠해야 한다—그리고 이것은 그가 원한 것이 아니었다. 다른 한편으로, 그가 "나는 이 종이에 엷은 x색을 원한다"라고 하는 문구를 언제나 "나는 이 종이가 x색을 지녔으면 한다"라는 말로 우리가 일상적으로 표현하는 것을 의미하기 위해 사용한다는 것을 우리가 아는 한, 그가 제안하는 표현 형식을 채택하는 데 대해서는 반대가 없다. 그가 말한 것은 실제로는, 하나의 표기법이 추천될 수 있다는 뜻에서 그의 표기법을 추천하는 것이었다. 그러나 그는 우리에게 새로운 진리를 말하지 않았으며, 우리가 이전에 말한 것이 거짓임을 우리에게 보여 주지 않았다. (이 모든 것은 현재의 우리의 문제를 부정의 문제와 연결시킨다. 나는, 대충 표현하자면, 하나의 특징이 언제나 두 개의 이름—하나는 어떤 것이 그 특징을 지녔다고 말해지는 경우를 위한 것이고, 다른 하나는 어떤 것이 그 특징을 지니지 않는다고 말해지는 경우를 위한 것—을 지니는 표기법이 가능하리라고 말함으로써, 당신에게 단지 힌트만을 줄 것이다. "이 종이는 붉다"의 부정은 그렇다면, 이를테면, "이 종이는 불그지(rode) 않다"가 될 수 있을 것이다. 이러한 표기법은 우리의 일상 언어가 우리에게 거부하는, 그리고 때때로 부정의 관념에 관한 철학적 난문제의 족쇄를 산출하는 소망들 중 어떤 것을 현실적으로 충족할 것이다.)

"그가 자기는 파란 반점을 본다고 (정직하게) 말할 때, 그가 무엇을 보는지 나는 알 수 없다"라고 하는 말로 우리가 표현하는 난점은 다음과 같은 관념으로부터 일어난다. 즉 "그가 무엇을 보는지를 안다"는 "그도 역시 보는 것을 본다"를 의미하지만, 그러나 우리 둘이 같은 대상을 우리의 눈앞에 두고 있을 때 우리가 그리한다는 뜻에서가 아니라, 보이는 대상이 이를테면 그의 머릿속에, 또는 그 사람 속에 있는 대상일 것이라는 뜻에서라고 하는 관념 말이다. 이 관념은, 같은 대상이 그의 눈앞과 내 눈앞에 있을지 모르지만, 나는 그의 시계(視界)의 **실재적이고 직접적인** 대상이 또한 내 시계의 실재적이고 직접적인 대상이 되게끔 내 머리를 그의 머릿속에 끼워 넣을 수는 없다(또는, 같은 말이 되지만, 나의 마음을 그의 마음속에 끼워 넣을 수는 없다)는 것이다. "나는 그가 무엇을 보는지를 알지 못한다"로 우리는 실제로는 "나는 그가 무엇을 바라보는지를 알지 못한다"를 의미하는데, 여기서 '그가 바라보는 무엇'은 감추어져 있고 그는 그것을 나에게 보여 줄 수 없다, 그것은 그의 마음의 눈앞에 있다는 것이다. 그러므로 이 수수께끼를 풀기 위해서는, "나는 그가 무엇을 보는지를 알지 못한다"란 진술과 "나는 그가 무엇을 바라보는지를 알지 못한다"란 진술이 실제로 우리의 언어에서 사용될 때 그것들 간의 문법적 차이를 검사하라.

때때로 우리의 유아주의의 가장 만족스러운 표현은 다음과 같이 보인다: "무엇이든지 보일(실제로 보일) 때, 그것을 보는 사람은 언제나 나이다."

이 표현에서 우리의 눈길을 끄는 것은 "언제나 나"란 구절이다. 언제나 누구?—왜냐하면, 매우 기묘하게도, 내가 의미하는 것은 "언제나 루트비히 비트겐슈타인"이 아니기 때문이다. 이것은 우리를 인물 동일성에 대한 기준을 고찰하는 데로 이끈다. 어떤 상황에서 우리는 말하는가, "이것은 내가 한 시간 전에 본 인물과 같은 인물이다"라고? "같은 인물"이란 구절에 대한, 그리고 인물의 이름에 대한 우리의 실제 사용은 우리가 동일성의 기준들로 사용하는 많은 특징이 엄청난 다수의 경우에 일치한다는 사실에 기초하고 있다. 일반적으로 나는 내 신체의 모습으로써 인지된다. 내 신체의 모습은 오직 점차적으로 변하며, 비교적 거의 변하지 않는다. 그리고 마찬가지로 내 목소리, 특징적 버릇들 등등은 오직 천천히 그리고 좁은 범위 내에서만 변한다. 우리가 인명들을 우리가 사용하고 있는 방식으로 사용하는 경향이 있는 것은 오직 이러한 사실들의 귀결로서이다. 이 점은, 만일 사실들이 다르다면 우리가 어떤 다른 '기하학들'을 사용하는 데로 기울어질 것인가를 우리에게 보여 주는 비현실적인 경우들을 상상함으로써 가장 잘 보일 수 있다. 예를 들어, 존재하는 모든 인간 신체들이 똑같아 보이고, 반면에 다른 특징들의 집합들이 말하자면 이 신체들 가운데서 그것들의 거주지를 바꾸는 것처럼 보인다고 상상하라. 그러한 특징들의 집합은 이를테면 높고 날카로운 목소리와 결합한 온화함과 느린 동작들이거나, 아니면 화를 잘 내는 기질과 저음의 목소리와 홱 하는 동작들 따위와 같은 것일 수 있을 것이다. 이러한 상황에서는, 비록 신체들에 이름들을 주는 것이 가능은 할 터이지만, 우리는 아마, 우리가 우리의 식당 의자들에 이름들을 주고 싶어 하지 않듯이, 거의 그렇게 하고 싶지 않을 것이다. 다른 한편으로, 그 특징들의 집합에다 이름들을 주는 것은 유용할 수도 있는데, 그러면 이 이름들의 쓰임은 대충 우리의 현재 언어에서의 인명들에 대응할 것이다.

또는 인간 존재들이 다음과 같은 방식으로 두 성격을 갖는 것이 유용하다고 상상하라: 사람들의 모양과 크기, 그리고 행동의 특징들이 주기적으로 완전한 변화를 겪는다. 한 사람이 그러한 두 상태를 지니는 것은 흔한 일이며, 그는 한 상태로부터 다른 한 상태로 갑자기 옮아간다. 십중팔구, 이러한 사회에서는 우리는 모든 사람을 각각 두 개의 이름으로 명명하고, 아마도 그의 신체 속에 있는 한 쌍의 인물에 관해 이야기하고 싶어질 것이다. 자, 지킬 박사와 하이드는 두 인물이었는가, 아니면 그들은 단지 변화한 동일 인물이었는가? 어느 쪽이든 우리는 우리 좋은 대로 말할 수 있다. 우리는 이중인격에 관해 이야기하도록 강요되어 있지 않다.

"인격"이란 낱말에 관해서는, 우리가 채택하는 경향이 있음을 느낄 수 있는, 모두가 다소간에 유사한 많은 쓰임이 존재한다. 우리가 한 인물의 동일성을 그의 기억들에 의해 정의할 때도 같은 것이 적용된다. 자기 생애의 짝숫날에는 그의 기억들이 모든 짝숫날의 사건들을 포함하고, 홀숫날에 일어난 것은 완전히 빠뜨리는 어떤 사람을 상상하라. 다른 한편으로 그는 홀숫날에는 이전의 홀숫날들에 일어난 것을 기억하지만, 이 경우 그의 기억은 짝숫날들을 불연속성의 느낌 없이 건너뛴다. 원한다면 우리는 그가 짝숫날들과 홀숫날들에 교대하는 모습들과 특징들을 지녔다고 가정할 수도 있다. 우리는 여기서 두 인물이 같은 신체에 거주하고 있다고 꼭 말해야만 하는가? 즉 두 인물이 존재한다고 말하는 것은 옳고, 그렇지 않다고 말하는 것은 잘못인가? 또는 그 역인가? 어느 쪽도 아니다. 왜냐하면 "인물"이란 낱말의 일상적 사용은 일상적 상황들 속에서 적합한, 혼합적 사용이라고 일컬을 수 있을 것이기 때문이다. 이 상황들이 변화되었다고 내가―내가 가정하고 있는 것처럼―가정한다면, "인물"이나 "인격"이란 용어의 적용은 그로써 변화했다; 그리고 내가 이 용어를 보존하고 그것에 그것의 이전(以前) 쓰임과 유사한 쓰임을 주기를 원한다면, 나는 많은 쓰임 사이에서, 즉 많은 상이한 종류의 유사성 사이에서 자유롭게 선택할 수 있다. 이러한 경우에, "인격"이란 용어는 단지 하나의 적법한 상속자를 갖지 않는다고 말할 수 있을 것이다. (이런 종류의 고찰은 수리 철학에서 중요하다. "증명", "공식" 등의 낱말들의 쓰임을 고찰하라. 다음의 물음을 고찰하라: "여기서 우리가 하고 있는 것이 왜 '철학'으로 불려야 하는가? 왜 그것이 이전 시대에 이 이름을 지녔던 상이한 활동들의 유일하게 적법한 상속자로 간주되어야 하는가?")

이제 "무엇이든지 보일 때, 보는 사람은 언제나 나이다"라고 우리가 말할 때, 우리가 언급하고 있는 것은 어떤 종류의 인격 동일성인지 자문해 보자. 무엇이 내가 이 모든 경우의 봄들이 공유하기를 원하는 것인가? 하나의 대답으로서, 나는 그것이 나의 신체적 모습은 아니라는 것을 나 자신에게 고백해야 한다. 내가 볼 때, 나는 언제나 내 신체의 일부를 보지는 않는다. 그리고 나의 신체가, 내가 보는 사물들 가운데서 보인다면, 언제나 같아 보여야 한다는 것은 본질적이지 않다. 사실 나는 그것이 얼마만큼 변화하는지 신경 쓰지 않는다. 그리고 나는 내 몸의 모든 성질들에 관해서, 내 행동의 특징들에 관해서, 그리고 심지어 나의 기억들에 대해서조차 같은 방식으로 느낀다.—내가 그것에 관해 조금 더 오래 생각할 때, 나는 내가 말하고 싶었던 것이 다음이었음을 본다: "무엇이든지 보일 때는 언제나, 어떤 것이 보인다." 즉, 봄의 모든 경험들 내내 계속되었다고 내가 말한 것은 "나"라는 어떤 특정한 존재가 아니라 봄의 경험 그 자체였다. 이것은 우리의 유아주의적 진술을 하는 사람이 "나"라고 말하면서 자기 눈을 가리키는 것을 우리가 상상한다면 더 분명해질 수 있을 것이다. (그가 그러는 것은 아마도, 그는 정확하기를 원하고, 어느 눈들이 "나"라고 말하는 입과 같은 소속이며 그 자신의 신체를 가리키는 손들과 같은 소속인지를 명백히 말하기를 원하기 때문일 것이다.) 그러나 그는 무엇을 가리키고 있는가? 물리적 대상들의 동일성을 지닌 이 특정한 눈들? (이 문장을 이해하려면, 당신은 우리가 물리적 대상들을 나타낸다고 말하는 낱말들의 문법은 "같은 아무개"나 "동일한 아무개"—여기서 "아무개"는 물리적 대상을 지칭한다—라는 어구를 우리가 사용하는 방식에 의해서 특징지어진다는 것을 기억해야 한다.) 이전에 우리는 그가 특정한 물리적 대상을 가리키기를 전혀 원하지 않았다고 말했다. 그가 의의 있는 진술을 했었다는 관념은 "기하학적 눈"과 "물리적 눈"이라고 우리가 부를 것 사이의 혼동에 해당하는 어떤 혼동으로부터 일어났다. 나는 이 용어들의 사용을 보일 것이다: 어떤 사람이 "당신의 눈을 가리켜라"라는 명령에 복종하려고 노력한다면, 그는 상이한 많은 것을 할 것이다. 그리고 자기 눈을 가리켰음에 대한 기준으로 그가 받아들일 많은 상이한 것들이 존재한다. 이 기준들이—그것들이 통상 그러하듯이—일치한다면, 나는 내가 내 눈을 건드렸음을 나에게 보이기 위해 그것들을 교대로 그리고 상이한 조합으로 사용할 수 있을 것이다. 그것들이 일치하지 않는다면, 나는 "나는 내 눈을 건드린다"나 "나는 내 손을 내 눈 쪽으로 움직인다"란 문구의 상이한 뜻을 구별해야 할 것이다. 예를 들어, 내 눈이 닫혀 있고 해도, 내 손을 내 눈 쪽으로 올리기의 운동감각적 경험이라고 내가 부를 특징적인 운동감각적 경험을 나는 여전히 내 팔에서 할 수 있다. 내가 그렇게 하는 데 성공했다는 것을 나는 내 눈을 건드림이라는 특이한 촉각에 의해 인지할 것이다. 그러나 만일 내 눈이 유리판 뒤에 있고 그래서 그것이 내가 내 손가락으로 내 눈에 압력을 행사하는 것을 방해한다고 해도, 나로 하여금 이제 내 손가락이 내 눈앞에 있다고 말하게 할 어떤 운동감각의 기준은 있을 것이다. 시각적 기준들에 대해서는, 내가 채택할 수 있는 두 가지가 있다. 내 손이 올라와 내 눈 쪽으로 오는 것을 본다는 일상적 경험이 존재하는데, 이 경험은 물론 두 사물—이를테면 두 손가락 끝—이 만나는 것을 보는 것과는 다르다. 다른 한편으로, 나는 내가 거울을 들여다보고 내 손가락이 내 눈에 가까이 감을 볼 때 내가 보는 것을 내 손가락이 내 눈을 향해 움직임에 대한 기준으로 사용할 수 있다. 우리가 '본다'고 말하는 내 몸의 장소가, 두 번째 기준에 따라, 내 손가락을 내 눈 쪽으로 움직임에 의해 결정된다면, 나는 다른 기준에 따르면 나의 코끝이거나 내 이마 위의 장소들인 것으로 보고 있는 일이 생각될 수 있다; 또는 이런 방식으로 나는 내 몸 밖에 놓여 있는 장소를 가리킬 수도 있을 것이다. 내가 어떤 사람이 단지 두 번째 기준에 따라 자신의 눈(또는 자신의 두 눈)을 가리키기를 원한다면, 나는 다음과 같이 말함으로써 나의 소망을 표현할 것이다: "당신의 기하학적 눈(또는 눈들)을 가리켜라." "기하학적 눈"이란 낱말의 문법이 "물리적 눈"이라는 낱말의 문법에 대해 지니는 관계는 "나무의 시각적 감각 자료"라는 표현의 문법이 "물리적 나무"라는 표현의 문법에 대해 지니는 관계와 같다. 어느 쪽 경우든 "그 하나는 다른 하나와 다른 종류의 대상이다"라고 말하는 것은 가장 중요한 것을 혼동하는 것이다. 왜냐하면 감각 자료가 물리적 대상과 다른 종류의 대상이라고 말하는 사람들은, 수(數)가 숫자와 다른 종류의 대상이라고 말하는 사람들과 꼭 마찬가지로, "종류"라는 낱말의 문법을 오해하는 것이기 때문이다. 그들은 자신들이 "철도 열차와 철도역과 철도 화차는 다른 종류의 대상들이다"와 같은 그런 진술들을 하고 있다고 생각한다. 하지만 그들의 진술은 "철도 열차, 철도 사고, 철도법은 다른 종류의 대상들이다"와 유사하다.

나는 다음과 같이 말함으로써도, "무엇이든지 보일 때, 보는 사람은 언제나 나이다"라고 내가 말하도록 유혹한 것에 굴복할 수 있었을 것이다: "무엇이든지 보일 때는 언제나, 보이는 것은 이것이다"—여기서 "이것"이란 낱말에는 나의 시야를 포용하는 (그러나 "이것"으로 내가 그 순간 우연히 보는 특정한 대상들을 의미하지 않는) 몸짓이 동반된다. 다음과 같이 말해도 될지 모른다: "나는 시야 자체를 가리키고 있지, 그 안에 있는 어떤 것도 가리키고 있지 않다." 그리고 이것은 전자의 표현이 뜻 없음을 드러낼 뿐이다.

그렇다면 우리의 표현에서 "언제나"를 버리자. 그러면 나는 "오직 내가 보는(또는 지금 보는) 것만이 실제로 보인다"라고 말함으로써 여전히 나의 유아주의를 표현할 수 있다. 그리고 여기서 나는 다음과 같이 말하고 싶은 유

혹을 받는다: "비록 나는 '나'란 낱말로 루트비히 비트겐슈타인을 의미하지 않지만, 다른 사람들이 '나'를 루트비히 비트겐슈타인을 의미하는 것으로 이해한다면, 바로 지금 내가 사실에 있어서 루트비히 비트겐슈타인일 경우, 그것은 루트비히 비트겐슈타인을 의미할 것이다." 나는 또한 나의 주장을 "나는 생명의 그릇이다"라는 말로써도 표현할 수 있었다; 그러나 주의하라, 나에게 이 말을 듣는 모든 사람이 내 말을 이해할 수 없어야 한다는 것이 본질적이다. '내가 실제로 의미하는 것'을 다른 사람이 이해할 수 없어야 한다는 것이 본질적이다—비록 그가 나에게 그의 표기법에서 예외적인 지위를 인정함으로써 실제는 내가 원하는 것을 그가 할지도 모르지만 말이다. 그러나 나는 그가 나를 이해한다는 것이 논리적으로 불가능하기를 바란다; 다시 말해서, 그가 나를 이해한다고 말하는 것은 거짓이 아니라 무의미해야 한다. 그러니까 나의 표현은 철학자들에 의해 다양한 경우에 사용되는, 그리고 본질적으로는 다른 누구에게도 아무것도 전할 수 없으면서도, 그것을 말하는 인물에게는 어떤 것을 전하는 것으로 추정되는 많은 표현들 가운데 하나이다. 이제 하나의 표현이 의미를 전한다는 것이 어떤 경험들을 동반하거나 산출하는 것을 뜻한다면, 우리의 표현은 온갖 종류의 의미를 지닐 것이며, 나는 그것들에 관해 어떤 것도 말하고 싶지 않다. 그러나 사실상 우리는 우리의 표현이 비형이상학적 표현이 의미를 지니는 뜻에서 의미를 지닌다고 생각하는 데로 오도된다; 왜냐하면 우리는 우리의 경우를, 다른 인물이 어떤 정보가 없으므로 우리가 말하는 것을 이해할 수 없는 경우와 잘못 비교하기 때문이다. (이 말은 문법과 뜻과 무의미 사이의 관계를 우리가 이해할 경우에만 명료해질 수 있다.)

　우리에게 어떤 한 어구의 의미는 우리가 그것을 사용하는 법에 의해 특징지어진다. 의미는 표현에의 정신적 동반물이 아니다. 그러므로 "나는 그것으로 어떤 것을 뜻한다고 생각한다"나 "나는 그것으로 어떤 것을 의미한다고 확신한다"라는 문구―이는 우리가 어떤 표현의 사용을 정당화하기 위한 철학적 토론들에서 매우 자주 듣는 것인데―는 우리에 대해서는 전혀 정당화가 아니다. 우리는 묻는다: "당신은 무엇을 의미하는가?", 즉 "당신은 이 표현을 어떻게 사용하는가?" 만약 어떤 사람이 나에게 "벤치"란 낱말을 가르치고, 자기는 때때로 또는 언제나 그것 위에다 "벤치"와 같이 획을 긋는다고 말한다면, 그리고 이것이 자기에게는 뭔가를 의미한다고 말한다면, 나는 이렇게 말할 것이다: "나는 당신이 어떤 종류의 관념을 이 획과 연합하는지 모르지만, 당신이 '벤치'란 낱말을 사용하고 싶어 하는 종류의 계산법에서 그 획의 쓰임이 존재한다는 것을 당신이 나에게 보여 주지 않는다면, 그것은 나에게 흥미가 없다."―내가 체스를 두기 원하는데, 어떤 사람이 백(白)쪽의 왕에게 종이 왕관을 얹고, 그 말(馬)의 쓰임은 불변인 채로 두지만, 그 놀이에서 그 왕관은 그가 규칙들로 표현할 수 없는 의미를 그에게 지닌다고 나에게 이야기한다. 나는 말한다: "그것이 그 말의 쓰임을 바꾸지 않는 한, 그것은 내가 의미라고 부르는 것을 지니지 않는다."

"이것이 여기 있다"와 같은 문구는, 내가 그것을 말하는 동안 내가 나의 시야의 일부를 가리킬 때, 비록 그것이 다른 누구에게도 정보를 알려 줄 수 없지만, 나에게는 일종의 원초적 의미를 지닌다는 말을 우리들은 때때로 듣는다.

"오직 이것만이 보인다"라고 내가 말할 때, 나는 한 문장이 우리의 언어 계산법에서 조금도 사용되지 않으면서도 우리에게는 몹시 자연스럽게 와닿을 수 있다는 것을 잊는다. 동일률 "a=a"를 생각하라. 그리고 그것의 뜻을 붙잡기 위해서, 그것을 시각화하기 위해서, 때때로 우리가 어떤 한 대상을 바라보고 "이 나무는 이 나무와 같은 것이다"와 같은 문장을 우리 자신들에게 반복함으로써 얼마나 열심히 노력하는지를 생각하라. 이 문장에다 내가 뜻을 주는 것처럼 보이는 몸짓들과 표상들은, "오직 이것만이 실제로 보인다"의 경우에 내가 사용하는 몸짓들과 표상들과 매우 비슷하다. (철학적 문제들에 관해 명료해지려면, 우리가 어떤 형이상학적 주장을 하게 되는 경향이 있는 특정한 상황의 외관상 중요하지 않은 세부 사항들을 의식하는 것이 유용하다. 가령 우리가 불변하는 환경을 응시할 때, 우리는 "오직 이것만이 실제로 보인다"라고 말하고 싶은 유혹을 받을지 모르지만, 우리가 걸어가면서 우리 주위를 돌아볼 때는, 우리는 그런 말을 하고 싶은 유혹을 전혀 받지 않을 것이다.)

우리가 말했다시피, 어떤 인물이 언제나 또는 일시적으로 예외적인 자리를 차지하는 기호 체계를 채택하는 것에 이의는 없다. 그리고 따라서, 만일 내가 "오직 나만이 실제로 본다"라는 문장을 발화한다면, 거기에 응해 나의 동료들은 "루트비히 비트겐슈타인이 이러이러한 것을 본다" 등등 대신에 "이러이러한 것이 실제로 보인다"라고 말함으로써 나와 일치되게 그들의 표기법을 조정할 것이다. 그러나 잘못된 것은, 내가 이 표기법의 선택을 정당화할 수 있다고 생각하는 것이다. 오직 나만이 본다고 내가 충심으로 말했을 때, 나는 또한—비록 내 동료들의 이익을 위해서 내가 "실제로 보는 사람은 지금 루트비히 비트겐슈타인이다"라고(이것이 내가 실제로 의미하는 것은 아니더라도) 말할지 모르지만—나는 "나"로써 실제로는 루트비히 비트겐슈타인을 의미하지 않았다고 말하고 싶은 생각이 들었다. 나는 거의, 나는 "나"로써 바로 지금 루트비히 비트겐슈타인에 거주하는 어떤 것, 다른 사람은 볼 수 없는 어떤 것을 의미한다고 말할 수 있었다. (나는 내 마음을 의미했지만, 나는 그것을 나의 신체를 경유하여 지적할 수밖에 없었다.) 다른 사람들이 그들의 표기법에서 나에게 예외적인 자리를 주어야 한다고 제안하는 것에는 아무것도 잘못된 것이 없다. 그러나 내가 그것에 대해 하고 싶은 정당화—즉, 이 신체는 지금 진정으로 살고 있는 것의 좌석이라는 것—는 뜻이 없다. 왜냐하면 분명히 이것은 일상적인 뜻에서 경험의 문제인 어떤 것도 진술하는 것이 아니기 때문이다. (그것은 오직 나만이 그 특정한 경험을 할 수 있으므로 오직 나만이 알 수 있는 경험 명제라고 생각하지 말라.) 이제, 참된 나가 내 신체 속에 살고 있다는 관념은 "나"란 낱말의 특이한 문법과, 그리고 이 문법이 일으키기 쉬운 오해들과 연결되어 있다. "나"(또는 "나의")란 낱말의 사용에는, "객체로서의 사용"과 "주체로서의 사용"이라고 내가 부를 수 있을 상이한 두 경우가 존재한다. 첫 번째 종류의 사용 예들은 이러한 것들이다: "내 팔이 부러졌다", "나는 6인치 자랐다", "나는 이마에 혹이 생겼다", "내 머리칼이 바람에 흩날린다". 두 번째 종류의 예들은: "나는 이러이러한 것을 본다", "나는 이러이러한 것을 듣는다", "나는 내 팔을 들려고 노력한다", "나는 비가 올 것이라고 생각한다", "나는 치통이 있다". 이들 범주의 차이는 다음과 같이 말함으로써 지적될 수 있다: 첫 번째 범주의 경우들은 특정한 인물에 대한 인지를 포함하며, 이들 경우에는 오류의 가능성이 존재한다; 또는—나는 차라리 이렇게 나타내야 할 것이다—오류의 가능성이 제공되어 있다. 득점에 실패할 가능성이 슬롯머신 게임에 제공되어 있다. 이에 반해서, 내가 슬롯 속에 1원을 넣었다면 공들이 출현하지 않을 거라는 것은 이 놀이의 위험들 중 하나가 아니다. 내가, 이를테면 사고가 나서, 내 팔에 고통을 느끼고, 내 옆에서 부러진 팔을 보고 그것이 내 팔이라고 생각하는데, 그것이 실제로는 내 이웃의 팔인 경우는 가능하다. 그리고 나는 거울 속을 들여다보면서 그의 이마에 있는 혹을 내 이마의 혹으로 오인할 수 있을 것이다. 이에 반해서, 나는 치통이 있다고 내가 말할 때는, 인물을 인지함이란 문제는 존재하지 않는다. "당신은 고통이 있는 사람이 당신이라고 확신하는가?"라고 묻는 것은 무의미할 것이다. 자, 이 경우에 어떠한 오류도 가능하지 않다면, 그것은 우리가 오류라고, '나쁜 수(手)'라고 생각하는 경향이 있을 수 있는 그 동작이 전혀 그 놀이의 동작이 아니기 때문이다. (체스에서 우리는 좋은 수와 나쁜 수들을 구별한다. 그리고 우리가 여왕을 주교에게 노출하면 우리는 그것을 잘못이라고 말한다. 그러나 졸을 왕으로 승격시키는 것은 잘못이 아니다.) 그리고 이제 우리의 관념을 진술할 다음과 같은 방식이 머리에 떠오른다. 즉 "나는 치통이 있다"라는 진술을 할 적에 내가 다른 인물을 나 자신으로 오인했다는 것은, 다른 어떤 사람을 나로 오인했기 때문에 실수로 내가 고통으로 신음하는 것이 불가능한 것처럼 불가능하다는 것이다. "나는 고통이 있다"라고 말하는 것은, 신음하는 것과 마찬가지로, 특정한 인물에 관한 진술이 아니다. "그러나 분명, 어떤 사람의 입에서 나온 '나'란 낱말은 그 말을 한 사람을 가리킨다; 그것은 그 자신을 가리킨다; 그리고 매우 자주, 그 말을 하는 사람은 실제로 자기 손가락으로 자기 자신을 가리킨다." 자기 자신을 가리키는 것은 전혀 쓸데없는 것이었다. 그는 그저 자기 손을 들어 올리기만 해도 됐을 것이다. 어떤 사람이 자기 손으로 태양을 가리킬 때, 가리키는 사람이 그이기 때문에 그는 태양과 자기 자신 둘 다 가리키고 있다고 말하는 것은 잘못일 것이다; 다른 한편으로, 그렇게 가리킴으로써 그가 태양과 그 자신에게로 주의를 끌 수는 있다.

내가 비록 루트비히 비트겐슈타인이더라도, "나"란 낱말은 "루트비히 비트겐슈타인"과 같은 것을 의미하지 않으며, "지금 말하고 있는 인물"이란 표현과 같은 것을 의미하지도 않는다. 그러나 그것은 "루트비히 비트겐슈타인"과 "나"가 다른 것들을 의미한다는 것을 뜻하지 않는다. 그것이 뜻하는 것은, 이들 낱말들은 우리의 언어에서 상이한 도구들이라는 것이 전부이다.

낱말들이란 그것들의 쓰임에 의해 특징지어진 도구들이라고 생각하라. 그리고 망치의 사용, 끌의 사용, 곱자의, 아교 냄비의, 그리고 아교의 쓰임을 생각하라. (또한, 우리가 여기서 말하는 모든 것은 다음과 같이 대단히 다양한 놀이가 우리 언어의 문장들을 가지고서 행해진다는 것이 이해되는 경우에만 이해될 수 있다: 명령을 하기와 복종하기; 질문을 하기와 대답하기; 사건을 기술하기; 허구적인 이야기를 하기; 농담을 하기; 직접적인 경험을 기술하기; 물리적 세계에서의 사건들에 관한 추측을 하기; 과학적인 가설들과 이론들을 만들기; 어떤 사람에게 인사하기 등등, 등등.) "나"라고 말하는 입은, 또는 말하고 싶어 하는 사람이 나라는 것을 (또는 치통이 있는 사람이 나라는 것을) 지적하기 위해 들어 올려지는 손은, 그로써 어떤 것도 가리키지 않는다. 다른 한편으로, 내가 나의 고통의 장소를 지적하고 싶으면, 나는 가리킨다. 그리고 여기서 다시, 눈에 의해 인도됨 없이 고통스러운 지점을 가리키는 것과 내 몸에서 흉터를 찾은 다음에 그것을 가리키는 것 사이의 차이를 기억하라. ("그것이 내가 예방 접종을 받은 곳이다.")—고통으로 울부짖는 사람이나 고통을 지녔다고 말하는 사람은 그렇게 말하는 입을 선택하지 않는다.

이 모든 것은, "그는 고통을 지녔다"라고 우리가 말하는 인물은, 놀이의 규칙들에 의해, 울부짖고 얼굴을 찡그리고 하는 등의 인물이라고 말하는 것이 된다. 고통의 장소는—우리가 말했다시피—다른 인물의 몸에 있을 수 있다. "나"라고 말하면서 내가 나 자신의 신체를 가리키면, "나"란 낱말에 대한 나의 사용은 "이 인물"이나 "그"라는 지시사의 사용을 모델로 하고 있다. (두 표현을 비슷하게 만드는 이러한 방식은 수학에서 때때로 채용되는 방식과 유사하다. 이를테면 삼각형의 세 각의 합은 180°라는 증명에서

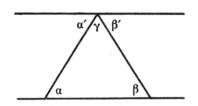

우리는 "$\alpha = \alpha'$, $\beta = \beta'$, 그리고 $\gamma = \gamma'$"라고 말한다. 첫 번째 두 등식은 세 번째 것과는 전혀 다른 종류의 것이다.) "나는 고통이 있다"에서 "나"는 지시대명사가 아니다.

다음 두 경우를 비교하라: 1. "어떻게 당신은 그가 고통이 있다는 것을 아는가?"—"왜냐하면 나는 그가 신음하는 것을 듣기 때문이다." 2. "어떻게 당신은 당신이 고통이 있다는 것을 아는가?"—"왜냐하면 나는 그것을 느끼기 때문이다." 그러나 "나는 고통을 느낀다"는 "나는 고통이 있다"와 같은 것을 뜻한다. 그러므로 이것은 전혀 설명이 아니었다. 그렇지만 나의 대답에서 내가 "나"라는 낱말이 아니라 "느낀다"란 낱말을 강조하고 싶어진다는 것은, 나는 "나"로 한 인물을 (상이한 인물들 가운데에서) 골라내는 것을 바라지 않는다는 것을 나타낸다.

"나는 고통이 있다"와 "그는 고통이 있다"란 명제들 사이의 차이는 "루트비히 비트겐슈타인이 고통이 있다"와 "스미스가 고통이 있다"의 차이가 아니다. 오히려, 그것은 신음하는 것과 어떤 사람이 신음한다고 말하는 것 사이의 차이에 대응한다.—"그러나 분명, '나는 고통이 있다'에서 '나'라는 낱말은 나를 다른 사람들로부터 구별하는 데 쓸모가 있다; 왜냐하면 내가 고통이 있다고 말하는 것과 다른 사람들 중 하나가 고통이 있다고 말하는 것을 내가 구별하는 것은 '나'란 기호에 의해서이기 때문이다." "나는 이 방에서 아무도 아니 발견했다" 대신에 "나는 이 방에서 아무도–아니 씨를 발견했다"라고 말하는 언어를 상상하라. 이러한 규약으로부터 발생할 철학적 문제들을 상상하라. 이 언어로 양육된 어떤 철학자들은 "아무도–아니 씨"와 "스미스 씨"란 표현들 사이의 유사점이 마음에 들지 않는다고 아마 느낄 것이다. "나는 고통이 있다"에서 "나"를 폐지했으면 한다고 우리가 느낄 때, 우리는 고통의 언어적 표현을 신음에 의한 표현과 비슷하게 만드는 경향이 있다고 말해질 수 있을 것이다.—우리는 한 낱말에 그것의 의미를 주는 것은 그 낱말의 특정한 사용일 뿐이라는 것을 잊는 경향이 있다. 낱말들의 사용에 대한 우리의 오래된 예를 생각해 보자: 어떤 사람이 "다섯 개의 사과"라고 적힌 종이쪽지를 가지고 식료품 장수에게 보내진다. 실천에서의 낱말 사용이 낱말의 의미이다. 우리 주위의 대상들에 낱말들이 적힌 딱지들이 붙어 있고 이에 의해 우리의 말이 그 대상들을 지시한다고 하는 일이 늘 있는 일이라고 상상하라. 이 낱말들 중 어떤 것들은 그 대상들의 고유 명사들이고, 다른 것들은 총칭 명사들(책상, 의자 등과 같은)이고, 또 다른 것들은 색깔들의 이름들, 모양들의 이름들 등일 것이다. 즉, 딱지는 우리가 그것을 가지고 특정한 사용을 하는 한에서만 우리에게 의미를 지닐 것이다. 그런데 우리는 우리 자신이 단지 사물에 붙은 딱지를 보는 것에 인상을 받고는, 이 딱지들을 중요하게 만드는 것이 그것들의 사용이라는 것을 잊는 것을 쉽게 상상할 수 있을 것이다. 이런 방식으로 우리는 때때로, 우리가 가리키는 몸짓을 하고 "이것은 ……이다"(지시적 정의의 공식)와 같은 말을 발화할 때 우리가 어떤 것을 명명했다고 믿는다. 우리는 우리가 어떤 것을 "치통"이라 부른다고 말한다; 그리고 우리가 어떤 상황에서 우리의 뺨을 가리키며 "이것은 치통이다"라고 말했을 때, 그 낱말은 우리가 언어로 수행하는 일들에서 어떤 명확한 기능을 받았다고 생각한다. (우리의 관념은, 우리가 가리키고 다른 사람이 "우리가 무엇을 가리키는지를 알기만" 하면 그는 그 낱말의 쓰임을 안다는 것이다. 그리고 여기서 우리가 마음에 두고 있는 것은, '우리가 가리키는 것'이 이를테면 어떤 한 인물이고, "내가 가리킨다는 것을 안다"는 그 자리에 있는 인물들 중 누구를 내가 가리키는지를 보는 것을 의미하는 특별한 경우이다.)

그러면 우리는, "나"가 주체로 사용되는 경우에, 우리가 그것을 사용하는 이유는 우리가 특정한 인물을 그의 신체적 특징들에 의해 인지하기 때문이 아니라고 느낀다; 그리고 이것은, 우리는 이 낱말을 신체가 없는 어떤 것,

그러나 우리의 신체 속에 자리를 잡고 있는 어떤 것을 지시하기 위해 이 낱말을 사용한다고 하는 착각을 창조한다. 사실은 이것이 진정한 자아인 것처럼, 즉 "나는 생각한다, 고로 존재한다"라고 말해진 그 자아인 것처럼 보인다.—"그럼 오직 신체만 있고, 마음은 없는가?" 대답: "마음"이란 낱말은 의미를 지니고 있다; 즉 그것은 우리의 언어에서 어떤 쓰임이 있다; 그러나 이렇게 말하는 것은 아직, 그것을 가지고 우리가 어떤 종류의 사용을 하는가를 말하는 것은 아니다.

사실, 이들 탐구에서 우리가 관여한 것은 "정신적 활동들"이라고 불리는 것들—봄, 들음, 느낌 등—을 기술하는 낱말들의 문법이었다고 말할 수 있을 것이다. 그리고 이는, 우리는 '감각 자료들을 기술하는 어구들'의 문법에 관여하고 있다고 말하는 것과 같은 것이 된다.

철학자들은 감각 자료들이 존재한다는 것을 하나의 철학적 견해나 확신으로서 말한다. 그러나 감각 자료들이 존재한다고 나는 믿는다고 말하는 것은, 나는 한 대상이 내 눈앞에 있지 않을 때조차도 내 눈앞에 있는 것처럼 보일 수 있다고 믿는다고 말하는 것이 된다. 이제 "감각 자료"란 낱말을 사용할 때, 우리들은 그 문법의 특이성에 대해 분명히 알아야 한다. 왜냐하면 이 표현을 도입하는 의도는, '실재'를 지시하는 표현들을 본떠서 '겉보기'를 지시하는 표현을 만드는 것이었기 때문이다. 예를 들어, 두 사물이 **동등해 보**인다면, **동등**한 두 개의 어떤 것이 존재해야 한다고 한 말. 이는 물론 우리가 "이 두 사물의 겉보기는 동등하다"와 같은 표현을 "이 두 사물은 동등해 보인다"와 동의어로 사용하려고 결정했다는 것을 의미하는 데 지나지 않는다. 매우 기묘하게도, 이 새로운 어법의 도입이 사람들로 하여금 자신들이 새로운 존재자들을, 세계의 구조의 새로운 요소들을 발견했다고 생각하게끔 현혹했다—마치 "나는 감각 자료들이 존재한다고 믿는다"라고 말하는 것이 "나는 물질이 전자들로 이루어져 있다고 믿는다"라고 말하는 것과 비슷한 것이기나 한 것처럼 말이다. 우리가 겉보기나 감각 자료들에 관해 이야기할 때, 우리는 "동등한"이란 낱말의 새로운 용법을 도입한다. 우리에게 길이 A와 B가 동등해 보이고 B와 C가 동등해 보이지만, A와 C는 동등해 보이지 않는 것이 가능하다. 그리고 그 새로운 표기법에서 우리는 다음과 같이 말해야 될 것이다. 즉 A의 겉보기(감각 자료)가 B의 그것과 동등하고 B의 겉보기가 C의 그것과 동등하지만, A의 겉보기는 C의 겉보기와 동등하지 않다고 말이다. "동등한"을 비이행적으로 쓰는 것을 당신이 괘념치 않는다면, 그렇게 말하는 것은 괜찮다.

그런데 감각 자료 표기법을 채택할 때 우리가 처하는 위험은 감각 자료들에 관한 진술의 문법과 물리적 대상들에 관한 외견상 비슷한 진술의 문법 사이의 차이를 잊는 것이다. (이 지점으로부터, "우리는 결코 정확한 원(圓)을 볼 수 없다", "우리의 모든 감각 자료들은 모호하다"와 같은 문장들에서 표현되는 오해들에 관해 이야기가 계속될 수 있을 것이다. 또한 이것은 유클리드 공간과 시각 공간에서의 "위치", "운동", "크기"의 문법을 비교하는 데로 인도한다. 예를 들면, 시각 공간에서의 절대적 위치, 절대적 운동과 크기가 존재한다.)

이제 우리는 "물체의 겉보기를 가리킴"이나 "시각적 감각 자료를 가리킴"과 같은 표현을 사용할 수 있다. 대충 말해서, 이런 종류의 가리킴은 이를테면 권총의 총신을 따라 겨냥하기와 같은 것이 된다. 가령 우리는 가리키면서 다음과 같이 말할 수 있다: "이것이 거울 속에서 내가 나의 표상을 보는 방향이다." 우리들은 또한 "내 손가락의 겉보기 또는 감각 자료가 나무의 감각 자료를 가리킨다"와 같은 표현 및 비슷한 표현들을 사용할 수 있다. 그러나 이 가리킴의 경우들로부터 우리는 어떤 소리가 나오는 것처럼 보이는 방향을 가리키는 경우들, 또는 눈을 감고 내 이마를 가리키는 경우들 등을 구별해야 한다.

이제 내가 유아주의적인 방식으로 "이것이 실제로 보이는 것이다"라고 말할 때, 나는 내 앞을 가리킨다. 그리고 내가 시각적으로 가리킨다고 하는 것이 본질적이다. 만일 내가 옆쪽으로나 내 뒤쪽으로—말하자면 내가 보고 있지 않은 사물들을—가리킨다면, 그 가리킴은 이 경우 나에게 의미가 없을 것이다; 그것은 내가 가리키기를 바라는 뜻에서의 가리킴이 아닐 것이다. 그러나 이것이 뜻하는 바는, "이것이 실제로 보이는 것이다"라고 말하면서 내가 내 앞을 가리킬 때, 비록 내가 가리킴의 몸짓을 하지만, 나는 하나의 사물을 다른 하나의 사물에 대조적으로 가리키지 않는다는 것이다. 이는 자동차로 여행하면서 서두를 필요를 느낄 때 내가 마치 자동차를 안으로부터 밀 수 있을 것처럼 본능적으로 내 앞에 있는 어떤 것을 밀어내는 것과 같다.

내가 보는 것을 가리키면서 "나는 이것을 본다"나 "이것이 보인다"라고 말하는 것이 뜻을 지닌다면, 내가 보고 있지 않은 어떤 것을 가리키면서 "나는 이것을 본다"나 "이것이 보인다"라고 말하는 것도 역시 뜻을 지닌다. 내가 나의 유아주의적 진술을 했을 때, 나는 가리켰지만, 가리키는 주체와 그것이 가리키는 대상을 분리할 수 없게 연결함으로써 나는 그 가리킴으로부터 그 뜻을 빼앗았다. 나는 톱니바퀴 등의 장치를 다 갖춘 시계를 하나 조립했는데, 결국 시계의 문자판을 시곗바늘에 단단히 고정해 시곗바늘과 함께 문자판이 돌아가게 했다. 그리고 이런 식으로, "오직 이것만이 실제로 보인다"라고 하는 유아주의자의 말은 우리에게 동어반복을 생각나게 한다.

물론, 우리가 우리의 사이비 진술을 하고 싶어지는 이유 가운데 하나는 그것과 "나만이 이것을 본다" 또는 "이것이 내가 보는 부분이다"라고 하는 진술—여기서 나는 내 주위의 어떤 대상들을 다른 것들과 대조적인 것으로서 가리키거나, 물리적 공간 속의 다른 방향들과 대조적으로 물리적 공간(시각적 공간이 아니라) 속의 어떤 방향을 가리킨다—과의 유사점이다. 그리고 이런 뜻으로 가리키면서 내가 "이것이 실제로 보이는 것이다"라고 말한다면, 사람들은 나에게 다음과 같이 대답할 것이다: "이것이 당신 루트비히 비트겐슈타인이 보는 것이다; 그러나 '루트비히 비트겐슈타인이 보는 것들'이라고 우리가 늘 불렀던 것을 '실제로 보이는 것들'이라고 부르는 표기법을 채택하는 데 이의는 없다." 그러나 내 문법에서 아무런 이웃이 없는 것을 가리킴으로써 나는 나 자신에게(다른 사람들에게는 아니더라도) 뭔가를 전할 수 있다고 내가 믿는다면, 나는 "나는 여기 있다"란 문장이 그것이 뜻을 지니는 매우 특별한 상황들—예를 들면, 나의 목소리와 내가 말하고 있는 방향이 다른 인물에 의해 인지될 때—과 다른 조건들 속에서 나에게 뜻을 지닌다고 생각하는 것과 비슷한 잘못을 범하는 것이다. 하나의 낱말은 우리가 그것을 가지고 하는 특정한 사용으로 의미를 지닌다는 것을 당신이 배울 수 있는 또 하나의 중요한 경우.—우리는 체스나 체커 게임의 말들과 다소간에 비슷하게 생기고 체스 판 위에 놓인 나뭇조각들은, 비록 그것들이 어떻게 사용되는지에 관해서 아무것도 말해진 바가 없더라도, 하나의 놀이를 이룬다고 생각하는 사람들과 같다.

"그것이 나에게 접근한다"라고 말하는 것은, 물리적으로 말해서, 아무것도 내 몸에 접근하지 않을 때조차 뜻을 지닌다; 그리고 같은 방식으로, "그것은 여기 있다"나 "그것이 나에게 도달했다"라고 말하는 것은 아무것도 내 몸에 도달하지 않았어도 뜻을 지닌다. 그리고 다른 한편으로, 내 목소리가 인지되고 공용(共用) 공간의 특정한 장소로부터 오는 것이 들린다면, "나는 여기 있다"는 뜻을 지닌다. "그것은 여기 있다"란 문장에서 '여기'는 시각적 공간에서의 여기였다. 대충 말해서, 그것은 기하학적인 눈이다. "나는 여기 있다"란 문장은, 뜻을 지니려면, 공용 공간에서의 한 장소로 주의를 끌어야 한다. (그리고 이 문장이 사용될 수 있을 여러 방식이 존재한다.) "나는 여기 있다"를 자기 자신에게 말하는 것이 뜻을 지닌다고 생각하는 철학자는 "여기"가 공용 공간에서의 한 장소인 문장으로부터 그 언어적 표현을 취하고는 "여기"를 시각적 공간에서의 여기처럼 생각한다. 그러므로 그는 실제로는 "여기는 여기다"와 같은 어떤 것을 말한다.

　그렇지만 나는 나의 유아주의를 다른 방식으로 표현할 수 있었다: 나는 나와 타인들이 우리 각자가 보는 것을 그림으로 그리거나 글로 기술하는 것을 상상한다. 이 기술들은 내 앞에 제시되어 있다. 나는 내가 기술한 것을 가리키고 말한다: "오직 이것만이 실제로 보인다(보였다)". 즉 나는 "오직 이 기술만이 그 배후에 실재(시각적 실재)가 있다"라고 말하고 싶은 유혹을 받는다. 나는 다른 것들은 "공허한 기술"이라고 부를 것이다. 나는 다음과 같이 말함으로써도 내 생각을 표현할 수 있을 것이다: "이 기술만이 실재로부터 도출되었다; 오직 이것만이 실재와 비교되었다." 이제 이 그림이나 기술이 이를테면 이 대상들의 집단—내가 바라보는 나무들—의 투영이라거나, 이 그림이나 기술이 이 대상들로부터 도출되었다고 우리가 말할 때, 그 것은 명료한 의미를 지닌다. 그러나 우리는 "이 기술은 나의 감각 자료로부터 도출된다"와 같은 문구의 문법을 들여다보아야 한다. 우리가 이야기하고 있는 것은 다음과 같이 말하고 싶은 특이한 유혹과 연관되어 있다: "나는 다른 사람이 '갈색'으로써 실제로 무엇을 의미하는지, 또는 그가 자기는 갈색 대상을 본다고 (진실하게) 말할 때 그가 실제로 무엇을 보는지 결코 알지 못한다."—이렇게 말하는 사람에게 우리는 "갈색"이라는 한 낱말 대신에 상이한 두 낱말을 사용하라고 제안할 수 있을 것이다. 즉 그의 특수한 인상을 위한 한 낱말과, 그를 제외한 다른 사람들도 역시 이해할 수 있는 의미를 지닌 다른 낱말을. 그가 이 제안에 대해 생각한다면, 그는 "갈색"이란 낱말과 다른 낱말들의 의미, 기능에 대한 자신의 파악에 뭔가 잘못이 있다는 것을 보게 될 것이다. 그는 정당화가 존재하지 않는 곳에서 자신의 기술의 정당화를 찾고 있다. (이유들의 사슬은 끝이 없어야 한다고 어떤 사람이 믿을 때와 꼭 같이 말이다. 수학적 연산들을 수행하는 일반 공식에 의한 정당화를 생각하라; 그리고 다음과 같은 물음을 생각하라: 이 특정한 경우에 이 공식은 우리가 그것을 사용하듯이 그것을 사용하도록 우리를 강제하는가?) "나는 시각적 실재로부터 어떤 하나의 기술을 도출한다"라고 말하는 것은 "나는 내가 여기서 보는 것으로부터 어떤 하나의 기술을 도출한다"와 유사한 어떤 것도 의미할 수 없다. 예를 들어, 나는 색칠해진 네모가 "갈색"이란 낱말과 짝지어진 도표를 보고, 같은 색깔의 반점을 다른 곳에서 본다; 그리고 나는 "이 도표는 내가 '갈색'이란 낱말을 이 반점의 기술을 위해 사용해야 한다는 것을 보여 준다"라고 말할 수 있다. 이것이 내가 나의 기술에서 필요한 낱말을 도출해 낼 수 있는 방법이다. 그러나 내가 "갈색"이라는 낱말을 내가 받는 특정한 색깔 인상으로부터 도출해 낸다고 말하는 것은 의미가 없을 것이다.

자, 이제 물어보자: "사람의 신체가 고통을 지닐 수 있는가?" 우리들은 다음과 같이 말하는 경향이 있다: "어떻게 신체가 고통을 지닐 수 있는가? 신체는 그 자체로는 죽어 있는 어떤 것이다; 신체는 의식하지 않는다!" 그리고 여기서 다시, 마치 우리는 고통의 본성을 들여다보았고, 물질적 대상은 고통을 지닐 수 없다는 것이 고통의 본성에 놓여 있음을 본 것처럼 보인다. 그리고 마치 우리는 고통을 지니는 것은 물질적 대상의 본성과는 다른 본성을 지닌 존재이어야 하고, 사실상 그것은 정신적 본성을 지니는 것이어야 함을 본 것처럼 보인다. 그러나 자아가 정신적이라고 말하는 것은, "3"이란 숫자가 물리적 대상을 위한 기호로 사용되지 않았다는 것을 우리가 인지할 때, 3이란 수는 정신적인 또는 비물질적인 본성을 지닌 것이라고 말하는 것과 같다.

다른 한편으로, 우리는 "이 신체는 고통을 느낀다"란 표현을 완벽하게 잘 채용할 수 있다. 그리고 그 경우 우리는, 여느 때와 꼭 마찬가지로, 의사에게 가보라고, 드러누우라고, 그리고 심지어, 지난번 고통스러웠던 때는 고통이 하루 만에 끝났음을 기억하라고 말할 것이다. "그러나 이러한 표현 형식은 적어도 간접적인 것이 아닐까?"—우리가 "x를 3으로 치환하라" 대신에 "이 공식에서 'x'를 '3'으로 적어라"라고 말할 때, 그것은 간접적인 표현을 사용하는 것인가? (또는 다른 한편으로, 어떤 철학자들이 생각하듯이, 이 두 표현 중에서 첫 번째 것이 유일하게 직접적인 표현인가?) 하나의 표현이 다른 표현보다 더 직접적이지는 않다. 표현의 의미는 우리가 그것을 어떻게 계속 사용해 나가느냐에 전적으로 달려 있다. 의미를 마음이 낱말과 사물 사이에 맺는 비의적(秘儀的) 연결이라고 상상하지 말자; 그리고 씨앗이 나무를 포함한다고 말해질 수 있을 터이듯이, 이 연결이 낱말의 전체 용법을 포함한다고 상상하지 말자.

고통을 지니거나 보거나 생각하는 것이 정신적 본성을 지닌 것이라고 하는 우리의 명제의 핵심은 단지, 우리는 "나"를 어떤 한 신체의 기술로 치환할 수 없으므로, "나는 고통을 가지고 있다"에서 "나"는 어떤 특정한 신체를 지칭하지 않는다는 것이다.

갈색 책

I

아우구스티누스[19]는 자신이 어떻게 언어를 배웠는가를 기술하면서, 자기는 사물들의 이름들을 배움으로써 말하는 법을 배웠노라고 말한다. 이렇게 말하는 사람은 누구나 어린아이가 "사람", "설탕", "책상" 등과 같은 낱말들을 배우는 방식을 마음속에 두고 있다는 것이 분명하다. 그는 "오늘", "아니다", "그러나", "아마"와 같은 낱말들을 일차적으로 생각하지 않는다.

어떤 사람이 체스놀이를 졸들의 존재와 운용(運用)을 언급하지 않고 기술했다고 해 보자. 자연현상으로서의 그 놀이에 대한 그의 기술은 불완전할 것이다. 다른 한편으로, 우리는 그가 더 단순한 놀이를 완전하게 기술했다

---

19 (옮긴이주)《고백》I.8(《철학적 탐구》§1 참조).

고 말해도 될 것이다. 이런 뜻에서 우리는 아우구스티누스의 언어 학습 기술은 우리의 언어보다 단순한 어떤 언어에 대해 옳았다고 말할 수 있다. 이러한 언어를 상상하라:—

1). 그것의 기능은 건축가 A와 그의 고용인 B 사이의 의사소통이다. B는 A에게 건축 석재들을 건네주어야 한다. 포석(鋪石)들, 벽돌들, 석판들, 들보들, 기둥들이 있다. 그 언어는 "포석", "벽돌", "석판", "기둥"이란 낱말들로 이루어져 있다. A가 이 낱말들 가운데 하나를 외치고, 이에 응해 B는 어떤 모양의 석재 하나를 가져온다. 어떤 한 사회에서 이것이 유일한 언어 체계라고 상상해 보자. 어린아이는 어른들로부터 이 언어를 사용하도록 훈련받음으로써 이 언어를 배운다. 나는 "훈련"이란 낱말을, 우리가 동물을 어떤 일을 하게 훈련한다고 이야기하는 방식과 엄격히 유사한 방식으로 사용하고 있다. 그것은, 예, 보상, 벌과 같은 것들에 의해 행해진다. 이 훈련의 일부는, 우리가 건축 석재를 가리키면서, 어린아이의 주의를 그것으로 돌리고, 어떤 한 낱말을 발음하는 것이다. 나는 이러한 절차를 낱말들의 지시적 가르침이라고 부를 것이다. 이 언어의 실제 사용에서, 한 사람은 그 낱말들을 명령들로서 외치고, 다른 사람은 그 명령들에 따라 행동한다. 그러나 이 언어를 배움과 가르침은 어린아이가 사물들의 '이름을 부르는' 절차, 즉 선생이 사물들을 가리킬 때 어린아이는 그 언어의 낱말들을 발음하는 그런 절차를 포함할 것이다. 사실은, 더욱 단순한 연습이 존재할 것인데, 어린아이가 선생이 발음하는 낱말들을 되풀이한다는 것이 그것이다.

(주의: 언어 1)에서의 낱말 "벽돌"은 우리의 언어에서 그것이 지니는 의미를 지니지 않는다고 하는 반대.—우리의 언어에는 "벽돌"이라는 낱말에 대해 언어 1)에서의 그 낱말의 용법들과는 다른 용법들이 존재한다는 뜻이라면, 그것은 참이다. 그러나 때때로 우리는 "벽돌!"이란 낱말을 바로 이런 방

식으로 사용하지 않는가? 또는, 우리가 그것을 사용할 때, 그것은 생략된 문장이라고, "나에게 벽돌 하나를 가져오라"의 약칭(略稱)이라고 우리는 말해야 할까? 우리가 "벽돌!"이라고 말한다면, 우리는 "나에게 벽돌 하나를 가져오라"를 뜻한다고 말하는 것은 옳은가? 왜 내가 "벽돌!"이란 표현을 "나에게 벽돌 하나를 가져오라"로 번역해야 할까? 그리고 그것들이 동의어라면, 내가 이렇게 말해서는 왜 안 될까? 즉, 그가 "벽돌!"이라고 말한다면, 그는 "벽돌!"을 뜻한다고……. 또는: 그가 "나에게 벽돌 하나를 가져오라"를 뜻할 수 있다면, 왜 그가 바로 "벽돌!"을 뜻할 수는 없을까? 그가 "벽돌!" 하고 큰 소리로 말하는 동안 그는 사실상 언제나 그의 마음속에서, 그 자신에게, "나에게 벽돌 하나를 가져오라"라고 말한다는 것이 당신이 주장하고 싶은 것이 아니라면 말이다. 그러나 무슨 근거로 우리가 이러한 주장을 할 수 있을까? 어떤 사람이 이렇게 물었다고 해 보자. 즉 어떤 사람이 "나에게 벽돌 하나를 가져오라"라고 명령을 한다면, 그는 그것을 네 낱말로서 뜻해야 하는가, 아니면 그는 그것을 "벽돌!"이라고 하는 한 낱말과 동의어인 하나의 복합적 낱말로서 뜻할 수는 없는가? 우리들은 이렇게 대답하고 싶은 유혹을 받는다. 즉 그의 언어에서 그가 그 문장을 이 낱말들이 사용되는 다른 문장들과 대조적으로 사용한다면, 예를 들어 "이 두 벽돌을 가져가라"와 대조적으로 사용한다면, 그는 네 낱말 모두를 뜻한다고 말이다. 그러나 만일 내가 이렇게 묻는다면 어떨까? "그러나 그의 문장은 이 다른 문장들과 어떻게 대조를 이루고 있는가? 그는 그것들을 동시에 생각해야 했는가? 아니면 조금 전이나 후에 생각해야 했는가? 또는 그가 한때 그것들을 배웠으리라는 것으로 충분한가? 등등." 우리가 이러한 물음을 자신에게 물었을 때, 이 선택지들 가운데 어느 것이 사실이냐는 무관한 것으로 보인다. 그리고 우리는 이렇게 말하는 경향이 있다. 즉 실제로 관계있는 모든 것은, 이 대조들이 그가 사용하고 있는 언어 체계 속에 존재해야 한다는 것, 그리고 그것들은 그가 그의 문장을 발화할 때 어떤 뜻에서도 그의 마음속에 현존할 필요가 없다는 것이라고 말이다. 이제 이러한 결론을 우리의 원래 물음과 비교하라. 우리가 그것을 물었을 때, 우리는 그 문장을 말한 사람의 심리 상태에 관한 물음을 물은 것처럼 보였다. 하지만 우리가 결국 도달한 의미의 관념은 심리 상태란 것이 아니었다. 우리는 기호들의 의미를, 때로는 그것들을 사용하는 사람의 심리 상태라고, 때로는 그 기호들이 언어 체계 속에서 행하고 있는 역할이라고 생각한다. 그 두 관념 사이의 연관은, 한 기호의 사용에 동반되는 정신적 경험들은 의심의 여지 없이 어떤 특정한 언어 체계 내의 기호에 대한 우리의 사용법으로 인해 야기된다는 것이다. 윌리엄 제임스는 "그리고(and)", "만약(if)", "또는(or)"과 같은 낱말들의 사용에 동반되는 특유한 느낌들에 관해 이야기한다.[20] 그리고 적어도 어떤 몸짓들이 종종 그러한 낱말들과 연결된다는 것은 의심의 여지가 없다; 모으는 몸짓이 "그리고"와, 또 물리치는 몸짓이 "아니다(not)"와 연결되는 것처럼 말이다. 그리고 이들 몸짓과 연결된 시(視) 감각과 근(筋) 감각들이 명백히 존재한다. 다른 한편으로, 이들 감각이 "아니다"와 "그리고"란 낱말의 모든 사용에 동반되지 않는다는 것은 아주 분명하다. 만일 어떤 언어에서 "그러나"란 낱말이 우리말에서 "아니다"가 의미하는 것을 의미한다면, 우리가 이 두 낱말의 의미를 그것들이 산출할 감각들을 비교함으로써 비교해서는 안 된다는 것은 분명하다. 그것들이 상이한 경우에 상이한 사람들 속에 산출하는 느낌들을 발견할 어떤 수단을 우리가 지녔는지 당신 자신에게 물어보라. 자문해 보라: "내가 '나에게 사과를, 그리고 배를 주라, 그리고 방을 떠나라'라고 말했다면, 내가 '그리고'란 두 낱말을 발음했을 때, 나는 같은 느낌을 지녔는가?" 그러나 "그러나"란 낱말을 "아니다"가 우리말에서 사용되듯이 사용하는 사람들이, 넓게 말해

---

20 (옮긴이주) W. James, *Principles of Psychology*, 1권 9장 3절 참조.

서, "아니다"를 사용할 때 우리나라 사람들이 지니는 감각들과 비슷한 감각들을 "그러나"란 낱말에 동반해 가진다는 것을 우리는 부정하지 않는다. 그리고 대체로 그 두 언어에서 "그러나"란 낱말은 상이한 경험의 집합을 동반할 것이다.)

  2).   이제 언어 1)의 한 확장을 살펴보자. 건축가의 고용인은 하나에서 열까지의 낱말들을 암기하고 있다. "석판 다섯!"이란 명령이 주어지면, 그는 석판들이 보관된 곳으로 가고, 하나에서 다섯까지의 낱말들을 말하고, 각 낱말에 대해 하나의 석판을 집어 들고, 그것들을 건축가에게 가져온다. 여기서 그 두 당사자는 낱말들을 말함으로써 언어를 사용한다. 숫자들을 암기하기는 이 언어를 배우기의 본질적 특징들 가운데 하나가 될 것이다. 숫자들의 사용은 다시 지시적으로 가르쳐질 것이다. 그러나 이제 같은 낱말이, 예를 들어 "셋"이, 석판들을 가리키거나 벽돌들, 또는 기둥들 등등을 가리킴으로써 가르쳐질 것이다. 그리고 다른 한편으로, 상이한 숫자들이 같은 형태의 석재들의 집단들을 가리킴으로써 가르쳐질 것이다.
  (단평: 우리는 숫자들의 열(列)을 암기하기의 중요성을 강조했는데, 왜냐하면 언어 1)을 배우기에서는 이것과 비교될 수 있는 특징이 없었기 때문이다. 그리고 이것이 우리에게 보여 주는 바는, 숫자들을 도입함으로써 우리는 전혀 다른 종류의 도구를 우리의 언어 속으로 도입했다는 것이다. 종류의 차이는, 사전 속에 놓여 있을 때 대체로 모두 비슷하게 보이는 무수한 종류의 낱말들을 지닌 우리의 일상 언어를 살펴볼 때보다, 이러한 단순한 예를 고찰할 때 훨씬 더 명백하다.—
  숫자들의 지시적 설명들과 "석판", "기둥" 등의 낱말들에 대한 지시적 설명들은, 몸짓하기와 낱말들을 발음하기를 제외하면, 무엇을 공유하는가? 이러한 몸짓이 그 두 경우에 사용되는 방식은 상이하다. 이 차이는, "그 한

경우에 우리는 모양을 가리키고, 다른 경우에 우리는 숫자를 가리킨다"라고
말한다면, 희미해진다. 그 차이는 우리가 완전한 예(예를 들면, 세부적으로
완전하게 수행되는 언어의 예)를 고찰할 때만 명백하고 분명해진다.)

　3). 　의사소통의 새로운 한 도구로서, 고유명사를 도입하자. 이것은 특
정한 대상(특정한 건축 석재)을 가리키고 그 이름을 발음함으로써 그 대상
에 주어진다. A가 그 이름을 부르면 B는 그 대상을 가져온다. 고유명사의
지시적 가르침은 1)과 2)의 경우에서의 지시적 가르침과 또 다르다.
　(단평: 그렇지만 이 차이는 가리키면서 낱말을 발음하는 동작이나 그것
에 동반되는 어떤 정신적 작용(뜻함?)에 놓여 있지 않고, 그 지시(가리킴과
발음함)가 그 훈련 전체에서 어떤 역할을 하느냐에, 그리고 이 언어에 의한
의사소통의 실천 속에서 그 지시가 어떻게 사용되느냐에 놓여 있다. 혹자는
그 차이가, 상이한 경우에 우리는 상이한 종류의 대상들을 가리킨다고 말함
으로써 기술될 수 있을 것이라고 생각할지 모른다. 그러나 내가 내 손으로
파란 저지 옷감을 가리킨다고 해 보자. 그것의 색깔을 가리킴은 그것의 모
양을 가리킴과 어떻게 다른가?—우리는 그 차이가, 그 두 경우에 우리는 다
른 어떤 것을 뜻한다는 것이라고 말하는 경향이 있다. 그리고 여기서 '뜻함'
은 우리가 가리키는 동안 일어나는 어떤 종류의 과정이어야 한다. 이러한
견해 쪽으로 우리를 특히 유혹하는 것은, 색깔을 가리켰는지 모양을 가리켰
는지 하는 질문을 받는 사람은 적어도 대부분의 경우에 대답을 할 수 있고,
또 자신의 대답이 옳다는 것을 확신할 수 있다는 것이다. 반면에, 우리가 색
깔을 뜻함과 모양을 뜻함과 같은 두 개의 특징적인 정신 작용을 찾아 나선
다면, 우리는 어떤 것도 발견할 수 없다. 또는 적어도, 그것들 각각에 언제
나 동반되어야 하는 것을 아무것도 발견할 수 없다. 모양과 대조적으로 색
깔에 주의를 집중한다는 것이 무엇을 뜻하느냐에 대해 우리는 단지 대략적

인 관념밖에 갖고 있지 않다. 그 차이는 지시 동작에 놓여 있지 않고, 오히려 언어 사용에서의 그 동작의 주위 상황에 놓여 있다고 말할 수 있을 것이다.)

4). "이 석판!" 하고 명령을 받으면, B는 A가 가리키는 석판을 가져온다. "석판, 저기!" 하고 명령을 받으면, 그는 지적된 장소로 석판 하나를 가져간다. "저기"란 낱말은 지시적으로 가르쳐지는가? 그렇기도 하고 아니기도 하다! 한 인물이 "저기"라는 낱말의 사용을 훈련받을 때, 선생은 그를 훈련하는 가운데 가리키는 몸짓을 하고 "저기"란 낱말을 발음할 것이다. 그러나 그로써 그가 어떤 한 장소에 "저기"라는 이름을 주는 것이라고 우리는 말해야 할까? 이 경우에 그 가리키는 몸짓은 의사소통의 실천 자체의 일부임을 기억하라.

(단평: "저기", "여기", "이제"와 같은 낱말들은 일상적 삶에서 우리가 고유명사들이라고 부르는 것과 대조적으로 '진짜 고유명사들'이라고 하는 설이 존재해 왔다. 그리고 내가 언급하고 있는 이 설에 따르면, 일상적으로 고유명사들이라고 불리는 것은 단지 조잡한 의미에서 그렇게 불릴 뿐이다. 일상적 삶에서 고유명사라고 불리는 것을 이상적으로 고유명사라고 불릴 수 있을 것에 대한 단지 대략적인 근사치로 간주하는 경향이 널리 퍼져 있다. '개별자'라는 러셀의 관념을 비교하라. 그는 개별자들이 실재의 궁극적 구성 요소들이라고 이야기하지만, 어떤 것들이 개별자인가를 말하기는 어렵다고 말한다. 그의 생각은, 분석을 한층 더 해서 이것을 드러내 보여야 한다는 것이다. 반면에, 우리가 고유명사란 관념을 도입한 언어에서 고유명사는 일상적 삶에서 우리가 "대상들", "사물들"("건축 석재들")이라고 부르는 것에 적용된다.

——"'정확성'이란 낱말은 무엇을 의미하는가? 당신이 4시 30분에 차를 마시러 오기로 되어 있고, 믿을 만한 시계가 4시 30분을 칠 때 온다면, 그것

은 진짜 정확한 것인가? 또는 그 시계가 울리기 시작하는 순간에 당신이 문을 열기 시작하는 경우에만, 그것은 정확한 것일까? 그러나 이 순간은 어떻게 정의될 수 있으며, '문을 열기 시작함'은 어떻게 정의될 수 있는가? '우리가 아는 모든 것은 단지 대략적인 근사치들일 뿐이므로, 진짜 정확성이 무엇인가는 말하기 어렵다'라고 말하는 것은 옳은가?")

5). 질문들과 대답들 : A가 "석판들은 몇 개지?" 하고 묻는다. B는 그것들을 세고 숫자로 대답한다.

예컨대 1), 2), 3), 4), 5)와 같은 의사소통의 체계들을 우리는 "언어놀이들"이라고 부를 것이다. 그것들은 일상 언어에서 우리가 놀이라고 부르는 것과 다소 유사하다. 어린아이들은 그런 놀이들로 그들의 자연 언어를 배운다. 그리고 여기서 그것들은 놀이의 오락적 성격을 지니기조차 한다. 그렇지만 우리는 우리가 기술하는 언어놀이들을 언어의 불완전한 부분들로서가 아니라, 그 자체로 완전한 언어들로서, 인간 의사소통의 완전한 체계들로서 간주하고 있다. 이러한 관점을 마음속에 간직하기 위해서는, 그와 같이 단순한 언어를 원시적 사회 상태에 있는 어떤 한 부족의 전체 의사소통 체계라고 상상하는 것이 종종 유용하다. 그런 부족들의 원시적 산수들을 생각하라.

소년이나 어른이 이른바 특별한 전문적 언어들, 예를 들면 도표들과 도해들, 기술 지리학, 화학 기호 등의 사용을 배울 때, 그는 더 많은 언어놀이들을 배운다.

(단평: 어른의 언어에 관해 우리가 지닌 그림은, 그의 모국어라는 하나의 불투명한 언어 덩어리가, 분리되고 다소 윤곽이 뚜렷한 언어놀이들인 전문적 언어들로 둘러싸여 있다는 것이다.)

6). 이름을 묻기: 우리는 새로운 형태의 건축 석재들을 도입한다. B가 그것들 가운데 하나를 가리키며 묻는다, "이것은 무엇입니까?"; A가 대답한다, "이것은 ……이다". 나중에 A는 이 새로운 낱말—이를테면 "아치(arch)"—을 외친다. 그리고 B는 그 석재를 가져온다. 가리키는 몸짓과 함께 "이것은 ……이다"라고 하는 말을 우리는 지시적 설명 또는 지시적 정의라고 부를 것이다. 6)의 경우에는 총칭 명사가 사실상 형태의 이름으로 설명되었다. 그러나 유사하게 우리는 특정한 대상의 고유명사를, 색깔의 이름을, 숫자의 이름을, 방향의 이름을 물을 수 있다.

(단평: "숫자들의 이름", "색깔들의 이름", "재료들의 이름", "국가들의 이름"과 같은 표현들을 우리가 사용하는 것은 상이한 두 원천으로부터 유래할 수 있다. 하나는 우리가 고유명사, 숫자, 색깔에 대한 낱말 등의 기능들이 실제보다 훨씬 더 비슷하다고 상상할 수 있으리라는 것이다. 우리가 그렇게 한다면, 우리는 모든 낱말의 기능이 인물의 고유명사나, "책상", "의자", "문" 등과 같은 총칭 명사들의 기능과 다소 비슷하다고 생각하고 싶어진다. 두 번째 원천은 이것인데, 즉 "책상", "의자" 등과 같은 낱말의 기능들이 고유명사의 기능들과 얼마나 근본적으로 다른가, 그리고 이를테면 색깔의 이름과도 얼마나 다른가를 우리가 본다면, 우리가 "숫자들과 방향들은 다만 다른 형태의 대상들이다"와 같은 그런 어떤 것을 말함으로써가 아니라, 오히려 한편으로는 "의자"와 "철수"란 낱말들과 다른 한편으로는 "동쪽"과 "철수"란 낱말들의 기능들 사이의 유사성이 없음에 놓여 있는 유사성을 강조함으로써 숫자의 이름이나 방향의 이름이란 말을 써서는 왜 안 되는지, 우리는 이유를 알지 못한다는 것이다.)

7). B는 글로 씌어 있는 기호들 맞은편에 대상들(이를테면 책상, 의자, 찻잔 등)의 그림들이 놓여 있는 어떤 일람표를 가지고 있다. A가 그 기호들 가운데 하나를 글로 쓰면, B는 일람표에서 그것을 찾는다, 글로 씌어 있는 기호에서 맞은편 그림 쪽을 바라보거나 손가락으로 가리킨다, 그리고 그 그림이 재현하고 있는 대상을 가져온다.

이제 우리가 도입한 상이한 종류의 기호들을 살펴보자. 첫째로, 문장들과 낱말들을 구별하자. 나는 하나의 언어놀이 내에서 완전한 모든 기호를 문장이라 부르고, 그것을 구성하는 기호들을 낱말들이라고 부를 것이다. (이것은 내가 "명제"[21]와 "낱말"이란 낱말들을 사용하게 될 방식에 관한 대략적이고 일반적인 언급일 뿐이다.) 하나의 명제가 오직 한 낱말로 이루어질 수도 있다. 1)에서 "벽돌!", "기둥!"이라고 하는 기호들은 문장들이다. 2)에서 하나의 문장은 두 낱말로 이루어져 있다. 언어놀이에서 명제들이 행하는 역할에 따라, 우리는 명령들, 물음들, 설명들, 기술들 등을 구별한다.

8). 1)과 비슷한 언어놀이에서 A가 "석판, 기둥, 벽돌!" 하고 소리 질러 명령을 하고, B가 석판과 기둥, 그리고 벽돌을 가져옴으로써 그 명령을 수행한다면, 우리는 여기서 세 명제를 이야기하거나, 오직 한 명제를 이야기할 수 있을 것이다. 반면에, 만일

9). 낱말들의 순서가 건축 석재들을 가져올 순서를 B에게 보인다면, A는 세 낱말로 이루어진 하나의 명제를 외치는 거라고 우리는 말할 것이다. 이 경우 그 명령이 "석판, 다음엔 기둥, 다음엔 벽돌!"이라는 형태를 취했다면, 그것은 (다섯 낱말이 아니라) 네 낱말로 이루어져 있다고 우리는 말할

---

21 (편집자주) 여기서 비트겐슈타인은 "문장"과 "명제"를 독일어 "Satz"로 바꿔 쓸 수 있는, 같은 의미로 사용하고 있다.

것이다. 그 낱말들 가운데에서 우리는 비슷한 기능들을 지닌 낱말들의 집단들을 본다. 우리는 "하나", "둘", "셋" 등의 낱말 사용에서 쉽게 유사점을 볼 수 있으며, "석판", "기둥", "벽돌" 등의 사용에서 다시 어떤 유사점을 볼 수 있다. 그리고 그렇게 해서 우리는 말의 부분들을 구별한다. 8)에서 명제의 낱말들 모두는 말의 같은 부분에 속했다.

10). 9)에서 B가 석재들을 가져와야 하는 순서는 다음과 같이 서수들을 사용하여 표시될 수 있을 것이다: "둘째, 기둥; 첫째, 석판; 셋째, 벽돌!". 여기서 우리는 한 언어놀이에서는 낱말들의 순서의 기능이었던 것이 다른 하나의 언어놀이에서는 특정한 낱말들의 기능인 경우를 얻는다.

앞서와 같은 고찰들은 명제들 내에서 낱말들이 지니는 기능들의 무한한 다양성을 우리에게 보여 줄 것이다. 그리고 우리가 우리의 예들에서 보는 것을 논리학자들이 명제들의 구성을 위해 제공하는 단순하고 엄격한 규칙들과 비교하는 것은 재미있다. 우리가 낱말들을 그것들의 기능의 유사점에 따라 함께 모으면, 그리하여 담화의 부분들을 구별하면, 상이한 많은 분류 방식이 채택될 수 있다는 것을 보기는 쉽다. 실로 우리는 "하나"라는 낱말을 "둘", "셋" 등의 낱말과 함께 분류하지 않을 이유를 다음과 같이 쉽게 상상할 수 있을 것이다.

11). 우리의 언어놀이 2)의 이러한 변형을 고려하라. "석판 하나!", "포석 하나!" 등이라고 외치는 대신에, A는 그냥 "석판!", "포석!" 등이라고 부른다; 다른 숫자들의 사용은 2)에서 기술 된 바대로이다. 이러한 11)과 같은 형태의 의사소통에 익숙한 사람이 2)에서 기술된 바와 같은 "하나"란 낱말의 사용을 소개받았다고 하자. 그가 "하나"를 "2", "3" 등의 숫자들과 함께 분류하기를 거부하리라는 것을 우리는 쉽게 상상할 수 있다.

(단평: '0'을 다른 숫자들과 함께 분류하는 데 대한 찬성과 반대의 이유들을 생각하라. "흑과 백은 색깔들인가?" 어떤 경우에 당신은 그렇다고 말하고 싶어지고, 또 어떤 경우에 아니라고 말하고 싶어질까?—낱말들은 체스의 말들과 많은 방식으로 비교될 수 있다. 체스놀이에서 상이한 종류의 말들(예를 들어, 졸들과 '장교들')을 구별하는 여러 상이한 방식들을 생각하라.

"둘 또는 그 이상"이란 어구를 상기하라.)

4)에서 사용된 것들과 같은 몸짓들이나 7)에서와 같은 그림들을 우리가 언어의 요소들 또는 도구들이라고 부르는 것은 자연스럽다. (우리는 때때로 몸짓들로 이루어진 언어에 관하여 이야기한다.) 나는 7)에서의 그림들 및 비슷한 기능을 지닌 언어의 다른 도구들을 본보기들이라고 부를 것이다. (우리가 제공해 온 다른 설명들처럼 이 설명은 모호하고, 또 모호하도록 의도되었다.) 낱말들과 본보기들은 상이한 종류의 기능들을 지닌다고 우리는 말할 수 있을 것이다. 우리가 본보기를 사용할 때, 우리는 어떤 것을 그것과 비교한다. 예를 들면, 의자를 의자의 그림과 비교한다. 우리는 석판을 "석판"이란 낱말과는 비교하지 않았다. '낱말/본보기'라는 구별을 도입함에 있어서, 그 착상은 최종적인 논리적 이원성을 설립하려는 것이 아니었다. 우리는 우리 언어 내의 다양한 도구들로부터 특징적인 두 종류의 도구들을 골라내었을 뿐이다. 우리는 "하나", "둘", "셋" 등을 낱말들이라고 부를 것이다. 만일 이 기호들 대신에 우리가 "—", "——", "———", "————"를 사용한다면, 우리는 이것들을 본보기들이라고 부를 것이다. 어떤 언어에서는 "하나", "하나 하나", "하나 하나 하나" 등이 숫자들이라고 하자. 우리는 "하나"를 하나의 낱말이라고 불러야 할까, 아니면 본보기라고 불러야 할까? 같은 요소가 한 곳에서는 낱말로, 그리고 다른 한 곳에서는 본보기로 사용될 수 있을 것이다. 원은 타원을 위한 이름이거나, 다른 한편으로는 특정한

투영 방법으로 그 타원이 비교되어야 할 본보기일 수 있을 것이다. 다음과 같은 두 표현 체계를 또한 고려하라.

12). A가 B에게 두 개의 상징으로 이루어진 어떤 명령을 준다. 첫 번째 상징은 어떤 색깔—이를테면 초록—을 지닌 불규칙한 모양의 작은 반점이고, 두 번째 상징은 기하학적 도형—이를테면 원—의 윤곽 그림이다. B는 이 윤곽과 저 색깔을 지닌 대상을 가져온다. 이를테면 원형의 초록색 대상을 말이다.

13). A가 B에게, 특정한 색깔이 칠해진 기하학적 도형—이를테면 초록색의 원—이라는 하나의 상징으로 이루어진 어떤 명령을 준다. 12)에서 [한][22] 본보기들은 우리의 색 이름들에 대응하고, 다른 본보기들은 우리의 형태 이름들에 대응한다. 13)에서의 상징들은 그러한 두 요소의 조합으로 간주될 수 없다. 인용 부호 속의 낱말은 본보기라고 일컬어질 수 있다. 가령 "그는 '지옥에나 가라' 하고 말했다"란 문장에서 "지옥에나 가라"는 그가 말한 것의 본보기이다. 이러한 경우들을 비교하라: a) 어떤 사람이 (어떤 곡을 휘파람 불면서) "나는 ⋯⋯을 휘파람 불었다"라고 말한다; b) 어떤 사람이 "나는 𝄞♩♩♩ 를 휘파람 불었다"라고 적는다. "바스락거리다"와 같은 의성어는 하나의 본보기라고 말할 수 있을 것이다. 우리는 굉장히 다양한 과정들을 "대상을 본보기와 비교함"이라고 부른다. 우리는 많은 종류의 상징들을 "본보기"라는 이름 아래 포괄한다. 7)에서 B는 일람표에 있는 그림을 자기 앞에 있는 대상들과 비교한다. 그러나 하나의 그림을 대상과 비교한다는 것은 무엇에 있는가? 그 일람표가 다음을 보여 주었다고 하자: a) 망치의

---

22 (옮긴이주) 옮긴이의 삽입

그림, 펜치의 그림, 톱의 그림, 끌의 그림. b) 다른 한편으로, 스무 가지 다른 종류의 나비 그림들. 이 두 경우에 비교한다는 것은 무엇에 있을까를 상상하라: 그리고 그 차이를 주의해서 보라. 이들 경우와 제3의 경우 c)를 비교하라. c)의 경우에, 일람표에 있는 그림들은 정확한 축척으로 그려진 건축 석재들을 재현한다. 그리고 여기서 비교하는 일은 자와 컴퍼스를 가지고 해야 한다. 견본 색깔의 옷 한 점을 가져오는 것이 B의 일이라고 하자. 견본의 색깔과 옷은 어떻게 비교될 수 있는가? 다음과 같은 일련의 상이한 경우들을 상상하라:

14). A가 B에게 견본을 보여 준다. 이에 응해 B는 가서 '기억에 의존하여' 옷감을 가져온다.

15). A가 B에게 견본을 준다. B는 그 견본으로부터 자기가 골라야 할 선반 위의 옷감들 쪽을 바라본다.

16). B는 견본을 옷감 한 필마다 대어 보고, 견본과 구별할 수 없는 옷감, 즉 견본과의 차이가 사라져 버린다고 보이는 옷감을 선택한다.

17). 다른 한편으로, 명령이 "이 견본보다 조금 더 어두운 옷감을 가져오라"라는 것이었다고 상상하라. 14)에서 나는 B가 옷감을 '기억에 의존하여' 가져온다고 말했는데, 그것은 보통의 표현 형식을 사용하고 있는 것이다. 그러나 '기억에 의존하여' 비교하는 그러한 경우에 일어날 수 있을 것은 대단히 다양하다. 몇 가지 예를 상상하라:

14a) 옷감을 가지러 갈 때, B는 자기 마음의 눈앞에 어떤 기억 상(像)을 지니고 있다. 그는 옷감들을 번갈아 살펴보고, 그 상을 상기해 낸다. 그는

이 과정을 이를테면 옷감 다섯 필에 대해서 되풀이한다: 어떤 예들에서는 "너무 어두워"라고 혼잣말하고, 어떤 예들에서는 "너무 밝아"라고 혼잣말하면서 말이다. 다섯 필째의 옷감에서 그는 멈추고, "그래, 이거야"라고 말한다. 그리고 그것을 선반에서 꺼낸다.

14b) B의 마음의 눈앞에는 아무런 기억 상도 있지 않다. 그는 옷감 네 필을 바라본다: 매번 그의 머리를 흔들면서, 어떤 종류의 정신적 긴장을 느끼면서 말이다. 다섯 필째의 옷감에 도달하자, 이 긴장이 풀린다. 그는 머리를 끄덕인다, 그리고 그 옷감을 내려놓는다.

14c) B는 기억 상 없이 선반으로 간다, 다섯 필의 옷감을 하나하나 바라본다, 다섯 필째의 옷감을 선반에서 꺼낸다.

'그러나 이것이 비교하는 일의 전부일 수는 없다.'

우리가 앞의 이 세 경우를 기억에 의존해서 비교하는 경우들이라고 부를 때, 우리는 그것들의 기술(記述)이 어떤 뜻에서 불만족스럽거나 불완전하다고 느낀다. 우리는 그 기술이 그러한 과정의 본질적인 특징을 빠뜨렸고 단지 보조적인 특징들만 우리에게 주었다고 말하는 경향이 있다. 본질적인 특징은 비교하기와 인지하기의 특유한 경험이라고 일컬어질 수 있을 터인 그런 것일 거라고 보인다. 자, 기묘한 것은, 비교하기의 경우들을 면밀히 바라볼 때, 그 모두가 다소간에 비교 동작의 특징을 이루는 굉장히 많은 활동과 마음의 상태들을 보기가 매우 쉽다는 것이다. 우리가 기억에 의존하여 비교하기에 관해 이야기하든, 우리 눈앞의 견본들에 의해 비교하기에 관해 이야기하든, 그것은 사실 그러하다. 우리는 방대한 수의 그러한 과정들, 즉 방대한 수의 상이한 방식으로 서로 비슷한 과정들을 안다. 우리는 우리가 비교하기 원하는 색깔들을 지닌 품목들을 장·단기간에 걸쳐 함께 또는 서로 가까이에 둔다; 그것들을 번갈아 또는 동시에 바라본다; 그것들을 상이한 불빛 아래에 둔다; 우리가 그렇게 하는 동안, 상이한 것들을 말한다; 기억 상들, 긴장과 이완, 만족과 불만족의 감정들, 같은 대상을 오래 응시할 때 동반되는 우리 눈 속의 또는 눈가의 다양한 긴장의 느낌들, 그리고 이것들과 많은 다른 경험들의 온갖 가능한 조합들을 얻는다. 우리가 그러한 경우들을 더 많이 관찰할수록, 그리고 그것들을 더 면밀히 고찰할수록, 우리는 비교하기에 특징적인 하나의 특정한 정신적 경험을 발견하는 것에 대해 더 의심스럽게 느낀다. 사실, 당신이 그러한 다수의 경우를 면밀히 조사한 후에, 내가 당신이 비교하기의 경험이라고 부를 특이한 정신적 경험이 존재한다는 것을 인정한다면, 그리고 당신이 고집한다면 내가 "비교하기"란 낱말을 이 특이한 느낌이 일어났을 경우들에 대해서만 기꺼이 채택하겠노라고 인정한다면, 이제 당신은 그러한 특이한 경험을 가정하는 것이 그 요점을 상실했다고 느끼게 될 것이다. 왜냐하면 이 경험은, 우리가 그 경우들을 정밀하게 조사한 후에 실제로 모든 비교하기의 경우들을 연결하는 것이 되는 것으로 보이는, 방대한 수의 다른 경험들과 나란히 배치되었기 때문이다. 왜냐하면 우리가 찾아 왔던 '특유한' 경험은 우리의 정밀한 조사를 통해 우리에게 드러난 다량의 경험들이 떠맡아온 역할을 해 왔다고 되어 있었기 때문이다: 우리는 그 특유한 경험이 다수의 다소간에 특징적인 경험들 가운데 그저 하나이기를 결코 원하지 않았다. (이 문제를 보는 두 가지 길이 있다고 말할 수 있을 것이다. 하나는, 말하자면, 바싹 접근하여 보는 것이고, 다른 하나는 마치 멀리서 그리고 특이한 분위기의 매체를 통해서 보는 것처럼 보는 것이다.) 사실 우리는 "비교하기"란 낱말에 대한 우리의 실제 사용은 그 낱말을 멀리서 바라보면서 우리가 기대하기에 이른 사용과는 다르다는 것을 발견했다. 우리는 비교하기의 그 모든 경우를 연결하는 것은 방대한 수의 겹치는 유사점들임을 발견한다. 그리고 이 점을 보자마자, 우리는 그것들 모두에 공통적인 어떤 하나의 특징이 있어야만 한다고 말하지 않을 수 없다는 느낌을 더 이상 받지 않는다. 배를 부두에 묶는 것은 하나의 밧줄이며,

밧줄은 섬유들로 이루어져 있지만, 밧줄의 힘은 밧줄의 한끝에서 다른 끝까지 관통하는 어떤 섬유로부터 얻어지는 것이 아니라, 방대한 수의 섬유들이 겹쳐 있다고 하는 사실로부터 얻어지는 것이다.

'그러나 분명 14c)의 경우 B는 전적으로 자동적으로 행위했다. 거기서 기술된 것이 실제로 일어난 모든 것이었다면, 그는 자기가 선택한 옷감을 자기가 왜 선택했는지 알지 못했다. 그는 그것을 선택하는 데 아무런 이유도 갖고 있지 않았다. 그가 올바른 것을 선택했다면, 그는 기계가 그것을 선택했을 것처럼 그것을 선택했다.' 우리의 첫 번째 대답은, 우리는 그가 자기가 선택할 범위에 들어 있는 옷감들이나 자기가 선택한 옷감을 보지 않았다고는 말하지 않았으며, 또 그가 그 일을 하는 동안 근감각이나 촉각 따위를 갖지 않았다고도 말하지 않았으므로, 우리는 14c)의 경우에 B가 개인적 경험이라고 일컬어지는 것을 했다는 것을 부정하지 않았다는 것이다. 자, 그의 선택을 정당화하고 그 선택을 비자동적인 것으로 만들 그런 이유는 어떤 것일까? (즉, 우리는 그것이 어떤 모습일 것이라고 상상하는가?) 내 생각에, 우리는 자동적 비교의 반대—말하자면, 의식적 비교의 이상적 경우—란 우리의 마음의 눈앞에 명료한 기억 상을 지니거나 실제의 견본을 보면서 이 견본들과 선택된 옷감을 특정한 방식으로 구별할 수 없다는 특유한 느낌이 드는 경우라고 말할 것이다. 그러면 이 특이한 감각이 그 선택의 이유, 정당화이리라. 이 특유한 느낌은 한편으로는 그 견본을 본다는 경험과 다른 한편으로는 그 옷감을 본다는 경험, 이 두 경험을 연결한다고 말할 수 있을 것이다. 그러나 그렇다면, 무엇이 이 특유한 경험을 그 두 경험 중의 하나와 연결하는가? 우리는 그런 경험이 사이에 있을 수 있다는 것을 부정하지는 않는다. 그러나 우리가 방금 고찰한 것처럼 그것을 고찰하노라면, 자동과 비자동의 구별은 처음에 보였던 것처럼 명확하고 최종적이라고는 더 이상 보이지 않는다. 우리가 뜻하는 것은, 특정한 경우에 이 구별이 그것의 실용적인 가치를 잃는다는 것은 아니다. 예를 들어, "당신은 이 옷 감을 선반에서 자동적으로 가져왔는가, 아니면 그것에 관해 생각을 했는 가?" 하고 특정한 상황에서 질문을 받을 때, 우리가 자동적으로 행위하지 않았다고 말한다면, 그리고 이에 대한 하나의 설명으로서, 우리는 그 옷감을 주의 깊게 바라보았고, 본보기의 기억 상을 상기하려고 노력했으며, 의심들과 결단들을 표명했노라고 말한다면, 우리는 정당화될 수도 있다. 그 특정한 경우에 이것은 자동적인 것을 비자동적인 것과 구별하는 것으로 여겨질 수도 있다. 그렇지만 또 다른 경우에는, 우리는 기억 상이 출현하는 자동적인 방식과 비자동적인 방식 등을 구별할 수도 있다.

우리의 경우 14c)가 당신을 괴롭힌다면, 당신은 다음과 같이 말하고 싶을지 모르겠다: "그러나 왜 그는 바로 이 옷감 한 필을 가져왔는가? 어떻게 그는 그것이 올바른 것이라고 인지했는가? 무엇에 의해서?"—'왜'라고 물을 때, 당신은 원인을 묻고 있는가, 아니면 이유를 묻고 있는가? 원인을 묻고 있다면, 주어진 조건들 하에서의 이 선택을 설명하는 생리학적이거나 심리학적인 가설을 생각해 내기는 매우 쉽다. 그러한 가설들을 시험하는 것은 실험 과학의 일이다. 반면에, 당신이 이유를 묻고 있다면, 그 대답은 이렇다: "그 선택에 이유가 꼭 있었어야 하는 것은 아니다. 이유란 선택의 단계에 선행하는 하나의 단계이다. 그러나 왜 모든 단계 각각에 선행하는 또 하나의 단계가 있어야 한단 말인가?"

'그러나 그렇다면 B는 실제로는 그 옷감을 올바른 것으로 인지하지 않았다.'—당신은 14c)를, 인지하기의 경우들 가운데 셈해 넣을 필요가 없다. 그러나 우리가 인지 과정이라고 부르는 과정들이 서로 겹치는 유사점들을 지닌 방대한 가족을 형성한다는 사실을 당신이 의식하게 되었다면, 당신은 아마 14c)도 역시 이 가족 속에 포함하는 것에 대해 마음 내키지 않게 느끼지는 않을 것이다.—'그러나 이 경우 B에게는 그 옷감을 인지할 수 있는 기준이 없지 않은가? 14a)에서는, 예를 들면, 그는 기억 상을 지녔으며, 그는 자기가 찾는 옷감을 그것과 그 상과의 일치에 의해 인지했다.'—그러나 그는 이러한 일치의 그림도 자기 앞에 지니고 있었는가? 즉 그 본보기와 옷감 사이의 일치가 올바른 것인지를 보기 위해서 그 일치를 비교해 볼 수 있는 그림도 지니고 있었는가? 그리고 다른 한편으로는, 그러한 그림이 그에게 주어져 있었을 수는 없는가? 예를 들어, 필요한 것은 견본과 정확히 닮은 옷감이지, 아마도 다른 경우들에서처럼 그 본보기보다 조금 더 어두운 옷감이 아니라는 것, 이것이 A가 B가 기억하기를 바란 것이었다고 하자. 이 경우 A는 B에게, 같은 색깔의 천 조각 두 개를 줌으로써, 요구된 일치의 예를 (예를 들면, 일종의 상기물로서) 주었을 수 없을까? 명령과 그것의 수행 사이의 그런 어떠한 연관도 필연적으로 최종적인 것인가?—그리고 만일 당신이, 14b)에서는 최소한 그는 그가 지닌 긴장의 이완 작용에 의해 올바른 옷감을 인지했다고 말한다면, 그는 이러한 이완의 표상을 지니고 있었어야 그 이완을 그것에 의해 올바른 옷감이 인지될 수 있는 것으로서 인지하는가?—

'그러나 B가 옷감을 14c)에서처럼 가져왔고, 그것을 본보기와 비교했을 때 그것이 잘못된 것임이 드러난다면?'—그러나 그런 일은 다른 모든 경우에도 역시 일어날 수 없을까? 14a)에서 B가 가져온 옷감이 본보기와 맞지 않음이 발견되었다고 하자. 그러한 어떤 경우에 우리는 그의 기억 상이 변했다고 말하고, 다른 경우에는 본보기가 변했다고 말하고, 또 다른 경우에는 불빛이 변했다고 말하지 않을까? 이러한 판단들 각각이 내려질 수 있는 경우들을 발명하기는, 상황들을 상상하기는, 어렵지 않다.—'그러나 경우 14a)와 경우 14c) 사이에는 어쨌든 본질적인 차이가 있지 않은가?'—물론이다! 이들 경우의 기술에서 지적된 바로 그것 말이다.—

1)에서 B는 "기둥!"이란 낱말의 외침을 듣고 건축 석재를 가져오는 것을 배웠다. 우리는 이러한 경우에 일어난 것은 다음과 같은 것이라고 상상할

수 있을 것이다: B에게 외친 그 낱말은 B의 마음에 이를테면 기둥의 표상을 불러일으켰다; 이러한 연상은, 말하자면, 훈련에 의해 확립되었다. B는 그의 표상에 합치하는 건축 석재를 집어 든다.—그러나 이런 일이 필연적으로 일어나는 것이었는가? 만일 훈련이 관념이나 표상이—자동적으로—B의 마음속에 일어나게 할 수 있다면, 훈련이 B의 행위들을 어떤 표상의 중재 없이 일으킬 수는 왜 없단 말인가? 이것은 단지 연상 기제의 사소한 변경이 될 것이다. 낱말이 불러일으키는 표상은 합리적 과정을 거쳐 도달되지 않는다(그러나 만일 도달된다면, 이것은 우리의 논증을 뒤로 더 밀 뿐이다)는 것, 그러나 이 경우는 버튼이 눌리고 표시판이 나타나는 기제의 경우와 엄격히 비교할 수 있다는 것을 명심하라. 사실 이런 종류의 기제가 연상 기제 대신 사용될 수 있다.

언어에 의한 의사소통에서 역할을 하는 색깔들의, 모양들의, 소리들의 등등의 정신적 표상들을 우리는 실제로 보이는 색 반점들과, 들리는 소리들과 같은 범주에 넣는다.

18). (7)에서와 같은) 일람표들의 사용 훈련 목적은 단지 하나의 특정한 일람표의 사용을 가르치는 것이 아니라, 적힌 기호들과 그림들이 새로 짝지어진 일람표들을 학생이 스스로 사용하거나 구성할 수 있게 하는 것일 수 있다. 한 인물이 사용하도록 훈련받은 첫 번째 일람표가 "망치", "집게", "톱", "끌"이란 네 낱말과 그에 대응하는 그림들을 포함하고 있었다고 하자. 이제 우리는 학생이 자기 앞에 가지고 있었던 또 한 대상의 그림—이를테면 대패의 그림—을 추가하고, 그것과 "대패"란 낱말을 서로 관련시킬 수 있을 것이다. 우리는 이 새로운 그림과 낱말 사이의 상호 관련을 이전의 일람표에서의 상호 관련들과 가능한 한 비슷하게 만들 것이다. 가령 우리는 새로운 낱말과 그림을 같은 종잇장 위에 추가하고, 새로운 낱말은 이전의 낱말

The Blue and Brown Books

들 아래에 놓고 새로운 그림은 이전의 그림들 아래에 놓을 수 있을 것이다. 이제 학생은 우리가 그에게 첫 번째 일람표를 사용하도록 가르쳤을 때 우리가 그에게 가한 특별한 훈련 없이도 그 새로운 그림과 낱말을 이용하도록 격려받을 것이다. 이러한 격려 행위들은 여러 가지 종류들로 되어 있을 것이다. 그리고 그러한 많은 행위들은 학생이 반응하고, 또 특정한 방식으로 반응할 경우에만 가능할 것이다. 당신이 개에게 찾아 가져오기를 가르칠 때 당신이 사용하는 격려의 몸짓들, 소리들 등을 상상하라. 다른 한편으로, 당신이 고양이에게 찾아 가져오기를 가르치려 노력했다고 상상하라. 고양이가 당신의 격려에 반응하지 않을 때는, 당신이 개를 훈련할 때 행한 격려 행위들 대부분이 여기서는 불가능하다.

19). 학생은 또한 그 스스로 발명한 이름들을 사물들에다 주도록, 그리고 그 이름들을 부를 때는 그 대상들을 가져오도록 훈련받을 수 있을 것이다. 예를 들어, 그는 한편에는 대상들의 그림들이 있고 다른 편에는 빈칸들이 있는 일람표를 건네받고는, 그 그림들 맞은편에 그 스스로 발명한 기호들을 써넣음으로써, 그리고 이 기호들이 명령들로 사용될 때는 이전의 방식으로 반응함으로써 놀이를 한다. 아니면,

20). 그 놀이는 B가 어떤 일람표를 구성하고 이 일람표로 주어진 명령들에 복종하는 데 있을 수도 있다. 일람표의 사용을 가르칠 때, 그 일람표가 이를테면 왼편은 이름들을 포함하고 오른편은 그림들을 포함하는 두 개의 세로 단(段)으로 이루어져 있고, 거기서 하나의 이름은 하나의 그림과 가로선으로 짝하여 있다면, 그 훈련의 중요한 한 특징은 학생으로 하여금 그의 손가락을 왼편에서 오른편으로 미끄러지듯 움직이게 하는 것, 말하자면 일련의 가로 선들을 차곡차곡 긋는 것일 것이다. 그러한 훈련은 첫 번째 일람

표로부터 새로운 항목으로 이행해 가도록 도울 수 있을 것이다.

일람표들, 지시적 정의들, 그리고 비슷한 도구들을 나는 일상적 용법에 따라 규칙들이라고 부를 것이다. 한 규칙의 사용은 더 추가된 한 규칙에 의해 설명될 수 있다.

21). 이러한 예를 고찰하라: 우리는 일람표들을 읽는 상이한 방법들을 도입한다. 각 일람표는 위에서처럼 낱말들과 그림들의 두 세로 단으로 이루어져 있다. 어떤 경우에는 그것들은 왼편으로부터 오른편으로 수평하게, 즉 다음과 같은 도식에 따라 읽혀야 한다.

다른 경우에는 다음과 같은 도식들에 따라 읽혀야 한다:

또는

등등.

이런 종류의 도식들이 우리의 일람표들에, 이것들을 읽기 위한 규칙들로서 접합될 수 있을 것이다. 이 규칙들은 다시, 더 이상의 규칙들에 의해 설명될 수 있지 않을까? 물론이다. 다른 한편으로, 한 규칙의 용법에 대해 아무런 규칙도 주어져 있지 않았다면, 그 규칙은 불완전하게 설명되었는가?

  우리는 우리의 언어놀이들에 무한한 숫자열을 도입한다. 그러나 이 일은 어떻게 행하여지는가? 명백히, 이 과정과 20까지의 숫자열을 도입하는 과정 사이의 유사성은 20까지의 숫자열을 도입함과 10까지의 숫자열을 도입함 사이의 유사성과는 같지 않다. 우리의 놀이가 2)와 같지만, 무한한 숫자열을 가지고 행해진다고 하자. 그것과 2) 사이의 차이는 단지, 더 많은 숫자들이 사용되었다는 것이 아닐 것이다. 즉 사실상 그 놀이를 하면서 우리가 실제로는, 이를테면 155개의 숫자들을 사용하였다고 하자. 우리가 하는 놀이는, '우리는 놀이 2)를 했는데, 다만 10개의 숫자 대신에 155개의 숫자를 가지고 했다'라고 말함으로써 기술될 수 있을 그런 것이 아닐 것이다. 그러나 그 차이는 무엇에 있는가? (그 차이는 거의, 그 놀이들을 하는 정신의 차이인 것처럼 보일 것이다.) 놀이들 간의 차이는, 이를테면 사용된 놀이 말들의 수에, 놀이판의 눈들의 수에, 또는 우리가 한 경우에는 정방형 눈들을 사용하고 다른 경우에는 6각형 눈을 사용한다고 하는 그런 것에 있을 수 있다. 그런데 유한한 놀이와 무한한 놀이의 차이는 놀이의 물질적 도구들에 있는 것으로 보이지가 않는다; 왜냐하면 우리는 무한성이 그것들 속에서 표현될 수 없다고, 즉 우리는 무한성에 관한 생각을 우리의 사고들 속에서 품을 수 있을 뿐이며, 따라서 유한한 놀이와 무한한 놀이가 구별되어야 하는 것은 이 사고들 속에서라고 말하는 경향이 있기 때문이다. (이 사고들이 기호들 속에서 표현될 수 있다는 것은 그래도 기묘하긴 하다.)

  두 놀이를 생각하자. 그것들은 둘 다 숫자들을 지닌 카드들을 가지고 행해지며, 최고 높은 수가 한 판을 이기는 끗수가 된다.

22). 한 놀이는 고정된 수의—이를테면 32개의—그러한 카드들을 가지고 행해진다. 다른 놀이에서는 우리는 종잇조각들을 잘라 그 위에 숫자들을 씀으로써 카드의 수를 우리가 원하는 만큼 많이 늘리는 게 어떤 상황들 속에서는 허용된다. 우리는 이 놀이들 중 첫 번째 것은 제한적이고, 두 번째 것은 무제한적이라고 부를 것이다. 두 번째 놀이 한 판이 벌어졌고, 실제로 사용된 카드의 수가 32개였다고 하자. a) 제한적 놀이를 한 판 하는 것과 b) 무제한적 놀이를 한 판 하는 것의 차이는 무엇인가?

그 차이는 32개의 카드를 가진 제한적 놀이 한 판과 더 많은 수의 카드를 가진 제한적 놀이 한 판의 차이가 아닐 것이다. 사용된 카드의 수는 같았다고 우리는 말했다. 그러나 다른 종류의 차이들이 존재할 것이다. 예를 들면, 제한적 놀이는 통상적인 카드 한 벌을 가지고 행해지고, 무제한적 놀이는 다량의 백지 카드들과 연필들을 지급받고서 행해진다. 무제한적인 놀이는 "얼마나 높이 갈까?"라는 물음과 함께 개시된다. 놀이자들이 이 놀이의 규칙들을 규칙 책에서 찾아본다면, 그들은 어떤 일련의 규칙들의 끝에서 "등등(等等)"이나 "등등 무한하게"라는 구절을 발견할 것이다. 그러므로 판 a)와 판 b)의 차이는, 그 판들을 벌이는 카드들에 있는 것은 분명히 아니지만, 우리가 사용하는 도구들에 있는 것이다. 그러나 이 차이는 사소하게 보이고, 놀이들 사이의 본질적 차이는 아닌 것처럼 보인다. 어딘가에 크고 본질적인 차이가 있어야만 한다고 우리는 느낀다. 그러나 판들이 벌어질 때 무슨 일이 일어나는가를 당신이 면밀히 살펴본다면, 당신은 당신이 찾아낼 수 있는 것은 그 하나하나가 비본질적으로 보일 수많은 세부 사항들에서의 차이들뿐이라는 것을 발견한다. 예를 들어, 카드들을 취급하고 놀이하는 동작들은 두 경우 모두에서 일치할 수도 있다. 판a)를 놀이하는 과정에서 참가자들은 더 많은 카드를 만드는 것을 고려했다가 다시 그 생각을 버렸을 수 있다. 그러나 그것을 고려한다는 것은 어떻게 한다는 것인가? 그것은 "나는 또 하나의 카드를 만들어야 할까 봐" 하고 혼잣말로 또는 소리 내어 말하는 것과 같은 그런 어떤 과정일 수 있을 것이다. 게다가, 그러한 어떤 고려도 참가자들의 마음속에 들어오지 않았을 수 있다. 제한적 놀이판의 사건들과 무제한적 놀이판의 사건들에서의 전체 차이는 놀이 시작 전에 한 말에, 예를 들면 "제한적 놀이를 하자"에 놓여 있었을 수 있다.

'그러나 그 두 다른 놀이의 판은 상이한 두 체계에 속한다고 말하는 것은 옳지 않은가?' 물론이다. 다만, 그것들이 상이한 체계에 속한다고 하는 말로 우리가 언급하고 있는 사실들은 우리가 기대할지 모르는 것보다 훨씬 더 복잡하다.

이제, 숫자들의 유한한 집합을 가지고 행해진다고 말해야 할 언어놀이들을 숫자들의 무한한 열을 가지고 행해진다고 말해야 할 언어놀이들과 비교해 보자.

23). 2)와 같이 A는 B에게 수많은 건축 석재들을 가져오라고 명령한다. 숫자들은 각각 하나의 카드 위에 적혀 있는 "1", "2", ……, "9"라는 기호들이다. A는 이들 카드의 어떤 한 집합을 지녔고, B에게 그 집합 가운데 하나를 보이면서 "석판", "기둥" 등의 낱말들 가운데 하나를 외침으로써 명령을 한다.

24). 23)과 같은데, 다만 숫자가 적힌 카드들의 집합이 없다. 1, ……, 9의 숫자열은 암기되어 있다. 명령을 하는 가운데 그 숫자들을 외치고, 아이들은 그것들을 구두(口頭)로 배운다.

25). 주판이 사용된다. A가 주판을 놓는다, 그것을 B에게 준다, B는 그것을 가지고 석판들이 놓여 있는 곳으로 간다 등등.

26). B는 무더기로 있는 석판들을 세어야 한다. 그는 주판으로 그 일을 한다. 주판은 스무 개의 알이 있다. 하나의 무더기에는 결코 20개 이상의 석판이 없다. B는 문제의 무더기에 대해 주판을 놓고, 그렇게 놓은 주판을 A에게 보인다.

27). 26)과 같다. 주판은 20개의 작은 알들과 하나의 커다란 알을 지녔다. 무더기가 20개 이상의 석판을 포함한다면, B는 커다란 알을 움직인다. (커다란 알은 그러니까 어떤 식으로 "많은"이란 낱말에 대응한다.)

28). 26)과 같다. 무더기가 n개의 석판을 포함한다면, 그리고 n이 20보다는 많지만 40보다는 적다면, B는 n−20개의 주판알을 움직이고, A에게 이렇게 놓은 주판을 보인다. 그리고 박수를 한 번 친다.

29). A와 B는 20까지는 십진법 체계의 (글로 적혀 있거나 말로 된) 숫자들을 사용한다. 이 언어를 배우는 어린아이는 2)에서처럼 이 숫자들을 암기한다.

30). 어떤 부족이 종류 2)의 언어를 가지고 있다. 사용된 숫자들은 우리의 십진법 체계의 숫자들이다. 사용된 어떤 숫자도 위의 놀이들 중의 일부(27), 28))에서 마지막 숫자가 하는 특출한 역할을 하는 것으로 관찰될 수 없다. (우리들은 다음과 같은 말로 이 문장을 계속하고 싶은 유혹을 받는다: "실제로 사용된 가장 높은 숫자가 물론 있기는 하지만".) 그 부족의 어린이들은 다음과 같은 방식으로 숫자들을 배운다: 그들은 1에서 20까지의 기호들은 2)에서처럼 배우고, "이것들을 세어라"라고 하는 명령을 받으면 단지 20개의 주판알로 된 줄들을 세는 것을 배운다. 학생이 세다가 숫자 20에 도

달할 때, 사람들은 "계속해라"를 암시하는 몸짓을 하고, 그에 응해 아이는 (어쨌든 대부분의 경우에) "21"을 말한다. 유사하게, 사람들은 어린아이들로 하여금 22까지, 그리고 더 높은 수까지 세게 하는데, 이러한 연습에서 어떤 특정한 수도 마지막 수라는 특출한 역할을 하지 않는다. 훈련의 마지막 단계는, 아이가 20 이상을 넘어가도록 돕는 데 사용되는 암시적 몸짓 없이, 20이 넘는 대상들의 집단을 세도록 하는 것이다. 아이가 그 암시적 몸짓에 반응하지 않으면, 아이는 다른 아이들과 분리되고 괴짜로 취급된다.

31). 또 하나의 부족. 그 부족의 언어는 30)에서의 언어와 닮았다. 사용되는 것으로 관찰된 가장 높은 수는 159이다. 이 부족의 삶에서 159라는 숫자는 특이한 역할을 한다. "그들은 이 수를 가장 높은 수로 취급한다"라고 내가 말했다고 하자,—그러나 이것은 무엇을 뜻하는가? "그들의 말은 단지, 그것이 가장 높은 수라는 것이다", 이렇게 우리가 대답할 수 있을까?—그들이 어떤 말을 한다, 그러나 그들이 그 말로 뜻하는 것을 우리는 어떻게 아는가? 그들이 무엇을 뜻하는가에 대한 한 가지 기준은, 우리가 "가장 높은"이란 우리의 낱말로 번역했으면 하는 낱말이 사용되는 경우들일 것이다. 즉 이 낱말이 그 부족의 삶에서 행하는 것으로 관찰되는 역할이라고 우리는 말할 수 있을 것이다. 사실 우리는, 그런 경우에, 이 숫자는 넘을 수 없는 한계의 역할을 한다고 우리로 하여금 말하게 할 터인 그런 몸짓들과 행위 형태들과 관련하여 159란 숫자가 사용되는 것을 쉽게 상상할 수 있을 것이다; 비록 그 부족이 우리의 "가장 높은"에 대응하는 아무런 낱말도 가지고 있지 않고, 또 159란 숫자가 가장 높은 숫자라는 것에 대한 기준이 그 숫자에 관해 말해진 어떤 것으로도 이루어져 있지 않더라도 말이다.

32). 어떤 부족이 두 가지의 계산 체계를 가지고 있다. 사람들은 A에서

Z까지의 알파벳으로 세는 법을 배웠고, 30)에서처럼 십진법 체계로 세는 법도 배웠다. 어떤 사람이 첫 번째 체계로 대상들을 세어야 한다면, 그는 "닫힌 방식으로" 세라는 명령을 받고, 두 번째 경우에는 "열린 방식으로" 세라는 명령을 받는다. 그리고 그 부족은 닫힌 문과 열린 문에 대해서도 역시 "닫힌" 과 "열린"이라는 낱말들을 사용한다.

(단평들: 23)은 카드들의 집합에 의해 명백한 방식으로 제한되어 있다. 24)의 경우, 23)에서의 카드들의 제한된 공급과 24)에서의 우리 기억 속 낱말들의 제한된 공급과의 유사성과 유사성의 결여를 주의하라. 26)에서의 제한은 한편으로는 도구(알이 20개인 주판)와 우리 언어에서의 그것의 사용에 놓여 있고, 다른 한편으로는 (전혀 다른 방식으로) 그 놀이의 실천 속에서 20개 이상의 대상을 세어야 하는 경우는 결코 없다고 하는 사실에 놓여 있다. 27)에서는 이 후자와 같은 종류의 제한은 없었지만, 큰 주판알이 오히려 우리의 수단의 제한을 강조했다. 28)은 제한된 놀이인가, 제한 없는 놀이인가? 우리가 기술한 실천은 40을 한계로 지녔다. 우리는 이 놀이는 무한히 계속될 수 있음을 '자신 속에 지녔다'고 말하는 경향이 있다. 그러나 기억하라, 우리는 선행하는 놀이들을 한 체계의 시작들로 해석할 수도 있었으리라는 것을. 29)에서는, 사용된 숫자들의 체계적 측면이 28)에서보다 한층 더 두드러진다. 20까지의 숫자들이 암기되었다는 단평이 아니라면, 우리들은 이 놀이의 도구들에 의해 부과된 제한은 없었다고 말해도 될 것이다. 이는, 어린아이는 우리가 십진법 표기법에서 보는 체계를 '이해하는' 법을 배우지 않는다는 관념을 암시한다. 30)에서의 부족에 관해서는 우리는 틀림없이 이렇게 말할 것이다. 즉 그들은 숫자들을 무한정하게 구성하는 훈련을 받으며, 그들 언어의 산수는 유한한 것이 아니며, 그들의 수열은 끝이 없다고 말이다. (사람들이 무한한 수열을 지녔다고 우리가 말하는 것은, 숫자들이 '무한정하게' 구성되는 바로 그러한 경우에서이다.) 31)은, 심지어 숫자

들의 사용에서 어린아이들이 훈련받는 방식이 아무런 상위(上位) 한계를 암시하지 않는다는 사실에도 불구하고, 그 부족의 산수는 유한한 수열을 취급한다고 우리가 말하고 싶을 경우들이 얼마나 방대하고 다양하게 상상될 수 있는가를 당신에게 보여 줄 것이다. 32)에서는 "닫힌"과 "열린"이란 용어들—이것들은 그 예에 대한 약간의 변형을 거쳐 "제한된"과 "제한 없는"으로 대체될 수 있다—이 그 부족의 언어 자체 속으로 도입된다. "열린"이란 낱말이 그 단순하고 명료하게 한계가 정해진 놀이에 도입될 때, 그 낱말의 사용에 관해 신비스러운 것은 물론 아무것도 없다. 그러나 이 낱말은 우리의 "무한한"이란 낱말에 대응한다. 그리고 후자의 낱말을 가지고 우리가 하는 놀이는 방대하게 더 복잡하다는 점에 의해서만 31)과 다르다. 다른 말로 해서, "무한한"이란 낱말에 대한 우리의 사용은 바로 31)에서의 "열린"이란 낱말의 사용만큼 직접적이며, 그것의 의미가 '초험적'이란 우리의 관념은 오해에 기초하고 있다.)

우리는 대충 이렇게 말할 수 있을 것이다. 즉 무한한 경우들은 숫자들의 한정된 공급을 가지고 놀이가 행해지지 않고, 그 대신에 숫자들을 (무한정하게) 구성하는 체계를 가지고 놀이가 행해진다고 하는 이 점에 의해 특징지어진다고 말이다. 어떤 사람이 숫자들을 구성하기 위한 하나의 체계를 공급받았다고 우리가 말할 때, 우리는 일반적으로 다음 셋 가운데 하나를 생각한다: a) 그에게 30)에서 기술된 것과 비슷한—그리고 경험이 우리에게 가르치는 바로는, 그로 하여금 거기 언급된 종류의 시험들을 통과하게 할—훈련을 시킴. b) 같은 사람의 마음 또는 뇌 속에 그런 방식으로 반응할 성향을 창조함. c) 숫자들의 구성을 위한 일반적 규칙을 그에게 제공함.

우리는 무엇을 규칙이라고 부르는가? 다음과 같은 예를 고찰하라:

33). B는 A가 주는 규칙들에 따라 이동한다. B는 다음과 같은 일람표를

제공받는다:

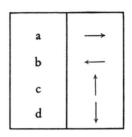

A는 일람표에 있는 문자들로 이루어진 명령—이를테면 "aacaddd"—을 한다.
B는 그 명령의 각 문자에 대응하는 화살표를 찾아보고 그에 따라 움직인다;
우리의 예에서는 다음과 같이 말이다.

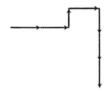

일람표 33)을 우리는 하나의 규칙이라고 불러야 할 것이다. (아니면 "규칙의
표현"이라고 불러야 할 것이다. 내가 왜 이러한 동의어적인 표현들을 제시하
는지는 나중에 보게 될 것이다.) 우리는 "aacaddd"란 문장 자체를 하나의 규
칙으로 부르고 싶어 하지는 않을 것이다. 그것은 물론 B가 취해야 할 길에
관한 기술이다. 다른 한편으로, 그런 기술이 어떤 상황들 속에서는 하나의
규칙이라고 불릴 것이다. 예를 들어 다음과 같은 경우에:

34). B는 다양한 장식적 선형 디자인들을 그려야 한다. 각 디자인은 A가
그에게 주는 한 요소의 반복이다. 가령 A가 "cada"라는 명령을 한다면, B는
다음과 같이 하나의 선을 그린다:

이 경우에 우리는 "cada"가 그 디자인을 그리기 위한 규칙이라고 말해야 한다고 나는 생각한다. 대충 말하자면, 그것은 우리가 하나의 규칙이 반복적으로, 무한수의 예들에서 적용된다고 부르는 것을 특징짓는 것이다. 예를 들어, 다음과 같은 경우를 34)와 비교하라:

35). 다양한 모양의 말들을 가지고 체스판 위에서 행해지는 어떤 하나의 놀이. 각각의 놀이 말을 어떻게 움직여야 하느냐는 규칙에 의해 정해져 있다. 가령 어떤 특정한 놀이 말을 위한 규칙은 "ac"이고, 다른 하나의 놀이 말을 위한 규칙은 "acaa"이고, 등등. 첫 번째 놀이 말은 그러니까 이렇게, 즉 ⌐ 와 같이 움직일 수 있고, 두 번째 말은 이렇게, 즉 ⌐→ 와 같이 움직일 수 있다. "ac"와 같은 공식이나, 그런 공식에 대응하는 것과 같은 도표나, 둘 다 여기서는 규칙으로 불릴 수 있을 것이다.

36). 놀이 33)을 위에서 기술된 것처럼 여러 번 한 후에, 그것이 다음과 같이 변형되어 행해졌다고 하자. 즉 B는 더 이상 일람표를 바라보지 않았다; 그러나 A의 명령을 읽을 때, 그 문자들은 화살표들의 표상들을 (연상에 의해서) 불러일으키고, B는 이 표상된 화살표들에 따라 움직인다.

37). 그 놀이를 이와 같이 여러 번 한 후에, B는 그가 화살표들을 쳐다보았거나 상상했더라면 했을 것처럼 씌어 있는 명령에 따라 이동하지만, 실제로는 그러한 어떤 그림도 개입함이 없이 그렇게 한다. 심지어 다음과 같은 변형을 상상하라:

38). 씌어 있는 명령을 따르도록 훈련받고 있는 B에게 33)의 일람표를 한 번 보여 주면, B는 일람표의 더 이상의 개입 없이, 33)에서 B가 각 경우에 일람표의 도움으로 하는 것과 같은 방식으로, A의 명령에 복종한다.

이들 경우 각각에서 우리는 일람표 33)이 놀이의 한 규칙이라고 말해도 될 것이다. 그러나 각 경우에 이 규칙은 다른 역할을 한다. 33)에서 그 일람표는 그 놀이의 실천이라고 우리가 불러야 할 것 속에서 사용되는 하나의 도구이다. 그것은 36)에서는 연상 작용으로 대체된다. 37)에서는 그 일람표의 이러한 그림자조차 놀이의 실천으로부터 떨어져 나가고, 38)에서 그 일람표는 명백히 B의 훈련만을 위한 도구이다.

그러나 더 나아가 다음과 같은 경우를 상상하라:

39). 의사소통의 어떤 체계가 한 부족에 의해 사용된다. 나는 그것을 이런 말로 기술하겠다. 즉 그것은, 훈련에서 어떤 일람표도 사용되지 않는다는 점을 제외하고는, 우리의 놀이 38)과 비슷하다고 말이다. 그 훈련은 학생의 손을 잡고 사람들이 학생이 가기를 원하는 길을 따라 몇 번 인도하는 데 있었을 수 있을 것이다. 그러나 우리는 또한 다음과 같은 경우를 상상할 수 있을 것이다:

40). 이 경우는 그러한 훈련조차 필요하지 않다; 여기서는 말하자면 'a', 'b', 'c', 'd'란 문자들의 생김새가, 기술된 방식으로 움직이게 하는 충동을 자연적으로 산출한다. 첫눈에 이 경우는 난감해 보인다. 우리는 마음의 가장 유별난 작동을 가정하고 있는 것처럼 보인다. 또는 우리는 "문자 a가 보이면 어느 길로 움직여야 하는가를 그는 도대체 어떻게 알 수 있는가?"라고 물을 수도 있다. 그러나 이 경우에 B의 반응은 37)과 38)에서 기술된 바로 그 반응, 그리고 사실상, 예를 들어, 우리가 어떤 명령을 듣고 복종할 때의

우리의 평소의 반응이 아닌가? 왜냐하면 38)과 39)에서의 훈련이 명령의 수행에 선행했다는 사실이 그 수행 과정을 변화시키지는 않기 때문이다. 바꿔 말해서, 40)에서 가정된 그 '신기한 정신적 기제'는 37)과 38)에서 훈련을 통해 창조된다고 우리가 가정한 그것과 다른 것이 아니다. '그러나 그러한 기제가 당신에게 천성적일 수 있을까?' 그러나 당신은 그 기제가 B에게 천성적이고, 그것이 그로 하여금 그 훈련에 그가 반응한 방식으로 반응할 수 있게 하였다고 가정하는 데 어떤 어려움이라도 발견했는가? 그리고 33)의 일람표에서 기호 'a', 'b', 'c', 'd'에 대해 주어진 규칙 또는 설명은 본질적으로 최종적인 것이 아니었다는 것, 그리고 우리는 그러한 일람표들의 사용을 위한 일람표를 줄 수도 있었다는 것 등등을 기억하라. (21)을 참조하라.)

어떤 사람에게 (그가 가야 할 길을 화살표로 가리키면서) "이런 식으로 가라!"라고 명령했을 때, 그가 이 명령을 어떻게 수행해야 하는지를 우리들은 그에게 어떻게 설명하는가? 이 명령은 그 화살표 방향의 반대라고 우리가 불러야 할 방향으로 가는 것을 뜻할 수 없을까? 그가 그 화살표를 어떻게 따라야 하는가에 대한 모든 설명은 각각 또 하나의 화살표에 의해 설명을 받을 처지에 있지 않은가? 어떤 사람이 (그의 오른손으로 가리키면서) "내가 이런 식으로 가리킨다면, 내가 뜻하는 것은 당신이 이렇게 가라는 것이다"(이때 그는 그의 왼손을 가지고 같은 식으로 가리킨다)라고 말한다면, 이러한 설명에 대해 당신은 무엇이라고 말할 터인가? 이것은 바로 기호들의 사용들이 그 사이에서 변화하는 양극단을 당신에게 보여 준다.[23]

39)로 돌아가자. 어떤 사람이 그 부족을 방문하고 그들의 언어에서의 기호 사용을 관찰한다. 그는 그 언어의 문장들은 (33)의) 일람표에 따라 사용되는 문자들 'a', 'b', 'c', 'd'로 이루어져 있다고 말함으로써 그 언어를 기

---

23 (옮긴이주) 《갈색 책》의 독일어 개작본(*Eine Philosophische Betrachtung*)에서는 이 문장 대신, "이 것은 상황에 따라서는 유용한 설명일 수 있다"로 바뀌었다.

술한다. 우리는 "하나의 놀이가 이러이러한 규칙에 따라 행해진다"라고 하는 표현은 36), 37), 38)에 의해 예화된 다양한 경우들에서뿐 아니라 그 규칙이 훈련의 도구도 아니고 놀이의 실천의 도구도 아닌 경우들에서조차도 사용되지만, 그 놀이의 실천에 대해 우리의 일람표가 우리의 놀이 39)의 실천과 맺고 있는 그런 관계에 있다는 것을 본다. 이 경우에 그 일람표는 이 부족 사람들의 행동을 기술하는 하나의 자연법칙이라고 불릴 수 있을 것이다. 또는 우리는 그 일람표는 그 부족의 자연사에 속하는 하나의 기록이라고 말할 수 있을 것이다.

놀이 33)에서 나는 수행되어야 할 명령과 사용된 규칙을 명확히 구별했다는 것을 주의하라. 34)에서는 반대로, 우리는 "cada"란 문장을 하나의 규칙이라고 불렀고, 그것은 명령이었다. 또한 다음과 같은 변형을 상상하라:

41). 그 놀이는 33)과 비슷하다. 그러나 학생은 그저 단 하나의 일람표를 사용하도록 훈련되지 않는다; 그 훈련은 문자들과 화살표들을 상호 관련시키는 어떠한 일람표라도 학생이 사용하게끔 만드는 것을 목표로 한다. 이제 이로써 내가 뜻하는 것은 단지, 그 훈련이 특이한 종류라는 것, 대충 말해서, 30)에서 기술된 것과 유사한 것이라는 것에 지나지 않는다. 나는 30)에서의 훈련과 다소간에 비슷한 훈련을 "일반적 훈련"이라고 부르겠다. 일반적 훈련들은 하나의 가족을 형성하는데, 그 구성원들은 서로 대단히 다르다. 내가 지금 생각하고 있는 종류의 것은 주로 다음과 같은 것들로 이루어져 있다: a) 제한된 범위의 행위들 내에서의 훈련, b) 이 범위를 확장하기 위해 학생에게 모범을 보임, c) 무작위의 연습들과 시험들. 일반적 훈련 이후에는, 이제 명령은 그에게 다음과 같은 종류의 기호를 주는 데 있다:

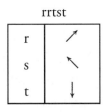

그는 다음과 같이 움직임으로써 그 명령을 수행한다:

여기서 나는, 우리는 그 일람표, 그 규칙이 명령의 일부라고 말해야 한다고 생각한다.

주의: 우리는 '규칙이란 무엇인가'를 말하고 있는 게 아니라, 단지 "규칙"이란 낱말의 상이한 적용들을 제시하고 있다. 그리고 우리는 물론 이 일을 "규칙의 표현"이란 말의 적용을 제시함으로써 한다.

또한 41)에서는, 비록 우리가 거기서 문장과 일람표를 구별할 수도 있겠지만, 주어진 그 전체 기호를 문장이라고 부르는 것을 거역할 분명한 사례가 없다는 것에 주의하라. 이 경우에 우리가 이러한 구별을 하게 더욱 특히 유혹하는 것은 일람표 바깥 부분의 선형(線形) 서체이다. 어떤 관점에서 우리는 그 문장의 선형적 성격은 단지 외적이고 비본질적이라고 부를 테지만, 이러한 성격과 그 비슷한 것들이 논리학자로서 우리가 문장들과 명제들에 관해 말하는 경향이 있는 것에서 큰 역할을 한다. 그리고 따라서 우리가 41)에서의 상징을 하나의 단위로 생각한다면, 이것은 우리로 하여금 문장이 어떻게 보일 수 있는가를 깨닫게 해줄 수 있다.

이제 다음과 같은 두 놀이를 고찰해 보자:

42). A가 B에게 명령들을 한다. 그것들은 점들과 선들로 이루어진 기호들로 씌어 있다. 그리고 B는 춤을 추는 가운데 특정한 스텝으로 일련의 동작을 함으로써 그 명령들을 수행한다. 가령 "— ·"은 한 스텝을 밟기와 뛰어오르기를 번갈아 함으로써 수행되어야 한다: "· · — — —"은 두 번 뛰어오르기와 세 스텝 밟기를 번갈아 함으로써 수행되어야 한다; 등등. 이 놀이에서의 훈련은 41)에서 설명된 뜻에서 '일반적'이다. 그리고 나는 이렇게 말하고 싶다. 즉 "주어진 명령들은 제한된 범위 내에서 움직이지 않는다. 그것들은 어떠한 수의 점들과 선들의 조합이라도 구성한다"라고.—그러나 명령들이 제한된 범위 내에서 움직이지 않는다고 말하는 것은 무슨 뜻인가? 그것은 헛소리가 아닌가? 그 놀이의 실천에서 주어지는 명령이 무엇이건, 그것은 제한된 범위를 구성한다.—자, "명령들이 제한된 범위 내에서 움직이지 않는다"로 내가 말하고자 한 것은, 범위 제한은 그 놀이의 가르침에서도 그 놀이의 실천에서도 '특출한' 역할을 하지 않는다는 것(30)을 보라), 또는—이렇게 말할 수 있을 터인데—그 놀이의 범위(그것이 제한적이라고 말하는 것은 쓸데없는 일이다)는 바로 그것의 실제적('우연적') 실천의 정도일 뿐이라는 것이다. (우리의 놀이는 이리하여 30)과 비슷하다.) 이 놀이와 다음 놀이를 비교하라:

43). 명령들과 그것들의 수행은 42)에서와 같다: 그러나 "—", "—· ·", "· ——"이란 오직 이 세 기호만이 사용된다. 우리는 42)에서 B는, 명령을 수행할 적에, 그에게 주어진 기호에 의해 인도된다고 말한다. 그러나 43)에서의 세 기호가 B를 명령들의 수행에서 인도하는지를 우리가 자문한다면, 명령들의 수행을 바라보는 방식에 따라 우리는 예와 아니요 둘 다를 말할 수 있는 것으로 보인다.

우리가 43)에서 B가 기호들에 의해 인도되는지 혹은 인도되지 않는지를

결정하려고 시도한다면, 우리는 다음과 같은 대답들을 주는 경향이 있다:[24]

　a) B가 이를테면 "· ――"과 같은 명령을 하나의 전체로 바라보고서 행동하지 않고, 그것을 '한 낱말 한 낱말'(우리의 이 언어에서 쓰이는 낱말들은 "·"과 "―"이다) 읽고 자기가 읽은 낱말들에 따라 행동한다면, B는 인도된다. 우리가 '한 낱말 한 낱말 읽기'는 문장 전체를 한꺼번에 가리키는 것과는 대조적으로 문장의 각 낱말을 자신의 손으로 차례로 가리키는 데 있다고 상상한다면, 우리는 이들 경우들을 더 명료하게 만들 수 있을 것이다. 그리고 단순성을 위해, 우리는 '낱말들에 따라 행동하기'는 문장의 각 낱말 다음에 차례로 행동하기(스텝 밟기나 뛰어오르기)에 있다고 상상할 것이다.

　b) 한 낱말을 가리킴과 뛰어오르기와 스텝 밟기 행위를 연결하는 의식적 과정을 B가 거친다면, B는 인도된다. 그러한 연결은 상이한 많은 방식으로 상상될 수 있을 것이다. 예를 들면, B가 가지고 있는 일람표에서 줄표는 스텝을 밟고 있는 사람의 그림과 짝을 지어 있고, 점은 뛰어오르기를 하고 있는 사람의 그림과 짝을 지어 있다. 그렇다면 명령을 읽기와 명령을 수행하기를 연결하는 의식적 동작들은 일람표를 참조하기에 있거나, 일람표의 기억 상을 '우리들의 마음의 눈으로' 참조하기에 있을 수 있을 것이다.

　c) B가 명령을 이루는 각 낱말을 바라보는 데 따라 단순히 반응하지 않고, '그 기호들이 의미하는 것을 기억하려고 노력함'이라는 특이한 긴장을 경험한다면, 그리고 더 나아가 그 의미가, 올바른 행위가, 그의 마음 앞에 나타날 때는 그러한 긴장이 풀어짐을 경험한다면, B는 인도된다.

　이 모든 설명들은 특이한 방식으로 불만족스럽게 보인다. 그리고 그것들을 불만족스럽게 만드는 것은 우리의 놀이의 한계이다. 이는 만약 B가 점들과 줄표들의 다른 조합들로 이루어진 명령들도 또한 수행할 수 있었다면 B는

---

24 (옮긴이주) 이하 a), b), c)의 단락 배치는 *Eine Philosophische Betrachtung*을 따랐다.

우리의 세 문장들 가운데 하나에 있는 낱말들의 특정한 조합에 의해 인도된다고 하는 설명에 의해 표현된다. 그리고 우리가 이렇게 말한다면, 다른 명령들을 수행할 그 '능력'은 42)의 명령들을 수행하는 인물의 특정한 상태라고 우리에게는 보인다. 그리고 동시에 우리는 그러한 상태라고 우리가 불러야 할 어떤 것도 이 경우 발견할 수 없다.

"할 수 있다"나 "할 능력이 있다"란 말들이 우리의 언어에서 어떤 역할을 하는가를 보자. 다음 예들을 고찰하라:

44). 사람들이 그 어떤 목적을 위해 일종의 기구나 도구를 사용한다고 상상하라. 이것은 나무못의 이동을 인도하는 슬롯이 있는 판으로 이루어져 있다. 그 도구를 사용하는 사람은 슬롯을 따라 나무못을 슬쩍 집어넣는다. 직선형 슬롯들, 원형 슬롯들, 타원형 슬롯들 등이 있는 판들이 있다. 이 기구를 사용하는 사람들의 언어는 나무못을 슬롯 속으로 이동하는 활동을 기술하기 위한 표현들을 지니고 있다. 그들은 나무못을 원 속으로, 직선 속으로 등등으로 이동하기에 관해 이야기한다. 그들은 또한 사용된 판을 기술하는 수단들도 가지고 있다. 그들은 그 기술을 다음과 같은 형식으로 한다: "이것은 나무못을 원 속으로 이동할 수 있는 판이다." 이 경우에 "할 수 있는" 이란 낱말은 행위를 기술하는 표현 형식을 그 기구의 기술로 변형하는 하나의 연산자라고 부를 수 있을 것이다.

45). "책이 서랍 속에 있다"거나 "물이 유리잔 속에 있다"와 같은 문장 형식은 없지만, 우리가 이들 형식들을 사용할 곳에서는 어디서나, "책을 서랍에서 꺼낼 수 있다", "물을 유리잔에서 꺼낼 수 있다"라고 말하는 언어를 가진 어떤 민족을 상상하라.

46). 어떤 부족 사람들의 한 가지 활동은 막대기들의 단단함을 시험하는 것이다. 그들은 그 일을, 그들의 손으로 막대기들을 구부리려고 시도함으로써 한다. 그들의 언어는 "이 막대기는 쉽게 구부러질 수 있다"거나 "이 막대기는 구부리기가 어렵다"라고 하는 형식의 표현들을 지니고 있다. 그들은 이 표현들을 우리가 "이 막대기는 부드럽다"거나 "이 막대기는 단단하다"라고 하는 표현들을 사용하는 것처럼 사용한다. 내가 말하고자 하는 것은, 그들은 "이 막대기는 쉽게 구부러질 수 있다"라고 하는 표현을, 우리가 "나는 그 막대기를 쉽게 구부리고 있다"라고 하는 문장을 사용하듯 사용하지 않는다는 것이다. 오히려 그들은 우리가 '그들은 막대기의 상태를 기술하고 있다'라고 말하게 할 그런 방식으로 그들의 표현을 사용한다는 것이다. 즉 그들은 "이 오두막은 쉽게 구부러질 수 있는 막대들로 지어져 있다"와 같은 문장들을 사용한다. (우리가 동사들로부터 "할 수 있는(able)"이란 어미에 의해 형용사들을 형성하는 방식—예를 들면, "변형할 수 있는(deformable)"—을 생각하라.)

이제 우리는 마지막 세 경우에서 "이러이러한 일이 일어날 수 있다"라고 하는 형식의 문장들은 대상들의 상태를 기술했다고 말할 수 있을 것이다. 그러나 이 예들 사이에는 큰 차이가 있다. 44)에서 우리는 기술된 상태를 우리의 눈앞에서 보았다. 우리는 그 판이 원형 슬롯이나 직선형 슬롯 등을 지녔다는 것을 보았다. 45)에서는, 적어도 어떤 예들에서는 이것이 사실이었다; 우리는 상자 안에 있는 대상들, 유리잔에 있는 물 등을 볼 수 있었다. 그러한 경우에 "대상의 상태"라는 표현은, 그것에 정지된 감각 상태라고 일컬어질 수 있을 것이 대응하는 그런 방식으로 사용된다.

반면에, 46)에서 우리가 막대기의 상태에 관해 말할 때는, 이 '상태'에 그 상태가 지속하는 동안 지속하는 어떤 특정한 감각 경험이 대응하지 않는다는 것을 관찰하라. 그 대신에, 어떤 것이 이 상태에 있음에 대한 정의적 기준은 어떤 시험들에 있다.

우리는 어떤 차가 비록 반 시간 동안만을 달리더라도, 그 차는 시간당 20마일을 달린다고 말할 수 있다. 우리는 우리의 표현 형식을, 그 차는 한 시간에 20마일을 낼 수 있는 속도로 달린다고 말함으로써 설명할 수 있다. 그리고 여기서도 역시 우리는 차의 속도에 관해 말하는 것처럼 차의 운동 상태에 관해 말하는 경향이 있다. 만일 우리가 어떤 물체가 특정한 시간에 특정한 장소에 있음이라는 것 말고 다른 아무런 '운동의 경험들'을 하지 않는다면, 나는 우리가 이 표현[25]을 사용해서는 안 된다고 생각한다. 예를 들어, 운동에 대한 우리의 경험들이, 우리가 시계의 시침이 시계 판의 한 지점에서 다른 지점으로 이동했다는 것을 볼 때 우리가 얻는 그런 종류라고 한다면 말이다.

47). 어떤 부족의 언어는 전쟁에서 남자들이 어떤 행위들을 수행하도록 하기 위한 명령들—"쏴라!", "달려!", "기어!"와 같은 어떤 것—을 갖고 있다. 그들은 또한 남자의 체격을 기술하는 방식도 가지고 있다. 그러한 기술은 "그는 빨리 달릴 수 있다", "그는 창을 멀리 던질 수 있다"와 같은 형식을 지니고 있다. 이 문장들이 남자의 체격의 기술들이라는 내 말을 정당화해 주는 것은 그들이 이 형식의 문장들을 사용하는 방식이다. 가령 불룩 솟은 다리 근육이 있으나 그 어떤 이유로 자신의 두 다리를 사용하지 않는 남자를 본다면, 그들은 그가 빨리 달릴 수 있는 남자라고 말한다. 커다란 알통을 보이는 남자의 그림을 그들은 "창을 멀리 던질 수 있는" 남자를 나타내는 것으로 기술한다.

---

25 (옮긴이주) '운동 상태'라는 표현.

48). 어떤 부족의 남자들은 전쟁에 나가기 전에 일종의 의학적 검사를 받는다. 검사원은 남자들에게 일단의 표준화된 시험들을 받게 한다. 그는 그들이 어떤 무게들을 들어 올리고, 그들의 팔을 흔들고, 가볍게 뛰고 등등을 하게 시킨다. 그다음에 검사원은 "아무개는 창을 던질 수 있다"거나 "부메랑을 던질 수 있다"거나 "적을 추적하기에 알맞다"라고 하는 형식으로 평결을 내린다. 이 부족의 언어에는 시험에서 수행된 활동들에 대한 특별한 표현들은 없다; 그러나 그것들은 오직 전쟁에서의 어떤 활동들을 위한 시험들로서만 언급된다.

이 예와 우리가 제시하는 다른 예들에 관한 중요한 단평은, 한 부족의 언어에 대한 우리의 기술(記述)에 대해 사람들이 반대할 수 있다는 것, 그들의 언어에 대해 우리가 제공하는 표본들에서 우리가 그들로 하여금 우리말을 말하게 하고, 그로써 이미 우리말의 전체 배경을, 즉 우리의 낱말들의 통례적인 의미들을 전제하고 있다는 것이다. 가령 어떤 언어에 "가볍게 뛰어오르다"에 대한 특별한 동사는 없으나, 대신에 이 언어가 "부메랑 던지기 시험을 하다"라는 형식을 사용한다면, 우리들은 이렇게 물을 수 있다. 즉 "……에 대한 시험을 하다"와 "부메랑을 던지다"란 표현들의 사용을 특징 기술함에 있어 나는 어떻게 이들 우리말 표현들이 그들의 실제의 말(그것이 무엇이건)로 정당하게 대체되는 것으로 특징 기술하였는가. 이에 대해 우리는 이렇게 대답해야 한다. 즉 우리는 우리의 허구적 언어들의 실천에 대해 단지 매우 개략적인 기술을—어떤 경우에는 단지 힌트들만을—주었을 뿐이나, 이 기술들은 쉽게 더 완전하게 만들어질 수 있다고 말이다. 가령 48)에서 나는 검사원이 남자들로 하여금 시험들을 치르게 하는 명령들을 사용한다고 말할 수 있었을 것이다. 이 명령들은 모두, "시험을 쳐라"라고 하는 우리말로 번역될 수 있을 터인 특정한 하나의 표현과 함께 시작한다. 그리고 그 표현 다음에는 실제의 전쟁에서 어떤 행위들을 위해 사용되는 하나의 표현이 뒤따른다. 가령 남자들이 부메랑을 던지게 만들고, 따라서 나는 그것을 "부메랑을 던져라"로 번역해야 할 어떤 명령이 있다. 더 나아가, 한 남자가 그의 부족장에게 전투를 설명한다면, 그는 다시 내가 "부메랑을 던지다"로 번역한 그 표현을—이번에는 하나의 기술(記述)에서—사용한다. 이제 하나의 명령을 명령으로, 하나의 기술을 기술로, 또는 하나의 물음을 물음으로 (등등) 특징짓는 것은—우리가 말했다시피—언어의 전체 실천에서 이 기호들의 발화가 행하는 역할이다. 즉, 우리 부족의 언어의 한 낱말이 우리 언어의 한 낱말로 올바로 번역되느냐 여부는 이 낱말이 그 부족의 전체 삶에서 행하는 역할에 달려 있다. 즉 그것이 사용되는 경우들, 그것에 일반적으로 동반되는 감정 표현들, 그것이 일반적으로 일깨우는 관념들이나 그것을 말하도록 촉발하는 관념들 등등에 말이다. 연습 삼아 당신 자신에게 물어보라, 어떤 경우에 당신은 그 부족 사람들에 의해 발화된 어떤 낱말이 하나의 인사였다고 말할 것인가? 어떤 경우에 우리는 그것이 우리의 "안녕히 가십시오"에 대응하고, 어떤 경우에 우리의 "안녕하십니까"에 대응한다고 말해야 하는가? 어떤 경우에 당신은 외국어의 한 낱말이 우리의 "아마"라는 낱말에—우리의 의심, 신뢰, 확신의 표현에—대응한다고 말할 것인가? 당신은 어떤 것을 의심의 표현, 확신의 표현 등으로 부르는 것을 정당화하는 것은 주로—전적으로는 물론 아닐지라도—몸짓들의 기술(記述)에, 표정들의 움직임에, 그리고 심지어 목소리의 어조에 있음을 발견할 것이다. 이 지점에서, 감정에 대한 개인적 경험들은, 부분적으로는, 엄격하게 국한된 경험들임이 틀림없다는 것을 기억하라; 왜냐하면 내가 성이 나서 얼굴을 찡그린다면, 나는 내 이마에서 찡그린 얼굴 근육의 긴장을 느끼고, 또 내가 눈물을 흘린다면, 내 눈 둘레의 감각들은 내가 느끼는 것의 명백한 일부, 그리고 중요한 일부이기 때문이다. 이것이, 내 생각에는, 윌리엄 제임스가 사람은 슬프기 때문에 우는 것이 아니라 울기 때문에 슬픈 것이라고 말했을 때 그가 뜻한 것이다. 이 점이 종종 이해되지 않는 이유는, 우리는 어떤 감정의 표명을 마치 그것이 우리가 그런 감정을 지니고 있다는 것을 다른 사람들이 알게끔 만드는 어떤 인공적 장치인 것처럼 생각한다는 것이다. 그런데 그러한 '인공적 장치들'과 이른바 감정의 자연적 표현이라는 것 사이에는 명확한 선이 없다. 이런 점에서 다음의 것들을 비교하라: a) 눈물을 흘림, b) 화가 날 때 목소리를 높임, c) 성난 편지를 씀, d) 하인을 불러 꾸짖으려고 벨을 울림.

49). 어떤 부족의 언어에는 "그는 이러이러한 것을 했다"라는 우리의 표현에 대응하는 한 표현과 "그는 이러이러한 것을 할 수 있다"라는 우리의 표현에 대응하는 다른 하나의 표현이 있지만, 이 후자의 표현은 전자의 표현도 정당화할 터인 똑같은 사실에 의해서 그 사용이 정당화되는 곳에서만 사용된다고 상상하라. 자, 무엇이 내가 그렇게 말하게 만들 수 있는가? 그것들은 의사소통의 형식을 지니고 있는데, 그것은 그것이 사용되는 상황들 때문에 과거 사건들에 관한 이야기라고 일컬어져야 할 그런 형식이다. 또한 "아무개는 이것을 할 수 있는가?"와 같은 물음을 우리가 묻고 대답해야 할 상황들도 존재한다. 그러한 상황들은, 예를 들어, 부족장이 어떤 행위, 이를테면 강을 건너고, 산을 오르고 하는 등등을 위해 적합한 남자들을 고른다고 말함으로써 기술될 수 있다. "부족장이 이 행위에 적합한 남자들을 고름"의 정의적 기준으로서, 나는 그가 말하는 것이 아니라 오직 그 상황의 다른 특징들만을 취할 것이다. 이 상황들 속에서 부족장은, 그 실천적 귀결들에 관한 한, "아무개는 이 강을 헤엄쳐 건널 수 있는가?"라고 하는 우리의 표현으로 번역되어야 할 질문을 한다. 그렇지만 이 질문은 이 강을 실제로 헤엄쳐 건넌 적이 있는 사람들에 의해서만 긍정적으로 대답된다. 이 대답은, 이야기를 특징짓는 상황들 속에서 그가 자기는 이 강을 헤엄쳐 건넌 적이 있

노라고 할 때의 말과 같은 말로 주어지지 않고, 부족장이 한 질문의 용어들에 의해 주어진다. 반면에, 이 대답은 우리가 틀림없이 "나는 이 강을 헤엄쳐 건널 수 있다"라고 대답을 해야 할 경우에는 주어지지 않는다. 예를 들면, 이 특정한 강을 헤엄쳐 건너기라는 바로 그 묘기는 아니지만, 더 어려운 헤엄치기의 묘기들을 내가 수행한 적이 있는 경우 말이다.

그건 그렇고, "그는 이러이러한 것을 했다"와 "그는 이러이러한 것을 할 수 있다"란 두 문구는 이 언어에서 같은 의미를 지니는가, 아니면 다른 의미를 지니는가? 당신이 그것에 관해 생각한다면, 어떤 것은 당신이 한쪽을 말하도록 유혹하고, 어떤 것은 다른 쪽을 말하도록 유혹할 것이다. 이것은 그 물음이 여기서 분명하게 한정된 의미를 지니고 있지 않다는 것을 보여 줄 뿐이다. 내가 말할 수 있는 것은 이것이 전부이다. 즉, 그가 ……을 한 적이 있을 경우에만 "그는 ……을 할 수 있다"라고 그들이 말한다는 사실이 그것들이 동일한 의미라는 당신의 기준이라면, 그 두 표현은 같은 의미를 지닌다는 것이다. 표현이 사용되는 상황들이 그것의 의미를 만든다면, 그 의미들은 다르다. "할 수 있다"란 낱말—49)에서 가능성의 표현—이 사용되는 법은, 일어날 수 있는 것은 이전에 일어난 적이 있어야 한다는 관념(니체)에 빛을 던져줄 수 있다. 우리의 예들에 비추어 볼 때, 일어나는 것은 일어날 수 있다고 하는 진술을 살펴보는 것도 역시 흥미로울 것이다.

'가능성의 표현'의 사용에 대한 우리의 고찰을 계속하기 전에, 우리 언어에서 과거와 미래에 관한 일들을 말하는 부분, 즉 "어제", "1년 전", "5분 내에", "내가 이것을 하기 전에" 등과 같은 표현들을 포함한 문장들의 사용에 관해 좀 더 분명히 해 보도록 하자. 다음과 같은 예를 고찰하라.

50). '과거 사건들을 이야기하기'라는 실천에서 어린아이가 어떻게 훈련받을지를 상상하라. 처음에 그는 어떤 것들을 요구하기(말하자면, 명령

을 내리기. 1)을 보라) 훈련을 받는다. 이 훈련의 일부는 '사물들의 이름을 부르기' 연습이었다. 그는 가령 자신의 장난감들의 이름을 부르기(그리고 요구하기)를 배웠다. 이제 그가 그것들 가운데 세 개(예를 들면 공, 막대기, 딸랑이)를 가지고 놀았다고 하자. 그러면 그것들은 그 아이로부터 치워지고, 이제 어른은 "그는 공과 막대기와 딸랑이를 가지고 있었다"와 같은 문구를 말한다. 비슷한 경우에, 그는 열거하기를 갑자기 멈추고, 아이가 그 일을 완성하도록 유도한다. 또 다른 경우에는, 아마 그는 단지 "그는 ……를 가지고 있었다"라고 말하고는, 열거하기 전체를 아이에게 맡긴다. 이제 '아이가 계속해 나가게 유도하기'의 방식은 다음과 같을 수 있다: 그는 열거하기를 갑자기 멈추는데, 기대를 나타내는 것이라고 불러야 할 그런 표정과 높은 톤의 목소리로 그렇게 한다. 그다음 모든 것은 그 아이가 이 '유도'에 반응할 것이냐 여부에 달려 있다. 그런데 우리가 빠지기가 매우 쉬운 기묘한 오해가 있는데, 그것은 아이가 계속해 나가도록 유도하기 위해 선생이 사용하는 '외적 수단들'을 선생이 자신의 생각을 아이에게 이해시키기 위한 간접적 수단이라고 부를 수 있는 것으로서 간주하는 것이다. 우리는 그 경우를 마치 어린아이가 이미 어떤 하나의 언어를 소유하고 그것으로 사유하는 것처럼, 그리고 선생의 일은 아이가 아이의 마음 앞에 있는 의미들의 영역에서 선생이 의미하는 것을 추측하도록 인도하는 것이라고 생각한다. 마치 아이가 그 자신의 사적인 언어로, "그는 내가 계속하기를 원하는가, 아니면 그가 말한 것을 반복하기를 원하는가, 아니면 다른 어떤 것을 원하는가?"와 같은 그런 물음을 자신에게 물을 수 있을 것처럼 말이다. (30)과 비교하라.)

51). 과거 사건들을 원시적 방식으로 이야기하기의 또 한 예. 우리는 지평선을 등지고 특징적인 자연 표지물들이 있는 풍경 속에서 산다. 그러므

로 특정한 계절에 태양이 어느 곳에서 뜨는지, 또는 태양이 가장 높은 지점에 도달할 때 그것이 어느 곳 위에 있는지, 또는 어느 곳에서 태양이 지는지를 기억하기가 쉽다. 우리는 우리의 풍경 속의 상이한 위치에 있는 태양에 대해 어떤 특징적인 그림들을 지니고 있다. 이 일련의 그림들을 태양 시리즈라고 부르자. 우리는 또한 어린아이가 침대에서 자고, 일어나고, 옷 입고, 점심을 먹고 하는 등의 활동들에 대한 얼마간의 특징적인 그림들을 지니고 있다. 이 집합을 나는 생활 그림들이라고 부를 것이다. 나는 아이가 낮의 활동을 하는 동안에 태양의 위치를 자주 볼 수 있다고 상상한다. 우리는 아이가 특정한 방식으로 활동에 몰두하고 있는 동안 태양이 어떤 한 곳에 있음에 아이가 주의하도록 이끈다. 그다음 우리는 아이로 하여금 그가 어떤 활동에 몰두하고 있음을 나타내는 그림과 그 시간에 태양이 어떤 위치에 있음을 보이는 하나의 그림을 동시에 보게 한다. 이렇게 우리는 아이의 생활 그림들을 일렬로 늘어놓고 그 위에 내가 태양 시리즈라고 부른 것을 놓아, 그 두 열을 적절히 상호 관련되게 함으로써 아이의 하루를 대충 이야기할 수 있다. 그다음 우리는 우리가 불완전하게 남겨 둔 그러한 그림 이야기를 아이가 보충하도록 해 나갈 것이다. 그리고 이 지점에서 나는, 이런 형태의 훈련(50)과 30)을 보라)이 언어 사용에서의, 또는 사유에서의, 커다란 성격적 특징들 가운데 하나라고 말하고 싶다.

52). 51)의 한 변형. 탁아소에 큰 시계가 하나 있는데, 단순성을 위해, 그것이 시침만 지니고 있다고 상상하라. 아이의 하루 이야기는 위에서처럼 이야기되지만, 태양 시리즈는 없다; 대신에 우리는 생활 그림 각각의 맞은편에 시계 눈금판의 수들 가운데 하나를 적는다.

53). 시간이 포함되어 있었다고 역시 말할 수 있을 놀이, 즉 일련의 생활

그림들을 늘어놓기라는 비슷한 놀이가 있었을 것을 주의하라. 우리는 이 놀이를 우리의 "전(前)"과 "후(後)"에 대응할 터인 낱말들의 도움으로 행할 수 있을 것이다. 이런 뜻에서 우리는 53)이 전후(前後)의 관념을 포함하지만, 시간 측정의 관념은 포함하지 않는다고 말할 수 있다. 51), 52), 53)에서의 이야기들로부터 말로 하는 이야기로의 이행이 쉽게 이루어질 수 있다는 것은 말할 필요도 없다. 아마도 그런 이야기 형식들을 고려하는 사람은, 그것들에서는 시간의 진정한 관념이 아직 전혀 포함되어 있지 않고, 단지 어떤 조야한 대용물만이, 즉 시곗바늘의 위치들과 같은 그런 종류의 것들만이 포함되어 있다고 생각할지 모른다. 이제 만일 어떤 사람이, 시계를 끌어들이지 않는 다섯 시의 관념이 존재한다고, 시계는 언제 다섯 시인가를 표시하는 조야한 기구일 뿐이거나, 시간을 측정하는 기구를 끌어들이지 않는 시간의 관념이 존재한다고 주장한다면, 나는 그를 반박하지 않을 것이다. 그러나 나는 그에게 "한 시간"이라거나 "다섯 시"라는 용어에 대한 그의 사용이 무엇인가를 나에게 설명해 달라고 요구할 것이다. 그리고 그 사용이 시계를 포함하는 것이 아니라면, 그것은 다른 사용이다; 그리고 그렇다면 나는 그에게, 왜 그는 "다섯 시", "한 시간", "긴 시간", "짧은 시간" 등의 용어들을 한 경우에는 시계와 관련하여 사용하고, 다른 경우에는 시계와 독립해서 사용하는가를 물을 것이다. 그것은 그 두 경우 사이에 성립하는 어떤 유사성들 때문일 것이나, 지금 우리는 이들 용어를 두 가지로 사용하고 있고, 그중 하나가 다른 하나보다 덜 실재적이고 덜 순수하다고 말할 아무런 이유도 가지고 있지 않다. 이것은 다음의 예를 고찰함으로써 더 분명해질 수 있을 것이다.

54). 우리가 어떤 인물에게 명령을 내리기를, "당신 마음속에 떠오르는 임의의 수(數)를 말하라"라고 한다면, 일반적으로 그는 즉시 이에 응할 수

있다. 이러한 요청에 따라 말해진 수들이 하루가 계속되면서—정상적인 모든 인물의 경우에—증가함이 발견되었다고 하자. 즉 사람은 매일 아침 어떤 작은 수에서 시작하여, 밤에 잠들기 전에 가장 높은 수에 도달한다. 무엇이 그 기술된 반응들을 "시간을 측정하는 하나의 수단"이라고 부르도록 유혹할 수 있을지, 또는 심지어 그것들이 시간의 경과에서 진정한 이정표들이고, 해시계 등은 단지 간접적인 표시물들이라고 말하도록 유혹할 수 있을지를 고찰하라. (인간의 심장이 다른 모든 시계의 배후에 있는 진정한 시계라는 진술을 검토하라.)

자, 시간 표현들이 들어가는 또 다른 언어놀이를 고찰해 보자.

55). 이것은 1)에서 생긴다. "석판!", "기둥!" 등과 같은 명령을 외치면, B는 그것을 즉시 가져오도록 훈련받는다. 우리는 이제 이 놀이에 시계를 도입한다. 명령이 주어지면, 우리는 우리의 시곗바늘이 손가락으로 미리 표시된 지점에 도달할 때까지는 명령을 수행하지 않도록 아이를 훈련한다. (이것은, 예를 들면, 다음과 같은 방식으로 행해질 수 있을 것이다: 처음에 당신은 아이가 명령을 즉시 수행하도록 훈련한다. 그다음 당신은 명령을 내리지만, 아이를 붙잡고 있다가 시곗바늘이 우리의 손가락으로 가리키는 시계 눈금판의 지점에 도달했을 때에만 아이를 놓아준다.)

이 단계에서 우리는 "지금"과 같은 낱말을 도입할 수 있을 것이다. 이 놀이에서 우리는 두 종류의 명령을 한다. 즉 1)에서 사용된 명령들과, 이것들과 함께 시계 눈금판의 한 지점을 표시하는 어떤 몸짓으로 이루어진 명령들. 이 두 종류 사이의 구별을 더 명백히 하기 위해서 우리는 첫 번째 종류의 명령들에 따라 특정한 기호를 첨부하고는, 예를 들어 "석판, 지금!" 하고 말할 수 있다.

이제 "5분 내에", "반 시간 전에"와 같은 표현들이 있는 언어놀이들을 기

The Blue and Brown Books

술하기가 쉬울 것이다.

56). 이제 미래에 대한 기술(記述), 즉 예측의 경우를 살펴보자. 우리들은, 예를 들어 어떤 교통 신호의 색깔의 주기적 변화에 어린아이의 주의를 붙잡아둠으로써, 어린아이에게서 기대의 긴장 상태를 일깨울 수 있을 것이다. 우리는 또한 붉은 원반, 초록 원반, 노란 원반을 가지고 있고, 다음에 나타날 색깔을 예측하기 위하여 이 원반들 가운데 하나를 번갈아 가리킨다. 이 놀이의 그 밖의 전개들을 상상하기는 쉽다.

이 언어놀이들을 고찰할 때, 우리는 과거, 미래, 그리고 현재라는 관념들을 그것들의 문제성 있고 거의 신비스러운 측면에서 만나지 않는다. 이 측면이 무엇인가, 그리고 그것이 나타난다는 것은 어떻게 일어나는가 하는 것은, "현재가 과거가 될 때, 현재는 어디로 가는가, 그리고 과거는 어디에 있는가?"라는 물음을 우리가 고찰한다면, 거의 특징적으로 예시될 수 있다.—이 물음은 어떤 상황에서 우리를 매혹하는가? 왜냐하면 어떤 상황에서는 그것은 매혹적이지 않으며, 우리는 그것을 헛소리라고 떨쳐 버릴 테니까 말이다.

이 물음은 우리가 우리 곁을—벌목된 통나무들이 강을 따라 떠내려가는 것처럼—줄지어 지나가는 것들이 있는 경우들에 몰두해 있다면 가장 쉽게 발생한다는 것은 분명하다. 이러한 경우에 우리는 우리 곁을 지난 통나무들은 모두 왼쪽 아래에 있고, 우리를 지나갈 통나무들은 모두 오른쪽 위에 있다고 말할 수 있다. 그러면 우리는 이 상황을 시간 속에서 일어나는 모든 일을 위한 비유로 사용하고, 심지어 그 비유를 우리의 언어 속에 구현한다—'현재의 사건이 지나간다'(통나무 하나가 지나간다), '미래의 사건이 올 것이다'(통나무 하나가 올 것이다)라고 말할 때처럼 말이다. 우리는 사건들의 흐름에 관해 이야기한다; 그러나 또한 시간—통나무들이 여행하는 강—의 흐름에 관해서도 이야기한다.

여기에 철학적 난문제의 가장 비옥한 원천들 중의 하나가 있다. 우리는 어떤 것이 내 방 안으로 옴이라는 미래 사건에 관해 이야기하고, 또한 이 사건의 미래적 옴에 관해서도 이야기한다.

우리는 "어떤 것이 일어날 것이다"라고 말하고, "어떤 것이 나를 향해 온다"라고도 말한다; 우리는 "어떤 것"으로서 통나무를 지시하지만, 그 통나무가 나를 향해 옴을 지시하기도 한다.

그리하여 "촛불이 바람에 꺼졌을 때 그 불꽃은 어디로 가는가?", "그 불빛은 어디로 가는가?", "과거는 어디로 가는가?"와 같은 물음을 허용하는 것처럼 보이는 우리의 상징체계의 함축들을 우리가 제거할 수 없는 일이 일어날 수 있다. 우리는 우리의 상징체계에 사로잡히게 되었다.—우리가 그 난문제 속으로 이끌려 들어가는 것은 우리를 꼼짝 못 하게 질질 끌고 가는 어떤 유추에 의해서라고 우리는 말할 수 있다.—그리고 이는 "지금"이라는 낱말의 의미가 신비스러운 빛 속에서 우리에게 나타날 때도 역시 일어난다. 우리의 예 55)에서 "지금"의 기능은 "다섯 시", "정오", "해가 지는 시간" 같은 표현의 기능과는 결코 비교할 수 없는 것으로 나타난다. 이 후자의 표현들의 집단을 나는 "시간들을 명시한 것들"이라고 부를 수 있을 것이다. 그러나 우리의 일상 언어는 "지금"이란 낱말과 시간의 명시들을 비슷한 문맥들에서 사용한다. 가령 우리는 다음과 같이 말한다:

"해는 여섯 시에 진다."
"해가 지금 지고 있다."

우리는 "지금"과 "여섯 시"가 둘 다 '시점들을 지시한다'고 말하는 경향이 있다. 낱말들의 이러한 사용이 다음과 같은 물음으로 표현될 수 있을 터인 하나의 난문제를 산출한다: "'지금'이란 무엇인가?—왜냐하면 그것은 시간의 한 순간이기는 하지만, '내가 말하는 순간'이라거나 '시계가 치는 순간' 등등이라고 말할 수는 없기 때문이다."—우리의 대답은 이러하다: "지금"이라는 낱말의 기능은 시간의 명시 기능과는 전적으로 다르다.—이 점은 우리의 언어 용법에서 이 낱말이 실제로 행하는 역할을 우리가 살펴본다면 쉽게 볼 수 있지만, 우리가 언어놀이 전체를 살펴보는 대신 그 낱말이 사용되는 언어의 문맥들, 구절들만을 살펴본다면 모호해진다. ("오늘"이란 낱말은 날짜가 아니지만, 날짜와 닮은 것이지도 않다. 그것은 망치가 나무망치와 다른 것처럼 날짜와 다른 것이 아니라, 망치가 못과 다른 것처럼 다르다; 그리고 틀림없이 우리는 망치와 나무망치 사이에는, 그리고 망치와 못 사이에는 어떤 관계가 있다고 말할 수 있다.)

우리들은 "지금"이 시간의 어떤 한 순간에 대한 이름이라고 말하고 싶은 유혹을 받아왔는데, 이것은 물론 "여기"가 어떤 한 장소의 이름이고, "이것"이 어떤 한 사물의 이름이고, "나"가 어떤 한 사람의 이름이라고 말하는 것과 같을 것이다. (물론, 우리들은 또한 "1년 전"은 어떤 한 시간의 이름이고, "저쪽에"는 어떤 한 장소의 이름이고, "당신"은 어떤 한 인물의 이름이라고 말할 수도 있었을 것이다.) 그러나 "이것"이란 낱말의 사용과 고유명사의 사용보다 더 닮지 않은 것은 아무것도 없다—나는 이 낱말들을 가지고 하는 놀이들을 뜻하고 있지, 그 낱말들이 사용되는 문구들을 뜻하고 있지 않다. 왜냐하면 우리는 "이것은 짧다", "철수(의 키)는 짧다"라고 말하지만, "이것은 짧다"는, 가리키는 몸짓이 없이는, 그리고 우리가 가리키고 있는 사물이 없이는, 의미가 없을 것이기 때문이다.—이름과 비교될 수 있는 것은 "이것"이란 낱말이 아니라, 이 낱말과 몸짓과 예로 이루어져 있는 상징이라고 말해도 좋을 것이다. 우리가 "이것은 A이다"와 같은 문구에서 고유명사 A를 사용할 수 있다는 것보다 더 그 고유명사 A에 특징적인 것은 아무것도 없다; 그리고 "이것은 이것이다"나 "지금은 지금이다", 또는 "여기는 여기다"라고 말하는 것은 아무런 뜻도 지니지 않는다.

미래에 일어날 것에 관해 어떤 것을 말하고 있는 명제라는 관념은 과거에 관한 명제라는 관념보다 한층 더 우리를 난감하게 만들기 쉽다. 왜냐하면 미래의 사건들을 과거의 사건들과 비교할 때, 우리들은 거의 이렇게 말하고 싶어질 수 있기 때문이다. 즉 과거의 사건들은 대낮의 밝은 빛 속에는 실제로 존재하지 않을지라도, 그것들이 실생활을 거쳐 들어간 지하 세계에는 존재하며, 반면에 미래의 사건들은 이런 그림자 같은 존재조차 가지고 있지 않다고 말이다. 물론 우리는 태어나지 않은, 미래 사건들의 영역을 상상할 수 있고, 그곳으로부터 그것들이 실재 속으로 들어오고 과거의 영역으로 들어간다고 상상할 수 있다; 그리고 우리가 이러한 은유로써 생각한다면, 우리는 미래가 과거보다 존재성이 덜한 것으로 나타난다는 것에 놀랄지도 모른다. 그러나 우리의 시간 표현들의 문법은 현재의 순간과 왕래하는 어떤 하나의 기원(起源)에 대해[26] 대칭적이지 않다는 것을 기억하라. 가령 기억과 관계되는 표현들의 문법은 미래 시제의 문법 속에 '정반대의 기호를 가지고서' 다시 나타나지 않는다. 이것이 미래의 사건들에 관한 명제들은 실제로는 명제들이 아니라고 말해져 온 이유이다. 그리고 그렇게 말하는 것은, 그것이 "명제"라는 용어의 사용에 관한 하나의 결단―"명제"라는 낱말의 보통 용법과 일치하지 않지만, 어떤 상황들 속에서는 인간 존재들에게 자연스럽게 될 수 있는 결단―이라는 것 이상을 뜻하지 않는 한, 괜찮다. 미래에 관한 명제들은 진짜 명제들이 아니라고 어떤 철학자가 말한다면, 그것은 그가 시간 표현들의 문법에서의 비대칭성으로 충격을 받아 왔기 때문이다. 그렇지만 위험은, 그가 자기는 '미래의 본성'에 관해 일종의 과학적 진술을 했다

---

26 (옮긴이주) '현재의 순간과 왕래하는 어떤 하나의 기원(起源)에 대해'는 독일어 개작본에서는 '현재와 관련하여'라고 고쳐져 있다.

고 상상하는 것이다.

57). 이런 식으로 놀이를 한다: 어떤 사람이 주사위를 던지는데, 던지기 전에 그는 한 장의 종이 위에 주사위의 여섯 면 중 하나를 그린다. 주사위를 던진 다음에 나오는 주사위의 면이 그가 그린 것이면, 그는 만족을 느낀다 (표현한다). 다른 면이 나오면, 그는 불만스러워한다. 또는 두 상대자가 있다고 하자. 그리고 한 사람이 자기가 던지게 될 것을 올바로 추정할 때마다 그의 상대는 그에게 1페니를 지불하고, 옳지 않게 추정한다면 그가 그의 상대에게 지불한다. 주사위의 면을 그리는 일은 이 놀이의 상황에서는 "추정하기" 또는 "추측"이라고 불릴 것이다.

58). 어떤 부족에서는 달리기 시합, 포환던지기 시합 등이 개최된다. 그리고 구경꾼들은 경쟁자들에게 소유물들을 건다. 모든 경쟁자의 그림들이 일렬로 놓인다. 그리고 구경꾼이 경기자들 중 한 사람에게 재산을 건다고 내가 이른 것은, 이 재산(금화)을 그 그림들 중 하나 아래에다 놓는 데 있다. 어떤 사람이 경기에서의 승자의 그림 아래에 금을 두었다면, 그는 자신의 내기 돈을 두 배로 되돌려 받는다. 그렇지 않으면 그는 자신의 내기 돈을 잃는다. 그러한 관습을 우리는 의심의 여지 없이 내기라고 부를 것이다; 비록 그러한 관습이 관찰된 사회의 언어에 '확률의 정도'나 '승산'과 같은 것들을 진술하기 위한 도식이 없다고 하더라도 말이다. 나는 구경꾼들의 행위는 내기의 결과가 알려지기 전과 후에 대단한 예민성과 흥분을 표현한다고 가정한다. 더 나아가 나는 그 내기 돈들을 건 것을 조사해 보면 "왜" 그들이 그렇게 내기를 걸었는지 이해할 수 있다고 상상한다. 내가 뜻하는 바는 이러하다. 즉 두 레슬러 사이의 경기에서는 대부분 더 큰 사람이 인기 있는 사람이다; 또는 만일 더 작은 사람이 인기 있다면, 나는 그가 이전의 시합들에

서 더 큰 힘을 보여 주었거나, 더 큰 사람이 최근에 병이 났거나, 훈련을 소홀히 했었다는 것 등을 발견한다. 자, 이는 비록 그 부족의 언어가 내기를 거는 이유를 표현하지 않는다고 해도 그러할 수 있다. 즉 그들의 언어에서는 어떤 것도, 예를 들면 "나는 이 사람에게 내기를 거는데, 왜냐하면 이 사람은 준비를 계속해 왔는데 반해 다른 사람은 훈련을 게을리했기 때문이다"와 같은 우리의 말에 대응하지 않는다. 나는 이 사태를 이렇게 말함으로써 기술할 수 있을 것이다. 즉 나의 관찰은 그들이 그들의 방식대로 내기를 거는 데 대한 어떤 원인을 나에게 가르쳐 주었지만, 내기를 건 사람들은 그들의 방식대로 행위를 하는 데 대해 아무런 이유도 사용하지 않았다고 말이다.

다른 한편으로, 그 부족은 '이유를 대기'를 구성하는 언어를 가질 수 있다. 이제 왜 어떤 사람이 특정한 방식으로 행위를 하는가에 대한 이유를 대는 이 놀이는 그 사람의 행위의 원인을 (행위가 발생하는 조건들에 대한 빈번한 관찰을 통해서) 발견하는 일을 포함하지 않는다. 다음과 같은 것을 상상해 보자:

59). 우리의 부족 중 한 사람이 내기에서 잃었고, 이에 놀림을 받거나 꾸지람을 듣는다면, 그는 그가 내기 돈을 걸었던 사람의 어떤 특징들을—아마도 과장하면서—지적한다. 우리들은 다음과 같은 방식으로 찬반 논의가 진행되는 것을 상상할 수 있다: 두 사람이 두 경쟁자의 어떤 특징들을 번갈아 지적하면서, 말하자면 이들의 승산을 논의하고 있다; A는 한 사람의 큰 키를 몸짓으로 가리키고, B는 이에 대한 대답으로 자신의 어깨를 으쓱하면서 다른 사람의 알통 크기 따위를 지적한다. 나는 A와 B가 다른 한 인물보다 어떤 한 인물 쪽에 내기를 거는 데 대한 이유를 대고 있다고 우리가 말하게 할 더 많은 세부 사항들을 쉽게 덧붙일 수 있을 것이다.

이제, 자신들의 내기에 대해 이런 식으로 이유를 대는 것은, 그들이 이를테면 격투의 결과와 투사들의 몸의 어떤 특징들이나 그들의 훈련의 어떤 특징들과의 인과적 연관들을 관찰해 왔다는 것을 확실히 전제한다. 그러나 이것은, 이치에 맞건 맞지 않건 간에, 우리의 경우를 기술하는 데에서 분명 내가 하지 않은 가정이다. (또한 나는 내기를 건 사람들이 그들의 이유에 대한 이유를 댄다는 가정을 하지도 않았다.) 우리는, 방금 기술된 경우와 같은 경우에, 그 부족의 언어가 믿음, 확신, 확실성의 정도 표현이라고 우리가 부를 것을 포함한다고 해도 놀라서는 안 된다. 이러한 표현들을 우리는 상이한 억양들이나 일련의 낱말들과 함께 말해진 특정한 낱말의 사용에 있다고 상상할 수 있을 것이다. (그렇지만, 나는 확률 등급의 사용을 생각하고 있지는 않다.)—우리의 부족 사람들이 내기를 걸면서 "나는 레슬링에서 아무개가 아무개를 이길 수 있다고 믿는다" 등으로 번역되는 언어 표현들을 동반하는 것을 상상하는 것도 역시 쉽다.

60). 비슷한 방식으로, 일정한 적재량의 화약이 어떤 바위를 폭파하기에 충분할 것인지에 관해 추측들이 행해지고, 그 추측들은 "이만한 양의 화약은 이 바위를 폭파할 수 있다"라고 하는 형식의 문구로 표현된다고 상상하라.

61). "나는 이 역기를 들어 올릴 수 있을 것이다"가 "이 역기를 잡고 있는 나의 손은 내가 '그것을 들어 올리려고 노력을 함'이라는 과정(경험)을 거치면 올라갈 것이다"란 추측에 대한 생략으로 사용되는 경우와 60)을 비교하라. 마지막 두 경우에, "할 수 있다"란 낱말은 추측의 표현이라고 우리가 불러야 할 것을 특징짓는다. (물론 내가 뜻하는 것은, 그 문장이 "할 수 있다"란 낱말을 포함하고 있으므로 우리가 그것을 추측이라고 부른다는 것이 아니다. 그러나 어떤 문장을 하나의 추측으로 부름에 있어 우리는 그 문

장이 언어놀이에서 한 역할을 언급했다; 그리고 우리는 기술된 상황들 속에서 우리가 사용할 낱말이 "할 수 있다"인 경우에, 우리의 부족이 사용하는 낱말을 "할 수 있다"로 번역한다.) 이제 59), 60), 61)에서의 "할 수 있다"의 사용이 46)에서 49)까지에서의 "할 수 있다"의 사용과 밀접한 관계가 있다는 것은 분명하지만, 어떤 것이 일어날 수 있으리라고 말하는 문장들은 46)에서 49)까지에서는 추측의 표현들이 아니었다고 하는 이 점에서는 차이가 있다. 이제 이에 대해 혹자는 다음과 같이 말하면서 반대할지도 모른다: 분명 우리가 46)에서부터 49)까지와 같은 경우에 "할 수 있다"란 낱말을 기꺼이 사용하는 것은, 이들 경우에 어떤 사람이 미래에 무엇을 할 것인가를 그가 통과한 시험들이나 그가 처한 상태로부터 추측하는 것이 이성적이라는 단지 그 이유 때문이다.

자, 내가 이런 종류의 추측을 이성적으로 보이게 만들 정도로 46)에서 49)까지의 경우들을 의도적으로 만들어 내었다는 것은 참이다. 그러나 나는 또한 그것들이 어떤 추측을 포함하지 **않게끔** 의도적으로 만들어 냈다. 우리는, 우리가 원한다면, 경험이 그들에게 ……이라는 것 등을 보여 주지 않았다면, 그 부족은 49) 등에서 사용된 것과 같은 그런 형태의 표현을 결코 사용하지 않을 것이란 가설을 만들 수 있다. 그러나 이것은 아마 옳겠지만, 내가 실제로 기술한바 46)에서 49)까지의 놀이들에서는 결코 전제되어 있지 않은 가정이다.

62). 놀이가 다음과 같다고 하자: A가 수들을 일렬로 적어 놓는다. B는 그를 지켜보고, 이 수열에서 어떤 체계를 발견하려고 노력한다. 그가 그렇게 발견했을 때, 그는 말한다: "이제 나는 계속해 나갈 수 있다." 이 예는 특히 교훈적인데, 왜냐하면 여기서 '해 나갈 수 있음'은 분명하게 윤곽이 그려진 사건의 형태로 갑자기 시작된 어떤 것으로 보이기 때문이다.—그럼 A가

1, 5, 11, 19, 29란 수열을 적었다고 하자. 그 지점에서 B가, '이제 나는 계속해 나갈 수 있다'라고 외친다. 어떻게 계속해 나가는지를 그가 갑자기 보았을 때 일어난 것은 무엇이었는가? 대단히 많은 상이한 것들이 일어날 수 있을 것이다. 그렇다면, 현재의 경우에, A가 한 수 한 수를 적는 동안 B는 여러 가지 대수 공식들이 거기 들어맞는지 시험해 보는 일로 바빴다고 가정하자. A가 "19"를 썼을 때, B는 $a_n = n^2 + n - 1$이란 공식을 시험하는 데 이르렀다. 그의 짐작은 A가 29를 씀으로써 확증된다.

63). 또는, 아무런 공식도 B의 마음속에 떠오르지 않는다. A가 쓰는 수열이 점점 길어지는 것을—아마도 긴장감을 가지고, 그리고 그의 마음속에 떠도는 흐릿한 관념들을 가지고—바라본 후에, B는 혼잣말로, "그는 제곱하고서 언제나 1을 더 더하고 있다"라고 말한다; 그다음 그는 그 수열의 다음 수를 계산하고 그것이 A가 그다음에 적은 수들과 일치한다는 것을 발견했다.—

64). 또는, A가 써놓은 수열은 2, 4, 6, 8이었다. B는 그것을 바라보고, "물론 나는 계속해 나갈 수 있다"라고 말하고는 짝수의 수열을 계속한다. 또는 그는 아무것도 말하지 않고, 그냥 계속해 나간다. A가 써놓은 수열 2, 4, 6, 8을 바라보고 있을 때, 아마도 그는 "그건 쉽지!"와 같은 말에 종종 동반되는 어떤 감각 또는 감각들을 가졌을 것이다. 이런 종류의 감각은, 예를 들면, 숨을 경미하게, 빠르게 들이마심의 경험, 즉 경미한 놀람이라고 부를 수 있을 경험이다.

자, "B는 그 수열을 계속할 수 있다"란 명제는 방금 기술된 사건들 중 하나가 일어난다는 것을 의미한다고 우리는 말해야 할까? "B는 계속할 수 있다"라는 진술이 $a_n = n^2 + n - 1$이란 공식이 B의 마음속에 들어온다는 진술과 같지 않다는 것은 분명하지 않은가? 이 사건이 실제로 일어난 모든 것이었을 수도 있다. (그런데 B가 이 공식이 자기의 심안(心眼)에 나타나는 경험을 했는지, 또는 그 공식을 쓰거나 말하는 경험을 했는지, 또는 미리 적혀 있는 여러 공식 가운데에서 그의 눈으로 그것을 골라내는 경험을 했는지는 여기서 우리에게 아무런 차이도 만들 수 없다.) 만일 앵무새가 그 공식을 발화했다면, 우리는 그것이 그 수열을 계속할 수 있으리라고 말하지 않았을 것이다.—그러므로 "……할 수 있다는 것"은 그저 그 공식을 발화하는 것 이상을 의미해야 한다고, 그리고 사실 우리가 기술했던 사건들 중의 어느 것보다도 더 많은 것을 의미해야 한다고 우리는 말하는 경향이 있다. 그리고 이는 그 공식을 말함이 B가 계속해 나갈 수 있음의 오직 한 징후였으며, 계속해 나감의 능력 그 자체는 아니었음을 보여 준다고, 이렇게 우리는 계속한다. 자, 그런데 이러한 생각에는 오도하는 바가 있는데, 그것은 우리가, "계속해 나갈 수 있음"이라고 불리는 하나의 특이한 활동이나 과정, 또는 상태가 있고, 이것은 어떻게든 우리의 눈으로부터는 감추어져 있으나, 우리가 징후들이라고 부르는 저 사건들에서는 (코점막의 염증이 재채기 증상을 산출하듯이) 나타난다고 암시하는 것처럼 보인다는 것이다. 이것이, 징후들에 관해 이야기하는 것이 이 경우에 우리를 오도하는 방식이다. "단지 그 공식의 단순한 발화를 우리가 '……을 할 수 있음'이라고 부르지는 않을 터이므로, 틀림없이 그 공식의 단순한 발화의 배후에는 그 밖의 다른 어떤 것이 있어야 한다"라고 우리가 말할 때, 여기서 그 "배후에"라는 낱말은 확실히 은유적으로 사용되고 있다; 그 공식의 발화 '배후에는' 그것이 발화되는 상황들이 있을 수 있다. "B가 ……을 계속할 수 있다"가 "B가 공식 ……을 말한다"를 말하는 것과 같지 않다는 것은 참이다. 그러나 이로부터, "B가 ……을 계속할 수 있다"라는 표현이 그 공식을 말함이라는 것과는 다른 활동을 지시한다—"B가 그 공식을 말한다"가 잘 알려진 활동을 지시하는 방식으로—는 것이 따라 나오지는 않는다. 우리의 오류는 다음과 유사하다: 어떤 사람이 "의자"란 낱말은 내가 가리키고 있는 이 특정한 의자를 의미하지 않는다는 말을 듣고는, "의자"란 낱말이 지칭하는 대상을 찾기 위해 방을 둘러본다. (만일 그가 "의자"란 낱말의 진짜 의미를 발견하기 위해 의자 내부를 들여다보려고 노력한다면, 그 경우는 훨씬 더 인상적인 예시가 될 것이다.) 공식을 쓰거나 말하는 동작 등에 관하여 우리가 "그는 그 수열을 계속할 수 있다"라는 문장을 사용할 때, 이것이 어떤 한 공식을 적어 놓음과 실제로 그 수열을 계속함 사이의 어떤 연관 때문임이 틀림없다는 것은 분명하다. 그리고 이 두 과정 또는 활동의 경험적 연관은 아주 분명하다. 그러나 이 연관은 우리에게, "B가 ……계속할 수 있다"라는 문장은 "B는 그가 그 수열을 계속하는 데로 일반적으로 이른다고 경험이 우리에게 보여 준 어떤 것을 행한다"와 같은 어떤 것을 뜻한다는 생각이 들도록 유혹한다. 그러나 B가 "이제 나는 계속할 수 있다"라고 말할 때, 그는 실제로 "이제 나는 ……경험이 우리에게 보여 준 어떤 것을 행한다"를 뜻하는가? 당신은 그가 이 문구를 그의 마음속에 지녔다거나, 또는 그가 그것을 자기가 말했던 것에 대한 설명으로 제시할 준비가 되어 있었을 것임을 뜻하는가? "B는 ……계속할 수 있다"라고 하는 문구를 말하는 것은 62), 63), 64)에서 기술된 바와 같은 그런 사건들에 의해 촉발될 때 올바로 사용되지만, 이 사건들이 그것의 사용을 오직 어떤 상황들 속에서만 (예를 들면, 경험이 어떤 연관을 보여 온 때) 정당화한다는 것은, "B는 ……계속할 수 있다"란 문장이 이 모든 상황—즉 우리의 놀이의 배경인 전체 상황—을 기술하는 문장의 단축형이라고 말하는 것이 아니다.

다른 한편으로, 우리는 어떤 상황들 속에서는 "B는 그 수열을 계속할 수 있다"를 "B는 그 공식을 안다", "B는 그 공식을 말했다"로 대체할 준비가 되어 있어야 한다. 우리가 의사에게 "그 환자는 걸을 수 있습니까?" 하고 물을 때, 우리가 때로는 이것을 "그의 다리는 치료되었습니까?"로 대체할 준비가 되어 있을 것처럼 말이다.—"그는 말할 수 있습니까?"는 어떤 상황에서는 "그의 인후는 괜찮습니까?"를 뜻하고, 다른 상황에서는 (예를 들어, 그가 유아라면) "그는 말하기를 배웠습니까?"를 뜻한다.—"그 환자는 걸을 수 있습니까"라고 하는 물음에, 의사의 대답은 "그의 다리는 괜찮습니다"일 수 있다.—우리는 "그의 다리 상태에 관한 한, 그는 걸을 수 있다"란 문구를, 우리가 그의 걸음에 관한 이 조건을 다른 어떤 조건, 이를테면 그의 척추의 상태와 대조하기를 원할 때 특히 사용한다. 여기서 우리는 그의 걸음을 위한 조건들의 완전한 집합이라고 불릴 수 있을 어떤 것이 그 경우의 본성 속에 존재한다는—그리하여 만일 이 모든 조건이 충족된다면 그 환자는, 말하자면, 걷지 않을 수 없다, 걸어야 한다는—생각을 조심해야 한다.

"B는 그 수열을 계속할 수 있다"라는 표현은 상이한 상황들 속에서 상이한 구별을 하기 위해 사용된다고 우리는 말할 수 있다. 가령 그것은 다음과 같은 것들을 구별할 수 있다: a) 어떤 사람이 그 공식을 아는 경우와 알지 못하는 경우; 또는 b) 어떤 사람이 그 공식을 알고 십진법 체계의 숫자들을 쓰는 법을 잊지 않고 있는 경우와 그가 그 공식은 아는데 숫자들을 쓰는 법을 잊어버린 경우; 또는 c) (아마도 64)에서처럼) 어떤 사람이 그의 정상적인 자아를 느끼고 있는 경우와 포탄 쇼크 상태에 있는 경우; 또는 d) 이런 종류의 연습을 전에 해 본 사람의 경우와 그것을 처음 해 보는 사람의 경우. 이것들은 큰 가족을 이루는 경우들 중 단지 소수의 경우다.

"그는 ……계속할 수 있다"가 "그는 그 공식을 안다"와 같은 것을 뜻하느냐는 물음은 몇 가지 상이한 방식으로 대답될 수 있다: 우리는 "그것들은 같은 것을 뜻하지 않는다, 즉 그것들은, 예를 들어 '나는 잘 있다'와 '나는 건강이 좋다'는 문구들처럼, 일반적으로 동의어로서 사용되지 않는다"라고 말할 수 있다; 또는 우리는 "어떤 상황들 속에서는 '그는 ……계속할 수 있다'는 그는 그 공식을 안다는 것을 뜻한다"라고 말할 수 있다. 어떤 인물의 두 다리가 순조롭게 작동하고 있다고 말하기 위해 두 개의 표현 형식, 두 개의 다른 문장이 사용되는 (49)와 얼마간 유사한) 언어의 경우를 상상하라. 한 표현 형식은 오로지 원정이나 소풍과 같은 것을 위한 준비들이 진행되고 있는 상황들 속에서만 사용된다; 다른 표현 형식은 그런 준비의 문제가 없는 경우에 사용된다. 여기서 우리는 그 두 문장이 같은 의미를 지닌다고 말해야 하는지, 다른 의미를 지닌다고 말해야 하는지 의심스러울 것이다. 여하튼 사태의 진상은 우리가 우리의 표현들의 용법의 세부 사항을 들여다볼 때만 보일 수 있다.—그리고 만일 우리가 우리의 현재 경우에 그 두 표현은 상이한 의미를 지닌다고 말하기로 결정해야 한다면, 확실히 우리는 두 번째 문장을 참으로 만드는 사실이 첫 번째 문장을 참으로 만드는 사실과 다르다는 것이 그 차이라고 말할 수는 없을 것이다.

"그는 ……계속할 수 있다"라는 문장이 "그는 그 공식을 안다"와 다른 의미를 지닌다고 우리가 말하는 것은 정당하다. 그러나 우리는 '첫 번째 문장이 지시하는' 특정한 하나의 사태를 우리가, 말하자면 그 특별한 사건들(그 공식을 앎, 그 밖의 어떤 용어들을 상상함 등과 같은)이 일어나는 어떤 상위 (上位)의 수준에서, 발견할 수 있다고 상상해서는 안 된다.

다음과 같은 질문을 해 보자: B가 그 어떤 근거에서 "나는 그 수열을 계속할 수 있다"라고 말했지만, 그것을 계속하기를 요구받았을 때 그는 그렇게 할 수 없음을 드러냈다고 하자—우리는 이것이, 그가 계속할 수 있노라는 그의 진술이 잘못이었음을 증명했다고 말해야 할까, 아니면 그가 그렇게 말했을 때는 그는 계속할 수 있었다고 말해야 할까? B 자신은 "나는 내가 잘못이었다는 것을 깨달았다"라고 말할까, 아니면 "내가 말한 것은 참이었다; 나는 그때는 그것을 할 수 있었지만, 지금은 할 수 없다"라고 말할까? —그가 전자를 말해서 옳을 경우들과 그가 후자를 말해서 옳을 경우들이 존재한다. 다음과 같은 경우들을 상상하라: a) 그가 자기는 계속할 수 있노라고 말했을 때 그는 마음속에서 그 공식을 보았지만, 계속하기를 요구받았을 때 그는 그것을 잊어버렸다;—또는 b) 그가 자기는 계속할 수 있노라고 말했을 때 그는 그 수열의 다음 다섯 항을 마음속으로 생각했었지만, 이제는 그것들이 그의 마음속에 떠오르지 않음을 발견한다;—또는 c) 이전에 그는 다섯 자리를 더 계산함으로써 그 수열을 계속했었는데, 이제 그는 이들 다섯 숫자는 여전히 기억하지만, 그가 어떻게 그것들을 계산했었는지는 잊어버렸다;—또는 d) 그는 말한다, "그때 나는 내가 계속할 수 있다고 느꼈다, 지금은 느낄 수가 없다";—또는 e) "내가 그 역기를 들어 올릴 수 있다고 말했을 때 내 팔은 다치지 않았으나, 지금은 그렇지 않다"; 등등.

다른 한편으로 우리는 "나는 내가 이 역기를 들어 올릴 수 있으리라고 생각했으나, 나는 내가 할 수 없다는 것을 깨달았다", "나는 내가 이 단편을 외울 수 있으리라고 생각했으나, 내가 잘못 생각했다는 것을 깨달았다"라고 말한다.

"할 수 있다"란 낱말의 사용에 대한 이러한 예시들은 "잊다"와 "시도하다"라는 용어들에 대한 우리의 사용의 다양성을 보여 주는 예시들로 보충되어야 한다. 왜냐하면 이 사용들은 "할 수 있다"란 낱말의 사용들과 밀접하게 연관되어 있기 때문이다. 이러한 경우들을 고찰하라: a) 이전에는, B는 그 공식을 마음속으로 생각했다; 이제는, "그는 거기서 완전한 공백을 본다". b) 이전에는, B는 그 공식을 마음속으로 생각했다: 이제는, 그는 '그것이 2^n이었는지 3^n이었는지' 당장은 확실치가 않다. c) 그는 어떤 이름을 잊었는데, 그것이 '그의 혀끝에서 맴돌 뿐 생각이 나질 않는다'. d) 그는 자기가 도대체 그 이름을 알았었는지, 아니면 그 이름을 잊었는지 확실하지 않다.

이제, 우리가 "시도하다"란 낱말을 사용하는 방식을 살펴보라: a) 어떤 사람이 문을 가능한 한 세게 잡아당김으로써 열려고 시도하고 있다. b) 그는 금고 문을 다이얼 숫자들의 조합을 발견하려고 시도함으로써 열려고 시도하고 있다. c) 그는 다이얼 숫자들의 조합을 기억해 내려고 시도함으로써 그 조합을 발견하려고 시도하고 있다. 또는 d) 손잡이를 돌리며 청진기로 들음으로써 시도하고 있다. 우리가 "기억하려고 시도하다"라고 부르는 다양한 과정들을 고찰하라. e) 어떤 저항에 대항해 당신의 손가락을 움직이려고 시도함(예를 들어, 어떤 사람이 그것을 붙잡고 있을 때)과 f) 당신이 두 손의 손가락들을 특정한 방식으로 깍지 끼고는 '특정한 한 손가락을 움직이게 만들기 위해서는 무엇을 해야 할지 당신은 모른다'고 느낄 때를 비교하라.

(또한 우리가 "나는 이러이러한 것을 할 수는 있지만, 하고 싶지 않다"라고 말하는 경우들의 집합을 고찰하라: "내가 시도했다면, 나는 할 수 있었다"—예를 들면, 100킬로그램을 들어 올릴 수 있었다; "내가 원했다면, 나는 할 수 있었다"—예를 들면, 알파벳을 말할 수 있었다.)

혹자는 아마 이렇게 암시할지도 모르겠다. 즉 내가 어떤 것을 할 수 있다고 제한 없이 말하는 것이 옳은 유일한 경우는, 내가 그것을 할 수 있다고 말하는 동안 내가 실제로 그것을 하는 경우뿐이며, 그렇지 않으면 나는 "……에 관한 한, 나는 그것을 할 수 있다"라고 말해야 한다고 말이다. 혹자는 어떤 인물이 어떤 것을 할 수 있음에 대한 진정한 증명은 오직 위의 경우에만 주어진다고 생각하는 경향이 있을 수 있다.

65). 그러나 우리가 "나는 ……할 수 있다"란 구절이 이런 식으로 사용되는 언어놀이(즉 어떤 것을 행함이, 그것을 할 수 있다고 하는 말에 대한 유일한 정당화로 여겨지는 놀이)를 살펴본다면, 우리는 이 놀이와 "나는 이러이러한 것을 할 수 있다"라고 말하는 데 대해 다른 정당화들이 받아들여지는 놀이 사이에 형이상학적인 차이는 존재하지 않는다는 것을 깨닫는다. 그건 그렇고, 65)와 같은 종류의 놀이는 "어떤 것이 일어난다면, 확실히 그

것은 일어날 수 있다"라고 하는 문구—우리의 언어에서는 거의 쓸모없는 문구—의 실제 사용을 우리에게 보여 준다; 그것은 마치 매우 명료하고 깊은 어떤 의미를 지닌 것처럼 들리지만, 대부분의 일반적인 철학적 명제들과 마찬가지로 그것은 매우 특별한 경우들에서가 아니면 의미가 없다.

66). "나는 50킬로그램의 역기를 들어 올리고 있다"와 같은 문장들에 대해 두 가지 표현을 지닌 (49)와 비슷한) 언어를 상상함으로써 이것을 분명히 이해하도록 하라; 하나의 표현은 그 행위가 하나의 시험으로서 (이를테면, 달리기 경주 이전에) 행해질 때는 언제나 사용되고, 다른 표현은 그 행위가 시험으로서 행해지지 않을 때 사용된다.

우리는 광범한 가족 유사성의 그물이 "할 수 있다", "할 능력이 있다" 등과 같은 가능성의 표현들이 사용되는 경우들을 연결한다는 것을 본다. 이들 경우에 어떤 성격적인 특징들이 상이한 조합으로 나타난다고 우리는 말할 수 있다. 예를 들면, 다음과 같은 것들이 존재한다: (어떤 것이 미래에 어떤 방식으로 행동할 것이라는) 추측의 요소; (어떤 것이 미래에 어떤 방식으로 행동하기 위한 조건으로서의) 어떤 것의 상태에 관한 기술: 어떤 사람 또는 어떤 것이 통과한 어떤 시험들에 대한 설명.

다른 한편으로, 어떤 것이 가능함, 어떤 사람이 어떤 것을 할 수 있음 등의 사실을, 그가 또는 그것이 특정한 상태에 있다는 사실로 바라보도록 우리의 마음이 기울어지게 하는 여러 가지 이유가 존재한다. 대충 말하자면, 이것은 "A가 어떤 것을 할 수 있는 상태에 있다"가 우리가 채택하도록 가장 강하게 유혹받는 묘사 형식이라고 말하는 것이 된다; 또는 그것을 이렇게도 표현할 수 있을 터인데, 즉 우리는 어떤 것이 특이한 상태에 있다는 은유를 어떤 것이 특정한 방식으로 행동할 수 있다고 말하기 위해 사용하는 경향이 강하다. 그리고 이런 묘사 방식 또는 이런 은유가, "그는 ……을 할 수 있다", "그는 큰 숫자들을 머릿속에서 곱할 수 있다", "그는 체스를 둘 수 있다"란 표현들 속에 구현되어 있다; 이들 문장에서 동사는 현재 시제로 사용되어 있다―그 구절들이 우리가 말하는 순간에 존재하는 상태들의 기술들이라는 것을 암시하면서 말이다.

같은 경향이, 수학 문제를 푸는 능력, 음악 작품을 즐기는 능력 등을 마음의 어떤 상태들이라고 우리가 부르는 데에서 나타난다; 이 표현으로 우리는 '의식적인 정신적 현상들'을 의미하지 않는다. 오히려, 이런 뜻에서의 마음의 상태는 가설적 기제의 상태, 즉 의식적인 정신적 현상들을 설명하려고 의도된 하나의 정신 모형이다. (무의식적인 또는 잠재 의식적인 정신 상태들과 같은 것들은 정신 모형의 특징들이다.) 이런 방식으로 우리는 또한 기억도 일종의 창고로 생각하지 않을 수가 없을 것이다. 또한 사람들은 더하기나 곱하기 능력, 또는 시를 외우는 능력 등에는 그 인물의 뇌의 특이한 상태가 대응해야 한다고 얼마나 확신하는가―비록 그들이, 다른 한편으로, 그러한 심리―생리학적 대응들에 관해서는 거의 아무것도 알지 못하지만―를 주목하라. 우리는 이 현상들을 이 기제의 표출들로 간주하며, 그것들의 가능성은 그 기제 자체의 특수한 구성이다.

이제 우리의 논의 43)을 되돌아보면, B가 43)의 점들과 줄표들의 조합들과는 다른 조합들로 이루어진 명령들을 또한 수행할 수 있었다면 그는 인도받았다고 우리가 말했을 때, 그것은 B가 그 기호들에 의해 인도받음에 대한 진정한 설명이 아니었다는 것을 우리는 깨닫는다. 사실, 43)에서 B가 기호들에 의해 인도받았느냐 하는 문제를 우리가 고찰할 때, 우리는 우리가 그 기호들을 봄과 그것들에 따라 행위함을 연결하는 실제의 기제(機制)를 들여다볼 수 있을 경우에만 우리가 이 문제를 확실하게 결정할 수 있을 것이라는 식의 말을 하는 경향이 언제나 있었다. 왜냐하면 우리는 하나의 기제에서 어떤 부분들이 다른 부분들에 의해 인도된다고 일컬어져야 할 것에 대해 일정한 그림을 지니고 있기 때문이다. 사실, 43)과 같은 경우에 "기호들에 의해 인도받음"이라고 일컬어질 것을 우리가 보여 주려고 원할 때 즉시 연상되는 것은 자동피아노 유형의 기제이다. 여기서, 자동피아노의 작동에서 우리는 어떤 행위들—즉 피아노 해머들의 행위들—이 자동피아노의 두루마리에 있는 구멍들의 패턴에 의해 인도된다고 하는 명료한 경우를 얻는다. 우리는 "자동피아노가 두루마리에 천공기(穿孔機)로 낸 구멍들로 만들어진 기록들을 읽어 내고 있다"라는 표현을 사용할 수 있다. 그리고 우리는 그러한 천공기 구멍들의 패턴들을 복합 기호들 또는 문장들이라고 부를 수 있을 것이다—자동피아노에서의 그것들의 기능을, 비슷한 장치들이 다른 유형의 기제들에서 지니는 기능과, 예를 들면 열쇠 끝의 돌출부를 형성하는 이빨 선 부분들과 V자로 파인 부분들의 조합과 대조하면서 말이다. 자물쇠의 빗장은 이 특정한 조합으로 말미암아 미끄러지게 된다. 그러나 우리는 빗장의 움직임이 열쇠의 이빨 선 부분들과 파인 부분들을 우리가 조합한 방식에 의해 인도되었다고 말해서는 안 된다. 즉 빗장이 열쇠 끝 돌출부의 패턴에 따라서 움직였다고 말해서는 안 된다는 말이다. 여기서 당신은 인도됨이라는 관념과 기호들의 새로운 조합들을 읽을 수 있음이라는 관념 사이의 연관을 본다: 왜냐하면 우리는 자동피아노는 특정한 종류의 천공 구멍들의 어떠한 패턴도 읽을 수 있다고, 그것은 (음악상자와 같이) 특정한 하나의 선율 또는 선율들의 집합을 위해서 만들어지지 않았다고 말해야 할 터이나,—반면에 자물쇠의 빗장은 자물쇠의 구성에서 미리 정해진 열쇠 끝 돌출부의 패턴에만 반응하기 때문이다. 우리는 열쇠 끝 돌출부를 형성하는 이빨 선 부분들과 V자로 파인 부분들은 문장을 구성하는 낱말들과 비교할 수 있는 게 아니라 낱말을 구성하는 문자들과 비교할 수 있으며, 열쇠 돌출부의 패턴은 이런 뜻에서 복합 기호에, 문장에, 대응하는 게 아니라, 낱말에 대응한다고 말할 수 있을 것이다.

비록 우리가 그런 기제들의 관념을 놀이 42)와 43)에서 B가 행위하는 방식을 기술하기 위한 비유로 사용할지라도, 그러한 기제들이 실제로 이들 놀이에 포함되어 있지는 않다. 자동피아노와 자물쇠란 우리의 예들에서 우리가 "인도되다"란 표현을 사용한 것은 한 가족을 이루는 용법들 가운데 오직 하나의 사용일 뿐이라고 우리는 말해야 할 것이다; 저 예들이 다른 용법들에 대한 은유로서, 묘사 방식들로서 쓰일 수는 있겠지만 말이다.

"인도되다"란 표현의 사용을 "읽기"라는 낱말의 사용을 연구함으로써 연구해 보자. "읽기"로써 내가 여기서 의미하는 것은, 글씨를 소리로 옮기는 활동이며, 또한 구술한 바에 따라 글쓰기, 또는 인쇄물의 한 면을 글로 써서 베끼기 등이다; 이런 뜻에서의 읽기는 당신이 읽는 것을 이해함과 같은 그런 것은 어떤 것도 포함하지 않는다. "읽기"라는 낱말의 사용은 물론 우리의 일상생활의 상황들(이 상황들을 대략적으로나마 기술하기는 대단히 어려울 것이다) 속에서 대단히 친숙하다. 어떤 인물—이를테면 영국인—이 어린아이일 적에 학교에서 또는 집에서 정상적인 방식의 훈련들 중 하나를 거쳤다; 그는 그의 언어를 읽는 법을 배웠고, 나중에 그는 책들을, 신문들을, 편지들 등을 읽는다. 그가 신문을 읽을 때, 무엇이 일어나는가?—그의 눈은 인쇄된 낱말들을 따라 미끄러지듯 나아간다, 그는 그것들을 소리 내어 또는 혼잣말로 발음한다. 그러나 그는 어떤 낱말들은 바로 그것들의 패턴을 하나의 전체로 받아들이면서 발음하고, 다른 낱말들은 그것들의 첫 번째 몇 문자만을 보고 난 후에 발음하며, 또 다른 낱말들은 한 문자 한 문자씩 읽는다. 또한, 어떤 문장을 따라 그의 눈이 미끄러지듯 나아가는 동안에 그가 소리 내어 말하거나 혼잣말을 하지 않았지만, 그가 무엇을 읽었는지를 나중에 질문받았을 때 그가 그 문장을 글자 그대로 또는 약간 다른 낱말로 재생할 수 있다면, 우리는 그가 그 문장을 읽었다고 말할 것이다. 그는 또한 단순히 읽는 기계라고 일컬어질 수 있을 것으로서—내 말뜻은, 자기가 말하는 것에는 아무런 주의를 기울이지 않으면서, 아마도 전적으로 다른 어떤 것에 자신의 주의를 집중하면서—행위를 할 수도 있다. 이 경우 우리는, 만일 그가 믿을 만한 기계처럼 결점 없이 행동한다면, 그는 읽는다고 말할 것이다.—이 경우와 초심자의 경우를 비교하라. 그는 낱말들을 고통스럽게 한 자 한 자 애써 읽음으로써 읽는다. 그렇지만 그는 낱말들 가운데 어떤 것은 그냥 그것들의 문맥들로부터 추측하거나, 혹은 그 단어 한 조각을 외워서 안다. 그러면 선생은, 그는 그 낱말들을 읽고 있는 체하고 있다고,—또는 단순히, 그는 그것들을 읽고 있지 않다고 말한다. 이 예를 고찰하면서, 만일 우리가 '읽기란 무엇인가?' 하고 자문한다면, 그것은 특정한 의식적 정신적 작용이라고 말하는 데로 우리는 기울어질 것이다. 이것이, "오직 그만이 자기가 읽고 있는지를 안다; 그 밖의 누구도 실제로 그것을 알 수 없다"라고 우리가 말하는 경우이다. 그러나 특정 낱말의 읽기에 관한 한, 초심자가 읽는 '체할' 때, 그의 마음속에는 유창한 독자가 그 낱말을 읽을 때 그의 마음속에 일어나는 것과 정확히 같은 것이 일어났을 수 있다는 것을 우리는 인정해야 한다. 우리가 한편으로는 능숙한 독자와 다른 한편으로는 초심자에 관해 이야기할 때, 우리는 "읽기"라는 낱말을 상이한 방식으로 사용하고 있다. 전자의 경우에 우리가 읽기의 한 예라고 부르는 것을 우리는 후자에서는 읽기의 한 예라고 부르지 않는다.—물론 우리는 능숙한 독자와 초심자가 낱말을 발음했을 때 그들에게서 일어난 것이 같았을 수가 없다고 말하는 경향이 있다. 그 차이가 만일 그들의 의식 상태에 놓여 있지 않다면, 그렇다면 그들 마음의 무의식적 영역들 속에, 또는 그들의 뇌 속에 놓여 있다고 하면서 말이다. 여기서 우리는 그 내적인 작동을 우리가 볼 수 있고[27], 또 이 내적인 작동이 어떤 한 인물이 읽고 있음 또는 읽고 있지 않음에 대

---

27 (옮긴이주)《갈색 책》의 독일어 개작본에서는 '볼 수 없고'로 고쳐졌다.

한 진짜 기준이 되는 두 개의 기제를 상상한다. 그러나 사실 그러한 어떤 기제도 이들 경우에 우리에게 알려지지 않았다. 그것을 다음과 같은 식으로 고찰하라:

67). 인간들이나 동물들이 읽는 기계들로 사용되었다고 상상하라; 읽는 기계가 되기 위해서 그들은 특정한 훈련이 필요하다고 가정하자. 그들을 훈련하는 사람은 그들 가운데 일부에 대해서, 그들은 이미 읽을 수 있다고 말하고, 다른 일부에 대해서는, 그들은 읽을 수 없다고 말한다. 지금까지 훈련에 응한 적이 없는 사람의 경우를 택해 보자. 당신이 그의 앞에 인쇄된 어떤 낱말을 둔다면, 그는 때때로 소리들을 낼 것이며, 때로는 이 소리들이 그 인쇄된 낱말에 다소간 대응하는 일이 '우연히' 일어난다. 제3의 인물이, 목하 훈련 중인 그 피조물이 "책상"이란 낱말을 바라보고는 올바른 소리를 내는 것을 듣는다. 그 제3의 인물은 "그는 읽고 있다"라고 말하지만, 선생은 "아니다, 그는 읽고 있지 않다, 그건 단지 우연이다"라고 대답한다. 그러나 이제 그 학생이 다른 낱말들과 문장들을 보았을 때 그가 그것들을 올바로 읽기를 계속한다고 하자. 시간이 좀 지나 선생은, "이제 그는 읽을 수 있다"라고 말한다.—그러나 "책상"이란 그 첫 낱말은 어떠한가? 선생은 "내가 틀렸었다, 그는 그것도 읽었다"라고 말해야 할까, 아니면 그는 "아니다, 그는 단지 나중에야 읽기 시작했다"라고 말해야 할까? 언제 그는 실제로 읽기 시작했는가? 또는 그가 읽은 최초의 낱말, 또는 최초의 문자는 어느 것인가? 여기서 이 물음이, "그가 읽은 최초의 낱말=그가 올바로 읽은 처음 100개의 연속적 낱말 중에서 첫 번째 낱말"과 같은 '인위적인' 설명을 하지 않는다면, 아무런 뜻도 지닐 수 없다는 것은 분명하다.—다른 한편으로, 우리가 "읽기"라는 낱말을, 낱말들을 한 자 한 자 애써 읽는 특정한 의식적 과정이 어떤 인물의 마음속에서 일어나는 경우와 이런 것이 일어나지 않는 경우

를 구별하기 위해 사용한다고 하자.—그러면 읽고 있는 그 인물은 최소한, 이러이러한 낱말이 그가 실제로 읽은 최초의 낱말이라고 말할 수 있을 것이다.—또한, 기호들과 이 기호들에 대한 반응들을 연결하는 하나의 기제인 읽는 기계(예컨대 자동피아노)라는 다른 경우에 우리는 이렇게 말할 수 있을 것이다: "이러이러한 일이 그 기계에 대해 행해진 후에만, 예를 들어 어떤 부분들이 전선들로 연결된 후에만, 그 기계는 실제로 읽는다; 그것이 읽은 첫 번째 문자는 d였다."—

67)의 경우에, 어떤 피조물들을 "읽는 기계들"이라고 부름으로써 우리가 뜻한 것은 단지, 인쇄된 기호들을 봄에 대해 그것들이 특정한 방식으로 반응한다는 것뿐이었다. 봄과 반응함 사이에 어떠한 연관도, 어떠한 내적 기제도, 이 경우에 들어오지 않는다. 그가 실제로 무엇을 했는지에 대해 이 경우 아무 의심이 없으므로, 그가 "책상"이란 낱말을 읽었느냐 읽지 않았느냐는 물음에 대해 훈련사가 "아마 그는 그것을 읽었을 것이다"라고 대답한다면, 그것은 부조리할 것이다. 일어난 변화는 학생의 일반적 행동에서의 변화라고 불릴 수 있을 그런 것이었으며, 우리는 이 경우에 "새로운 시기의 첫 번째 낱말"이란 표현에 대해 의미를 부여한 바가 없다. (이것과 다음의 경우를 비교하라:

. . . .

우리의 도형에서 넓은 간격의 점들이 좁은 간격의 점들의 열 다음에 이어진다. 첫 번째 열에서의 마지막 점은 어느 것이고, 두 번째 열에서의 첫 번째 점은 어느 것인가? 우리의 점들이 사이렌의 회전 디스크에 있는 구멍들이라고 상상하라. 그러면 우리는 낮은 음조의 가락이 높은 음조의 가락을 뒤따르는 것을 (또는 그 역을) 들을 것이다. 당신 자신에게 물어보라: 어느 순간에 낮은 음조의 가락이 시작하고, 어느 순간에 높은 음조의 가락이 끝나는가?)

다른 한편으로, 의식적인 정신적 작용을 읽기와 읽기가 아닌 것을 구별하는 유일하게 진정한 기능으로 간주하려는 커다란 유혹이 존재한다. 왜냐하면 우리는 "틀림없이 사람은 자기가 읽고 있는지 아니면 읽고 있는 체하고 있는지를 언제나 안다"라거나, "틀림없이 사람은 자기가 실제로 읽고 있는 때를 언제나 안다"라고 말하는 경향이 있기 때문이다. A가 러시아어 문장을 하나 암기하고 나서 그 인쇄된 문장을 바라보는 동안 그것을 말함으로써 B를 속이면서, 자기가 키릴 문자를 읽을 수 있다고 B로 하여금 믿게 만들려고 시도한다면, 확실히 A는 자기가 읽는 체한다는 것을 알며, 그가 이 경우에 읽고 있지 않음은 특정한 개인적 경험, 즉 그 문장을 암기해서 말한다고 하는 것에 의해 특징지어진다고 우리는 말할 수 있다. 또한, A가 그것을 암기해서 말할 때 실수를 한다면, 이 경험은 읽을 때 실수를 하는 인물의 경험과는 다를 것이다.

68). 그러나 이제, 유창하게 읽을 수 있었던 어떤 사람이 그가 이전에 전혀 읽어본 적이 없는 문장들을 읽어야 하게끔 되었는데, 그러나 언제나 그 낱말들의 열을 암기해서 안다는 특이한 느낌을 가지고서 이 문장들을 읽는다고 해 보자. 이 경우 우리는 그가 읽고 있지 않다고 말해야 하는가? 즉 우리는 그의 개인적 경험을 읽고 있음과 읽고 있지 않음을 구별하는 기준으로 간주해야 할 것인가?

69). 또는 이런 경우를 상상하라: 존재하는 알파벳 문자들이 아닌 다섯 개의 기호의 한 집단을 어떤 약의 영향 아래에 있는 사람에게 보여 준다; 그리고 그는 그것들을 한 낱말의 철자 하나하나를 애써 읽는다는 모든 외부

적 표시와 개인적 경험을 하면서 살펴보고는, "ABOVE"라는 낱말을 발음한다. (이런 종류의 일이 꿈속에서 일어난다. 깨어난 다음에 우리는 말한다, "나에게는 내가 이 기호들을 읽고 있는 것처럼 보였다, 비록 그것들은 실제로는 전혀 기호들이 아니었지만 말이다".) 그 같은 경우에 어떤 사람들은 그가 읽고 있다고 말했으면 할 것이며, 다른 사람들은 그가 읽고 있지 않다고 말했으면 할 것이다. 우리는 그가 "above"란 낱말의 철자 하나하나를 애써 읽은 후에 우리가 그에게 그 다섯 기호의 다른 조합들을 보여 주었는데, 그가 그것들을 그에게 보여 준 기호들의 그 처음 순열에 대한 그의 읽기와 일관되게 읽는 것을 상상할 수 있을 것이다. 비슷한 일련의 시험들로 우리는 그가 가상적인 알파벳이라고 일컬어질 수 있을 것을 사용했음을 발견할 것이다. 이게 그러하다면, 우리는 "그는 자기가 읽는다고 상상하지만, 실제로 읽고 있는 것은 아니다"라고 말하기보다는, "그는 읽고 있다"라고 기꺼이 말할 것이다.

또한, 어떤 인물이 자기 앞에 인쇄되어 있는 것을 암기해서 아는 경우와 그가 문맥으로부터 추측함, 암기해서 앎 등과 같은 그런 어떠한 도움도 없이 모든 낱말 각각의 문자들을 한 자 한 자 애써 읽는 경우 사이에는 중간 경우들의 연속 열이 존재한다.

1에서 12까지의 기수 열을 암기해서 말하기를 해 보라.―이제 당신 시계의 문자판을 바라보고 이 연속된 수들을 읽으라. 당신 자신에게 물어보라, 이 경우에 당신이 무엇을 읽기라고 불렀는가를. 즉 그것을 읽기로 만들기 위해 당신은 무엇을 했는가?

'만일 어떤 인물이, 그가 산출하는 복사물을 그가 베끼고 있는 모형으로부터 도출한다면, 그는 읽는다'라는 이런 설명을 시도해 보자. (나는 "모형"이란 낱말을, 그가 읽어 내고 있는 것, 예컨대 그가 읽고 있거나 글을 쓰기에서 베끼고 있는 인쇄된 문장들, 또는 42)와 43)에서의 "―― · · ―"와 같이 그가 자신의 움직임들로 "읽고" 있는 기호들, 또는 피아니스트가 보고 치는 악보들 등을 의미하기 위해 사용할 것이다. "복사물"이라는 낱말을 나는, 인쇄된 문장으로부터 말해지거나 글로 씌어 있는 문장, "—·.·—"와 같은 기호들에 따라 만들어진 움직임들, 피아니스트의 손가락 움직임이나 그가 악보로부터 치는 선율 등에 대해 사용한다.) 가령 우리가 어떤 인물에게 키릴 문자를 가르쳤고 각 문자가 어떻게 발음되는지를 가르쳤다면, 그리고 그다음 우리가 그에게 키릴 문자로 인쇄된 인쇄물 한 쪽지를 주었고, 그가 우리가 가르친 대로 각 문자를 발음하는 법에 따라 그것을 한 자 한 자 애써 읽는다면, 의심의 여지 없이 우리는 그가 모든 낱말의 소리를 우리가 그에게 가르친 문자 및 구두 알파벳으로부터 도출하고 있다고 말할 것이다. 그리고 이것 역시 읽기의 분명한 한 경우일 것이다. ("우리는 그에게 알파벳 **규칙**을 가르쳤다",—우리는 이런 표현을 쓸 수도 있을 것이다.)

그러나 보자: 무엇이 우리로 하여금 그는 그 구두 낱말들을 인쇄된 낱말들로부터 알파벳 규칙에 의해 **도출했다**고 말하게 했는가? 우리가 아는 것은, 우리가 그에게 이 낱말은 이런 식으로, 저 낱말은 저런 식으로 (등등) 발음된다고 말했고, 후에 그가 키릴 문자로 된 낱말들을 읽어 내었다는 것이 전부 아닌가? 우리에게 하나의 대답으로 암시되는 것은, 그는 인쇄된 낱말들로부터 구두 낱말들로의 이행을 우리가 그에게 준 알파벳 규칙에 의해 실제로 행했다는 것을 어떻게든 보였어야 한다는 것이다. 그리고 이것을 그가 보인다는 것으로 우리가 뜻하는 것은, 우리가 우리의 예를 바꾸면 확실히 더 분명해질 것이다.

70). 그가 어떤 텍스트를 이를테면 블록 글자체로부터 필기 글자체로 옮겨 씀으로써 읽는다고 가정하라. 왜냐하면 이 경우에 우리는 블록 글자체

알파벳과 필기 글자체의 알파벳을 평행 칸들 속에서 보여 주는 일람표 형식으로 알파벳 규칙이 주어져 왔다고 가정할 수 있기 때문이다. 그러면 그 텍스트로부터 복사물을 도출하기를 우리는 다음과 같은 방식으로 상상할 것이다: 텍스트를 베끼는 인물은 각각의 문자에 대해 일람표를 빈번하게 참조한다, 또는 그는 자기 자신에게 "자, 소문자 a는 어떻게 생겼더라?"와 같은 말을 한다, 또는 그는 그 일람표를 실제로 바라보기를 삼가면서 그것을 마음속에 떠올린다.—

71). 그러나 만일 그가, 이 모든 것을 하면서, "A"를 "b"로, "B"를 "c"로 하는 따위로 옮겨 쓴다면 어찌 될까? 우리는 이것 역시 "읽기", "도출하기"라고 불러야 하지 않을까? 우리는 이 경우, 그는 우리가 다음과 같이 일람표를 왼쪽에서 오른쪽으로 일직선으로 바라보지 않고

다음과 같이

바라보았다면 우리가 사용했을 것처럼 그 일람표를 사용했다고, 이렇게 말함으로써 그의 절차를 기술할 수 있을 것이다. 비록 그가 그 일람표를 쳐다보았을 때 그의 눈 또는 손가락은 실제로는 왼쪽에서 오른쪽으로 수평으로 움직였지만 말이다.—그러나 이제 다음과 같다고 해 보자.

72). 정상적인 쳐다보기 과정을 거치면서, 그는 "A"를 "n"으로, "B"를 "x"로 옮겨 쓴다: 간단히 말해서, 그는 말하자면 아무런 단순한 규칙성을 보이지 않는 화살표 도식에 따라 행동한다. 우리는 이것도 역시 "도출하기"라고 부를 수 없을까?—그러나 다음과 같은 상상을 하라.

73). 그는 이런 방식의 옮겨 쓰기에 매달리지 않았다. 사실상 그는 그 방식을 하나의 단순한 규칙에 따라 바꾸었다: "A"를 "n"으로 옮겨 쓴 후에 그는 그다음 "A"는 "o", 그리고 그다음 "A"는 "p" 등으로 옮겨 쓴다. 그러나 이러한 절차와 전혀 아무런 체계도 없이 옮겨 쓰기를 산출하는 절차 사이에 명확한 선이 어디 있는가? 이에 대해 당신은, "71)의 경우에 당신은 그가 그 일람표를 다르게 이해했다고 명백히 가정했다: 그는 그것을 정상적인 방식으로 이해하지 않았다"라고 말함으로써 반박할지 모르겠다. 그러나 우리는 무엇을 "일람표를 특정한 방식으로 이해함"이라고 부르는가? 그러나 어떤 과정을 당신이 '이해'라고 상상하건 간에, 그것은 내가 기술한 외면적이고 내면적인 도출 과정들과 실제의 옮겨 쓰기 사이에 삽입된 또 하나의 연결물일 뿐이다. 사실, 이해의 이러한 과정은 71)에서 사용된 종류의 도식에 의해 명백히 기술될 수 있으며, 그러면 우리는 다음과 같이 말할 수 있을 것이다. 즉 특정한 경우에 그는 그 일람표를 다음과 같이 쳐다보았다:

그리고 그 일람표를 다음과 같이 이해했다:

그리고 그것을 다음과 같이 옮겨 썼다:

그러나 이것이 "도출하기"(또는 "이해")라는 낱말이 실제로는 아무 의미를 지니지 않는다는 것을 뜻하는가? 왜냐하면 그것의 의미를 추적함으로써 이 것은 서서히 사라져 무(無)가 되는 것처럼 보이니까 말이다. 70)의 경우에 "도출하기"의 의미는 아주 분명하게 드러나 있었지만, 우리는 이것이 도출하 기의 특별한 한 경우일 뿐이라고 우리 자신에게 말했다. 우리에게 도출하기 과정의 본질은 여기서 특수한 옷을 입고 주어져 있었고 우리는 그것에서 이 옷을 벗김으로써 그 본질에 도달해야 할 것처럼 보였다. 이제 71), 72), 73) 에서 우리는 그것의 특이한 의상에 불과한 것처럼 보였던 것을 우리의 경우 로부터 벗겨 내려고 시도하였으나, 단순한 의상들로 보였던 것이 그 경우의 본질적 특징들이었다는 것을 발견했을 뿐이다. (우리는 마치 아티초크의 잎 들을 벗김으로써 진짜 아티초크를 발견하려고 시도한 것과 같다.)[28] "도출하 기"라는 낱말의 사용은 실로 70)에서 제시되어 있다: 즉 이 예는 이 낱말이 사용되는 경우들의 가족 중 하나를 우리에게 보여 주었다. 그리고 이 낱말의 사용에 대한 설명은, "읽기"나 "상징들에 의해 인도됨"이란 낱말의 사용에 대 한 설명처럼, 성격적인 특징들을 내보이는 선별된 예들을 기술함에 본질적으 로 존립하는데, 그 예들 중 어떤 것들은 이 특징들을 과장해서 보이고, 다른 예들은 과도기를 보이며, 어떤 일련의 예들은 그런 특징들이 서서히 사라져 감을 보여 준다. 어떤 사람이 당신에게 아무개 씨 가족의 얼굴 특징들에 대한 관념을 주고 싶어 한다고 상상하라. 그 일을 그는 당신에게 그 가족 초상화들

---

28 (옮긴이주) 아티초크는 양엉겅퀴의 식용 꽃받침인데, 그 잎들이 바로 식용 가능한 부분이므로 그것 들을 벗겨 내고 나면 더 이상 먹을 것이 없게 된다.

의 한 집합을 보여 줌으로써, 그리고 어떤 성격적인 특징들에 당신이 주의하도록 이끎으로써 할 것이다. 그리고 그의 주된 작업은 이 그림들의 적당한 배열에 있을 터인데, 이것은 예를 들어 어떤 영향들이 점차로 이 특징들을 어떻게 변화시켰는가, 그 가족의 성원들이 어떤 특징적인 방식들로 나이를 먹었는가, 그들이 나이를 먹을 때 어떤 특징들이 더 강하게 나타났는가를 당신이 볼 수 있게 할 것이다.

'도출하기', '읽기' 등의 본질을 비본질적인 특징들의 베일을 통해 우리에게 보이는 것은 우리의 예들의 기능이 아니었다: 그 예들은 이런저런 이유로 적나라하게 보일 수 없을 내부를 우리로 하여금 추측하게 하는 외부의 기술들이 아니었다. 우리는 우리의 예들이 어떤 인물의 마음속에 어떤 표상이나 관념을 산출하는 간접적인 수단들이라고—그것들은 그것들이 보일 수 없는 어떤 것을 암시한다고—생각하는 데로 이끌리기가 쉽다. 이것은 다음과 같은 어떤 경우에는 그러할 것이다: 내가 어떤 사람이 입장할 수 없는 특정한 18세기 방의 내부에 대한 어떤 정신적 심상을 그에게 산출하고 싶어 한다고 하자. 나는 그러므로 이러한 방법을 쓴다. 즉 문제의 방의 창문들을 가리키면서, 나는 바깥에서 그에게 그 집을 보여 준다: 더 나아가 나는 같은 시기의 다른 방들 속으로 그를 이끌고 들어간다.—

우리의 방법은 순전히 기술적이다: 우리가 하는 기술들은 설명에 대한 암시들이 아니다.

Ⅱ

1. 우리는 친숙한 대상들을 바라볼 때마다 친숙함의 느낌을 지니는가? 또는 우리는 평소에 그러한 느낌을 지니는가?

우리는 언제 그러한 느낌을 실제로 지니는가?

다음과 같이 묻는 것이 우리에게 도움이 된다: 우리는 무엇을 친숙함의 느낌과 대조하는가?

우리가 그것과 대조하는 하나의 것은 놀람이다.

다음과 같이 말할 수 있을 것이다: "친숙하지 않음은 친숙함보다 훨씬 더 경험의 특징을 지닌다".

우리는 말한다: A가 B에게 일련의 대상들을 보인다. B는 그 대상이 자기에게 친숙한지 친숙하지 않은지를 A에게 이야기해야 한다. 질문은 a) "B는

그 대상들이 무엇인지를 아는가?"이거나 b) "그는 그 특정한 대상을 인지하는가?"일 수 있다.

1). B에게 일련의 장치—저울, 온도계, 분광기 등—를 보여 주는 경우를 택하라.

2). B에게 연필, 펜, 잉크병, 자갈을 보여 준다. 또는:

3). 친숙한 대상들 이외에 그에게는 "그건 마치 어떤 목적에 이바지하는 것처럼 보이나, 그 목적이 무엇인지 나는 모르겠다"라고 그가 말하는 어떤 한 대상을 보여 준다.

B가 어떤 것을 하나의 연필로 인지할 때 무슨 일이 일어나는가?

A가 그에게 막대기같이 보이는 어떤 대상을 보여 주었다고 해 보자. B가 이 대상에 손을 댄다: 갑자기 그것이 분해되어, 한 부분은 뚜껑이, 다른 한 부분은 연필이 된다. B가 "오, 이것은 연필이다" 하고 말한다. 그는 그 대상을 하나의 연필로 인지했다.

4). 우리는 다음과 같이 말할 수 있었다: "B는 연필이 어떻게 생긴 것인지 언제나 알고 있었다: 예를 들어 그는 연필을 그리라고 요구받으면 연필을 그릴 수 있었을 것이다. 그는 자기에게 주어진 대상이 자기가 어느 때건 그릴 수 있을 연필을 하나 포함하고 있었다는 것을 알지 못했다." 이것을 경우 5)와 비교하라.

5). 어떤 낱말이 적힌 종이를 B에게 거꾸로 보여 준다. 그는 그 낱말을 인지하지 못한다. 그 종이가 서서히 회전되고, 마침내 B는 "이제 나는 그것이 무엇인지 알겠다. 그건 '연필'이다"라고 말한다.

우리는 다음과 같이 말해도 될 것이다: "그는 '연필'이란 낱말이 어떻게 생겼는지 언제나 알고 있었다. 그는 자기에게 제시된 낱말이 회전되었을 때, '연필'과 같이 보이리라는 것을 알지 못했다."

4)와 5)의 두 경우 모두에서 당신은 어떤 것이 숨겨져 있었다고 말할지

모른다. 그러나 "숨겨진"의 상이한 적용에 유의하라.

6). 이것과 비교하라: 당신이 편지를 읽는데, 그 낱말들 가운데 하나를 읽을 수가 없다. 당신은 그것이 무엇이어야 하는가를 문맥으로부터 추측한다: 그리고 이제 그것을 읽을 수 있다. 당신은 이 휘갈겨 쓴 것을 *e*로, 두 번째 것은 *a*로, 세 번째 것은 *t*로 인지한다. 이것은 "eat"라는 낱말이 잉크의 얼룩으로 가려 있었고 당신은 이 자리에 "eat"라는 낱말이 있었어야 한다고 단지 추측한 경우와는 다르다.

7). 비교하라: 당신이 어떤 낱말을 보는데, 그것을 읽을 수가 없다. 어떤 사람이 줄표를 덧붙이거나 획을 늘이거나 하는 따위의 일을 하여 그것을 약간 변경한다. 이제 당신은 그것을 읽을 수 있다. 이 변경을 5)에서의 돌려놓음과 비교하라. 그리고 그 낱말이 회전되는 동안 당신은 그것이 변경되지 않았음을 보았다고 할 수 있는 뜻이 존재함을 유의하라. 즉 "그 낱말이 회전되는 동안 나는 그 낱말을 바라보았고, 나는 그것이 내가 그것을 인지하지 못했을 때나 지금이나 같은 것임을 안다"라고 당신이 말하는 경우가 존재한다.

8). A와 B 사이의 놀이가 바로 다음과 같은 데 있다고 해 보자. 즉 B는 자기가 그 대상을 아는지 모르는지를 말해야 하지만, 그것이 무엇인가는 말하지 않는다. 그에게 그가 이전에 결코 본 적이 없는 습도계를 보인 후에, 일상적인 연필 한 자루를 보여 주었다고 해 보자. 습도계를 보였을 때, 그는 자기가 그것과 친숙하지 않다고 말했고, 연필을 보였을 때는, 자기가 그것을 안다고 말했다. 그가 그것을 인지했을 때, 무엇이 일어났는가? 그는 자기가 본 것이 연필이었다고 A에게는 말하지 않았지만, 자기 자신에게는 말해야 했는가? 왜 우리가 이렇게 가정해야 할까?

그렇다면 그가 그 연필을 인지했을 때, 그는 그것을 무엇이라고 인지했는가?

9). 심지어 그가 자기 자신에게 "오, 이것은 연필이다"라고 말했다고 해보자. 당신은 이 경우를 4)나 5)와 비교할 수 있을까? 이들 경우에 우리들은 "그는 이것을 저것으로 인지했다"("이것"으로는 예를 들어 그 덮어 가린 연필을 가리키고 "저것"으로는 일상의 연필을 가리키면서, 그리고 5)에서도 비슷하게 하면서)라고 말했을 수 있을 것이다.

8)에서 연필은 아무런 변화를 겪지 않았고, "오, 이것은 연필이다"란 말은 어떤 범례—그것과 제시된 연필과의 유사점을 B가 인지했던—를 지시하지 않았다.

"연필이란 무엇인가?" 하고 질문을 받았다면, B는 또 하나의 대상을 범례나 예로서 지적하지 않았을 것이고, 그에게 제시된 연필을 곧바로 지적할 수 있었을 것이다.

"그러나 그가 '오, 이것은 연필이다'라고 말했을 때, 그가 그것을 어떤 것으로서 인지하지 않았다면, 어떻게 그는 그것이 연필임을 알았는가?"—이것은 실제로는 "어떻게 그는 '연필'을 이런 종류의 사물에 대한 이름으로 인지했는가?"라고 말하는 것이 된다. 자, 어떻게 그는 그것을 인지했는가? 그는 이 낱말을 말함으로써 이러한 특정한 방식으로 반응했을 뿐이다.

10). 어떤 사람이 당신에게 색깔들을 보여 주고, 그것들의 이름을 지으라고 당신에게 요구한다고 해 보자. 어떤 대상을 가리키면서 당신이 "이것은 빨갛다"라고 말한다. "이것이 빨갛다는 것을 당신은 어떻게 아는가?"라고 질문을 받는다면, 당신은 무엇이라고 대답할까?

물론, 일반적인 설명이 B에게 주어져 있는 경우가 존재한다: 이를테면 "밀랍 서판(書板) 위에 쉽게 쓸 수 있는 도구는 어떤 것이건 우리는 '연필'이라고 부를 것이다"와 같이. 그러면 A는 다른 대상들 가운데서 끝이 뾰족한 어떤 작은 대상 하나를 B에게 보이고, B는 "이것을 가지고 아주 쉽게 쓸 수 있을 것이다"라고 생각한 후에, "오, 이것은 연필이다"라고 말한다. 이 경우에는, 우리는 **도출**이 일어난다고 말할 수 있다. 8), 9), 10)에서는 아무런 도출이 없다. 4)에서 우리는 B가 자기에게 제시된 대상이 하나의 연필이라는 것을 범례에 의해 도출했거나, 그렇지 않으면 그러한 어떤 도출도 일어나지 않았을 것이라고 말할 수 있을 것이다.

자, B는 자기가 알지 못한 도구들을 본 후에 연필을 보았을 때 친숙함의 느낌을 지녔다고 우리는 말해야 할까? 실제로 무엇이 일어났을까를 상상해 보자. 그는 연필을 보았다, 미소 지었다, 안도감을 느꼈다, 그리고 그가 본 대상의 이름이 그의 마음속으로 또는 입속으로 들어왔다.

자, 안도의 느낌이 바로 낯선 사물들에서 친숙한 사물들로 넘어가는 경험을 특징짓는 것 아닌가?

2. 우리는 우리가 다음과 같이 상이한 경우에 긴장과 이완, 완화, 팽팽함과 휴식을 경험한다고 말한다: 어떤 사람이 무거운 짐을 팔을 뻗어 들고 있다: 그의 팔, 그의 온몸이 긴장 상태에 있다. 우리가 그에게 짐을 내려놓게 하자, 긴장이 풀린다. 어떤 사람이 달리고 나서, 쉰다. 그가 유클리드 기하학에서의 어떤 문제의 해법에 관해 열심히 생각한다, 그리고 나서 그것을 발견하고 긴장이 풀린다. 그가 어떤 이름을 기억 하려고 애쓴다, 그리고 그것을 발견하자 긴장이 풀린다.

"이 모든 경우는 우리로 하여금 그것들이 긴장과 이완의 경우들이라고 말하게 할 무엇을 공유하고 있는가?", 만일 우리가 이렇게 묻는다면 어떻게 될까?

우리가 어떤 한 낱말을 기억하려고 노력할 때, 무엇이 우리로 하여금 "우리의 기억 속에서 탐색하다"라고 하는 표현을 사용하게 하는가?

"당신의 기억 속에서 어떤 한 낱말을 찾는 것과 공원에서 내 친구를 찾는 것 사이의 유사점은 무엇인가?"라는 질문을 해 보자. 이러한 물음에 대한 대답은 무엇일까?

한 종류의 대답은 분명 일련의 중간 경우들을 기술하는 데 있을 것이다. 당신의 기억 속에서 어떤 것을 찾기와 가장 비슷한 경우는 공원에서 내 친구를 찾는 경우가 아니라, 이를테면 사전에서 어떤 낱말의 철자법을 찾아보는 경우라고 말할 수 있을 것이다. 그리고 경우들은 계속해서 삽입될 수 있을 것이다. 유사점을 지적하는 또 하나의 방식은, 예를 들어, "이 두 경우에 처음에는 우리가 그 낱말을 적어 놓을 수 없다가 그 다음에는 적을 수 있다"라고 말하는 것일 것이다. 이것이 우리가 공통의 특징을 지적한다고 부르는 것이다.

그런데 기억하려고 노력하는 경우에 "탐색하다", "찾다" 등의 말을 사용하도록 우리가 부추김을 받을 때, 우리가 이처럼 지적된 유사점들을 의식할 필요는 없다는 것을 유의하는 것이 중요하다.

다음과 같이 말하고 싶을 사람이 있을지도 모르겠다: "분명 어떤 하나의 유사점이 우리에게 와 닿아야 한다, 그렇지 않으면 우리는 같은 낱말을 사용하고 싶은 마음이 나지 않을 게다."—그 진술을 다음 진술과 비교하라: "우리가 같은 그림을 사용해 그 두 경우 모두를 나타내고 싶어지기 위해서는, 이 경우들 사이의 어떤 한 유사점이 우리에게 와 닿아야 한다." 이것은 어떤 행위가 이 그림을 사용하는 행위에 선행해야 한다는 말이다. 그러나 "우리에게 와 닿는 유사점"이라고 불리는 것이, 같은 그림을 우리가 사용함에 (부분적으로 또는 전적으로) 있어서는 왜 안 될까? 그리고 그것이, 같은 어구를 사용하도록 우리가 부추김을 받음에 (부분적으로 또는 전적으로) 있어서는 왜 안 될까?

우리는 말한다: "이 그림이(또는 이 어구가) 불가항력적으로 우리 머리에 떠오른다." 자, 이것은 하나의 경험이 아닌가?

여기서 우리는, 대충 표현하자면, 어떤 낱말의 문법이 모종의 중간 단계의 '필연성'을 암시하는 것으로 보이는—비록 그 낱말은 사실 그러한 중간 단계가 없는 경우들에 사용되지만—경우들을 다루고 있다. 가령 우리는 다음과 같이 말하는 경향이 있다: "사람은 명령에 복종하기 전에 그 명령을 이해해야 한다", "그는 자기의 고통을 지적할 수 있기 전에 그것이 어디 있는지를 알아야 한다", "그는 노래를 부를 수 있기 전에 그 곡을 알아야 한다" 등등.

다음과 같은 질문을 해 보자: 내가 어떤 사람에게 여러 가지 붉은 대상들을 가리키고 지시적 설명을 함으로써 "빨강"이란 낱말을(또는 "빨강"이란 낱말의 의미를) 설명했다고 해 보자.—"이제 그가 그 의미를 이해했다면, 내가 그에게 붉은 대상을 하나 가져오라고 요청하면 그는 나에게 그것을 가져올 것이다"라고 말하는 것은 무엇을 뜻하는가? 이것은 다음과 같은 것을 말하는 것으로 보인다: 내가 그에게 보여 준 모든 대상들 사이에서 공통적인 것을 그가 정말 포착했다면, 그는 나의 명령을 따를 위치에 있을 것이다. 그러나 이들 대상에 공통적인 것은 무엇인가?

당신은 연한 빨강과 진한 빨강 간에 무엇이 공통적인가를 나에게 말해 줄 수 있을까? 이것을 다음의 경우와 비교하라: 나는 당신에게 상이한 두 풍경에 대한 두 개의 그림을 보여 준다. 두 그림 모두에는, 다른 많은 대상 가운데, 수풀의 그림이 있고, 그것은 두 그림 모두에서 정확히 비슷하다. 나는 당신에게 "이 두 그림에 공통으로 있는 것을 지적하라"라고 요청하고, 당신은 그에 대한 대답으로서 이 수풀을 지적한다.

이제 다음과 같은 설명을 숙고하라: 내가 어떤 사람에게 여러 가지 것들을 포함하고 있는 상자 두 개를 주고, "두 상자에 공통으로 있는 대상은 '토스트용 포크'라고 불린다"고 말한다. 나에게 이 설명을 듣는 사람은 그 두 상자에 공통으로 있는 대상을 발견할 때까지 그 두 상자에 있는 대상들을 분류해야 한다: 그리고 그로써—우리는 이렇게 말할 수 있을 것이다—그는 지시적 설명에 도달한다. 또는 다음의 설명을 숙고하라: "이들 두 그림에서 당신은 많은 색깔들의 반점을 본다: 두 경우 모두에서 당신이 발견하는 그 한 색깔은 '연한 자줏빛'이라고 불린다".—이 경우에 "만일 그가 이들 두 그림 간에 공통적인 것을 보았다면(또는 발견했다면), 그는 이제 나에게 연한 자줏빛 대상을 가져올 수 있다"라고 말하는 것은 명료한 뜻을 지닌다.

또한, 다음과 같은 경우도 있다: 내가 어떤 사람에게 "나는 당신에게 여러 가지 대상들을 보여 줌으로써 당신에게 'w'란 낱말을 설명할 것이다. 그것들 모두에 공통적인 것이 'w'가 의미하는 것이다"라고 말한다. 처음에 나는 그에게 책을 두 권 보여 준다. 그리고 그는 "'w'는 '책'을 가리키는가?" 하고 자문한다. 그다음에 나는 벽돌 하나를 가리킨다. 그리고 그는 "아마 'w'는 '평행육면체'를 의미할 것이다"라고 자기 자신에게 말한다. 마지막으로 나는 시뻘건 석탄을 가리킨다. 그리고 그는 "오, 그가 의미하는 것은 '빨강'이다, 왜냐하면 이 모든 대상은 붉은 어떤 것을 지니기 때문이다"라고 자기 자신에게 말한다. 이 놀이의 다른 또 하나의 형식을 고찰한다면 흥미 있을 것이다. 거기서 그 사람은 내가 의미하는 것이라고 그가 생각하는 것을 각 단계에서 선으로 그리거나 물감으로 그려야 한다. 이 이형(異形)의 흥미는 다음과 같은 점에 놓여 있다. 즉 그가 무엇을 그려야 하는지는 어떤 경우에는 아주 명백할 것이다: 이를테면, 내가 지금까지 그에게 보인 모든 대상이 어떤 하나의 상표(그는 그 상표를 그렸었다)를 지니고 있다는 것을 볼 때는.— 다른 한편으로, 각 대상에 붉은 어떤 것이 있다는 것을 그가 인지한다면, 무엇을 그려야 할까? 붉은 반점? 그리고 어떤 모양과 어떤 색조의 붉은 반점? 여기서 하나의 규약이 정해져야 할 것이다. 이를테면, 울퉁불퉁한 가장자리가 있는 붉은 반점을 그린다는 것은 그 대상들이 울퉁불퉁한 가장자리가 있는 붉은 반점을 공유한다는 것을 뜻하지 않고, 붉은 어떤 것을 지닌다는 것을 뜻한다.

만일 당신이 어떤 사람에게 여러 가지 색조의 붉은 반점들을 가리키면서, "이것들은 무엇을 공유하기에 당신으로 하여금 이것들은 붉다고 부르게 하는가?"라고 묻는다면, 그는 "모르시겠소?" 하고 대답하고 싶을 것이다. 그리고 이것은 물론 공통 요소를 지적하는 것이 아닐 것이다.

만일 어떤 사람이 내가 "x"에 대한 설명으로 그에게 가리킨 여러 가지 대상들에 공통적인 것을 보지 못한다면, 그는 이를테면 "나에게 x를 가져오라"라고 하는 형식의 명령을 수행할 수 없다는 것을 경험이 우리에게 가르쳐 주는 경우들이 존재한다. 그리고 '그것들이 공유하는 것을 봄'은 그것을 가리킴에, 정밀 조사와 비교의 과정 후에 시선을 어떤 하나의 채색 반점에 머무르게 함에, 자기 자신에게 "오, 그가 뜻하는 것은 빨강이다"라고 말함에, 그리고 아마도 여러 가지 대상들에 있는 붉은 반점 모두를 동시에 일별함에 등등에 있었다.—다른 한편으로, '공통적인 것을 봄'이라고 하는 이러한 중간자와 비교할 수 있는 어떤 과정도 일어나지 않는, 그러면서도 우리가 그 구절을 쓰는 경우들이 존재한다: 비록 이 경우 우리는 다음과 같이 말해야 하지만 말이다: "그에게 이것들을 보여 준 후에 그가 나에게 다른 하나의 붉은 대상을 가져온다면, 그는 내가 그에게 보여 준 대상들의 공통적 특징을 보았다고 나는 말할 것이다." 명령을 수행함은 이제, 그가 이해했음에 대한 기준이다.

3. '왜 당신은 이 모든 상이한 경험들을 "긴장"이라고 부르는가?' '왜냐하면 그것들은 어떤 요소를 공유하니까.'—'육체적 긴장과 정신적 긴장이 공유하는 것은 무엇인가?'—'나는 모른다, 그러나 명백히 어떤 유사점이 존재한다.'

그렇다면 왜 당신은 그 경험들이 어떤 것을 공유한다고 말했는가? 이 표현은 현재의 경우를, 두 경험이 어떤 것을 공유한다고 우리가 원래 말하는 그런 경우들과 비교하지 않았는가? (예를 들면, 우리는 기쁨과 공포의 어떤 경험들은 심장 박동의 느낌을 공유한다고 말할 수 있을 것이다.) 그러나 긴장의 두 경험이 어떤 것을 공유한다고 말했을 때, 이는 그것들이 비슷하다고 하는 말의 다른 표현이었을 뿐이다. 그렇다면 그 유사점이 어떤 하나의 공통적인 요소의 발생에 있다고 말하는 것은 아무런 설명도 아니었다.

또한 우리는, 당신이 그 두 경험을 비교했을 때 당신은 유사점의 느낌을 지녔으며, 이것이 당신으로 하여금 그 둘 모두에 대해 같은 낱말을 사용하게 했다고 말할까? 만일 당신이, 당신은 유사점의 느낌을 지녔다고 말한다면, 그것에 대해 조금 질문을 해 보자:

당신은 그 느낌이 여기 또는 저 위치에 있었다고 말할 수 있을까?

당신은 언제 실제로 이러한 느낌을 지녔는가? 왜냐하면, 그 두 경험을 비교한다고 우리가 부르는 것은 아주 복잡한 활동이기 때문이다: 아마 당신은 그 두 경험을 당신 마음속에 불러내었고, 육체적 긴장을 상상하는 것은, 그리고 정신적 긴장을 상상하는 것은, 각각 그 자체로 하나의 과정을 상상하는 것이었으며, 시간 내내 균일한 하나의 상태가 아니었다. 그렇다면 이 모든 것이 일어나는 동안의 어느 시간에 당신이 유사점의 느낌을 지녔는가 자문해 보라.

'그러나 만일 내가 그것들의 유사점에 대해 아무 경험이 없었다면, 틀림없이 나는 그것들이 비슷하다고 말하지 않을 것이다.'—그러나 이 경험이 당신이 하나의 느낌이라고 부를 어떤 것이어야 하는가? 그것이 "비슷한"이라는 낱말이 당신 머리에 떠올랐다고 하는 경험이었다고 잠시 가정해 보자. 당신은 이것을 하나의 느낌이라고 부를 것인가?

'그러나 유사점에 대한 아무런 느낌도 없는가?'—나는 유사점에 대한 느낌들이라고 불릴지 모르는 느낌들이 존재한다고 생각한다. 그러나 당신이

'유사점을 알아차릴' 경우, 당신이 언제나 그러한 어떤 느낌을 지니지는 않는다. 당신이 그러할 경우 당신이 하는 상이한 경험들 가운데 어떤 것들을 생각해 보라.

a) 거의 구별할 수 없음이라고 불릴 수 있을 터인, 일종의 경험이 존재한다. 예를 들어, 당신은 거의 정확히 비슷한 두 길이, 두 색을 본다. 그러나 "이 경험은 특이한 느낌을 지님에 있는가?" 하고 내가 자문한다면, 그것은 물론 그러한 어떤 느낌만으로 특징지어지지 않는다고, 그 경험의 가장 중요한 부분은, 나의 시선을—때로는 그 하나에, 때로는 다른 하나에 의도적으로 고정시키면서, 아마도 의심을 표현하는 말을 하면서, 나의 머리를 흔들면서 등등—그 두 대상 사이에서 흔들리게 하는 것이라고 나는 말해야 할 것이다. 이 다양한 경험들 사이의 유사점에 대한 느낌을 위해서는 거의 어떤 여지도 남아 있지 않다고 말할 수 있을 것이다.

b) 이것과, 두 대상을 구별하는 데 어떠한 어려움을 가지는 것도 불가능한 경우를 비교하라. 내가 "강한 대조를 피하려고, 나는 이 비슷한 색깔들의 화단에 있는 두 종류의 꽃을 가지고 싶다"라고 말한다고 상상해 보라. 여기에서 경험은, 그 하나로부터 다른 하나로 쉽게 시선이 미끄러짐이라고 기술될 수 있는 그런 것일 것이다.

c) 내가 어떤 주제의 변주에 귀를 기울이고, "나는 아직 어떻게 이것이 그 주제의 변주인지 모르지만, 모종의 유사점을 본다"라고 말한다. 여기서 일어난 것은, 그 변주의 어떤 지점들에서, 그 주조음(主調音)의 어떤 전환점들에서, 나는 '내가 그 주제에서 어디에 있는지 앎'이라고 하는 경험을 했다는 것이었다. 그리고 이 경험은 다시, 그 주제의 어떤 음형(音型)들을 상상함에, 또는 그것들이 내 마음 앞에 씌어 있음을 봄에, 또는 악보에서 그것들을 실제로 가리킴에 등등에 있을 수 있을 것이다.

'그러나 두 색깔이 비슷할 때, 유사점의 경험은 분명 그것들 사이에 존재하는 유사점을 알아봄에 있을 것이다.'—그러나 파란빛을 띤 초록은 노란빛을 띤 초록과 비슷한가, 비슷하지 않은가? 어떤 경우에는 우리는 그것들이 비슷하다고 말할 것이고, 다른 경우에는 그것들이 매우 비슷하지 않다고 말할 것이다. 그 두 경우에 우리가 그 두 색깔 사이의 상이한 관계들을 알아보았다고 말하는 것은 올바를까? 파란빛을 띤 초록이 점차 순수한 초록으로, 노란빛을 띤 초록으로, 노랑으로, 그리고 주황으로 변하는 과정을 내가 관찰했다고 해 보자. "파란빛을 띤 초록으로부터 노란빛을 띤 초록으로 되는 데는 짧은 시간밖에 걸리지 않는다, 왜냐하면 이 색깔들은 비슷하니까"라고 나는 말한다.—그러나 이렇게 말할 수 있기 위해서 당신은 유사점에 관한 어떤 경험을 해야 했지 않았는가?—그 경험은 그 두 색깔을 보고 그 둘이 다 초록색이라고 말함, 이것일 수 있다. 또는 그것은, 기술된 방식으로 그 색깔이 한쪽 끝에서 다른 쪽 끝으로 변하는 어떤 하나의 띠를 보고 파란빛을 띤 초록과 주황에 비해 파란빛을 띤 초록과 노란빛을 띤 초록이 얼마나 서로 가까운가를 알아봄이라고 불릴 수 있는 경험들 가운데 어떤 하나를 가짐, 이것일 수 있다.

우리가 "비슷한"이라는 낱말을 사용하는 경우들은 하나의 거대한 가족을 이루고 있다.

우리가 "긴장"이라는 낱말을 정신적 긴장과 육체적 긴장 둘 다에 대해 사용하는 것은 그것들 사이에 어떤 유사점이 있기 때문이라고 말하는 데에는 주목할 만한 어떤 것이 있다. 당신은 우리가 "청색"이란 낱말을 옅은 청색과 짙은 청색 둘 다에 대해 사용하는 것이 그것들 사이에 하나의 유사점이 있기 때문이라고 말할 것인가? 만일 당신이, "왜 당신은 이것도 '청색'이라고 부르는가?" 하고 질문을 받는다면, 당신은 "왜냐하면 이것 역시 청색이니까"라고 말할 것이다.

이에 대한 설명으로 다음과 같은 것이 제안될 수도 있을 것이다. 즉 이 경우 당신은 그 두 색깔 사이에 공통으로 있는 것을 '청색'이라고 부른다는 것, 그리고 만일 당신이 그 두 긴장의 경험 간에 공통으로 있는 것을 "긴장"이라고 부른다면, "그것들이 어떤 유사점을 지니고 있기 때문에 나는 그것들을 둘 다 '긴장'이라고 부른다"라고 말하는 것은 잘못이었을 것이라는 것, 그러나 당신은 "그 양자 속에 긴장이 현존해 있기 때문에 나는 '긴장'이라는 낱말을 그 두 경우 모두에서 사용한다"라고 말해야 했으리라는 것이다.

이제, "옅은 청색과 짙은 청색은 무엇을 공유하는가?"라고 하는 물음에 우리는 뭐라고 대답해야 할까? 처음 보기에 그 대답은 명백히, "그것들은 둘 다 청색 색조이다"라고 보인다. 그러나 이것은 실제로는 동어반복이다. 그러므로 "내가 가리키고 있는 이 색깔들은 무엇을 공유하는가?"라고 물어보자. (하나는 옅은 청색이고, 다른 하나는 짙은 청색이라고 해 보자.) 이에 대한 대답은 실제로는, "나는 당신이 무슨 놀이를 하고 있는지 모르겠다"여야 한다. 그리고 그것들이 뭔가를 공유한다고 내가 말해야 하는지는, 그리고 그것들이 무엇을 공유한다고 내가 말해야 하는지는, 이 놀이에 달려 있다.

다음과 같은 놀이를 상상하라: A가 B에게 색 견본들을 보여 주고, 그것들이 무엇을 공유하는지를 묻는다. B는 특정한 원색(原色)을 가리킴으로써 대답해야 한다. 예를 들어, A가 분홍색과 주황색을 가리키면 B는 순수한 빨간색을 가리켜야 한다. A가 초록빛을 띤 청색의 두 색조를 가리킨다면, B는 순수한 초록과 순수한 청색을 가리켜야 한다. 등등. 이 놀이에서 A가 B에게 옅은 청색과 짙은 청색을 보이고, 그것들이 무엇을 공유하는가를 묻는다면, 그 대답이 무엇인지에 대해서는 아무 의심이 없을 것이다. 그가 순수한 빨강과 순수한 초록을 가리켰다면, 그 대답은, 이것들은 아무것도 공유하지 않는다는 것일 것이다. 그러나 그것들은 어떤 것을 공유한다고 우리가 말할 터이고 또 그것이 무엇인지 주저하지 않고 말할 상황들을 나는 쉽게 상상할 수 있을 것이다: 한편으로는 초록과 빨강에 대한 공통적 이름이 있었고 다른 한편으로는 노랑과 청색에 대한 공통적 이름이 있었던 언어 사용(하나의 문화)을 상상하라. 예를 들어, 붉은색과 초록색의 의복들을 입고 있는 귀족 계급과 청색과 노란색의 의복들을 입고 있는 평민 계급의 두 카스트가 있었다고 해 보자. 노란색과 청색은 둘 다 언제나 평민 색깔로 언급되곤 하였다. 붉은색 견본과 초록색 견본이 무엇을 공유하는지 질문을 받는다면, 이 부족 사람은 주저 없이, 그것들은 둘 다 귀족적이라고 말할 것이다.

우리는 또한 옅은 청색과 짙은 청색에 대한 공통적 표현이 존재하지 않는, 전자는 이를테면 "케임브리지"라고 불리고 후자는 "옥스퍼드"라고 불리는 언어(그리고 그것은 다시 하나의 문화를 의미한다)를 쉽게 상상할 수 있을 것이다. 당신이 이 부족의 사람에게, 케임브리지와 옥스퍼드는 무엇을 공유하느냐고 묻는다면, 그는 "아무것도 없다"라고 대답하는 쪽으로 기울 것이다.

다음 놀이를 위의 것과 비교하라: B에게 어떤 그림들이, 채색 반점들의 어떤 조합이 제시된다. 이 그림들이 무엇을 공유하느냐고 물으면, 그는, 이를테면, 그 둘 모두에 빨간 반점이 있을 경우에는 빨간 견본을 가리켜야 하고 그 둘 모두에 초록 반점이 있을 경우에는 초록을 가리켜야 하고 등등을 해야 한다. 이것은 당신에게 이 동일한 대답이 어떤 상이한 방식들로 사용될 수 있는지를 보여 준다.

"'청색'으로 나는 이 두 색깔이 공유하는 것을 의미한다"와 같은 설명을 고려하라.―자, 어떤 사람은 이 설명을 이해한다고 하는 게 가능하지 않은가? 예를 들어, 또 하나의 청색 대상을 가져오라는 명령을 받고, 그는 이 명령을 만족스럽게 수행할 것이다. 그러나 아마도 그는 붉은 대상을 가져올 것이며, 우리는 다음과 같이 말하고 싶어질 것이다: "그는 우리가 그에게 보여 준 견본들과 저 붉은 것 사이에서 어떤 종류의 유사점을 알아차린 것으로 보인다."

주의: 어떤 사람들은 우리가 그들을 위해 피아노에서 치는 음표를 노래 부르라고 요구받을 때, 규칙적으로 그 음표의 5도 음정을 부른다. 그것은 어떤 한 언어가 모종의 음표와 그것의 5도 음정에 대해서만 하나의 이름을 가질 것이라고 상상하기 쉽게 만든다. 다른 한편으로, "하나의 음표와 그것의 5도 음정은 무엇을 공유하는가?"라는 물음에 우리는 대답하기가 당혹스러울 것이다. 왜냐하면 "그것들은 모종의 친화성을 지니고 있다"라고 말하는 것은 물론 아무런 대답도 아니기 때문이다.

여기서 "모종의(a certain)"란 낱말의 문법(사용)에 대한 하나의 그림을 주는 것이 우리의 일들 가운데 하나이다.

우리가 "청색"이란 낱말을 '이 모든 색조가 공유하는 것'을 의미하기 위해 사용한다고 말하는 것 자체는, 우리가 "청색"이란 낱말을 이 모든 경우에 사용한다는 것 이상은 아무것도 말해 주지 않는다.

그리고 "그는 이 모든 색조가 공유하는 것을 본다"란 문구는 온갖 종류의 상이한 현상들을 지시할 수 있다. 즉 온갖 종류의 현상들이 '이 모든 색조가 공유하는 것을 그가 봄'에 대한 기준으로 사용된다. 또는 일어나는 것은, 다른 하나의 청색 색조를 가져오라고 요구받을 때 그가 우리의 명령을 만족스럽게 수행한다는 것이 전부일 수 있다. 또는 우리가 그에게 청색의 상이한 견본들을 보여 줄 때, 순수 청색의 반점이 그의 마음의 눈앞에 나타날 수 있다. 또는 그는 우리가 그에게 견본으로 보여 준 적이 없는 어떤 다른 색조의 청색 쪽으로 본능적으로 머리를 돌릴 수 있다 등등, 등등.

이제 우리는 정신적 긴장과 육체적 긴장이 '긴장들'이라고 같은 뜻에서 말해야 하는가, 또는 다른(또는 '조금 다른') 뜻에서 말해야 하는가?—그 대답에 관해 우리에게 의심의 여지가 없는 그런 종류의 경우들이 존재한다.

4. 이런 경우를 생각해 보라: 우리는 어떤 사람에게 "더 어두운"이란 낱말과 "더 밝은"이라는 낱말의 사용을 가르쳤다. 그는, 예를 들어, "내가 당신에게 보이고 있는 것보다 더 어두운 색깔로 이 부분을 칠하라"와 같은 명령을 수행할 수 있을 것이다. 이제 내가 그에게 이렇게 말했다고 해 보자: "a, e, i, o, u 다섯 모음에 귀를 기울이고, 그것들을 어둡기의 순서로 배열하라." 그는 그저 난감한 얼굴을 하고, 아무것도 하지 못할 수 있다. 그러나 그는 그 모음들을 모종의 순서로 (대부분 i, e, a, o, u의 순서로) 배열할지 모른다(그리고 어떤 사람은 그렇게 할 것이다). 이제 우리들은 이렇게 상상하는지 모른다. 즉 모음들을 어둡기의 순서로 배열하는 것은, 어떤 하나의 모음이 소리 났을 때 모종의 색깔이 사람 마음속에 나타났다는 것, 그런 다음 그가 이 색깔들을 어둡기의 순서대로 배열했고 그에 상응하는 모음들의 배열을 당신에게 이야기했다는 것을 전제했다고 말이다. 그러나 이런 일이 실제로 일어날 필요는 없다. 어떤 인물은 "모음들을 그것들의 어둡기 순서로 배열하라"라는 명령을 그의 마음의 눈앞에서 아무런 색깔도 보지 않고도 따를 것이다.

이제 그러한 인물이, u가 '실제로' e보다 더 어둡냐고 질문받으면, 거의 확실하게 그는 "그것이 실제로 더 어둡지는 않지만, 어쩐지 그것은 나에게 더 어두운 인상을 준다"와 같은 어떤 대답을 할 것이다.

그러나 만일 우리가 그에게, "도대체 무엇이 당신으로 하여금 '더 어두운'이란 낱말을 이 경우에 사용하게 했는가?"라고 묻는다면 어떻게 될까?

우리는 다시 "그는 두 색깔 사이의 관계와 두 모음 사이의 관계에서 공통적인 어떤 것을 보았음이 틀림없다"라고 말하고 싶어질 것이다. 그러나 이 공통적인 요소가 무엇인지를 그가 명시할 수 없다면, 이것은 그가 "더 어두운"이란 낱말과 "더 밝은"이란 낱말을 이 두 경우 모두에 사용하도록 북돋우어졌다는 사실을 우리에게 남길 뿐이다.

왜냐하면, "그는······어떤 것을 보았음이 틀림없다"에서 "틀림없다"란 낱말을 주목하라. 당신이 그 말을 했을 때, 당신은 당신이 과거의 경험에 근거해 그가 아마도 어떤 것을 보았다고 결론 내린다는 것을 뜻하지 않았다. 그리고 바로 그 때문에, 이 문장은 우리가 아는 것에 아무것도 보태고 있지 않으며, 사실은 그것을 기술하는 다른 형태의 말을 제안하고 있을 뿐이다.

만일 어떤 사람이 "나는 모종의 유사점을 보기는 한다, 다만 그걸 기술할 수는 없다"라고 말한다면, 나는 "이것 자체가 당신의 경험을 특징짓고 있다"라고 말할 것이다.

당신이 두 얼굴을 보고, "그 두 얼굴은 비슷하지만, 나는 그것들에서 비슷한 것이 무엇인지 모르겠다"라고 말한다고 하자. 그리고 잠시 후에 당신이 이렇게 말했다고 하자: "이제 알겠다: 그들의 눈이 같은 모습을 하고 있다." 나는 말할 것이다, "이제 그것들의 유사점에 대한 당신의 경험은, 당신이 유사점을 보기는 했으나 그것이 무엇에 놓여 있는지를 몰랐을 때와는 다르다"라고. 이제 "무엇이 당신으로 하여금 '더 어두운'이란 낱말을……사용하게 했는가?"라고 하는 물음에 대해, 그 대답은 다음과 같을 수 있다: "나로 하여금 '더 어두운'이란 낱말을 사용하게 한 것은 아무것도 없다,—즉 당신이 나에게 묻는 것이, 내가 그것을 사용하는 이유라면 말이다. 나는 그것을 그저 사용했다. 그리고 더욱이, 나는 그것을, 내가 그 낱말을 색깔들에 적용할 적에 어떤 경우 사용하고 싶어질 것과 같은 목소리의 억양을 하고서, 또 아마도 같은 표정과 몸짓을 하고서 사용했다."—우리가 깊은 슬픔, 깊은 소리, 깊은 우물에 관해 말할 때는, 이것을 보기가 더 쉽다. 어떤 사람들은 1주(週)의 기름진 날들과 기름기 없는 날들을 구별할 수 있다.[29] 그리고 그들이 어떤 날을 기름진 날이라고 여길 때의 그들의 경험은, 이 낱말을 아마도 기름짐을 표현하는 어떤 몸짓과 더불어 모종의 위안을 느끼면서 적용

---

29 (옮긴이주) 비트겐슈타인의 《철학적 탐구》(개정판) II부 xi[274]와 옮긴이주 참조.

함에 있다.

그러나 당신은 이렇게 말하고 싶을지 모른다. 즉 그 낱말과 몸짓의 이러한 사용은 그들의 일차적인 경험이 아니라고. 무엇보다 먼저 그들은 그날이 기름지다고 생각을 해야 하고, 그다음 그들은 이 생각을 낱말이나 몸짓으로 표현한다고 말이다.

그러나 왜 당신은 "그들은 ……해야 한다"라는 표현을 사용하는가? 이 경우 당신은 "생각함, 등등"이라고 당신이 부를 경험에 대해 알고 있는가? 왜냐하면, 그렇지 않다면, 당신으로 하여금 "그는 ……하기 전에 생각을 품었어야 한다"라고 말하게 한 것은 이른바 언어적 선입견이라고 할 수 있을 바로 그것이 아닌가?

오히려, 이 예 및 다른 예들로부터 당신은, 우리가 특정한 경험을 말이나 몸짓으로 표현하기 전에 그것을 "이러이러한 것이 사실임을 주목함, 봄, 생각함"이라고 부를 수 있는 경우들이 존재한다는 것을 배울 수 있으며, 또 생각함의 경험에 관해 기왕 우리가 이야기한다면, 우리는 이 낱말을 어떤 말, 몸짓 등을 사용함의 경험에 적용해야 하는 다른 경우들이 존재한다는 것을 배울 수 있다.

"u는 실제로는 e보다 더 어둡지 않다"라고 그 사람이 말했을 때, 그가 "더 어둡다"란 낱말은 '한 색이 다른 색보다 더 어둡다'라고 말할 때와 또 한편으로 '한 모음이 다른 한 모음보다 더 어둡다'라고 말할 때 상이한 뜻으로 사용되었다고 말하려 했다는 것은 본질적이다.

이런 예를 고려하라: 우리가 어떤 사람에게 "초록", "빨강", "파랑"이란 낱말들을 사용하는 법을 이 색깔들의 반점들을 가리킴으로써 가르쳤다고 하자. 우리는 그에게, "나에게 붉은 어떤 것을 가져오라!"라고 명령받았을 적에 모종의 색깔을 띤 대상들을 우리에게 가져오고, 수북한 더미에서 다양한 색깔의 대상들을 선별하는 따위의 일을 하게 가르쳤다. 이제 우리가 그

에게 어떤 나뭇잎 더미—그것들 중 일부는 조금 붉은빛을 띤 갈색이고, 다른 것들은 조금 초록빛을 띤 노랑이다—를 보여 주고, 그에게 "붉은 잎들과 초록 잎들을 분리해 별개의 더미에 놓으라"라고 하는 명령을 한다고 하자. 십중팔구, 그는 이 명령을 받고 초록빛을 띤 노란 잎들을 붉은빛을 띤 갈색 잎들로부터 분리할 것이다. 자, 우리는 여기서 우리가 '붉은'이란 낱말과 '초록'이란 낱말을 이전 경우들에서처럼 사용했다고 말해야 하는가? 아니면 우리는 그것들을 상이하지만 비슷한 뜻으로 사용했는가? 후자의 견해를 채택할 어떤 이유가 주어질 수 있을까? 붉은 반점을 칠하라고 요구받으면, 우리들은 틀림없이 조금 붉은빛을 띤 갈색 반점을 칠하지 않았을 것이라는 점이 지적될 수 있을 것이며, 그러므로 우리들은 "붉은"이 그 두 경우에 다른 어떤 것을 의미한다고 말할 수 있을 것이다. 그러나 그것은 오직 하나의 의미를 지니고 있었다, 그러나 물론 상황에 따라 사용되었다, 이렇게 내가 말해서는 왜 안 되는가?

문제는 이것이다: 우리는 낱말이 두 가지 의미를 지닌다고 하는 우리의 진술을, 한 경우에는 그것이 이런 의미를 지니고 다른 경우에는 저런 의미를 지닌다고 하는 진술로써 보충하는가? 한 낱말이 두 가지 의미를 지닌다는 것에 대한 기준으로, 우리는 한 낱말에 대해 두 가지 설명이 주어진다는 사실을 사용할 수 있다. 가령 우리는 "은행"이란 낱말이 두 가지 의미를 지닌다고 말한다: 왜냐하면 한 경우에 그것은 이런 종류의 것(이때 우리는 이를테면 은행나무의 열매를 가리킨다)을 의미하고, 다른 경우에는 저런 종류의 것(이때 우리는 이를테면 한국은행을 가리킨다)을 의미하기 때문이다. 이제 내가 여기서 가리키는 것들은 낱말들의 사용을 위한 범례들이다. 즉, 만일 "붉다"란 낱말에 대해 오직 하나의 지시적 정의만이 우리의 놀이에서 사용됐다면, 우리들은 다음과 같이 말할 수 없을 것이다: "'붉다'란 낱말은, 한 경우에는 이것(이때 우리들은 밝은 빨강을 가리킨다)을 의미하고 다른

경우에는 저것(이때 우리들은 어두운 빨강을 가리킨다)을 의미하기 때문에, 두 가지 의미를 지니고 있다." 다른 한편으로, 우리들은 이를테면 "붉은"과 "붉은빛을 띤"이란 두 낱말이 두 개의 지시적 정의에 의해, 즉 첫 번째 것은 어두운 붉은 대상을, 그리고 두 번째 것은 밝은 붉은 대상을 보이는 두 개의 지시적 정의에 의해 설명되는 언어놀이를 상상할 수 있을 것이다. 그러한 설명이 두 개가 주어졌느냐, 아니면 오직 하나가 주어졌느냐는 그 언어를 사용하는 사람들의 자연적 반응에 달려 있을 것이다. 우리는 우리가 (하나의 붉은 대상을 가리키면서) "이것은 '붉다'고 불린다"라는 지시적 정의를 준 사람이 그 결과로, "나에게 붉은 어떤 것을 가져오라!"라고 하는 명령을 받았을 때, 어떤 색조의 빨강이건 간에 어떤 붉은 대상을 가져옴을 발견할 수 있을 것이다. 다른 사람은 그렇게 하지 않고, 설명에서 그에게 지적된 색조의 이웃에 있는 어떤 범위의 색조를 띤 대상들만 가져올지 모른다. 우리는 이 사람은 '빨강의 그 모든 다른 색조들 간에 공통으로 있는 것을 보지 못한다'고 말할 것이다. 그러나 이에 대한 우리의 유일한 기준은 우리가 기술한 그 행동일 뿐임을 제발 기억하라.

다음과 같은 경우를 고려하라: B는 "더 밝은"과 "더 어두운"이란 낱말의 사용을 배웠다. 그에게 다양한 색깔의 대상들을 보여 주었고, 이것이 저것보다 더 어두운 색이라고 불린다는 것을 가르쳤다. 그리고 그는 "이것보다 더 어두운 어떤 것을 가져오라"라고 하는 명령을 받았을 때 모종의 대상을 가져오도록 하는 훈련, 또 한 대상의 색깔이 어떤 견본보다 더 어둡거나 더 밝다고 말함으로써 그 대상의 색깔을 기술하도록 하는 훈련 등등의 훈련을 받았다. 이제 그는 일련의 대상들을 그것들의 어둡기 순으로 배열하여 놓으라는 명령을 받는다. 그는 이 일을, 책들을 한 줄로 늘어놓고, 일련의 동물 이름들을 적어 놓고, 다섯 모음을 u, o, a, e, i 순으로 적어 놓음으로써 한다. 우리가 그에게 왜 그가 이 나중의 열을 적어 놓는지를 묻자, 그는 "자, o는

u보다 더 밝고, e는 o보다 더 밝다"라고 말한다.—우리는 그의 태도에 놀랄 것이다. 그리고 동시에, 그가 말하는 것 속에는 뭔가가 있다고 인정할 것이다. 아마 우리는 말할 것이다: "그러나 봐라, 분명 e는 이 책이 저 책보다 더 밝은 것과 같은 방식으로 o보다 더 밝지 않다."—그러나 그는 어깨를 으쓱하고는 말할 것이다: "나는 모르겠다. 그러나 e는 o보다 더 밝다, 그렇지 않은가?"

우리는 이 경우를 어떤 종류의 비정상으로서 취급하고, 다음과 같이 말하고 싶을 것이다: "B는 채색된 대상들과 모음들 양자 모두를 배열할 때 도움을 받는 다른 감각을 지녔음이 틀림없다." 그리고 만일 우리가 이러한 우리의 관념을 (아주) 명백히 하려고 노력한다면, 그것은 다음과 같은 것이 될 것이다. 즉 정상적인 인물은 시각적 대상들의 밝음과 어두움을 하나의 기구[30]에 기입하고, 소리들(모음들)의 밝음과 어두움이라고 일컬어질 수 있을 것은 또 하나의 기구에 기입한다(우리가 모종의 파장을 지닌 광선들은 눈으로 기록하고, 또 다른 파장을 지닌 광선들은 우리의 온도 감각으로 기록한다고 할 수 있을 것이라는 뜻에서 말이다). 반면에—우리는 이렇게 말했으면 하는데—B는 소리와 색깔 양자 모두를 오직 한 기구(감각 기관)의 독해에 따라 배열한다(사진 원판은 우리의 감각 기관 중 단지 둘로 품을 수 있을 범위의 광선들을 기록할 것이라고 하는 뜻에서 말이다).

대충 이것이, B는 "더 어두운"이란 낱말을 정상적인 인물과 다르게 "이해"했음이 틀림없다고 하는 우리의 관념의 배후에 있는 그림이다. 다른 한편으로, 우리의 경우에는 '또 하나의 감각'에 대한 아무 증거가 없다고 하는 사실을 이 그림과 나란히 놓자.—그리고 사실 "B는 그 낱말을 다르게 이해했음이 틀림없다"라고 우리가 말할 때, "틀림없다(must)"란 낱말의 사용

---

30 (옮긴이주) 《갈색 책》의 독일어 개작본에는 '하나의 기구'가 '**하나**의 기구(영혼, 혹은 뇌)'로 되어 있다.

은 이미, 이 문장은 (실제로는) 우리가 관찰한 현상을 이 문장에서 그 윤곽이 그려진 그림을 따라서 바라보겠다는 우리의 결정을 표현하고 있다는 것을 우리에게 보여 준다.

'그러나 그가 e는 u보다 더 밝았다고 말했을 때, 그는 분명 "더 밝은"을 다른 뜻으로 사용했다.'—이것은 무엇을 뜻하는가? 당신은 그가 그 낱말을 사용한 뜻과 그 낱말에 대한 그의 사용법을 구별하고 있는가? 즉, 어떤 사람이 그 낱말을 B가 사용하듯이 사용한다면, 어떤 다른 차이가—가령 그의 마음속에서—사용법의 차이와 동행한다는 것을 당신은 말하고 싶은가? 또는 당신이 말하고자 하는 것은, "더 밝은"의 사용법은 그가 그것을 모음들에 적용했을 때는 다른 것이었다는 것이 전부인가?

자, 사용법들이 다르다는 사실은 특정한 차이들을 당신이 지적할 때 당신이 기술하는 것 이상의 어떤 것인가?

만일 어떤 사람이, 내가 붉다고 불렀던 두 반점을 가리키면서, "분명 당신은 '붉은'이란 낱말을 상이한 두 방식으로 사용하고 있다"라고 말한다면 어떠할까?—나는 말할 것이다, "이것은 밝은 빨강이고 저것은 어두운 빨강이다,—그러나 왜 그걸 상이한 두 용법이라고 이야기해야 할까?"—

그 놀이에서 우리가 "더 밝은"과 "더 어두운"을 채색된 대상들에다 적용한 부분과 우리가 이 낱말들을 모음들에다 적용한 부분 사이의 차이들을 지적하는 것은 확실히 쉽다. 첫 번째 부분에는 두 대상을 나란히 놓음에 의한 비교와 한 대상으로부터 다른 대상으로 바라봄이, 그리고 주어진 모종의 견본보다 더 어둡거나 밝은 색조를 물감으로 칠함이 있었다. 두 번째 부분에는 눈에 의한 비교, 물감으로 칠하기 등등이 없었다. 그러나 이러한 차이들이 지적될 때, 우리는 (금방 우리가 했다시피) 같은 놀이의 두 부분에 관해 이야기하거나, 아니면 다른 두 놀이에 관해 이야기하거나, 여전히 자유롭게 할 수 있다.

'그러나 더 밝고 더 어두운 물질 조각 사이의 관계가 모음 e와 u 사이의 관계와는 다른 것이라는 것을 나는 지각하지 않는가? 내가 다른 한편으로 u와 e 사이의 관계는 e와 i 사이의 관계와 같다는 것을 지각하는 것처럼 말이다.'—어떤 상황들 속에서는 우리는 이들 경우에 다른 관계들을 이야기하는 데로 기울 것이고, 어떤 다른 상황들 속에서는 같은 관계들을 이야기하는 데로 기울 것이다. "그것은 그것들이 어떻게 비교되는가에 달려 있다"라고 말할 수 있을 것이다.

다음과 같은 질문을 해 보자: "우리는 화살표 →와 ←가 같은 방향을 가리킨다고 말해야 할까, 아니면 다른 방향을 가리킨다고 말해야 할까?"—첫눈에 당신은 "물론, 다른 방향을 가리킨다"라고 말하는 데로 기울 것이다. 그러나 그것을 이러한 방식으로 보라: 내가 거울을 들여다보고 나의 얼굴의 반사를 본다면, 나는 이것을 나 자신의 머리를 봄에 대한 하나의 기준으로 취할 수 있다. 다른 한편으로, 내가 거울 속에서 머리의 뒷부분을 보았다면, 나는 "그것은 내가 보고 있는 나 자신의 머리일 수 없고, 반대 방향을 바라보는 어떤 머리이다"라고 말할 것이다. 이제 이것은 내가 이렇게 말하도록 이끌 수 있을 것이다. 즉 하나의 화살표와 어떤 거울 속에 반사된 하나의 화살표는, 그것들이 서로를 향해 가리킬 때는 같은 방향을 하고 있으며, 한 화살표의 머리가 다른 화살표의 꼬리 쪽을 가리킬 때는 반대 방향을 하고 있다고 말이다. 어떤 사람이 "같은"이란 낱말의 일상적 사용을 "같은 색", "같은 모양", "같은 길이"와 같은 경우에 배운 경우를 상상하라. 그는 또한 "가리키다"란 낱말의 사용을 "그 화살표는 나무를 가리킨다"와 같은 문맥들 속에서 배웠다. 이제 우리는 그에게, 서로 마주 대하는 두 화살표와 하나가 다른 하나를 뒤따르는 두 화살표를 보여 준다. 그리고 그에게, 그는 이 두 경우 중에서 어느 쪽에 "그 화살표들은 같은 방식으로 가리킨다"라고 하는 문구를 적용할 것인지를 묻는다. 만일 어떤 적용들이 그의 마음속에서 으뜸을 차지하고 있다면, 그는 화살표 →와 ←가 '같은 방식으로' 가리킨다고 말하는 데로 기울 것임을 상상하기는 쉽지 않은가?

우리가 전음계를 들을 때, 우리는 매 일곱 음표 다음에 같은 음표들이 되풀이된다고 말하는 경향이 있다. 그리고 왜 우리는 그것을 다시 같은 음표라고 부르느냐는 질문을 받으면, 우리들은 "그야, 그건 다시 c음이니까"라고 대답할 것이다. 그러나 이것은 내가 원하는 설명이 아닌데, 왜냐하면 나는 "무엇이 우리들로 하여금 그것을 다시 c음이라고 부르게 했는가?" 하고 물을 터이기 때문이다. 그리고 이것에 대한 대답은, "자, 그것은 단지 한 옥타브 더 높을 뿐 같은 음표라는 것을 당신은 듣지 못하는가?"인 것처럼 보일 것이다.—여기서도 역시 우리는, 어떤 사람이 색, 길이, 방향 등에 적용될 때의 "같은"이란 낱말에 대한 우리의 사용법을 배웠는데, 이제 우리가 그에게 전음계를 연주하고, 그가 일정한 간격들을 두고 같은 음표들을 되풀이해서 들었는지를 그에게 묻는 것을 상상할 수 있을 것이다. 그리고 우리는 몇 가지 대답을 쉽게 상상할 수 있을 것이다. 특히 예를 들면 이런 대답, 즉 그는 모든 서너 음표 다음마다 번갈아서 같은 음표를 들었다고 하는 대답 (그는 으뜸음과 제5음과 제8음을 같은 음표라고 부른다).

만일 우리가 A, B 두 사람을 놓고 이러한 실험을 했다면, 그리고 A는 "같은 음표"라고 하는 표현을 제8음에만 적용하고, B는 제5음과 제8음에 적용했다면, 우리는 우리가 그들에게 전음계를 연주할 때 그 두 사람은 서로 다른 것들을 듣는 거라고 말할 권리를 가질까?—그들이 다른 것들을 듣는다고 우리가 말한다면, 분명히 하자. 우리는 그 두 경우 사이에 우리가 관찰한 차이 이외에 다른 어떤 차이가 있어야 한다고 주장하기를 바라는지, 또는 우리는 그런 어떠한 진술도 하지 않기를 바라는지를 말이다.

5. 여기서 고찰된 모든 물음은 다음의 문제와 연결된다: 당신이 어떤 사

람에게 '선행하는 수보다 언제나 n이 더 큰 수를 적어라'(이 규칙은 "n을 더하라"로 단축된다)고 하는 형태의 규칙들에 따라 수열들을 적도록 가르쳤다고 하자. 이 놀이에서의 숫자들은 ㅣ, ㅣㅣ, ㅣㅣㅣ 등과 같이 줄표들의 집단들일 수 있다. 물론, 이 놀이를 가르친다고 내가 부르는 것은 일반적인 설명들을 하고 예들을 행해 보이는 데 있다.―이 예들은, 이를테면 1과 85 사이의 범위에서 취해진다. 이제 우리는 그 학생에게 "1을 더하라"라고 하는 명령을 내린다. 얼마의 시간이 지난 후 우리는 그가 100을 지난 다음부터는 2를 더하기라고 일컬어져야 할 것을 했음을 관찰한다: 300을 지난 다음부터는 그는 3을 더하기라고 일컬어져야 할 것을 한다. 우리는 이 일로 그를 다그친다: "내 너에게 언제나 1을 더하라고 말하지 않았더냐? 네가 100에 도달하기 전에 네가 해 온 것을 보아라!"―그 학생이 102, 104 등의 수들을 가리키면서 이렇게 대답했다고 하자: "아니, 저는 여기서 같은 일을 하지 않았나요? 저는 이것이 선생님께서 제가 하기를 원한 것이었다고 생각했는데요."―우리가 그에게 주었던 규칙들과 예들을 다시 그에게 가리키면서, "그러나 …… 너는 보지 못하느냐?" 하고 여기서 다시 말하는 것은 우리를 더 이상 이끌어주지 못한다는 것을 당신은 안다. 우리는 이런 경우에, 이 인물은 우리가 준 규칙(과 예들)을, 우리에게 다음과 같이 말하는 규칙(과 예들)을 우리가 이해하는 것처럼 자연스럽게 이해한다(해석한다)고 말할 수 있을 것이다: "100까지는 1을 더하라, 그 다음 200까지는 2를 더하라 등등."

(이것은 가리키는 몸짓으로 주어진 어떤 명령을, 어깨에서 손 방향으로 움직임으로써가 아니라 그 반대 방향으로 움직임으로써, 자연스럽게 따르지 않은 사람의 경우와 비슷할 것이다. 그리고 여기서 이해함은 반응함과 같은 것을 의미한다.)

'내 생각으로, 당신이 말하는 것은 이것, 즉 "1을 더하라"라고 하는 규칙을 올바로 따르기 위해서는 새로운 통찰, 직관이 매 단계에서 필요하다는 것이 된다.'—그러나 그 규칙을 올바로 따른다는 것은 무엇을 뜻하는가? 특정한 지점에서 취해야 할 올바른 단계가 어느 것인지는 어떻게 그리고 언제 결정될 수 있는가?—'각 지점에서 올바른 단계는 규칙과 그것이 뜻해진 바대로, 의도된 바대로 일치하는 것이다.'—이 관념은, 내 생각으로는, 다음과 같은 것이다: 당신이 "1을 더하라"라는 규칙을 주고 그것을 뜻했을 때, 당신은 그가 100 다음에는 101을, 198 다음에는 199를, 1040 다음에는 1041을, 등등을 쓰기를 뜻했다. 그러나 당신이 그에게 그 규칙을 주었을 때, 어떻게 당신은 이 모든 뜻하기 작용들(나는 무한수의 그런 작용들을 상상한다)을 했는가? 또는 이것은 그것을 잘못 표현하고 있는 것인가? 그리고 오직 하나의 뜻하기 작용이 있었지만, 그러나 그로부터 이 모든 다른 것들이, 또는 그것들 중 임의의 어떤 것이, 차례로 따라 나왔다고 당신은 말할 터인가? 그러나 요점은 단지, '그 일반적 규칙으로부터 무엇이 따라 나오는가?' 가 아닌가? 당신은 말할지 모르겠다, "내가 그에게 그 규칙을 주었을 때, 나는 내가 뜻한 것이, 그가 100의 뒤를 101로 잇기였다는 것을 분명히 안다"라고. 그러나 여기서 당신은 "안다"라는 낱말의 문법에 의해 오도되었다. 이것을 안다는 것은 당신이 그때 100에서 101로 이행을 한 그런 어떤 정신적 작용이었는가? 즉 "나는 그가 100 다음에 101을 쓰기를 원한다"라고 당신에게 말하는 것과 같은 어떤 작용이었는가? 이 경우, 당신이 그에게 그 규칙을 주었을 때 당신이 얼마나 많은 그러한 작용들을 수행했는지를 자문해 보라. 또는, 안다는 것으로 당신이 의미하는 것은 모종의 성향인가?—그렇다면 그것이 무엇에 대한 성향이었는가는 오직 경험만이 우리에게 가르칠 수 있다.—'그러나 만일 1568 다음에 그가 어떤 수를 써야 하느냐고 내가 질문을 받았더라면, 분명 나는 "1569"라고 대답했을 것이다.'—아마 그럴 터이지만, 그러나 당신은 어떻게 그것을 확신할 수 있는가? 당신의 관념은 실제로는, 그 규칙을 **뜻함**이라는 신비스러운 작용 속에서 어떤 식으로든 당신은 그러한 이행들을 실제로 행하지 않고도 해냈다는 것이다. 당신은 그모든 다리를 당신이 거기에 있기 전에 건넜다.─이 기묘한 관념은 "뜻하다"란 낱말의 특이한 사용과 연관되어 있다. 우리의 학생이 100이란 수에 도달했고 그 뒤를 102로 이었다고 하자. 그럼 우리는 "나는 네가 101을 쓰기를 뜻했다"라고 말할 것이다. 이제 "뜻하다"란 낱말의 그 과거 시제는, 그 규칙이 주어졌을 때 특수한 뜻하기 작용이 수행되었을 것이라고 암시한다─사실, 이 표현은 그런 어떠한 사실도 암시하지 않는데도 말이다. 그 과거 시제는, "내가 당신이 이 단계에서 무엇을 하기를 원하는지를 당신이 내게 사전에 물었더라면, 나는 ……라고 말했을 것이다"라는 형식으로 그 문장을 표현함으로써 설명될 수 있을 것이다. 그러나 당신이 그렇게 말했을 것이라는 것은 하나의 가설이다.

이것을 좀 더 분명히 하기 위해서, 다음과 같은 예를 생각해 보자: 어떤 사람이 "나폴레옹은 1804년에 왕위에 올랐다"라고 말한다. 나는 그에게, "당신은 아우스터리츠 전투에서 승리한 그 사람을 뜻했는가?" 하고 묻는다. 그는 "그렇다, 나는 그를 뜻했다"라고 말한다.─이것은, 그가 '그를 뜻했'을 때, 그가 아우스터리츠 전투에서의 나폴레옹의 승리를 어떤 방식으로 생각했다는 것을 뜻하는가?─

"그 규칙은 그가 100의 뒤를 101로 잇기를 뜻했다"라는 표현은, 이 규칙이, 그것이 뜻해졌을 때, 그것에 따라 이루어져야 할 모든 이행 단계를 예시 (豫示)한 것처럼 보이게 한다. 그러나 이행 단계의 그림자를 가정하는 것은 우리를 더는 이끌어 주지 않는다. 왜냐하면 그 가정이 그 그림자와 실제 이행 단계 사이의 간격에 다리를 놓아 주는 것은 아니기 때문이다. 만일 규칙의 단순한 말이 미래의 이행 단계를 예상할 수 없다면, 이러한 말에 동반되는 어떠한 정신적 작용도 역시 그럴 수 없을 것이다.

정신적 작용이 우리가 다리에 도달하기 전에 다리를 건널 수 있다는 이러한 괴상한 미신―우리들은 그것을 이렇게 불렀으면 하는데―을 우리는 되풀이해서 만난다. 이러한 골칫거리는 우리가 수학적 귀납 등과 같은 수학 문제를 풀려고 시도하면서, 생각함, 소망함, 기대함, 믿음, 앎의 관념들에 관해 생각하려고 노력할 때마다 튀어나온다.

수열의 특정한 지점에서 우리로 하여금 그 규칙을 우리가 사용하듯이 사용하게 만드는 것은 통찰의, 직관의 작용이 아니다. 그것을 결단의 작용이라고 부르는 것이 덜 혼란을 일으킬 것이다: 비록 이것 역시 오도하는 바가 있기는 하지만 말이다―왜냐하면 결단 작용과 같은 어떤 것도 일어나야 하는 것은 아니고, 아마도 그저 쓰기나 말하기 행위나 일어날 것이므로. 그리고 우리가 여기서 및 수천 개의 비슷한 경우에 범하는 경향이 있는 잘못은, "우리로 하여금 그 규칙을 우리가 사용하듯이 사용하게 만드는 것은 통찰의 작용이 아니다"라는 문장에서 우리가 사용한 바 있는 "만든다"란 낱말로 딱지가 붙여져 있다. 왜냐하면 우리가 하는 것을 하도록 '어떤 것이 우리로 하여금 만들어야 한다'는 관념이 존재하기 때문이다. 그리고 이것은 다시 원인과 이유 간의 혼동과 연결된다. 우리는 규칙을 우리가 따르듯이 따르는 이유를 갖고 있을 필요가 없다. 이유의 사슬에는 끝이 있다.

이제, "100 다음에 당신이 102, 104 등으로 계속해 나간다면, 틀림없이 그것은 '1을 더하라'라는 규칙을 다른 방식으로 사용하는 것이다"와 "'더 어두운'이란 낱말을 채색 반점들에 적용한 후에 우리가 그것을 모음들에 적용한다면, 틀림없이 그것은 그 낱말을 다른 방식으로 사용하는 것이다"란 이두 문장을 비교하라.―나는 말할 것이다: "그건 당신이 무엇을 '다른 방식'이라고 부르느냐에 달려 있다."―

그러나 나는 확실히 말할 것이다, 모음들에다 "더 밝은"과 "더 어두운"을 적용하는 것은 '그 낱말들의 또 하나의 용법'이라고 나는 부를 것이라고: 그리고 나는 또한 '1을 더하라'라고 하는 수열을 101, 102 등으로 계속해 나갈 것이지만, 정당화하는 다른 어떤 정신적 작용 때문은 아니다—또는 필연적으로 그런 작용 때문은 아니다.

6. 사유의 일반적인 질병의 한 종류가 존재하는데, 그것은 우리의 모든 행동이 마치 어떤 저장소로부터 유래하듯이 유래하는 이른바 어떤 정신 상태를 항상 찾는(그리고 발견하는) 것이다. 가령 우리들은 "패션은 사람들의 취향이 변하기 때문에 변한다"라고 말한다. 취향은 정신적 저장소이다. 그러나 오늘 어떤 양복 재단사가 1년 전에 그가 디자인한 것과 다른 의복 형(型)을 디자인한다면, 이른바 그의 취향의 변화는 바로 이것을 행함에 부분적으로나 전적으로 있을 수는 없는가?

그런데 여기서 우리는 이렇게 말한다: "그러나 새로운 모양을 디자인하는 것은 분명 그 자체로는 사람의 취향을 바꾸는 것이 아니다,—그리고 어떤 낱말을 말하는 것은 그것을 의미하는 것이 아니다,—그리고 나는 믿는다고 말하는 것은 믿는 것이 아니다: 이 선들과 이 낱말들과 함께 나아가는 느낌들, 정신적 작용들이 있어야 한다".—그리고 이런 말을 하는 데 대해 우리가 내세우는 이유는, 확실히 사람은 자신의 취향을 바꾸지 않고도 새로운 모양을 디자인할 수 있을 것이며, 어떤 것을 믿지 않으면서도 그것을 믿는다고 말할 수 있을 것이라는 등의 것이다. 그리고 이것은 명백히 참이다. 그러나 어떤 사람이 취향을 바꾼 경우와 그렇게 하지 않은 경우를 구별해 주는 것이 어떤 상황들 속에서는 그가 이전에 디자인한 적이 없는 것을 디자인했다는 바로 그것이 아니라는 결론이 나오지는 않는다. 또한, 어떤 새로운 모양을 디자인하는 것이 취향 변화의 기준이 아닌 경우에는 그 기준이 우리 마음의 어떤 특정한 지역에서의 변화여야 한다는 결론이 나오지도 않는다.

즉 우리는 "취향"이란 낱말을 어떤 느낌의 이름으로 사용하지 않는다. 우리가 그렇게 사용한다고 생각하는 것은 우리 언어의 실천을 지나치게 단순화하여 나타내는 것이다. 물론, 이것이 철학적 난문들이 일반적으로 발생하는 방식이다: 그리고 우리의 경우는, 우리가 서술적 진술을 할 때는 언제나, 우리는 주어가 어떤 성분을 지닌다고 진술한다("맥주는 알코올성이다"의 경우에 우리가 실제로 그렇게 하듯이)고 생각하는 경우와 거의 유사하다.

어떤 취향을 가짐, 취향을 바꿈, 말하는 것을 뜻함 등등에 특징적인 느낌 또는 느낌들과 병행하여, 같은 상태 또는 사건들에 특징적인 표정(몸짓들이나 어조)을 고찰하는 것이 우리의 문제를 취급하는 데서 유익하다. 만일 어떤 사람이 느낌들과 표정들은—전자는 경험들이고, 후자는 아니므로—비교될 수 없다고 말하면서 반대한다면, 그에게 몸짓들 및 표정들과 결합한 근육의, 운동감각적이고 촉각적인 경험들을 고려하게 하라.

7. 그렇다면 "어떤 것을 믿는다는 것은, 당신이 그것을 믿는다고 말한다는 것에만 있을 수는 없다: 당신은 그것을 특정한 표정, 몸짓, 어조로 말해야 한다"라는 명제를 고찰해 보자. 자, 우리가 어떤 표정들, 몸짓들 등을 믿음의 표현에 특징적이라고 간주한다는 것은 의심될 수 없다. 우리는 '확신에 찬 어조'에 관해 말한다. 그렇지만 이 확신에 찬 어조가 우리가 확신에 관해 올바르게 말할 때 언제나 현존하는 것이 아니라는 점은 분명하다. "바로 그래서", 하고 당신은 이렇게 말할지 모르겠다: "이것은 믿음의 단순한 표현과 대조되는 진짜 믿음이 되는 다른 어떤 것, 이 몸짓들의 배후에 있는 어떤 것 등이 있음을 보여 준다".—나는 이렇게 말할 것이다: "전혀 그렇지 않다: 많은 상이한 기준들이 당신이 말하는 것을 믿는 경우와 당신이 말하는 것을 믿지 않는 경우를 상이한 상황들 속에서 구별한다". 몸짓, 어조 등과 결합된 감각들과는 다른 어떤 감각의 현존이, 당신이 말하는 것을 뜻함과 그것을 뜻하지 않음을 구별하는 경우들이 존재할 수 있다. 그러나 때로 이 둘을 구별하

는 것은, 우리가 말하는 동안에 일어나는 어떤 것이 아니라, 그 이전과 이후에 일어나는 상이한 종류의 다양한 행위들과 경험들이다.

이러한 가족을 이루는 경우들을 이해하기 위해서는, 표정들로부터 끌어낸 유사한 경우 하나를 고찰하는 것이 다시 도움이 될 것이다. 우호적인 표정들의 한 가족이 존재한다. "우호적인 얼굴을 특징짓는 것은 어떤 특징인가?", 이렇게 우리가 물었다고 하자. 처음에 우리들은 이렇게 생각할 수 있을 것이다. 즉 그 각각이 얼굴을 어떤 정도로 우호적으로 보이게 만들며, 그것이 다수로 현존할 때는 우호적인 표정을 이루는, 이른바 우호적인 특색들이라고 할 수 있을 어떤 특색들이 존재한다고 말이다. 이러한 관념은 '우호적인 눈'이니 '우호적인 입' 등에 관해 이야기하는 우리의 통상적인 언어에 의해 지지되는 것처럼 보일 것이다. 그러나 어떤 얼굴을 우호적으로 보이게 만든다고 우리가 말하는 똑같은 눈이, 이마의 어떤 다른 주름이나 입가의 선들 따위와 함께하면, 우호적으로 보이지 않거나 심지어 비우호적으로 보이기까지 한다. 그럼 대체 왜 우리는 우호적으로 보이는 것이 이 눈들이라고 말하는가? 눈들이 얼굴을 우호적으로 특징짓는다고 말하는 것은 잘못이 아닌가? 왜냐하면 우리가 '어떤 상황들 속에서'(여기서 말하는 이 상황들은 얼굴의 다른 특징들이다) 눈들이 얼굴을 우호적으로 특징짓는다고 말한다면, 왜 우리는 다른 것들 가운데서 그 한 특징을 골라냈는가 말이다. 이에 대한 대답은, 우호적인 얼굴들의 폭넓은 가족 속에는 어떤 종류의 눈들에 의해 특징지어진 이른바 주요 가지가 있고 어떤 종류의 입들에 의해 특징지어진 또 다른 가지가 있고 등등이라는 것이다: 비록 비우호적인 얼굴들의 대가족에서 우리가 이들 똑같은 눈들을—그것들이 표정의 비우호성을 완화하지 않을 때—만날지라도 말이다.—더 나아가, 우호적인 표정을 우리가 알아차렸을 때, 우리의 주의, 우리의 응시는 그 얼굴에 있는 어떤 특정한 특징, 즉 그 '우호적인 눈'이나 '우호적인 입' 등에 이끌린다는 사실, 그리고 그것은 다른 특징들에 의거하지 않는다—비록 이것들도 그 우호적인 표정에 대해 책임이 있지만—는 사실이 존재한다.

'그러나 어떤 것을 말하고 그것을 진심으로 뜻함과, 그것을 진심으로 뜻하지 않고 그것을 말함 사이에 아무 차이가 없단 말인가?'—그가 그것을 말하는 동안 꼭 어떤 차이가 있어야 할 필요는 없다. 그리고 차이가 있다면, 이 차이는 주위 상황에 따라 온갖 다른 종류일 수 있다. 눈의 이른바 우호적인 표정과 비우호적인 표정이 존재한다는 사실로부터, 우호적인 얼굴의 눈과 비우호적인 얼굴의 눈 사이에 차이가 있어야 한다는 결론이 나오지는 않는다.

혹자는 이렇게 말하고 싶은 유혹을 받을지 모르겠다: "이 특징은 다른 특징과 상반될 수도 있으므로, 얼굴을 우호적으로 보이게 만든다고 말할 수 없다". 그리고 이것은 이렇게 말하는 것과 같다: "확신에 찬 어조로 어떤 것을 말하는 것은, 그것과 함께 나아가는 경험들과 상충될 수도 있으므로, 확신의 특징일 수 없다". 그러나 이들 문장 어느 쪽도 옳지 않다. 이 얼굴에 있는 다른 특색들이 이 눈의 우호적 성격을 앗아갈 수 있다는 것은 참이다. 그렇지만 이 얼굴에서 특출하게 우호적인 특징인 것은 눈이다.

우리를 오도하기 매우 쉬운 것은, "그는 그것을 말했고, 그것을 진심으로 뜻했다"와 같은 문구들이다.—"당신을 보면 나는 기쁠 것입니다"를 뜻함을 "기차는 3시 30분에 떠난다"를 뜻함과 비교하라. 당신이 어떤 사람에게 첫 번째 문장을 말했는데, "당신, 그 말 진심으로 (뜻)한 겁니까?" 하고 나중에 질문을 받았다고 하자. 그러면 아마 당신은 당신이 그 말을 하는 동안 지녔던 느낌들, 경험들을 생각할 것이다. 그리고 따라서 이 경우 당신은, "당신은 내가 그 말을 진심으로 (뜻)했다는 거 모르겠소?" 하고 말하고 싶어질 것이다. 반면에, "기차는 3시 30분에 떠난다"라고 하는 정보를 어떤 사람에게 준 후에 그가 당신에게, "당신, 그 말 진심으로 (뜻)한 겁니까?" 하고 물었다고 하자. 그러면 당신은 "물론이다. 내가 그걸 진심으로 (뜻)하지 않을 까닭이 무엇인가?" 하고 대답하고 싶어질 것이다.

첫 번째 경우에 우리는 우리가 말한 것을 진심으로 뜻함에 특징적인 어떤 느낌에 관해 말했으면 할 것이나, 두 번째 경우에는 그렇지 않을 것이다. 또한, 이들 두 경우에 거짓말하기를 비교하라. 첫 번째 경우에 우리는, 거짓말하기는 우리가 말한 것을 말하되 적절한 느낌들 없이, 심지어 그 반대의 느낌들을 지니고 말하는 데 있다고 말하고 싶어질 것이다. 우리가 기차에 대한 정보를 주는 데에서 거짓말을 한다면, 그 정보를 줄 때 우리는 진실한 정보를 줄 때 우리가 하는 경험들과는 다른 경험을 하기 쉬울 것이다. 그러나 여기서 그 차이는 어떤 한 특징적인 느낌의 부재에 있지 않고, 아마도 불안의 느낌, 그저 그것의 존재에 있을 것이다.

심지어, 거짓말을 하면서, 자기가 말하는 것을 진심으로 뜻하기의 특징이라고 일컬어질 수 있을 것에 대해 아주 강한 경험을 하는 것조차도 가능하다—그렇지만 어떤 상황들 속에서는, 그리고 아마도 일상적 상황들 속에서는, "나는 내가 말한 것을 진심으로 뜻했다"라고 말함에 있어 우리들은 바로 이 경험을 지시한다. 왜냐하면 어떤 것이 이들 경험에 반(反)할 터인 경우들은 문제가 되지 않기 때문이다. 그러므로 많은 경우에 우리들은 다음과 같이 말하는 경향이 있다: "내가 말한 것을 진심으로 뜻함"은 내가 그 말을 하는 동안 이러이러한 경험을 함을 뜻한다.

"믿고 있음"으로 우리가 뜻하는 것이, 우리가 믿는다고 말하는 동안 일어나는 어떤 활동, 과정이라면, 믿고 있음은 믿음을 표현함과 비슷하거나 같은 어떤 것이라고 우리는 말할 수 있다.

8. 이에 대해 다음과 같은 하나의 반대를 고찰하는 것은 흥미롭다: 내가 "나는 비가 올 것이라고 믿는다"라고 (내가 말하는 것을 진심으로 뜻하면서)

말하고, 어떤 사람이 내가 믿는 것이 무엇인가를 한국어를 이해하지 못하는 프랑스 사람에게 설명하기 원한다면 어떻게 될까? 그 경우—당신은 이렇게 말할지 모른다—내가 믿은 것을 내가 믿었을 때 일어난 것이 내가 그 문장을 말했다는 것이 전부라면, 당신이 그에게 내가 사용한 정확한 낱말들을 말하거나 "Il croit '비가 올 것이다'"라고 말할 때, 그 프랑스인은 내가 무엇을 믿는가를 알아야 한다. 자, 이것이 그에게 내가 무엇을 믿는가를 말해 주지 않는다는 것은 분명하며, 따라서—하고 당신은 말할 것이다—우리는 본질적인 바로 그것, 즉 믿는다고 하는 나의 진짜 정신적 작용을 그에게 전하는 데 실패했다.—그러나 이에 대한 대답은, 나의 말이 온갖 종류의 경험들을 동반했다고 할지라도, 그리고 우리가 이 경험들을 그 프랑스인에게 전달할 수 있었다고 하더라도, 그는 내가 무엇을 믿는가를 여전히 알 수 없으리라는 것이다. 왜냐하면 "내가 무엇을 믿는가를 앎"은 내가 그것을 말하는 동안 내가 느끼는 것을 느낌을 의미하지 않기 때문이다. 이는 우리의 체스놀이에서 이 수로 내가 무엇을 의도하는가를 아는 것이, 내가 그 수를 두는 동안의 나의 정확한 마음 상태를 아는 것을 의미하지 않는 것과 꼭 마찬가지이다. 비록, 어떤 경우에는, 이러한 마음의 상태를 아는 것이 동시에 나의 의도에 관해 매우 정확한 정보를 당신에게 제공할 수 있을지라도 말이다.

아마 우리는, 우리가 그 프랑스인을 위해 내 말을 프랑스어로 번역한다면, 우리는 내가 믿는 것을 그에게 말했다고 하리라. 그런데 그렇게 말함으로써 우리가, 내가 나의 믿음을 표명했을 때 '내 속에서' 무엇이 일어났느냐에 관해 그에게—간접적으로라도—말한 것은 아무것도 없을 수 있을 것이다. 오히려 우리는 우리말에서 나의 문장과 비슷한 위치를 그의 언어에서 점하고 있는 어떤 한 문장을 그에게 지적한 것이다.—또한, 만일 그가 우리말에 정통해 있었다면, 우리는 내가 믿고 있는 것을 그에게 훨씬 더 정확하게 말할 수 있었을 것이라고, 적어도 어떤 경우에는 말할 수 있을 것이다.

왜냐하면 그 경우, 그는 내가 말했을 때 내 속에서 무엇이 일어났는가를 정확히 알았을 테니까 말이다.

우리는 "뜻하다", "믿다", "의도하다"란 낱말들을, 그것들이 마음의 어떤 작용들, 상태들을 지시하는 방식으로 사용한다: "누구에게 장군을 부르다"란 표현으로 우리가 그의 왕을 잡는 동작을 지시하듯이 말이다. 반면에, 어떤 사람이―이를테면 어린아이가―체스의 말들을 가지고 놀다가 그것들 몇몇을 체스판 위에 두고는 왕을 잡는 동작들을 수행한다면, 우리는 그 아이가 누구에게 장군을 불렀다고 말하지 않을 것이다.―그리고 혹자는 여기서도 역시, 이 경우를 진짜 장군 부르기와 구별하는 것은 그 어린아이의 마음속에서 일어난 것이라고 생각할 수 있을 것이다.

내가 체스에서 한 수를 두었고, 어떤 사람이 나에게 "당신은 그에게 장군을 부르려고 의도했는가?" 하고 물었다고 하자. 나는 "그랬다"라고 대답한다. 그런데 이제 그가 나에게, "당신이 안 것은 당신이 그 수를 두었을 때 당신 속에서 무엇이 일어났는가가 전부인데, 당신이 그랬다는 것을 당신은 어떻게 알 수 있을까?" 하고 묻는다. 나는 "이 상황들 속에서는 이것이 그에게 장군을 부르려고 의도하는 것이었다"라고 대답할 것이다.

9. '뜻하다'에 대해 성립하는 것은 '생각하다'에 대해서도 성립한다.―우리는 매우 종종, 반쯤 소리 내어 혼잣말하지 않고 생각하기가 불가능하다는 것을 발견한다. 그리고 이 경우 일어난 것을 기술하라고 요청받은 어떠한 사람도, 어떤 것―생각―이 말함에 동반됐다고 말하지는 않을 것이다―만일 그가 "말하다"/"생각하다"란 동사의 쌍으로 인해, 그리고 그 쓰임이 평행한 우리의 많은 통상적인 어구들로 인해, 그렇게 말하는 데로 빠지지 않는다면 말이다. 다음과 같은 예들을 고찰하라: "말하기 전에 생각하라!", "그는 생각하지 않고 말한다", "내가 말한 것은 내 생각을 잘 표현하지 못했

다", "그의 말과 생각은 정반대이다.", "내가 말한 것 중에 내가 진심으로 뜻한 것은 한마디도 없다", "프랑스어는 우리가 생각하는 순서대로 낱말들을 사용한다".

그런 경우에 어떤 것인가가 말하기와 동행한다고 말할 수 있다면, 그것은 음성의 조절, 음색이나 억양에서의 변화들 따위와 같은, 그 모두가 표현적 수단이라고 불릴 수 있는 어떤 것일 것이다. 이것들 중에서 음성의 어조나 억양과 같은 일부는 누구도, 명백한 이유로, 말의 동반물이라고 부르지 않을 것이다: 그리고 말에 동반된다고 말할 수 있는 표정이나 몸짓의 놀림과 같은 표현적 수단은 아무도 사유라고 부르려고 하지 않을 것이다.

10. 채색 대상들과 모음들에 대한 "더 밝은"과 "더 어두운"의 쓰임이라는 우리의 예로 되돌아가자. 여기서 우리가 하나의 쓰임이 아니라 상이한 두 쓰임을 가지고 있다고 말하는 데 대해 우리가 제시하고 싶어 할 하나의 이유는 이러하다: '우리는 "더 어두운"과 "더 밝은"이란 낱말들이 실제로 모음들 사이의 관계에 걸맞다고 생각하지는 않는다, 우리는 단지 소리들의 관계와 더 밝고 더 어두운 색깔들 사이의 유사성을 느낄 뿐이다'. 이제 이것이 어떤 종류의 느낌인지를 당신이 보고 싶다면, 당신이 어떤 사람에게 사전 안내 없이 "모음 a, e, i, o, u를 그것들의 어둡기 순으로 말하라"라고 요구하는 것을 상상하려고 노력하라. 만일 내가 이 일을 시도한다면, 틀림없이 나는 그것을 내가 "이 책들을 어둡기 순으로 배열하라"라고 말할 때의 어조와는 다른 어조로 말할 것이다: 즉 나는 그것을 더듬거리면서, "당신이 나를 이해할는지 몰라" 하는 어조와 비슷한 어조로, 아마도 교활하게 미소 지으면서 말할 것이다. 그리고 이것이, 어느 정도, 내 느낌을 기술한다.

그리고 이는 나를 다음과 같은 점에 이르게 한다: 어떤 사람이 나에게 "저기 저 책은 무슨 색깔인가?"라고 물었고, 내가 "빨강"이라고 말하자, 그가 "당신으로 하여금 이 색을 '빨강'이라고 부르게 만드는 것은 무엇인가?" 하고 묻는다면, 대부분의 경우 나는 이렇게 말할 것이다: "아무것도 나로 하여금 그것을 빨갛다고 부르게 만들지 않는다: 즉, 아무 이유도 없다. 나는 그저 그것을 보았고 '그것은 빨갛다'라고 말했을 뿐이다." 이 경우 우리들은 다음과 같이 말하는 경향이 있다: "일어난 것은 분명 그것이 전부가 아니다: 왜냐하면 내가 어떤 색깔을 바라보고 어떤 낱말을 말하면서도 나는 여전히 그 색깔의 이름을 대지 않을 수 있기 때문이다." 그리고 그다음 우리는 이렇게 말을 계속하는 경향이 있다: "'빨강'이란 낱말은, 우리가 바라보는 색깔의 이름을 대면서 그것을 발음할 때는, 특수한 방식으로 온다." 그러나 동시에, "당신이 뜻하는 그 방식을 당신은 기술할 수 있는가?" 하고 질문을 받는다면,—우리들은 어떠한 기술도 할 준비가 되어 있다고 느끼지 않을 것이다. 이제 우리가 이렇게 물었다고 하자: "이전의 경우들에서 당신이 색깔 이름을 대었을 때, 색깔의 이름이 당신에게 그 특수한 방식으로 왔다는 것을 어쨌든 당신은 기억하는가?"—그는 이런 일이 언제나 일어난 특수한 방식을 자기가 기억하지 못한다는 것을 인정해야 할 것이다. 사실, 색깔의 이름을 대는 것이 온갖 종류의 상이한 경험들과 동행할 수 있으리라는 것을 그가 보게 만드는 것은 쉬울 수 있을 것이다. 다음과 같은 경우들을 비교하라: a) 나는 철을 불 속에 넣어 그것이 밝은 적열(赤熱)을 내도록 가열한다. 나는 당신에게 철을 살피도록 요구하고 있고, 그것이 어느 단계의 열에 도달했는지 당신이 나에게 때때로 말해 주기를 원한다. 당신이 보고 말한다: "철이 밝은 빨강에 이르기 시작한다". b) 우리는 네거리에 서 있다. 그리고 내가 말한다: "초록 불빛을 조심하라. 그 빛이 들어오면 내게 말해라, 나는 길을 건널 것이다". 당신 자신에게 이렇게 물어보라: 그러한 한 경우에 당신이 "초록!"이라고 외쳤고 또 하나의 경우에는 "달려!"라고 외쳤다면, 이들 말은 같은 방식으로 오는가, 아니면 다른 방식으로 오는가? 이에 대해 뭔가가 일반적인 방식으로 말해질 수 있는가? c) 내가 당신에게 묻는다: "당신이 손에 가지고 있는 (그리고 나는 그것을 볼 수 없는) 그 물질 조각의 색깔은 무엇인가?" 당신은 생각한다: "자, 이것은 무엇이라고 불리는가? 이것은 '감청색'인가 '청람색'인가?"

철학적 논의에서 우리가 "색깔의 이름은 특정한 방식으로 온다"라고 말할 때, 우리가 그런 이름이 오는 상이한 많은 경우들과 방식들을 생각하려고 애쓰지 않는다는 것은 이제 매우 주목할 만하다.—그런데 우리의 주된 논변은 실제로는, 색깔의 이름을 대는 것은 색깔을 바라보는 동안 다른 어떤 기회에 어떤 한 낱말을 그저 발음하는 것과는 다르다는 것이다. 가령 혹자는 이렇게 말할 수 있을 것이다: "우리가 우리의 책상 위에 놓여 있는 어떤 대상들, 즉 파란 것, 붉은 것, 흰 것, 검은 것을 세었다고 하자,—각각을 차례로 세면서 우리는 '하나, 둘, 셋, 넷' 하고 말한다. 우리가 그 낱말들을 발음할 때, 우리가 어떤 사람에게 그 대상들의 색깔을 말해야 할 경우에 일어날 것과는 다른 어떤 것이 일어난다는 것을 보기는 쉽지 않은가? 그리고 우리는 전과 같은 권리를 가지고 이렇게 말할 수 없었을까? 즉 '우리가 그 숫자들을 말할 때, 우리가 그 대상들을 바라보는 동안 바로 그 숫자들을 말하는 것 이외의 다른 어떤 것도 일어나지 않는다'고 말이다."—이에 대해 이제 두 가지 대답이 주어질 수 있다: 첫째로, 그 대상들을 세는 일은 의심의 여지 없이, 그리고 적어도 대다수의 경우에, 그것들의 색깔 이름을 대는 것과는 다른 경험들을 동반할 것이다. 그리고 그 차이가 무엇일지를 대충 기술하는 것은 쉽다. 셈을 할 적에 우리는 말하자면 손가락으로 또는 머리를 끄덕임으로써 수를 세는 어떤 몸짓을 안다. 다른 한편으로, "색깔에 주의를 기울임", 색깔의 충분한 인상을 받음이라고 불릴 수 있을 경험이 존재한다. 그리고 이것들은 "우리가 대상들을 셀 때와 우리가 그것들의 이름을 댈 때 상이한 어떤 것이 일어난다는 것을 보기는 쉽다"라고 말할 때 우리들이 상기하는 종류의 것들이다. 그러나 셈에 다소간 특징적인 어떤 특이한 경험들이 우리들이 세고 있는 동안 일어난다는 것은 결코 필연적이 아니며, 색깔을 응시함이란 특이한 현상이 우리가 대상을 바라보고 그것의 색깔 이름을 댈 때 일어난다는 것 역시 그러하다. 어쨌든 대부분의 경우에, 네 대상을 세는 과정과 그것들의 색깔 이름을 대는 과정이 전체적으로 볼 때 상이할 것임은 참이며, 이것이 우리에게 와 닿는 것이다: 그러나 그것은 결코, 우리가 한편으로 숫자를 발음하고 다른 한편으로는 색깔의 이름을 댈 때 상이한 어떤 것이 이 두 경우에 매번 일어난다는 것을 우리가 안다는 것을 뜻하지는 않는다.

우리가 이런 종류의 일에 관해 철학을 할 때, 우리는 거의 변함없이 다음과 같은 종류의 어떤 것을 한다: 우리는 이를테면 어떤 대상을 빤히 바라보고 말하자면 그 색깔의 이름을 '읽어 내려고' 노력함으로써, 우리 자신에게 모종의 경험을 반복한다. 그리고 그렇게 되풀이하면서 우리가, "특정한 어떤 것이 우리가 '파랑'이란 낱말을 말하는 동안 일어난다"라고 말하는 데로 기울어질 것은 자연스럽다. 왜냐하면 우리는 같은 과정을 되풀이해서 겪음을 알고 있기 때문이다. 그러나 당신 자신에게 물어보라: 이것은 또한 우리가 다양한—철학을 하지 않는—기회에 어떤 한 대상의 색깔 이름을 댈 때 우리가 으레 겪는 과정이기도 한가?

11. 우리는 또한 의지에 관해, 고의적 행동과 불수의적 행동에 관해 생각할 때에도 우리가 관여하고 있는 문제와 마주친다. 이를테면 이러한 예들을 생각하라: 나는 어떤 무거운 듯한 짐을 들어야 할지를 심사숙고한다, 그렇게 하기로 결정한다, 그런 다음 나는 그것에 내 힘을 쏟고 그것을 들어 올린다. 이것은 의지를 행사하기와 의도적 행위의 훌륭한 경우라고 당신은 말할 수 있을 것이다. 이 경우와 비교하라, 성냥으로 당신 자신의 담배에 불을

붙인 후 그 성냥불을 어떤 사람에게 넘기고 그가 자기 담배에 불을 붙이기를 원하는지 보는 경우를: 또는 편지를 쓰는 동안 당신의 손을 움직이는 경우나, 말을 하는 동안 당신의 입, 후두 등을 움직이는 경우를.—그런데 내가 첫 번째 예를 의지를 행사하기의 훌륭한 예라고 불렀을 때, 나는 오해의 소지가 있는 이 표현을 고의로 사용했다. 왜냐하면 이 표현은, 우리들이 의지에 관해 생각할 적에 이런 종류의 예를 의지를 행사하기의 전형적인 특징을 가장 분명하게 내보이는 것으로 간주하는 경향이 있다는 것을 나타내기 때문이다. 우리들은 이런 종류의 예로부터 의지에 관한 우리들의 관념들과 언어를 취하고, 의지를 행사하기의 경우들이라고 적절하게 불릴 수 있는 모든 경우에 그것들이—그와 같이 명백한 방식으로는 아닐지라도—적용되어야 한다고 생각한다.—우리가 되풀이하여 마주쳐 온 것은 같은 경우이다: 우리 일상 언어의 표현 형식들은 "의지를 행사하다", "생각하다", "뜻하다", "읽다" 등등의 낱말들의 어떤 매우 특별한 적용들에 가장 명백하게 들어맞는다. 그리고 이런 식으로 해서 우리는 어떤 사람이 '먼저 생각하고 난 다음에 말하는' 경우를 생각함의 훌륭한 경우라고 부르고, 또 어떤 사람이 자기가 읽고 있는 낱말들을 한 자 한 자 읽는 경우는 읽기의 훌륭한 경우라고 불렀을 수 있다. 우리는 '의지의 작용'을 의지가 행사되는 행위와 다른 것으로 이야기하는데, 우리의 첫 번째 예에는 이 경우를 손과 짐이 올라간다는 것이 일어나는 모든 것인 경우와 분명하게 구별하는 다른 많은 작용이 있다. 즉 심사숙고와 결정이라는 준비들이 있고, 들어 올림이라는 노고가 있다. 그러나 우리의 다른 예들과 우리가 주었을 수 있는 수많은 예에서 우리는 이 과정들과의 유사물들을 어디서 찾는가?

그런데 다른 한편으로는, 어떤 사람이 이를테면 아침에 일어날 때, 일어나는 일은 다음이 전부일 수 있다고 말해진 바 있다: 그는 곰곰이 생각한다, "일어날 시간인가?", 그는 결심하려고 노력한다, 그다음 갑자기 그는 자기가 일어나고 있음을 발견한다.[31] 그것을 이런 식으로 기술하는 것은 의지 작용의 부재를 강조한다. 자, 우선: 우리는 어디서 그런 것의 원형을 발견하는가, 즉 어떻게 우리는 그런 작용에 대한 관념을 갖게 되었는가? 나는 의지 작용의 원형은 육체적 노고의 경험이라고 생각한다.—그런데 위의 기술에는 우리가 그것을 반박하게끔 유혹하는 어떤 것이 있다: 우리는 이렇게 말한다: "우리는 우리 자신이 일어남을, 마치 우리가 다른 어떤 사람을 관찰하고 있는 것처럼, 그저 '발견', 관찰하지 않는다! 그것은 이를테면 어떤 반사적 행위들을 지켜보는 것과 같지 않다. 예를 들어, 내가 벽 쪽에 있는 내 손을 침대 밖으로 늘어뜨리고 손등이 벽에 닿게 벽 가까이 옆으로 누워 있다면, 그리고 이제 팔을 뻣뻣하게 유지하면서 내가 손등을 벽에 대고 강하게 누른 다음, 재빨리 벽으로부터 발을 내디뎌 나온다면, 내 팔은 나의 어떤 행위도 없이, 저절로 올라가기 시작한다: 이 경우는 '나는 내 팔이 올라감을 발견한다'라고 말하는 것이 합당할 터인 그런 종류의 경우이다."

이제 여기서 다시 분명해지는 것은, 내 팔이 올라감을 이 실험에서 관찰하거나 다른 어떤 사람이 침대에서 일어남을 지켜보는 경우와 나 자신이 일어남을 발견하는 경우 사이에는 눈에 띄는 많은 차이가 존재한다는 것이다. 예를 들면, 후자의 경우에는 이른바 놀람이라는 것이 완전히 부재한다. 또한 나는 나 자신의 움직임들을, 어떤 사람이 침대에서 몸을 돌리는 것을 내가, 예를 들면, "그는 일어나려고 하는가?" 하고 나 자신에게 말하면서 바라보듯이 바라보지 않는다. 침대에서 일어남이라는 수의(隨意)적 행위와 내 팔의 불수의적 올라감 사이에는 차이가 있다. 그러나 이른바 수의적 행위들과 불수의적 행위들 사이에 하나의 공통적인 차이, 즉 '의지의 작용'이라는 한 요소의 현존 또는 부재가 있지는 않다.

---

31 (옮긴이주) 《갈색 책》의 독일어 개작본에 따르면, 윌리엄 제임스가 이렇게 말했다.

어떤 사람이 "나는 지금 막 나 자신이 일어남을 발견한다"라고 말할 때, 일어남에 대한 그 기술은 그가 자신이 일어남을 자신이 관찰한다고 말하고 싶어 한다는 것을 암시한다. 그리고 관찰하는 태도는 이 경우 부재한다고 우리는 확실히 말할 수 있다. 그러나 관찰하는 태도는 다시, 마음의 하나의 계속적인 상태나 그 밖에 우리가 (굳이 말한다면) 관찰하는 동안 전 시간 동안 우리가 있는 상태가 아니다. 오히려, 관찰하는 태도라고 우리가 부르는 활동들과 경험들의 집단들이라는 한 가족이 있는 것이다. 대충 말해서, 호기심, 관찰적 기대, 놀람이란 관찰—요소들이 있고, 아마도 호기심의, 관찰적 기대의, 놀람의, 표정들과 몸짓들이 존재한다고 말할 수 있을 것이다: 그리고 이들 경우 각각에 대해 특징적인 하나 이상의 표정이 있으며 또 어떠한 특징적인 표정 없이도 이 경우들이 있을 수 있다는 것에 당신이 동의한다면, 이 세 낱말 각각에는 현상들의 어떤 한 가족이 대응한다는 것을 당신은 인정할 것이다.

12. 만일 내가, 내가 "기차는 3시 30분에 떠난다고 믿으면서 그에게 그렇게 말했을 때, 내가 그저 그 문장을 발화했다는 것 이외에 아무것도 일어나지 않았다"라고 말했다면, 그리고 어떤 사람이 나를 반박하여 말하기를, "당신은 믿지 않으면서도 '그저 어떤 한 문장을 말하는' 수도 있으므로, 분명 그것이 전부였을 수는 없다"라고 한다면,—내 대답은 이러할 것이다: "나는 당신이 말하는 것을 믿으면서 말함과 당신이 말하는 것을 믿지 않으면서 말함 사이에 차이가 없다고 말하고 싶지는 않다: 그러나 '믿음'/'믿지 않음'이란 쌍은 어떤 정신적 상태의 현존과 부재 사이의 차이라는 하나의 차이를 지시하는 게 아니라, 상이한 경우에 다양한 차이들(어떤 하나의 가족을 형성하는 차이들)을 지시한다."

13. 수의적 행위들과 불수의적 행위들의 다양한 특징들을 고찰해 보자. 무거운 짐을 들어 올리기의 경우에, 다양한 노고의 경험은 수의로 짐을 들어 올리기에 대해 명백히 아주 특징적이다. 다른 한편으로, 이 경우를, 대부분의 일상적 경우 아무런 노고가 없을, 수의로 글쓰기의 경우와 비교하라; 비록 우리가 글쓰기는 우리의 손을 피곤하게 만들고 우리 손의 근육들을 긴장시킨다고 느낄지라도, 이것은 우리가 전형적인 수의적 행위들이라고 부를 터인 '밀기'와 '당기기'의 경험이 아니다. 더 나아가, 당신이 당신 손으로 어떤 짐을 들어 올릴 때 당신 손을 들어 올림을, 예를 들어 당신이 당신 위에 있는 어떤 대상을 가리킬 때 당신의 손을 들어 올림과 비교하라. 후자는, 비록 노고의 요소는 십중팔구 전적으로 부재할 것이지만, 틀림없이 수의적 행위로 간주될 것이다: 사실 어떤 대상을 가리키기 위해 이렇게 팔을 들어 올림은 그것을 보기 위해 눈을 들어 올림과 매우 비슷한데, 여기서 우리는 노고라고는 거의 생각할 수 없다.—이제 당신의 팔을 불수의적으로 들어 올리는 행위를 기술해 보자. 우리의 실험[32]이 이 경우인데, 이것은 근육 긴장의 완전한 부재에 의해 특징지어졌으며, 팔의 올라감에 대해 우리가 관찰하는 태도에 의해서도 특징지어졌다. 그러나 우리는 근육 긴장이 부재한 경우를 금방 보았으며, 비록 우리가 어떤 행위에 대해 관찰하는 태도를 취하더라도 그 행위를 수의적이라고 불러야 할 경우들도 있다. 그러나 많은 경우에, 어떤 행위를 수의적 행위로 특징짓는 것은 그 행위에 대해 관찰하는 태도를 취하기가 특이하게 불가능하다는 것이다. 예를 들어, 당신이 당신 손을 수의로 올릴 때 당신 손이 올라감을 관찰하려고 시도하라. 물론, 이를테면 실험에서 그러하듯이, 당신은 그것이 올라감을 **본다**: 그러나 당신은 당신 눈으로 그것을 같은 방식으로 뒤따라갈 수 없다. 이는 한 장의 종이 위에 그

---

32 (옮긴이주) 《갈색 책》 II부 11절 둘째 단락 참조.

려진 다음과 같은 선들을 당신이 당신 눈으로 뒤따라가는 상이한 두 경우를 비교한다면 더 분명해질 것이다: a) 다음과 같은 어떤 불규칙한 선:

b) 글로 씌어 있는 한 문장. 당신은 a)의 경우에는 눈이 말하자면 번갈아 미끄러져 넘어지고 꼼짝 못 하게 되는 데 반해, 문장을 읽을 적에는 눈이 매끄럽게 활주해 나간다는 것을 발견한다.

　이제 수의적 행위에 대해 우리가 관찰하는 태도를 취하는 경우를 고찰하자: 나는 매우 교육적인 경우를 생각하고 있는데, 그것은 당신의 도화지 위에 거울을 놓고, 당신이 거울 속에서 보는 것에 의해 당신의 손을 이끎으로써 하나의 정사각형을 그것의 대각선들과 함께 그리려고 시도하는 경우이다. 그리고 여기서 우리들은, 우리의 진정한 행위들, 즉 의지가 **직접적으로** 적용되는 행위들은 우리의 손의 움직임들이 아니라 한층 더 뒤에 있는 어떤 것, 이를테면 우리의 근육의 활동들이라고 말하는 경향이 있다. 우리는 그 경우를 다음과 비교하는 경향이 있다: 우리 앞에 일련의 레버들이 있고 우리가 그것들을 통해, 숨겨진 기제에 의해서, 한 장의 종이 위에서 연필 스케치를 조종할 수 있으리라고 상상하라. 그러면 우리는 우리가 바라는 연필의 움직임을 얻기 위해서는 어느 레버들을 잡아당겨야 할지 의심이 들 수 있을 것이다: 그리고 우리는 이 특정한 레버를 우리가 고의로 잡아당겼다고 말할 수 있을 것이다―비록 우리가 그로써 산출한 잘못된 결과를 고의로 산출하지는 않았지만 말이다. 그러나 이런 비교가 우리 마음에 쉽게 떠오르기는 하지만, 이 비교는 매우 오해의 소지가 있다. 왜냐하면 우리 앞에서 본 레버들의 경우에는 우리가 잡아당기기 전에 어느 것을 잡아당기려고 하는지를 결정한다고 하는 것과 같은 그런 어떤 것이 있었기 때문이다. 그러나 우리의 의지는, 말하자면, 근육들의 건반에서 어느 것을 다음에 사용하려 하는지를 선택하면서 치는가?—고의적이라고 우리가 부르는 어떤 행위들에 특징적인 것은, 우리가 그것을 하기 전에 우리는 어떤 뜻에서 '우리가 무엇을 하려고 하는지를 안다'는 것이다. 이런 뜻에서 우리는, 우리가 어떤 대상을 가리키려고 하는지를 우리는 안다고 말하며, 이때 '앎의 행위'라고 일컬을 수 있을 것은 우리가 대상을 가리키기 전에 그 대상을 바라보는 데 있거나 그것의 위치를 낱말들이나 그림들로 기술하는 데 있을 수 있을 것이다. 이제 우리는 거울을 통한 우리의 정사각형 스케치를, 우리의 행위들은 그것들의 운동 측면에 관한 한 고의적이지만 그것들의 시각 측면에 관한 한 그렇지 않다고 말함으로써 기술할 수 있을 것이다. 이것은, 예를 들어, 잘못된 결과를 산출했던 손의 움직임을 반복하라는 말을 들었을 때 그렇게 반복할 수 있는 우리의 능력에 의해 예증될 것이다. 그러나 수의적 동작의 이러한 운동 성격이 우리가 하려고 한 것을 우리가 미리 앎에 있다고, 마치 우리가 우리의 마음 앞에 운동감각의 그림을 지녔었고 이 감각을 초래하기로 결정한 것처럼 말하는 것은 명백히 불합리할 것이다. 피험자가 자기 손을 깍지 낀 실험[33]을 기억하라: 만일 여기서 당신이 그에게 움직이라고 명령한 손가락을 멀리서 가리키는 대신 당신이 그 손가락을 건드린다면, 그는 언제나 그 손가락을 아주 사소한 어려움도 없이 움직일 것이다. 그리고 여기서 우리들은 이렇게 말하고 싶은 유혹을 받는다: "물론 나는 그것을 지금 움직일 수 있는데, 왜냐하면 지금 나는 내가 움직이라고 요구받는 것이 어느 손가락인지를 알기 때문이다". 이것은 마치 요구된 결과를 일으키기 위해서는 어느 근육을 수축해야 하는지를 내가 지금 당신에게 보여 준 것처럼 보이게 만든다. "물론"이란 낱말은 마치, 당신의 손가락을 건드림으로써 나는 당신이 무엇을 해

---

33 (옮긴이주) 《갈색 책》 I부 64) 끝부분의 (f) 참조.

야 하는가를 말해 주는 정보를 당신에게 준 것처럼 보이게 만든다. (마치, 정상적인 상황에서 당신이 어떤 사람에게 이러이러한 손가락을 움직이라고 말할 때, 그는 그 움직임을 어떻게 일으켜야 하는지를 알았기 때문에 당신의 명령을 따를 수 있을 거라는 듯이 말이다.)

(여기서, 튜브를 통해 액체를 빠는 경우를 생각하는 것이 흥미롭다. 당신은 당신 몸의 어느 부분으로 빨았느냐 하고 질문을 받는다면, 당신은 당신 입이라고 말하는 데로 기울 것이다. 비록 그 일은 당신이 숨을 들이마시면서 사용한 근육들에 의해서 행해졌지만 말이다.)

이제 우리가 무엇을 "불수의적으로[부지불식간에] 말함"이라고 불러야 할지 자문해 보자. 먼저, 정상적으로 당신이 말할 때, 즉 수의로 말할 때, 당신은 당신이 어떤 소리들을 산출하기 위한 수단으로 당신의 입, 혀, 후두 등을 의지 작용으로 움직였다고 하는 말로는 그때 일어나는 것을 거의 기술할 수 없을 것이라는 점을 주의하라. 당신의 입, 후두 등에서 일어나는 것이 무엇이건, 그리고 말하는 동안 당신이 이들 부분에서 가지는 감각이 무엇이건, 그것들은 소리의 산출에 동반되는 거의 이차적인 현상들로 보일 것이다. 그리고 의지는 매개 기제 없이 소리들 자체에 작용한다고 우리들은 말하고 싶어 한다. 이것은 '의지'라는 이 동작주에 대한 우리의 관념이 얼마나 느슨한가를 보여 준다.

이제 불수의적으로 말하는 경우로 가자. 한 경우를 당신이 기술해야 한다고 상상하자,―당신은 어떻게 할까? 물론, 잠꼬대를 하는 경우가 있다. 이것은 우리가 그것을 의식하지 못하면서 한다는 것에 의해 특징지어진다. 그러나 명백히 당신은 이것을 불수의적 행위의 특징이라고 부르지 않을 것이다.

불수의적 말하기의 더 나은 예는, 내 생각에는, "오!", "도와줘!"와 같은 부지불식간의 외침들일 것이다. 그리고 이 발언들은 고통으로 비명을 지르는 것과 근친적이다. (그런데 이것은 우리가 '감정 표현으로서의 말'에 관해 생각하게 만들 수 있을 것이다.) 혹자는 이렇게 말할 수 있을 것이다: "분명 이것들은 불수의적인 말의 좋은 예이다. 왜냐하면 이 경우들 속에는 우리를 말하게 하는 의지 작용이 없을 뿐 아니라, 많은 경우에 우리는 이 말들을 우리의 의지에 반해서 발화하기 때문이다." 나는 이렇게 말할 것이다: 나는 틀림없이 이것을 불수의적 말하기라고 부를 것이다: 그리고 나는 이들 말에 예비적이거나 동반되는 의지 작용이 부재한다는 데 동의한다.—"의지 작용"으로 당신이 의지의, 미리 생각하기의, 노고의 어떤 작용들을 지시한다면 말이다. 그러나 그러면 수의적인 말의 많은 경우에 나는 어떤 노고를 느끼지 않으며, 내가 수의로 말하는 많은 것이 미리 생각하지 않은 것이며, 나는 그것에 선행하는 어떠한 의지 작용도 알지 못한다.

우리의 의지에 반하여 고통으로 울부짖는 것은, 어떤 사람이 우리의 팔을 강제로 들어 올리려 하는데 우리가 그에 저항할 때, 우리의 팔이 우리의 의지에 반하여 올라가는 것과 비교될 수 있을 것이다. 그러나 울부짖지 않으려는 그 의지—혹은 '소망'이라고 해야 할까—는 상대편의 힘으로 우리의 저항이 극복되는 방식과는 다른 방식으로 극복된다는 것을 알아차리는 것이 중요하다. 우리가 우리의 의지에 반하여 울부짖을 때, 우리는 말하자면 깜짝 놀란다: 마치 어떤 사람이 "손들어!" 하고 명령하면서 불시에 우리의 옆구리에 총을 쑤셔댐으로써 우리의 두 손을 위로 들어 올리게 강제한 것처럼 말이다.

14. 이제 이 모든 고찰에서 큰 도움이 되는 다음과 같은 예를 고찰하라. 우리들이 어떤 한 낱말을 이해할 때 무엇이 일어나는가를 보기 위해서 우리는 이러한 놀이를 한다: 당신은 낱말들의 어떤 한 목록을 가지고 있는데, 부분적으로 이 낱말들은 나의 자연 언어의 낱말들이고, 부분적으로는 나에게 다소간 친숙한 외국어의 낱말들이고, 부분적으로는 나에게 전혀 미지인 언

어들의 낱말들(또는 결국 같은 것이 되지만, 그 경우를 위해 발명된 무의미한 낱말들)이다. 또, 내 모국어의 낱말들 가운데 어떤 것들은 일상적 용법의 낱말들이고, 이것들 중 일부는, "집", "책상", "사람"과 같이, 어린아이가 배우는 최초의 낱말들 가운데 있어 우리가 원초적 낱말들이라고 부를 수 있을 그런 것들이며, 또 이것들 중 일부는 "엄마", "아빠"와 같이 갓난아기가 하는 말의 낱말들이다. 그리고 또, "카뷰레터", "발전기", "퓨즈"와 같은 다소 보통의 전문 용어들이 있고 등등이다. 이 모든 낱말이 낭독되고, 그 각각의 다음에 나는 내가 그 낱말을 이해하는가 못하는가에 따라 "예" 또는 "아니요"를 말해야 한다. 그다음 나는 내가 이해한 낱말들을 내가 이해했을 때, 그리고 내가 다른 낱말들을 이해하지 못했을 때, 내 마음속에서 일어난 것을 기억하려고 노력한다. 그리고 여기서 다시, 내가 "예"와 "아니요"를 말하는 특정한 어조와 표정을 이른바 정신적 사건들과 나란히 고찰하는 것이 유익할 것이다.—이제, 비록 이 실험이 다수의 상이한 특징적 경험들을 우리에게 보여 줄 것이지만, 그것이 우리가 이해의 경험이라고 불렀으면 할 어떠한 하나의 경험도 우리에게 보여 주지 않을 것임을 발견하면 우리는 놀랄지 모른다. 다음과 같은 경험들이 존재할 것이다: 나는 "나무"라는 낱말을 듣고, "물론"이라고 하는 어조와 감각으로 "예"라고 말한다. 또는 나는 "확증"이란 낱말을 듣는다—나는 나 자신에게 "어디 보자" 하고 말하고는, 도움 되는 한 경우를 어렴풋이 기억하고, "예"라고 말한다. 나는 "부품"이라는 낱말을 듣고, 언제나 이 낱말을 사용한 사람을 상상하고는, "예"라고 말한다. 나는 "엄마"라는 말을 듣는데, 이것은 나에게 우습고 어린애같이 와 닿는다—"예". 나는 외국 낱말은 대답하기 전에 매우 자주 내 마음속에서 우리말로 번역할 것이다. 나는 "스핀서리스코프"[34]라는 낱말을 듣고는, "어떤 종류의 과학 기

---

34 (옮긴이주) 알파 입자가 형광판에 부딪쳐 생기는 불꽃을 관찰하는 기계.

구임이 틀림없다"라고 마음속으로 생각하고, 아마도 그것의 어원으로부터 그것의 의미를 생각해 내려고 노력하다 실패하고는 말한다―"아니요". 또 다른 경우에 나는 나 자신에게 "중국어처럼 들리는데"라고 말할 수 있을 것이다―"아니요". 등등. 다른 한편으로, 낱말을 듣고 대답을 하는 것 이외에는 어떠한 일어남도 내가 의식하고 있지 않은 많은 부류의 경우들이 존재할 것이다. 그리고 낱말과는 전혀 아무 관계가 없다고 말해야 할 경험들(감각들, 사고들)을 내가 기억하는 경우들도 또한 존재할 것이다. 이렇듯 내가 기술할 수 있는 경험들 가운데는 이해의 전형적인 경험들과 이해하지 못함의 어떤 전형적인 경험들이라고 내가 부를 수 있을 터인 부류가 존재할 것이다. 그러나 이것들과 반대로, "나는 특정한 경험을 전혀 알지 못한다, 나는 그저 '예' 또는 '아니요'라고 말했다"라고 내가 말해야 할 커다란 부류의 경우들이 존재할 것이다.

이제 어떤 사람이, "그러나 당신이 '예'라고 말했을 때 당신이 완전히 넋을 잃지 않았다면, 당신이 '나무'라는 낱말을 이해했을 때, 틀림없이 어떤 것이 일어났다"라고 말한다면, 나는 곰곰 생각해 보고는, "내가 '나무'라는 낱말을 받아들였을 때, 나는 일종의 편안한 느낌을 지니지 않았던가?"라고 마음속으로 생각하는 데로 기울 수 있을 것이다. 그러나 그렇다면, 내가 지금 언급한 이 느낌을 나는 그 낱말이 사용되는 것을 내가 듣거나 나 자신이 그것을 사용할 때 언제나 지니는가? 그런 느낌을 지녔던 것을 나는 기억하는가? 내가 그 낱말을 이해했다고 말할 수 있을 모든 경우에 내가 그 중 하나를 지녔던, 이를테면 오감(五感)의 집합을 나는 기억하기나 하는가? 더 나아가, 내가 언급한 그 '편안한 느낌'은 현재 내가 처한 특정한 상황, 즉 '이해'에 관해 철학한다고 하는 상황에 오히려 특징적인 하나의 경험이 아닌가?

물론 우리의 실험에서 우리는 "예" 또는 "아니요"라고 말하는 것을, 이해함이나 이해하지 못함의 특징적 경험들이라고 부를 수 있을 것이다. 그러나 우리가 문장에서의 낱말을 그저 들을 뿐이고, 그것에 대해 이런 반응의 문제조차 없다면 어떠할까?―여기서 우리는 묘한 어려움에 처해 있다: 한편으로, 우리가 한 낱말을 이해하는 모든 경우에 우리는 특정한 하나의 경험이―또는 심지어 어떤 집합 가운데 하나가―현존한다고 말할 아무런 이유도 없는 것으로 보인다. 다른 한편으로, 그러한 경우에 일어나는 것은 내가 그 낱말을 듣거나 말하는 것이 전부라고 말하는 것은 명백히 잘못이라고 우리는 느낄 수 있다. 왜냐하면 그것은, 일시적으로 우리는 단지 자동기계로서 행위를 한다고 말하고 있는 것처럼 보이기 때문이다. 그리고 이에 대한 대답은, 어떤 뜻에서 우리는 그렇게 행위하며, 어떤 뜻에서는 그렇게 행위하지 않는다는 것이다.

만일 어떤 사람이 친절한 표정을 하고 나에게 말한다면, 아무리 짧은 시간 간격 안에서도 그의 얼굴은, 다른 어떤 상황에서 그 얼굴을 보더라도 나는 분명히 그 표정을 친절하다고 불러야 할 터인 그런 방식으로 반드시 보여야 했는가? 그리고 그렇지 않다면, 이는 그의 '친절한 표정을 짓기'가 표정 없음의 기간들에 의해 중단되었다는 것을 뜻하는가?―내가 가정하고 있는 상황에서는 확실히 우리는 그렇게 말해서는 안 된다. 그리고 우리는 이 순간의 모양이, 비록 그것만 따로 취하면 우리는 그것을 표정 없다고 불러야 하겠지만, 표정 있음을 중단한다고 느끼지 않는다.

바로 이런 방식으로, "한 낱말을 이해함"이라는 어구로 우리는 우리가 그 낱말을 듣거나 말하고 있는 동안 일어나는 것을 반드시 지시하지는 않고, 그것을 말함이라는 사건의 전체 환경을 지시한다. 그리고 이는 어떤 사람이 자동기계처럼 또는 앵무새처럼 말한다고 하는 우리의 말에도 역시 적용된다. 이해하면서 말을 하는 것은 자동기계처럼 말을 하는 것과 확실히 다르지만, 이는 첫 번째 경우에 하는 말이 두 번째 경우에는 없는 어떤 것에 의해 내내 동반된다는 것을 뜻하지는 않는다. 두 사람이 상이한 권역에서 움직인다고 우리가 말할 때, 이것이 그들은 동일한 주위 환경에서 거리를 걸을 수 없다는 것을 뜻하지 않는 것과 꼭 마찬가지로 말이다.

그처럼 또한, 수의로(또는 불수의적으로) 행위한다는 것은, 많은 경우에, 수의적 행위에 특징적이라고 일컬어질 경험에 의해서보다는 그 행위가 일어나는 다수의 상황들에 의해서 그러한 것으로 특징지어진다. 그리고 이런 뜻에서, 내가 침대에서 일어났을 때―즉 내가 틀림없이 그것을 불수의적이라고는 부르지 않을 때―일어난 것은 내가 나 자신이 일어나는 것을 발견했다는 것이라고 말하는 것은 참이다. 또는 차라리, 이것은 하나의 가능한 경우이다: 왜냐하면 물론 매일 다른 어떤 것이 일어나기 때문이다.

15. 우리가 §7 이후로 고찰해 온 골칫거리들은 모두 "특정한35"이란 낱말의 사용과 밀접히 연관되어 있다. 친숙한 대상들을 볼 적에 우리는 특정한 느낌을 지닌다, 우리가 색깔을 빨강으로 인지했을 때 "빨강"이란 낱말이 특정한 방식으로 왔다, 우리가 수의로 행위했을 때 우리는 특정한 경험을 했다,―이렇게 우리는 말하는 경향이 있었다.

이제 "특정한"이란 낱말의 사용은 일종의 착각을 산출하기 십상이다. 그리고 대충 말해서 이 착각은 이 낱말의 이중적 용법으로 인해 산출된다. 한편으로, 그것은 명시(明示), 기술(記述), 비교에 예비적으로 사용된다고 우리는 말할 수 있다: 다른 한편으로는, 강조라고 기술될 수 있는 것으로 사용된다. 첫 번째 용법을 나는 이행적 용법, 두 번째 용법은 비이행적 용법이라고 부를 것이다. 가령, 한편으로 나는 "이 얼굴은 내가 기술할 수 없는 특정한

---

35 (옮긴이주) 원말은 'particular'인데, 비트겐슈타인이 언급한 §7 이후의 《갈색 책》 독일어 개작본에서 이 말은 'besonder(특수한)'로, 혹은 'bestimmt(특정한)'로 옮겨져 있다. 여기서는 가능한 한 이 개작본에 맞춰 번역했다.

인상을 나에게 준다"라고 말한다. 후자의 문장은 "이 얼굴은 나에게 강한 인상을 준다"와 같은 어떤 것을 뜻할 수 있다. 같은 논평이 "특이한"에 적용되므로, 우리가 "특정한" 대신에 "특이한"이란 낱말을 대입한다면, 이 예들은 아마 더 두드러질 것이다. 만일 내가 "이 비누는 특이한 냄새를 지니고 있다, 그것은 우리가 어린아이일 적에 사용한 그런 종류이다"라고 말한다면, "특이한"이란 그 낱말은 그것을 뒤따르는 비교에 대한 도입부로 사용될 수 있다: 마치 내가 "나는 이 비누가 어떤 냄새가 나는지 말해 주겠다: ……"라고 말하는 것처럼 말이다. 다른 한편으로, 내가 "이 비누는 특이한 냄새를 지니고 있다"거나 "그것은 대단히 특이한 냄새를 지니고 있다"라고 말한다면, 여기서 "특이한"은 "보통을 벗어난", "보통이 아닌", "두드러진"과 같은 어떤 표현을 나타낸다.

우리는 이렇게 물을 수 있을 것이다: "당신이 말한 것은, 그것이 아무 특이한 냄새를 지니고 있지 않다는 것과 대조적으로 특이한 냄새를 지니고 있다는 것인가, 또는 그것이 다른 어떤 냄새와 대조적으로 이 냄새를 지니고 있다는 것인가? 아니면 당신은 첫 번째와 두 번째 둘 다를 말하고 싶었는가?"—자, 그런데 내가 철학을 하면서, 내가 빨강으로 본 어떤 것을 기술할 때 "빨강"이라는 낱말은 특정한 방식으로 왔다고 말했을 때, 그것은 어떤 것이었는가? 그것은 내가 "빨강"이라는 낱말이 온 방식을, "내가 색깔 있는 대상들을 세고 있을 때, 그것은 언제나 '둘'이란 낱말보다 더 빨리 온다"거나 "그것은 언제나 충격과 함께 온다" 등이라고 말하는 것과 같이 기술하고자 한다는 것이었는가?—또는 그것은 내가 "빨강"이 두드러진 방식으로 온다는 것을 말하고 싶었다는 것인가?—정확히는 그 어느 쪽도 아니다. 그러나 확실히 첫 번째보다는 두 번째 쪽이다. 이것을 더 분명하게 보려면, 또 하나의 예를 고찰하라: 당신은 물론 당신 몸의 위치를 온종일 끊임없이 바꾸고 있다: 그러한 임의의 태도에 꼼짝 말고 머무르라(글을 쓰면서, 글을 읽으면서, 이야기를 하면서 등등): 그리고 "'빨강'은 특정한 방식으로 온다 ……"라고 말하는 식으로, "나는 지금 특정한 태도로 있다"라고 당신 자신에게 말하라. 당신은 당신이 아주 자연스럽게 이렇게 말할 수 있다는 것을 발견할 것이다. 그러나 당신은 언제나 어떤 특정한 태도로 있지 않은가? 그리고 물론 당신은 바로 그때 특히 두드러진 태도로 있었음을 뜻하지 않았다. 당신은 당신의 감각들에 집중했다, 말하자면 그것들을 응시했다. 그리고 이것이 당신이 "빨강"이 특정한 방식으로 왔다고 말했을 때 정확히 당신이 한 것이다.

"그러나 나는 '빨강'이 '둘'과는 다른 방식으로 왔다고 뜻하지 않았는가?" —당신은 이렇게 뜻했을 수 있다. 그러나 "그것들이 다른 방식으로 온다"라고 하는 문구 자체는 혼란을 야기하기 쉽다. 내가 "스미스와 존스는 언제나 다른 방식으로 내 방에 들어온다"라고 말했다고 하자. 나는 계속해서 "스미스는 빨리, 존스는 늦게"라고 말할 수 있을 터인데, 나는 그 방식들을 명시하고 있는 것이다. 다른 한편으로 나는 내가 그 차이를 명시하려고 노력하고 있다는 것을 암시하면서, "나는 그 차이가 무엇인지 모르겠다"라고 말할 수 있을 것이다: 그리고 아마 나중에 나는 "이제 나는 그것이 무엇인지 안다: 그것은 ……이다"라고 말할 것이다.—다른 한편으로 나는 그것들이 다른 방식으로 온다고 당신에게 말할 수 있을 것이다. 당신은 이 진술을 어떻게 이해해야 할지 모를 것이며, 아마 "물론 그것들은 다른 방식으로 온다: 그것들은 그냥 다른 것이다"라고 대답할 것이다.—우리는 우리의 골칫거리를 이렇게 말함으로써 기술할 수 있을 것이다. 즉 우리는 마치 우리가 어떤 이름의 사용에 대해 태도를 정함이 없이도, 그리고 사실상 그것을 사용할 의도가 전혀 없이도, 동시에 어떤 경험에 그 이름을 줄 수 있을 것처럼 느낀다고 말이다. 가령 내가 "빨강"이 특정한 방식으로 온다고 말할 때, 이 방식이 이미 어떤 이름을 갖고 있지 않다면, 나는 내가 이 방식에 하나의 이름—이를테면 "A"―을 줄 수 있을 것처럼 느낀다. 그러나 동시에 나는 이것이 "빨강"이 그런 경우에 언제나 왔던 방식임을 내가 인지한다고 말할 준비나, 심지어 (이를테면) A, B, C, D의 네 방식이 있는데 그것이 언제나 그중 한 방식으로 온다고 말할 준비가 전혀 되어 있지 않다. 당신은 "빨강"과 "둘"이 오는 그 두 방식이, 이를테면 "빨강"을 두 번째 기수로 사용하고 "둘"을 어떤한 색깔의 이름으로 사용하면서 그 두 낱말의 의미를 교환함으로써 식별될 수 있다고 말할지도 모르겠다. 가령, 나에게 몇 개의 눈이 있느냐는 질문을 받으면 나는 "빨강"이라고 대답해야 하고, "피의 색깔은 무엇인가?"라는 질문에는 "둘"이라고 대답해야 한다. 그러나 이제, 당신이 '이 낱말들이 오는 방식'을 그것들이 사용되는 방식들―나는 금방 기술된 방식들을 뜻하고 있다―과 독립적으로 식별할 수 있는지 하는 문제가 일어난다. 당신이 말하고 싶은 것은, 경험상 그 낱말은 이런 방식으로 사용될 때 언제나 A 방식으로 오지만, 그다음에는 "둘"이 보통 오는 방식으로 올 수도 있다는 것인가? 그렇다면 당신은 당신이 그런 종류의 것을 뜻하지 않았다는 것을 볼 것이다.

"빨강"이 오는 방식에서 **특정한** 것은, 그것은 당신이 그것에 관해 철학하는 동안에 온다는 것이다: 당신이 당신 몸의 위치에 관해 주의를 집중했을 때 당신 몸의 위치에서 특정한 것은 그 주의 집중이었듯이 말이다. 우리는 실제로는 그 방식을 다른 어떠한 방식과도 대조하고 있지 않은데도, 우리는 금방 그 방식을 기술하게 될 것처럼 우리 자신에게 보인다. 우리는 강조하고 있고, 비교하고 있는 게 아니지만, 우리는 마치 이 강조가 실제로는 그 대상과 그것 자체의 비교인 듯이 표현한다. 즉 재귀적(再歸的) 비교가 있는 것처럼 보인다. 내가 말하려는 바를 이런 방식으로 설명해 보자: 내가 A가 방에 들어오는 방식에 관해 이야기한다고 해 보자: 나는 "나는 A가 방에 들어오는 방식을 눈여겨보았다"라고 말할 수 있고, "어떤 방식으로?"라고 질문을 받았을 적에 나는 "그는 들어오기 전에 언제나 방 안으로 머리를 들이민다"라고 대답할 수 있다. 여기서 나는 일정한 특징을 지시하고 있다. 그리고 나는 B가 같은 방식으로 들어온다거나, A는 더 이상 그런 방식으로 들어오지 않는다고 말할 수 있을 것이다. 다른 한편으로, "나는 지금 A가 앉아 담배 피우는 방식을 관찰하고 있었다"라는 진술을 고찰하자. 나는 그를 이와 같이 그리고자 한다. 이 경우에 나는 그의 태도의 특정한 특징에 관해 어떠한 기술도 할 준비가 되어 있을 필요가 없고, 나의 진술은 그저 "나는 A를 그가 앉아 담배를 피운 바대로 관찰하고 있었다"를 뜻할 수 있다.—'그 방식'은 이 경우 그로부터 분리될 수 없다. 이제 내가 그가 거기 앉은 대로 그를 그리고 싶고, 그의 태도를 눈여겨보고 연구하고 있다면, 그렇게 하는 동안 나는 "그는 특정한 방식으로 앉아 있다"라고 나 자신에게 되풀이하여 말하는 경향이 있을 것이다. 그러나 "어떤 방식?"이란 물음에 대한 대답은 "자, 이런 방식"일 것이며, 그것은 그의 태도의 특징적인 윤곽들을 그림으로써 주어질 것이다. 다른 한편으로, "그는 특정한 방식으로…… 있다"라는 나의 문구는 그저 "나는 그의 태도를 눈여겨보고 있다"로 번역되어야 할 수도 있을 것이다. 그것을 이런 형식으로 나타내면서 우리는 말하자면 그 명제를 곧게 폈다. 반면에 그것의 첫 번째 형식에서는 그것의 의미는 하나의 고리 모양을 기술하는 것처럼 보인다: 다시 말해서, "특정한"이란 낱말은 이행적으로, 보다 특수하게는, 재귀적으로 사용된다. 즉 우리는 그것의 사용을 이행적 사용의 특별한 경우로 간주하고 있다. 우리는 "당신은 어떤 방식을 뜻하는가?"라는 물음에 대해, "나는 어떠한 특정한 특징도 지시하지 않았다: 나는 그저 그의 자세를 눈여겨보고 있었다"라고 대답하는 대신, "이런 방식"이라고 대답하는 경향이 있다. 나의 표현은 마치 내가 그가 앉는 방식에 관해서—또는 우리의 이전 경우에는, "빨강"이란 낱말이 오는 방식에 관해서—어떤 것을 지적하고 있는 것처럼 보이게 만든다. 반면에 나로 하여금 "특정한"이란 낱말을 여기서 사용하게 하는 것은, 그 현상에 대한 나의 태도로 내가 그것에 강조점을 두고 있다는 것이다: 나는 그것에 대해 주의를 집중하고 있거나, 마음속에서 그것의 과거를 추적하고 있거나, 그것을 그리고 있거나 등등을 하고 있다.

자, 이것이 우리가 철학적 문제들에 관해 생각할 때 우리가 처하는 특징적인 상황이다. 이런 방식으로 일어나는 많은 골칫거리들이 있는데, 한 낱말이 이행적 쓰임과 비이행적 쓰임을 가지고 있다는 것과, 우리가 후자를—그것이 비이행적으로 쓰일 때 그 낱말을 재귀적 구성에 의해 설명하면서—전자의 특정한 한 경우로 간주한다는 것과 같은 것이 그것이다.

가령 우리는 이렇게 말한다: "나는 '킬로그램'으로 물 1리터의 무게를 뜻한다", "B가 A의 설명인 곳에서, 나는 'A'로 'B'를 뜻한다". 그러나 또한 비이행적 사용도 있다: "나는 그것에 염증이 난다고 말했고, 그것은 진심이었다(나는 그 말을 진심으로 뜻했다)". 여기서 다시, 당신이 말한 것을 진심으로 뜻한다는 것은 "그것의 과거를 추적한다", "그것에 강조점을 둔다"라는 것이라고 불릴 수 있을 것이다. 그러나 이 문장에서 "뜻한다"라고 하는 낱말을 사용하는 것은, "당신은 무엇을 뜻했는가?"라고 묻고 "내가 말한 것으로 나는 내가 말한 것을 뜻했다"라고 대답하는 것이 뜻을 가져야 하는 것처럼 보이게 만드는데, 이는 "나는 내가 하는 말을 진심으로 뜻하고 있다"의 경우를 "나는 'A'를 말함으로써 'B'를 뜻한다"의 특별한 경우로 취급하는 것이다. 사실 우리들은 "나는 그것에 대해 설명할 게 없다"라고 말하기 위해, "내가 뜻하는 것은 진심이다(나는 내가 뜻하는 것을 뜻한다)"라는 표현을 사용한다. "이 문장 p는 무엇을 뜻하는가?"라는 물음은, 그것이 p를 다른 상징들로 번역하기를 요구하는 것이 아니라면, "이 낱말들의 열로써 어떤 문장이 형성되는가?"라고 하는 것 이상의 뜻을 지니지 않는다.

"킬로그램이란 무엇인가?"라는 물음에 내가 "그것은 1리터의 물이 지니는 무게이다"라고 대답했는데, 어떤 사람이 "그런데 1리터의 물은 얼마나 무게가 나가는가?"라고 물었다고 해 보라—

　우리는 종종 어떤 것을 강조하기 위한 수단으로서 재귀적 형식의 말을 사용한다. 그리고 그러한 모든 경우에 우리의 재귀적 표현들은 '곧게 펴질' 수 있다. 가령 우리는 "내가 할 수 없다면, 나는 할 수 없는 거다(If I can't, I can't)", "나는 (내) 있는 그대로이다(I am as I am)", "(그게) 바로 그것이다 (It is just what it is)", 또한 "그게 그거다(That's that)"라는 표현을 사용한다. 이 후자의 문구는 "그것은 정해졌다"쯤을 뜻한다. 그러나 왜 우리는 "그게 그거다"로 "그것은 정해졌다"를 표현해야 하는가? 그 대답은 그 두 표현 사이에 어떤 하나의 이행 단계를 만들어 주는 일련의 해석들을 우리 앞에 놓음으로써 주어질 수 있다. 가령 "그것은 정해졌다"에 대해, 나는 "문제는 종결되었다"라고 말할 것이다. 그리고 이 표현은, 말하자면, 문제를 정리하고 보류한다. 그리고 그것을 정리하는 것은 그것 둘레에 선을 긋는 것과 같다: 우리들이 때때로 어떤 계산 결과들의 둘레에 선을 긋고, 그로써 그것이 최종적임을 표시하는 것처럼 말이다. 그러나 이것은 또한 그것을 두드러지게 만드는 것이기도 하다: 그것은 그것을 강조하는 하나의 방식이다. 그리고 "그게 그거다"란 표현이 하는 일은 '그것'을 강조하는 것이다.

　우리가 금방 고찰했던 것들과 근친적인 또 하나의 표현은 이것이다: "여기 있다: 싫으면 그만두어라!" 그리고 이것은 다시, "비가 오거나 오지 않는다: 비가 온다면 우리는 내 방에 머무를 것이고, 비가 오지 않는다면,……" 하고 우리가 말할 때처럼, 우리가 어떤 선택지들에 대해 언급하기 전에 우리가 때때로 하는 일종의 도입부적 진술과 근친적이다. 이 문장의 첫 번째 부분("비가 오거나 오지 않는다")은 아무런 정보를 담고 있지 않다("싫으면 그만두어라"가 명령이 아닌 것과 꼭 마찬가지로 말이다). "비가 오거나 오지 않는다" 대신에 우리는 "다음 두 경우를 고려하라: ……"라고 말할 수 있었을 것이다. 우리의 표현은 이 경우들을 강조하고, 그것들을 당신의 주목을 받게 제시하는 것이다.

이것과, 우리가 30)[36]과 같은 경우를 기술하는 가운데 다음과 같은 문구를 사용하고 싶은 기분이 드는 것은 밀접히 연관되어 있다: "그 부족의 누구도 그 이상으로는 세어 본 적이 없는 어떤 수가 물론 존재한다: 이 수를 ······라 하자". 곧게 펴지면, 이것은 다음과 같이 읽힌다: "그 부족의 누구도 그 이상으로는 세어 본 적이 없는 그 수를 ······라 하자". 우리가 첫 번째 표현을 곧게 펴진 표현보다 좋아하는 경향이 있는 까닭은, 그것이 우리의 부족의 실제 실천 속에서 사용되는 숫자들의 범위의 상단(上端)에 우리의 주의를 더 강하게 돌린다는 것이다.

16. 이제, "특정한"이란 낱말 사용의 매우 교육적인 한 경우, 즉 그 낱말이 어떤 비교를 가리키지 않지만 그렇게 하는 것처럼 대단히 강하게 보이는 경우를 고찰하자. 우리가 다음과 같은 방식으로 원시적으로 그려진 얼굴의 표정을 눈여겨보는 경우가 곧 그 경우이다:

이 얼굴이 당신에게 어떤 인상을 산출하도록 하라. 그 경우 당신은 이렇게 말하고 싶어짐을 느낄 수 있다: "분명 나는 단순한 줄표들만을 보지 않는다. 나는 **특정한** 표정을 지닌 한 얼굴을 본다". 그러나 당신은 그것이 특출한 표정을 지녔다고 뜻하지 않으며, 또 그 말을 그 표정의 기술(記述)에 대한 하나의 도입부로서 하고 있지도 않다—비록 우리가 그런 기술을 할 수 있고, 예를 들어 다음과 같이 말할 수 있을지라도 말이다: "그것은 우쭐해하는, 어리석게 거드름 피우는, 비록 뚱

---

36 (옮긴이주) 《갈색 책》 I부의 언어놀이 30을 말함.

뚱하지만 자기가 레이디킬러라고 상상하는 실업가같이 보인다". 그러나 이 것은 단지 그 표정의 근사적 기술로서 하는 말일 것이다. "말은 그것을 정확히 기술할 수 없다" 하고 우리들은 때때로 말한다. 그렇지만 우리들은 표정이라고 불리는 것이 얼굴의 소묘로부터 분리될 수 있는 어떤 것이라고 느낀다. 마치 우리는 다음과 같이 말할 수 있을 것처럼 보인다: "이 얼굴은 특정한 표정을 지녔다: 즉 이것"(하고 어떤 것을 가리킨다). 그러나 만일 내가 이곳에서 어떤 것을 가리켜야 한다면, 그것은 내가 바라보고 있는 그 소묘이어야 할 것이다. (말하자면 어떤 종류의 반사로 인해 우리는 단지 하나의 대상이 있는 곳에 두 개의 대상이 있다고 우리로 하여금 생각하게 하는 시각적 착각에 빠져 있다. 그 착각은, "그 얼굴은 특정한 표정을 지녔다"라고 말하면서 우리가 "지녔다"란 동사를 사용함으로써 조장된다. 이것 대신에 우리가 "이것은 특이한 얼굴이다"라고 말할 때는 일이 다르게 보인다. 우리가 뜻하는 바는 이러하다. 즉 사물이 무엇이라고 하는 것은 그 사물과 밀접한 관계가 있다: 사물이 지니고 있는 것은 그 사물로부터 분리될 수 있다.)

'이 얼굴은 특정한 표정을 지녔다'.—그것이 나에게 충분한 인상을 주도록 내가 노력하고 있을 때, 나는 이렇게 말하는 경향이 있다.

여기서 일어나고 있는 것은, 말하자면 그것을 소화하는, 그것을 포착하는 작용이다. 그리고 "이 얼굴의 표정을 포착한다"란 구절은, 우리는 그 얼굴 안에 있으면서 그 얼굴과는 다른 어떤 것을 포착하고 있다는 것을 암시한다. 우리는 어떤 것인가를 찾고 있는 것처럼 보이지만, 우리는 우리가 보는 얼굴 밖에서 그 표정의 어떤 모형을 찾는다는 뜻에서 그렇게 하는 것이 아니라, 주의를 기울이지 않고 그 사물을 탐지한다는 뜻에서 그렇게 하는 것이다. 내가 그 얼굴이 나에게 어떤 인상을 주도록 할 때, 마치 그 표정의 사본이 존재하는 듯하며, 마치 그 사본이 그 표정의 원형이고, 그 표정을 본다는 것은—마치 우리의 마음속에 거푸집이 있었고, 우리가 보는 그림이 그 거푸집 속으로 떨어져 그것에 들어맞은 것처럼—그 표정에 대응하는 원형을 발견하는 것인 듯하다. 그러나 오히려 우리가 그 그림이 우리 마음속으로 가라앉게 하고 거기서 거푸집을 만드는 것이다.

우리가 "이것은 얼굴이고, 단순한 선들이 아니다"라고 말할 때, 우리는 물론 다음과 같은 소묘

를 다음과 같은 것과 구별하고 있다.

그리고 그것은 참이다: 당신이 어떤 사람에게 (첫 번째 소묘를 가리키면서) "이것은 무엇인가?"라고 묻는다면, 그는 틀림없이 "그것은 얼굴이다"라고 말할 것이며, "그것은 남성인가, 여성인가?", "미소 짓고 있는가, 슬픈가?" 등과 같은 물음에 대해 그는 곧바로 대답할 수 있을 것이다. 다른 한편으로, 당신이 그에게 (두 번째 소묘를 가리키면서) "이것은 무엇인가?"라고 묻는다면, 그는 "이것은 전혀 아무것도 아니다"라거나 "이것들은 단순한 줄표들이다"라고 말할 가능성이 매우 클 것이다. 이제 조각 그림 맞추기에서 사람을 찾는 일을 생각하라. 첫눈에는 '단순한 줄표들'로 보이는 것이 나중에 하나의 얼굴로 나타나는 일이 거기서 종종 일어난다. 이것이 우리가 그것을 친구의 얼굴로 인지한다거나 우리가 '진짜' 얼굴을 본다는 착각에 빠져 있다는 것을 뜻하지 않는다는 것을 당신은 분명히 알아야 한다. 오히려, '그것을 하나의 얼굴로 본다'는 이것은 다음의 소묘

를 하나의 입방체로 보거나 하나의 정사각형과 두 개의 마름모꼴로 이루어진 평면 도형으로 보는 것과 비교되어야 한다. 또는 다음

을 '대각선들이 있는 하나의 정사각형으로' 보거나 '하나의 갈고리십자로', 즉 다음의 한계 경우로 보는 것과 비교되어야 한다.

또는 다시, 이 점 네 개 ‥‥를 서로 나란히 있는 두 쌍의 점으로 보거나, 두 개의 서로 맞물린 쌍으로 보거나, 다른 한 쌍 안에 있는 한 쌍으로 보는 것 등과 비교되어야 한다.

　'다음의 소묘

를 갈고리십자로 봄'의 경우는 특별한 흥미가 있는데, 왜냐하면 이 표현은 그 정사각형이 완전히 닫히지 않았다는, 즉 갈고리십자를 우리의 소묘와 구별하는 틈들이 있다는 시각적 착각 속에 어떻게든 있음을 의미할 수 있을 것이기 때문이다. 다른 한편으로, 이것이 "우리의 소묘를 갈고리십자로 봄"으로 우리가 의미한 것이 아니라는 것은 아주 분명하다. 우리는 그것을 "나

는 그것을 갈고리십자로 보았다"란 기술을 암시하는 방식으로 보았다. 혹자는 "나는 그것을 닫힌 갈고리십자로 본다"라고 말했어야 했다고 암시할 수도 있을 것이다:—그러나 그렇다면, 닫힌 갈고리십자와 대각선들을 지닌 정사각형의 차이는 무엇인가? 이 경우 '우리가 우리의 도형을 갈고리십자로 볼 때 무엇이 일어나는가'를 인지하기는 쉽다고 나는 생각한다. 그것은 우리가 그 도형을 우리의 눈으로 특정한 방식으로 추적하는 것, 즉 그 중심을 응시하고, 반경을 따라서, 또 그것에 인접한 측면을 따라서 보고, 이를테면 시곗바늘 방향으로 회전하면서 그다음 반경과 그다음 측면을 취하면서 다시 중심에서 시작하고 등등을 하면서 추적하는 것이라고 나는 믿는다. 그러나 그 도형을 갈고리십자로 봄이라는 현상에 대한 이러한 설명은 우리에게 아무런 흥미가 없다. 그것이 우리에게 흥미있는 것은, "그 도형을 갈고리십자로 본다"라는 표현이 이것 또는 저것을 본다는 것을 의미하지 않는다는 것, 즉 보는 과정에서 본질적으로 두 개의 시각적 대상이 등장했을 때 한 사물을 그 밖의 어떤 것으로 본다는 것을 의미하지 않는다는 것을 볼 수 있도록 그것이 돕는 한에서일 뿐이다.—그러므로 가령 첫 번째 도형을 입방체로 봄은 '그것을 입방체라고 여김'을 의미하지 않는다. (왜냐하면 우리는 결코 입방체를 본 적이 없으면서도 '그것을 입방체로서 봄'이라는 이 경험을 여전히 할 수 있을 것이기 때문이다.)

그리고 이런 방식으로, '줄표들을 하나의 얼굴로서 봄'은 줄표들의 한 집단과 실제 사람 얼굴 사이의 비교를 포함하지 않는다: 그리고 다른 한편으로, 이러한 표현 형식은 우리가 어떤 비교를 암암리에 가리키고 있다는 것을 대단히 강하게 암시한다.

이러한 예를 또한 고찰하라: W를 한 번은 이중의 대문자 U로 바라보고, 다른 때는 뒤집어놓은 대문자 M으로 바라보라. 전자를 행함과 후자를 행함이 무엇에 있는가를 관찰하라.

우리는 어떤 소묘를 하나의 얼굴로 보는 것과 그것을 다른 어떤 것으로 또는 '단순한 줄표들'로 보는 것을 구별한다. 그리고 우리는 또한 어떤 소묘를 (그 소묘를 하나의 얼굴로 보면서) 피상적으로 흘끗 보는 것과 그 얼굴이 우리에게 충분한 인상을 주도록 하는 것도 구별한다. 그러나 "나는 그 얼굴이 나에게 **특정한 하나의** 인상을 주도록 하고 있다"라고 말하는 것은 (당신은 같은 얼굴이 당신에게 다른 인상을 주도록 할 수 있다고 말할 수 있는 그런 경우를 제외하면) 기묘할 것이다. 그리고 그 얼굴이 나에게 인상을 주도록 하고 내가 그것의 '특정한 인상'을 곰곰 생각할 적에, 한 얼굴의 다양성 가운데 어떤 두 개의 것이 서로 비교되는 게 아니다: 강조점이 두어진 오직 하나가 있을 뿐이다. 그 표정을 받아들이면서 나는 이 표정의 어떤 원형을 내 마음속에서 발견하는 것이 아니다: 오히려 나는, 말하자면, 그 인상으로부터 봉인을 뜨는 것이다.

그리고 이것은 또한 15)[37]에서 우리가 "'빨강'이라는 낱말은 특정한 방식으로 온다……"라고 마음속으로 생각했을 때 일어나는 것을 기술한다. 그에 대한 응답은 다음과 같은 것일 수 있을 것이다: "알겠다, 당신은 당신 자신에게 어떤 경험을 되풀이하고, 몇 번이고 그것을 응시하고 있는 것이다."

17. 우리가 우리의 방에 들어오는 어떤 사람의 얼굴을 기억할 때 일어나는 것, 우리가 그를 아무개 씨로 인지할 때 일어나는 것,—이런 경우에 실제로 일어나는 것을 그 사건들에 대해 우리가 때때로 하는 경향이 있는 묘사와 비교한다면, 우리는 이 모든 고찰들에 대해 빛을 던질 수 있을지 모른다. 왜냐하면 여기서 우리는 어떤 원시적 관념에, 즉 우리는 그 사람을 우리 마음속에 있는 기억 상과 비교하고 있으며 그 둘이 일치함을 발견한다고 하는

---

37 (저자주) 《갈색 책》 II부, §15.

관념에 종종 사로잡혀 있기 때문이다. 즉 우리는 '어떤 사람을 인지한다'는 것을 (범죄자가 그의 사진으로 식별되듯이) 어떤 그림에 의한 식별 과정으로 나타내고 있다. 말할 필요도 없이, 우리가 어떤 사람을 인지하는 대부분의 경우에 그 사람과 정신적 그림 사이의 어떠한 비교도 일어나지 않는다. 물론, 정신적 표상들이 존재한다는 사실에 의해 우리는 그러한 기술을 하고 싶은 유혹을 받는다. 예를 들면, 어떤 사람을 인지한 후에는 매우 종종 그런 표상이 즉시 우리 마음에 떠오르곤 한다. 나는 10년 전에 우리가 서로를 마지막으로 보았을 때의 그의 모습 그대로 그를 본다.

나는 여기서 다시, 어떤 사람이 당신의 방 안으로 들어오는 것을 당신이 인지할 때 당신의 마음속이나 그 밖의 곳에서 일어나는 일의 **종류**를, 당신이 그를 인지할 때 당신이 **말**할 수 있을 것에 의해 기술할 것이다. 자, 이것은 단지, "헬로!"일 수 있다. 따라서 우리는, 우리가 보는 것을 인지함이라는 한 종류의 사건은 그것에 대해 말, 몸짓, 표정 등으로 "헬로!"라고 말하는 데 있다고 말할 수 있다.—그리고 따라서 우리는 또한 이렇게 생각할지도 모른다. 즉 우리가 우리의 소묘를 바라보고 그것을 하나의 얼굴로 볼 때, 우리는 그것을 어떤 범례와 비교하는 것이며, 그것은 그 범례와 일치하거나 우리의 마음속에 그것을 위해 준비된 어떤 거푸집에 들어맞거나 하는 것이라고 말이다. 그러나 그러한 거푸집이나 비교는 우리의 경험에 들어오지 않는다: 오직 이러한 형태만이 있을 뿐, 그것과 비교하고, 말하자면 "물론이지" 하고 말할 다른 어떤 것도 존재하지 않는다. 마치 조각 그림 맞추기 놀이에서 어디선가 작은 공간이 채워지지 않은 채로 남아 있는데 내가 그것에 명백히 들어맞는 한 조각을 보고는 마음속으로 "물론이지" 하고 말하면서 그것을 그 자리에 놓는 것처럼 말이다. 그러나 조각 그림 맞추기 놀이에서 우리가 "물론이지" 하고 말하는 것은 그 조각이 그 거푸집에 들어맞기 때문인 데 반해, 그 소묘를 하나의 얼굴로 보는 우리의 경우에 우리는 아무 이유

없이 같은 태도를 지닌다.

우리가 얼굴이 표현하는 그 어떤 것을 찾고 있는 것처럼 보이지만 실제로는 우리 앞의 특징들에 대해 몰두하고 있을 때 우리가 빠지는 이상한 착각, ―그 동일한 착각은, 우리가 어떤 선율을 반복하고 그것이 우리에게 충분한 인상을 주도록 하면서 "이 선율은 어떤 것을 말하고 있다"라고 말하고 나는 마치 그것이 무엇을 말하는지를 발견해야 하는 것처럼 되면, 우리를 더욱 강하게 사로잡는다. 그렇지만 그것이 말하는 것은 내가 그것을 말로 또는 그림들로 표현할 수 있을 그런 어떤 것이 아니라는 것을 나는 안다. 그리고 이 점을 깨닫고서 내가, "그것은 그저 하나의 음악적 사고를 표현할 뿐이다"라고 말하기를 감수한다면, 이는 "그것은 그것 자신을 표현한다"라고 말하는 것 이상을 뜻하지 않을 것이다.―"그러나 당신이 그것을 연주할 때, 분명 당신은 그것을 아무렇게나 연주하지 않는다. 당신은 그것을 이러한 특정한 방식으로 연주한다. 즉 여기서는 점점 세게, 저기서는 점점 약하게, 이곳에서는 중간에 쉬고 하는 등으로 말이다."―바로 그렇다, 그리고 그것이 내가 그것에 관해 말할 수 있는 모든 것이거나 또는 모든 것일 수 있다. 왜냐하면 어떤 경우에 나는 내가 그것을 연주할 때 짓는 특정한 표정을 비교에 의해서―즉 "그 주제의 이 지점에는 말하자면 콜론(:)이 있다"거나 "이것은 말하자면 이전에 나온 것에 대한 대답이다" 등이라고 내가 말할 때처럼―정당화하고 설명할 수 있기 때문이다. (그런데 이것은 미학에서의 '정당화'와 '설명'이 어떤 것인가를 보여 준다.) 내가 어떤 한 선율이 연주되는 것을 듣고, "그것은 이렇게 연주되어서는 안 된다, 그것은 이렇게 하는 거다"라고 말하고는, 그것을 다른 템포로 휘파람 불 수 있다는 것은 참이다. 여기서 우리들은 "음악 작품이 연주되어야 할 템포를 안다는 것은 어떤 것인가?" 하고 묻고 싶어질 것이다. 그리고 우리의 마음속 어딘가에 범례가 존재해야 한다는 생각, 그리고 우리는 그 범례에 들어맞게 템포를 조절했다고 하는 생각이 들게 된다. 그러나 대부분의 경우, 어떤 사람이 나에게 "당신은 이 멜로디가 어떻게 연주되어야 한다고 생각하는가?"라고 묻는다면, 이에 대한 대답으로서 나는 특정한 방식으로 그것을 그저 휘파람 불 것이다. 그리고 실제로 휘파람 분 그 선율(그것의 표상이 아니라) 이외에 내 마음속에 현존하는 것은 아무것도 없을 것이다.

이것은 어떤 음악적 주제를 갑자기 이해한다는 것이 내가 그 주제의 언어적 대위법으로 생각하는 어떤 언어적 표현 형식을 발견하는 데 있지 않을 수 있다는 것을 뜻하지 않는다. 그리고 같은 방식으로 나는 "이제 나는 이 표정을 이해할 수 있다"라고 말할 수 있으며, 그 이해가 왔을 때 일어난 것은, 그 표정을 요약하는 것으로 보이는 낱말을 내가 발견했다는 것이다.

다음과 같은 표현을 또한 고찰하라: "그것은 왈츠라고 당신 자신에게 말하라, 그러면 당신은 그것을 올바로 연주할 것이다."

"문장을 이해함"이라고 우리가 부르는 것은, 많은 경우에, 우리가 생각하는 경향이 있는 것보다 훨씬 더 크게, 음악적 주제를 이해함과 유사점을 지니고 있다. 그러나 내가 뜻하는 것은, 음악적 주제를 이해한다는 것이 문장을 이해한다는 것에 대해 우리들이 만들어 내는 경향이 있는 그림과 더 비슷하다는 것이 아니다: 오히려 이 그림이 잘못이라는 것, 그리고 문장을 이해한다는 것은 우리가 선율을 이해할 때 실제로 일어나는 것과 첫눈에 보기보다는 훨씬 더 비슷하다는 것이다. 반면에 혹자는 다음과 같이 말할 수 있을 것이다: "문장을 이해한다는 것은 그것의 내용을 포착한다는 것을 뜻한다: 그리고 문장의 내용은 문장 속에 있다."

18. 이제 우리는 '인지함'과 '친숙함'이란 관념들로, 그리고 사실상 이 용어들 및 그것들과 연관된 다수의 용어들의 사용에 관한 우리의 반성을 시작하게 한 저 인지와 친숙성의 예로 돌아가도 될 것이다. 내가 뜻하는 것은,

이를테면, 잘 알고 있는 언어로 적힌 문장을 읽기라는 예이다.—나는 읽기의 경험이 어떤 것인지, 우리들이 읽을 때 '실제로 일어나는' 것이 무엇인지를 보기 위해 그런 문장을 읽는다. 그리고 나는 내가 읽기의 경험이라고 여기는 특정한 경험을 얻는다. 그리고 이것은 단순히 낱말들을 보고 발음하는데 있지 않고, 그 외에도—나는 이렇게 말하고 싶은데—친밀한 문자의 경험에 있다고 보인다. (나는 말하자면 '나는 읽는다'란 말과는 친밀한 사이이다.)

읽을 적에 입말들은 특정한 방식으로 온다고 나는 말하는 경향이 있다: 그리고 내가 읽는 글말들 자체는 나에게는 단순히 어떤 종류의 낙서들과도 같아 보이지 않는다. 동시에 나는 그 '특정한 방식'을 가리키거나 확실하게 파악할 수가 없다.

낱말들을 보고 말하는 현상은 특정한 분위기로 덮여 싸여 있는 것처럼 보인다. 그러나 나는 이 분위기를, 읽기 상황을 특징짓는 것으로서 인지하지 않는다. 오히려 나는 그것을, 읽기가 어떤 것인가를 보기 위해 노력하면서 내가 글 한 줄을 읽을 때 알아차린다.

이러한 분위기를 알아차릴 때, 나는 방에서 읽고 쓰고 말하고 등을 하면서 일하다가, 우리들이 특히 도회지에서 거의 언제나 들을 수 있는 것과 같은 어떤 균일한 부드러운 소음(거리의 온갖 다양한 소음들과 바람, 비, 상점들 등의 소리로부터 비롯되는 어렴풋한 소음)에 갑자기 주의를 집중하는 사람의 상황에 있다. 우리는 이 사람이 특정한 하나의 소음이 그가 이 방 안에서 했던 모든 경험의 공통적인 요소라고 생각할 수 있으리라고 상상할 수 있을 것이다. 그렇다면 우리는 다음의 사실에 그의 주의를 환기해야 할 것이다. 즉 첫째로, 대부분의 시간에 그는 외부에서 나는 어떠한 소음도 알아차리지 못했다는 것, 그리고 둘째로, 그가 들을 수 있었던 소음이 언제나 같지는 않았다는 것(때로는 바람이 있었고, 때로는 없었다 등등).

그런데 읽기에는 보고 말함이라는 경험들 이외에 또 다른 경험이 있다는 등으로 우리가 말했을 때, 우리는 오해의 소지가 있는 표현을 사용했다. 이는 어떤 경험들에 또 하나의 경험이 덧붙여진다고 말하는 것이다.—자, 이를테면 어떤 소묘에서, 슬픈 얼굴을 봄이라고 하는 경험을 취하라,—그 소묘를 하나의 슬픈 얼굴로 본다고 하는 경험은 그것을 '그저' 획(劃)들의 어떤 복합(조각 그림 맞추기를 생각하라)으로 보는 것이 아니라고 우리는 말할 수 있다. 그러나 여기서 '그저'란 낱말은, 그 소묘를 하나의 얼굴로 볼 적에 어떤 경험이 그 소묘를 단순한 획들로 보는 경험에 덧붙여짐을 암시하는 것처럼 보인다: 마치 그 소묘를 하나의 얼굴로서 본다는 것은 두 경험, 두 요소로 이루어져 있다고 말해야 하는 듯이 말이다.

이제 당신은 어떤 경험이 여러 요소로 이루어져 있다고 말하거나 그것이 하나의 **복합적** 경험이라고 말하는 다양한 경우들 사이의 차이를 알아차려야 한다. 우리는 의사에게 다음과 같이 말할 수 있을 것이다: "내가 지닌 고통은 하나가 아닙니다: 나는 치통과 두통, 두 가지 고통이 있습니다". 그리고 이것은 다음과 같이 말함으로써 표현될 수 있을 것이다: "고통에 대한 나의 경험은 단순하지 않고 복합적이다, 나는 치통과 두통이 있다". 이 경우와 "나는 위통과 병의 일반적인 느낌 둘 다 있다"라고 내가 말하는 경우를 비교하라. 여기서 나는 구성 요소가 되는 경험들을 고통의 두 소재지를 가리킴으로써 분리하지 않는다. 또는 다음과 같은 진술을 고찰하라: "내가 달콤한 차를 마실 때, 나의 미각 경험은 설탕 맛과 차 맛의 복합물이다". 또는 다시: "내가 C장조 화음을 듣는다면, 나의 경험은 C와 E와 G를 듣는 것으로 구성되어 있다". 그리고 다른 한편으로는, "나는 누군가가 피아노를 연주하는 것과 거리에서의 얼마간의 소음을 듣는다". 가장 교육적인 예는 이러하다: 노래에서 낱말들은 어떤 음표들에 따라 노래 불린다. 모음 *a*가 음표 C에 따라 노래 불리는 것을 듣는다는 경험은 어떤 뜻에서 하나의 합성적 경험인가? 이들 각각의 경우에 자문해 보라: 복합적 경험에서의 구성 경험들을 골라낸다는 것은 어떠한 것인가?

그런데 어떤 소묘를 하나의 얼굴로 본다는 것이 단지 획들을 보는 것이 아니라는 표현은 경험들을 어떤 식으로 덧붙인다는 것을 가리키는 것처럼 보이지만, 우리는 우리가 그 소묘를 하나의 얼굴로 볼 때 우리는 또한 그것을 단순한 획들로 본다고 하는 경험을 하면서 또 그 위에 다른 어떤 경험을 하는 것이라고 말해서는 확실히 안 된다. 그리고 이것은 어떤 사람이 소묘

를 하나의 입방체로 보는 것은 그것을 하나의 평면 도형으로 보는 것 더하기 깊이의 경험을 함에 있다고 말했다고 우리가 상상할 때 더욱 명료해질 것이다.

이제 내가 읽는 동안 어떤 불변의 경험이 줄곧 계속되기는 했지만 나는 어떤 뜻에서 그 경험을 손에 넣을 수 없었다고 내가 느꼈을 때, 나의 어려움은 이 경우를 내 경험의 일부가 또 다른 일부의 동반물이라고 말할 수 있는 경우와 잘못 비교함으로써 일어난 것이다. 가령 우리는 때로 다음과 같이 묻고 싶은 유혹을 받는다: "내가 읽는 동안에 이 끊임없는 중얼거림이 계속됨을 느낀다면, 그것은 어디에 있는가?" 나는 가리키는 몸짓을 하고 싶은데, 가리킬 것이 아무것도 없다. 그리고 "손에 넣는다"란 말은 우리를 오도하는 동일한 유추를 표현한다.

"내가 읽는 동안 내내 일어나는 것처럼 보이는 이 끊임없는 경험은 어디에 있는가?"라고 묻는 대신, 우리는 이렇게 물어야 한다: "'특정한 분위기가 내가 읽고 있는 낱말들을 덮고 있다'라고 말할 적에 내가 이 경우와 비교하는 것은 무엇인가?"

나는 이것을 유사한 경우에 의해 해명하려고 노력할 것이다: 우리는 소묘

의 3차원적인 모습으로 인해 난감해하는 경향이 있는데, 이는 "그것을 3차원적으로 본다는 것은 무엇에 있는가?"라는 물음으로 표현된다. 그리고 이 물음은 실제로는, '우리가 그 소묘를 3차원적으로 볼 때, 단순히 그 소묘를 봄에 덧붙여지는 것은 무엇인가?'를 묻고 있다. 그렇지만 이 물음에 대해 우리가 무슨 대답을 기대할 수 있는가? 난문을 산출하는 것은 이 물음의 형식이다. 헤르츠(Hertz)가 말하고 있듯이: "그러나 명백히, 물음은 그것이 기대하는 대답과 관련하여 잘못을 범한다"(《역학의 원리》(*Die Prinzipien der Mechanik*), 서론, 9쪽). 물음 그 자체가 마음을 밋밋한 벽 쪽으로 계속 밀어붙임으로써, 그것이 출구를 발견하는 것을 방해한다. 어떤 사람에게 어떻게 나가야 하는가를 보여 주려면, 당신은 무엇보다 먼저 그를 그 물음의 오도된 영향에서 해방시켜야 한다.

이를테면 "읽다"라고 적힌 낱말을 바라보라,—"그것은 그저 낙서가 아니다, 그것은 '읽다'이다", 즉 "그것은 하나의 명확한 관상을 지녔다"라고 나는 말했으면 한다. 그러나 그것에 관해 내가 실제로 말하고 있는 것은 무엇인가? 이 진술은, 곧게 펴진다면, 무엇인가? 우리들은 이렇게 설명하고 싶은 유혹을 받는다, 즉 "그 낱말은 그것을 위해 **오랫동안** 준비된 내 마음의 거푸집 속으로 떨어진다"라고. 그러나 내가 그 낱말과 거푸집 둘 다를 지각하지는 않으므로, 그 낱말이 거푸집에 들어맞는다고 하는 은유는 구멍과 고체 모양이 서로 들어맞기 전에 그 둘을 비교한다고 하는 경험을 암시할 수는 없고, 오히려 특정한 배경에 의해 강조된 고체 모양을 본다고 하는 경험을

암시할 수 있다.

i)은 구멍과 고체가 서로 들어맞기 전의 그림일 것이다. 여기서 우리는 두 개의 원을 보며, 그것들을 비교할 수 있다. ii)는 구멍 속에 든 고체의 그림이다. 오직 하나의 원이 있으며, 우리가 거푸집이라고 부르는 것은 그것을 단지 두드러지게 하거나—우리가 때때로 말했듯이—강조한다.

　나는 이렇게 말하고 싶은 유혹을 받는다: "이것은 그저 낙서가 아니다, 그것은 이 특정한 얼굴이다".—그러나 나는 "나는 이것을 이 얼굴로서 본다"라고 말할 수는 없고, "나는 이것을 어떤 하나의 얼굴로서 본다"라고 말해야 한다. 그러나 내가 느끼기에 나는 다음과 같이 말하기를 원한다: "나는 이것을 어떤 하나의 얼굴로서 보지 않는다, 나는 그것을 이 얼굴로서 본다". 그러나 이 문장의 후반부에서 "얼굴"이란 낱말은 군더더기이다. 그리고 그것은 이렇게 되었어야 한다: "나는 이것을 어떤 하나의 얼굴로서 보지 않는다, 나는 그것을 이것처럼 본다".

　내가 "나는 이 낙서를 이것처럼 본다"라고 말했다고 하자, 그리고 "이 낙서"라고 말하는 동안 나는 그것을 단지 낙서로 보며, "이것처럼"이라고 말하는 동안에는 그 얼굴을 본다고 하자,—이것은 "한때 나에게 이것처럼 나타나는 것이 다른 때에는 그것처럼 나타난다"라고 말하는 것과 같은 어떤 것이 될 것이며, 여기서 "이것"과 "그것"은 상이한 두 방식의 봄에 의해 동반될 것이다.—그러나 우리는 이 문장이 그것에 동반되는 과정과 함께 어떤 놀이에서 쓰일 수 있는지를 자문해야 한다. 예를 들면, 나는 이것을 누구에게 말하고 있는가? "나는 그것을 나 자신에게 말하고 있다"가 그 대답이라고 하자. 그러나 그것은 충분하지 않다. 여기서 우리는 어떤 한 문장이 우리 언어의 보통 문장들 가운데 하나와 다소간 닮게 보이면 우리는 그 문장을 가지고 무엇을 해야 할지를 안다고 믿는 심중한 위험에 처해 있다. 그러나 여기서 현혹되지 않기 위해서는, 우리는 자신에게 이렇게 물어야 한다: 이를테면 "이것"과 "저것"이란 낱말들의 쓰임은 무엇인가?—또는 오히려, 우리가 그것들을 가지고 하는 상이한 사용들은 무엇인가? 우리가 그것들의 의미라고 부르는 것은 그것들이 자신들 속에 획득한, 우리가 그것들을 어떻게 사용하는가와 관계없이 그것들에 고착된, 어떤 것이 아니다. 가령 어떤 것을 가리키는 몸짓과 함께 따라간다고 하는 것은 "이것"이란 낱말의 한 가지 사용이다: 우리는 "나는 대각선들을 지닌 그 정사각형을 이것처럼 보고 있다"라고, 갈고리십자를 가리키면서 말한다. 그리고 대각선들을 지니고 있는 정사각형을 지시하면서 나는 이렇게 말했을 수 있다: "한때 나에게 이것

처럼 나타나는 것이 다른 때에는 저것

처럼 나타난다". 그리고 확실히 이것은 위의 경우에 우리가 그 문장을 가지고 했던 사용이 아니다. 혹자는 그 두 경우 사이의 전적인 차이는, 첫 번째에서는 그 그림이 정신적이고 두 번째에서는 실제의 소묘들이라는 것, 이것이라고 생각할지도 모른다. 여기서 우리는 어떤 뜻으로 우리가 정신적 표상들을 그림들이라고 부를 수 있는지를 자문해 보아야 하는데, 왜냐하면 어떤 방식으로는 그것들이 소묘화나 유화에 비교될 수 있지만, 다른 방식으로는

그럴 수 없기 때문이다. 예를 들면, '물질적인' 그림의 사용에서 본질적인 점들 가운데 하나는, 그것이 같은 것으로 남아 있다고 우리가 말하는 것은 그것이 우리에게 같은 것으로 보인다는, 그것이 지금 보이는 것처럼 그것이 이전에 보였다고 우리가 기억한다는, 단지 그 근거에서가 아니라는 것이다. 사실 어떤 상황에서는 우리는 그 그림이 변한 것처럼 보일지라도 그 그림은 변하지 않았다고 말할 것이다: 그리고 그것이 변하지 않았다고 우리가 말하는 이유는, 그것이 어떤 방식으로 유지되어 왔기 때문, 즉 어떤 영향들이 배척되었기 때문이다. 그러므로 "그림이 변하지 않았다"라는 표현은, 한편으로 우리가 물질적인 그림에 관해 이야기할 때와 다른 한편으로 정신적인 그림에 관해 이야기할 때, 상이한 방식으로 사용된다. "이 똑딱 소리들은 같은 간격으로 뒤따른다"는, 그 똑딱 소리들이 시계추의 똑딱 소리이고 그것들의 규칙성에 대한 기준이 우리가 우리의 기구에서 행한 측정의 결과라면, 하나의 문법을 획득한다: 그리고 그 똑딱 소리들이 우리가 상상하는 똑딱 소리들이라면, 또 하나의 문법을 획득한다. 예를 들어, 나는 다음과 같은 질문을 할 수 있을 것이다: "한때 나에게 이것처럼 나타나는 것이, 다른 때에는……"이라고 내가 혼잣말했을 때, 나는 이것과 저것이라는 그 두 상(相)을 내가 이전의 기회들에 지녔던 것과 같은 것으로 인지했는가? 또는 그것들은 나에게 새로웠고, 나는 미래의 기회들을 위해 그것들을 기억하려고 애썼는가? 또는 내가 말하고자 뜻한 것은 "나는 이 도형의 상을 바꿀 수 있다"가 전부였는가?

19. 우리가 처해 있는 착각의 위험은 우리가 '이것'과 '저것'이란 상(相)들에 이를테면 A와 B라는 이름을 주려고 꾀한다면 대단히 명료해진다. 왜냐하면 우리는 이름을 준다는 것이 어떤 소리(또는 기호)와 어떤 것을 특이하고 꽤 신비스러운 방식으로 상호 관련시키는 데 있다고 상상하고 싶은 유혹

을 대단히 강하게 받기 때문이다. 이 특이한 상호 관련을 우리가 어떻게 이용하는가 하는 것은 그 경우 거의 이차적인 문제로 보인다. (명명은 특이한 신성한 작용에 의해 이루어졌으며 이것이 이름과 사물 사이에 어떤 마술적인 관계를 산출했다고, 거의 이렇게 상상할 수 있을 것이다.)

그러나 예를 하나 살펴보기로 하자. 다음과 같은 언어놀이를 고찰하라: A가 B를 그들 읍내의 여러 집에 보내 여러 사람으로부터 여러 종류의 물건들을 가져오게 한다. A는 B에게 여러 가지 목록들을 준다. 그는 각 목록의 꼭대기에다 낙서를 하나 적어 놓는다. 그리고 B는 같은 낙서가 문 위에 있는 집으로 가도록 훈련을 받는다. 이 낙서는 그 집의 이름이다. 그리고 그다음 각 목록의 첫째 칸에서 그는 읽기를 배운 하나 또는 그 이상의 낙서들을 발견한다. B가 집으로 들어갈 때, 그는 이들 낱말을 외친다. 그리고 그 집의 모든 거주자는 이 소리들 가운데 어떤 하나를 외칠 때 그에게 달려가도록 훈련받아 왔다. 이 소리들은 사람들의 이름이다. 그다음 B는 그들 각자에게 차례로 말을 걸고, 각 사람에게 목록에서 그 사람의 이름 맞은편에 있는 두 개의 연속적인 낙서를 보여 준다. 그 읍내의 사람들은 이 둘 중 첫 번째 것을 어떤 특정한 종류의 대상과, 이를테면 사과들과 연결하여 생각하도록 훈련받아 왔다. 두 번째 것은 각 사람이 휴대하고 있는 종이쪽지에 적힌 일련의 낙서들 가운데 하나이다. 이처럼 말이 건네어진 인물은 이를테면 다섯 개의 사과를 가져온다. 첫 번째 낙서는 요구된 대상들의 총칭 명사였고, 두 번째 낙서는 그것들의 수에 대한 이름이었다.

그런데 하나의 이름과 하나의 대상 사이의 관계, 이를테면 집과 그것의 이름의 관계는 무엇인가? 나는 우리가 두 가지 대답 중 하나를 할 수 있을 것으로 생각한다. 하나는, 그 관계는 집의 문에 칠해진 어떤 획들에 있다고 하는 것이다. 내가 뜻한 두 번째 대답은, 우리가 관심 가지고 있는 관계는 그저 이러한 획들을 문에 칠함에 의해서가 아니라, 우리가 스케치해 온바 우리 언어의 실천 속에서 그것들이 행하는 특정한 역할에 의해 확립된다는 것이다.—다시 말해서, 여기서 인물의 이름과 인물의 관계는 그 이름을 외치는 어떤 사람에게로 그 인물이 달려가도록 훈련받아 왔다는 데 있다: 또는 다시, 우리는 그것이 이러한 사실 및 그 언어놀이에서의 그 이름의 용법 전체에 있다고 말할 수 있을 것이다.

이 언어놀이를 들여다보고, 대상과 그것의 이름 사이의 신비한 관계를 당신이 발견할 수 있는지 보라.—이름과 대상의 관계는 대상에 적힌 낙서 (또는 그러한 매우 사소한 관계)에 있고, 그것이 그 관계의 모든 것이라고 우리는 말할지 모른다. 그러나 우리는 그것에 만족하지 않는데, 왜냐하면 우리는 대상에 적힌 낙서는 그 자체로는 우리에게 아무런 중요성이 없으며 결코 우리의 관심을 끌지 못한다고 느끼기 때문이다. 그리고 이는 참이다: 전적인 중요성은 그 대상에 적힌 낙서에 대한 우리의 특정한 사용에 놓여 있다. 그런데 우리는 어떤 뜻에서 이름은 그 대상에 대해 특이한 관계를 지니고 있다고, 이를테면 그 대상에 적혀 있다고 하는 관계나 어떤 인물이 자신의 손가락으로 어떤 대상을 가리키면서 말한다고 하는 관계와는 다른 관계를 지니고 있다고 말함으로써 문제들을 단순화한다. 원시적인 철학은 이름의 전(全) 용법을 하나의 관계라는 관념 속으로 압축하며, 그것은 그로써 하나의 신비한 관계가 된다. (같은 이유로 신비하고 설명 불가능한 어떤 것을 지니는 소망, 믿음, 생각함 등의 정신적 활동들이란 관념들을 비교하라.)

이제 우리는 "이름과 대상의 관계는 단지 이런 종류의 사소한, '순전히 외적인' 연결에 있지 않다"라고 하는 표현을, 우리가 이름과 대상의 관계라고 부르는 것이 이름의 전체 용법에 의해 특징지어진다는 것을 뜻하면서 사용할 수 있을 것이다: 그러나 그렇다면 이름과 대상의 관계는 하나가 있는 게 아니라, 우리가 이름들이라고 부르는 소리나 낙서의 사용들만큼 많은 관계들이 있다는 것이 분명하다.

그러므로 우리는, 만일 어떤 것을 명명하는 것이 어떤 것을 가리키는 동안 그저 어떤 소리를 발화하는 것 이상이라야 한다면, 특정한 경우에 그 소리나 휘갈겨 쓴 것이 어떻게 사용되어야 하는지에 대한 지식도 어떤 형식으로든 있어야 한다고 말할 수 있다.

그런데 우리가 소묘의 상(相)들에 이름들을 주자고 제안했을 때, 우리는 그 소묘를 상이한 두 방식으로 보고 그때마다 어떤 것을 말함으로써 우리가 한 것이 단지 이 흥미없는 행위를 수행하는 것 이상인 것처럼 보이게 만들었다: 하지만 이제 우리는 명명에 그것의 특이한 의의를 주는 것은 그 '이름'의 용법이고 사실상 이 용법의 세부 사항임을 안다.

그러므로 다음은 중요하지 않은 물음이 아니라, 문제의 본질에 관한 물음이다: "'A'와 'B'는 나에게 이 상(相)들을 상기시킬 수 있는가: 나는 '이 소묘를 A의 상으로 보라'와 같은 명령을 수행할 수 있는가: (다음의

과

처럼) 'A'와 'B'라는 이름들과 상호 관련된 이 상(相)들의 그림들이 어떤 식으로든 존재하는가: 'A'와 'B'는 다른 사람들과 의사소통할 적에 사용되는가, 그리고 그것들을 가지고 행하는 놀이는 정확히 무엇인가?"

"나는 단지 줄표들(단순한 낙서)을 보는 게 아니라 이 특정한 관상을 지닌 얼굴(또는 낱말)을 본다"라고 말할 때, 나는 내가 보는 것의 어떤 일반적 특징을 주장하고 싶은 것이 아니라, 내가 보는 그 특정한 관상을 보고 있다는 것을 주장하고 싶은 것이다. 그리고 여기서 나의 표현이 쳇바퀴를 돌고

있다는 것은 명백하다. 그러나 이것은 실제로는 내가 본 그 특정한 관상이 나의 명제에 들어왔어야 하기 때문에 그러한 것이다.—"문장을 읽을 적에, 특이한 경험이 내내 계속된다"는 것을 내가 발견할 때, 나는 이렇게 말하게 만드는 그 특이한 인상을 얻기 위해 상당히 오랜 기간에 걸쳐 실제로 읽어야 한다.

그 경우 내가 "나는 같은 경험이 내내 계속되는 것을 발견한다"라고 말할 수도 있었지만, 나는 다음과 같이 말하기를 바랐다: "나는 그저 그것이 시종 같은 경험이라는 것을 알아차리는 것이 아니다, 나는 특정한 하나의 경험을 알아차리는 것이다". 균일하게 색칠해진 벽을 바라보며 나는 말할 수 있을 것이다, "나는 그저 벽의 끝에서 끝까지 같은 색이 칠해져 있는 것을 보는 것이 아니다, 나는 특정한 하나의 색을 보는 것이다"라고. 그러나 이렇게 말할 적에 나는 문장의 기능을 잘못 알고 있다.—당신은 당신이 보는 색깔을 명시하고 싶어 하는 것처럼 보이지만, 그것에 관해 어떤 것을 말함으로써가 아니라, 또 그것을 어떤 견본과 비교함으로써도 아니라,—그것을 가리킴으로써 그렇게 하고 싶어 한다: 그것을 견본으로, 그리고 동시에 그 견본이 비교되어야 할 것으로 사용하면서 말이다.

이러한 예를 고찰하라: 당신이 나에게 몇 줄의 글을 쓰라고 말한다, 그리고 내가 그렇게 하는 동안에 당신은 "당신이 글을 쓰는 동안 당신은 당신 손에서 뭔가를 느끼는가?"라고 묻는다. 나는 "그렇다, 나는 특이한 느낌을 지닌다"라고 말한다.—내가 글을 쓸 때, "나는 이 느낌을 지닌다"라고 내가 혼잣말할 수는 없는가? 물론 나는 그렇게 말할 수 있으며, "이 느낌"이라고 말하는 동안 나는 그 느낌에 주의 집중한다.—그러나 나는 이 문장을 가지고 무엇을 하는가? 그것은 나에게 무슨 소용이 있는가? 나는 내가 느끼고 있는 것을 나 자신에게 지적하고 있는 것처럼 보인다,—마치 나의 주의 집중 행위가 '내적으로' 가리키는 행위인 듯이, 즉 나 이외의 어느 누구도 알지 못하는 행위이지만, 이것은 중요하지 않은 그런 것인 듯이 말이다. 그러나 느낌에 주의를 기울임으로써 나는 느낌을 가리키지 않는다. 오히려, 느낌에 주의를 기울임은 그것을 산출하거나 변경함을 뜻한다. (반면에, 의자를 관찰하는 것은 그것을 산출하거나 변경함을 뜻하지 않는다.)

"내가 글을 쓰는 동안 나는 이 느낌을 지닌다"라는 우리의 문장은 "나는 이것을 본다"라는 문장과 같은 종류이다. 나는 그 문장이 내가 가리키고 있는 문장을 내가 바라보고 있다는 것을 어떤 사람에게 알려 주기 위해 사용될 때나, 위에서처럼 그것이 내가 어떤 소묘를 B의 방식으로가 아니라 A의 방식으로 본다는 것을 어떤 사람에게 전달하기 위해 사용될 때를 뜻하고 있지 않다. 나는 우리가 어떤 철학적 문제들을 골똘히 생각하고 있을 때 우리가 때때로 심사숙고하는 바대로의 문장 "나는 이것을 본다"를 뜻하고 있다. 그 경우 우리는, 이를테면, 어떤 대상을 응시함으로써 하나의 특정한 시각적 인상에 매달리고 있으며, "나는 이것을 본다"라고 혼잣말하는 것이 가장 자연스럽다고 느낀다—이 문장을 가지고 우리가 할 수 있는 더 이상의 사용을 알지 못함에도 불구하고 말이다.

20. '내가 보는 것을 말하는 것은 물론 뜻을 지닌다. 그리고 내가 보는 것이 스스로 말하게 함으로써보다 내가 그것을 어떻게 더 잘할 수 있을까!'

그러나 우리의 문장에서 "내가 보는"이란 말은 군더더기이다. 나는 이것을 보는 사람이 나라는 것을 나 자신에게 말해 주기를 바라지 않으며, 내가 그것을 본다는 것을 나 자신에게 말해 주기도 바라지 않는다. 또는, 나는 그것을 이렇게 표현할 수 있을 터인데, 내가 이것을 보지 않는다는 것은 불가능하다. 이는 내가 보고 있는 것을 내가 나 자신에게 시각적 손으로 지적할 수 없다고 말하는 것과 같은 것이 된다: 왜냐하면 이 손은 내가 보는 것을 가리키는 게 아니라 내가 보는 것의 일부이니까.

그건 마치 그 문장이 내가 본 특정한 색깔을 골라내고 있는 것과 같다: 마치 그것이 나에게 그것을 제공하는 것처럼 말이다.

마치 내가 보는 색깔이 그것 자신의 기술인 것처럼 보인다.

왜냐하면 내 손가락으로 가리키는 것이 비효과적이었기 때문이다. (그리고 바라봄은 가리킴이 아니다. 그것은 나에게 방향을 표시해 주지 않는다. 방향을 표시한다는 것은 한 방향을 다른 방향들과 대조함을 뜻할 것이다.)

내가 보거나 느끼는 것은, 하나의 견본이 그러하듯이, 내 문장에 들어온다: 그러나 이 견본은 하나도 사용되지 않는다: 내 문장의 낱말들은 중요하지 않은 것으로 보인다, 그것들은 단지 그 견본을 나에게 제공하는 데에만 봉사한다.

나는 실제로는 내가 보는 것에 관해 말하는 것이 아니라, 내가 보는 것에게 말하는 것이다.

나는 사실 주의함이라고 하는, 한 견본의 사용에 동반될 수 있을 주의 행위들을 수행하고 있다. 그리고 이것이 마치 내가 한 견본을 이용하고 있는 것처럼 보이게 만드는 것이다. 이 오류는, 지시적 정의는 그것이 우리의 주의를 이끄는 대상에 관해 뭔가를 말한다고 믿는 오류와 근친적이다.

"나는 한 문장의 기능을 잘못 알고 있다"라고 내가 말했을 때, 그 이유는 내가 그저 한 색깔의 견본을 뚫어지게 보고 있었는데도, 나는 내가 보는 것이 어느 색인지를 그 문장의 도움으로 나 자신에게 가리키고 있는 것처럼 보였기 때문이다. 나에게는 그 견본이 그것 자신의 색깔에 관한 기술인 것처럼 보였다.

21. 내가 어떤 사람에게 이렇게 말했다고 하자: "이 방 안의 특정한 조명을 관찰하라".—어떤 상황에서는, 예컨대 만일 그 방의 벽들이 지는 해로

붉다면, 이 명령의 뜻은 아주 분명할 것이다. 그러나 그 조명에 눈에 띄는 것이라곤 아무것도 없는 다른 어떤 때에 내가 "이 방의 특정한 조명을 관찰하라"라고 말했다고 하자:—자, 특정한 조명이 없는가? 그래서 그것을 관찰하는 데 무엇이 어렵단 말인가? 그러나 그 조명에 눈에 띄는 것이 아무것도 없는데 그 조명을 관찰하라고 하는 말을 들은 인물은 아마도 그 방을 둘러보고는, "그래, 그게 어떻다는 것인가?" 하고 말할 것이다. 이제 나는 계속해서, "그것은 어제 이 시간과 정확히 같은 조명이다"라거나 "그것은 당신이 그 방의 이 그림에서 보는 바로 이 약간 희미한 빛이다"라고 말할 수 있을 것이다.

첫 번째 경우에, 그 방이 눈에 띄게 붉게 비쳤을 때, 당신은 당신이 (명시적으로 말을 듣지는 않았지만) 관찰하기로 되어 있는 특이성을 지적할 수 있었을 것이다. 예를 들어, 그러기 위해 당신은 특정한 색깔의 견본을 사용할 수 있었을 것이다. 이 경우에 우리는 그 방의 정상적인 외관에 특이성이 더해졌다고 말하는 데로 기울 것이다.

두 번째 경우에, 그 방이 그저 보통으로 조명되어 있고 그 방의 외관에 눈에 띄는 어떤 것도 없었을 때, 당신은 그 방의 조명을 관찰하라는 말을 들었을 때 정확히 무엇을 해야 할지 알지 못했다. 당신이 할 수 있었던 것은, 첫 번째 명령에 충분한 뜻을 줄 어떤 것이 더 말해지기를 기다리면서 당신 주위를 둘러보는 것이 전부였다.

그러나 그 두 경우 모두에서, 그 방은 특수한 방식으로 비쳐 있지 않은가? 자, 이 물음은 그대로는 뜻이 없고, "그것은……"이란 대답도 그러하다. "이 방의 특정한 조명을 관찰하라"라는 명령은 이 방의 외관에 대한 어떠한 진술도 함축하지 않는다. 그것은 이렇게 말하는 것처럼 보였다: "이 방은 내가 명명할 필요가 없는, 특정한 조명이 있다: 그것을 관찰하라!" 언급된 그 조명은 어떤 견본에 의해 주어지는 것처럼 보이고, 당신은 이 견본을 사용

해야 한다: 팔레트 위에서 색 견본의 정확한 색조를 모사할 적에 당신이 하고 있을 것처럼 말이다. 하지만 그 명령은 다음과 비슷하다: "이 견본을 포착하라!"

"내가 관찰해야 하는 특정한 조명이 있다"라고 당신 자신이 말하는 것을 상상하라. 당신은 당신이 이 경우 주위를 헛되이, 즉 그 조명을 보는 일 없이, 응시하고 있음을 상상할 수 있을 것이다.

당신에게 어떤 견본이, 예를 들어 색깔 있는 옷감 한 조각이 주어지고, "이 헝겊 조각의 색깔을 관찰하라"라고 당신이 요구받았을 수 있을 것이다.—그리고 우리는 그 견본의 모양을 관찰함(모양에 주의를 기울임)과 그것의 색깔에 주의를 기울임을 구별할 수 있다. 그러나 색깔에 주의를 기울임은 그 견본과 연결된 사물을 바라보는 것으로 기술될 수 없고, 오히려 그 견본을 특이한 방식으로 바라보는 것으로 기술될 수 있다.

"……색깔을 관찰하라"라는 명령에 우리가 복종할 때, 우리가 하는 것은 색깔에 우리의 눈을 여는 것이다. "……색깔을 관찰하라"는 "당신이 보는 색깔을 보라"를 의미하지 않는다. "이러이러한 것을 바라보라"는 "당신의 머리를 이 방향으로 돌려라"와 같은 종류이다: 당신이 그렇게 할 때 당신이 보게 될 것은 이 명령 속에 들어오지 않는다. 주의를 기울임으로써, 바라봄으로써, 당신은 인상을 산출한다: 당신이 그 인상을 바라볼 수는 없다.

어떤 사람이 우리의 명령에 대해 다음과 같이 대답했다고 하자: "좋다, 이제 나는 이 방에 있는 특정한 조명을 관찰하고 있다",—이것은 마치 그것이 어느 조명인지를 그가 우리에게 지적해 줄 수 있다는 것처럼 들릴 것이다. 즉 그 명령은 이 특정한 조명으로 어떤 것을 하라고 당신에게 말한 것처럼 보일 수 있다: ("저 조명이 아니라, 이 조명을 그려라"와 같이) 다른 어떤 것을 하는 것과 대조적으로 말이다. 하지만 당신은 치수, 모양 등과 대조적으로 조명을 받아들임으로써 그 명령에 복종한다.

("이 견본의 색깔을 포착하라"와 "이 연필을 포착하라"―즉, 저기 그게 있다, 그것을 붙잡아라―를 비교하라.)

나는 "이 얼굴은 특정한 표정을 지녔다"라는 우리의 문장으로 되돌아간다. 이 경우에도 나는 나의 인상을 어떤 것과도 비교하거나 대조하지 않았다. 나는 내 앞의 견본을 이용하지 않았다. 그 문장은 주의 상태의 표명[38]이었다.

설명되어야 할 것은 이것이다: 왜 우리는 우리의 인상에게 말을 하는가?―당신은 글을 읽는다, 주의 상태로 들어간다, 그리고 이렇게 말한다: "뭔가 특이한 것이 틀림없이 일어난다". 당신은 이렇게 계속하는 경향이 있다: "그것에는 어떤 매끄러움이 있다": 그러나 당신은 이것이 단지 부적당한 기술이라고 느끼며, 그 경험은 스스로 설 수 있을 뿐이라고 느낀다. "뭔가 특이한 것이 틀림없이 일어난다"는 "나는 어떤 경험을 했다"라고 말하는 것과 같다. 그러나 당신은 당신이 한 그 특정한 경험과 독립적인 일반적 진술을 하기를 바라는 것이 아니라, 오히려 이 경험이 그 속으로 들어가는 진술을 하기를 바란다.

당신은 어떤 인상을 받고 있다. 이것이 당신으로 하여금 "나는 특정한 인상을 받고 있다"라고 말하게 한다. 그리고 이 문장은 당신이 어떤 인상을 받고 있는지를, 적어도 당신 자신에게는, 말해 주고 있는 것처럼 보인다. 마치 당신이 당신 마음속에 준비된 어떤 그림을 지시하고 있으며, "이것이 내 인상이다"라고 말하고 있는 듯이 말이다. 우리의 경우(286쪽)에 "나는 이 벽의 특정한 색깔을 알아차린다"라고 말하는 것은, 이를테면 그 벽의 작은 반점을 둘러싸는 검은 직사각형을 하나 그리고, 이로써 그 반점을 나중의 사용을 위한 하나의 견본으로 지정하는 것과 같다.

---

38 (편집자주) '표명'='Äußerung'
　　(옮긴이주) 《철학적 탐구》 §245의 옮긴이주 참조.

당신이 글을 읽을 때, 말하자면 글을 읽을 때 일어난 것에 면밀히 주의를 기울이고 있을 때, 당신은 읽기를 돋보기 아래에 있는 것으로 관찰하고 읽기 과정을 보는 것처럼 보였다. (그러나 그 경우는 어떤 것을 색유리를 통해 관찰하는 경우와 더 비슷하다.) 당신은 당신이 읽기 과정을, 기호들이 입말로 변역되는 특정한 방식을, 알아차렸다고 생각한다.

22. 나는 글 한 줄을 특별히 주의하여 읽었다: 나는 그 읽기로 인해 인상을 받았고, 이것이 나로 하여금, 나는 씌어 있는 기호들을 단지 보는 것과 낱말들을 말하는 것 이외에 어떤 것을 관찰했다고 말하게 만든다. 나는 또한 그것을 이런 말로도 표현했다. 즉 나는 그 봄과 말함의 둘레에서 특정한 분위기를 알아차렸다고. 이 마지막 문장에서 구체화된 것과 같은 그런 은유가 어떻게 나에게 떠오를 수 있는지는 다음의 예를 살펴봄으로써 더 분명하게 보일 것이다: 만일 당신이 단조롭게 말해진 문장들을 듣는다면, 당신은 그 낱말들이 모두 어떤 특정한 분위기 속에 싸여 있다고 말하고 싶은 유혹을 받을 수 있을 것이다. 그러나 문장을 단조롭게 말한다는 것이 문장을 단순히 말함에다 어떤 것을 덧붙이는 것이라고 말하는 것은 특이한 묘사 방식을 사용하고 있는 것이 아닐까? 우리는 심지어, 단조롭게 말하는 것을 문장으로부터 억양을 없애버림의 결과라고 생각할 수 없을까? 상이한 상황들이 우리로 하여금 상이한 묘사 방식들을 채택하게 할 것이다. 예를 들어, 어떤 낱말들이 단조롭게 읽혀야 하고, 이것이 그 적혀 있는 낱말들 밑의 어떤 한 보표(譜表)와 지속 음에 의해 표시된다면, 이 표기법은 그 문장을 단지 말함에 무엇인가가 덧붙여졌다고 하는 관념을 매우 강하게 시사할 것이다.

나는 어떤 문장을 읽음으로써 깊은 인상을 받고는, 그 문장이 나에게 어떤 것을 보여 주었다고, 내가 그 속에서 어떤 것을 알아차렸다고 말한다. 이것은 나에게 다음과 같은 예를 생각하게 만든다: 한 친구와 나는 언젠가 팬

지꽃 화단들을 바라보았다. 각 화단은 상이한 종류를 보여 주었다. 각 화단이 차례로 우리에게 깊은 인상을 주었다. 그것들에 관해 말하면서 내 친구는 말했다: "얼마나 다양한 색깔 무늬들인가, 각각이 뭔가를 말하고 있다". 그리고 이것은 바로 나 자신이 말하고 싶었던 것이었다.

그런 진술을 다음과 비교하라: "이 사람들 각각이 모두 어떤 것을 말하고 있다".―

만일 어떤 사람이 팬지꽃의 색깔 무늬가 무엇을 말했느냐고 묻는다면, 그것은 그 자신을 말했다고 하는 것이 올바른 대답으로 보였을 것이다. 따라서 우리는 비이행적인 표현 형식을 사용할 수 있었을 것이다: 이를테면, "이들 색깔 무늬들 각각은 사람에게 깊은 인상을 준다"라고 말이다.

음악이 우리에게 전달하는 것은 기쁨, 우수, 승리 등등의 느낌이라고 때때로 말해져 왔다. 그런데 이 설명에서 우리에게 거슬리는 것은, 그것이 음악이란 우리 안에 일련의 느낌들을 산출하기 위한 하나의 도구라고 말하는 것처럼 보인다는 것이다. 그리고 이로부터 혹자는, 그런 느낌들을 산출하는 다른 어떠한 수단도 음악 대신 우리에게 좋으리라고 추측할 수도 있을 것이다.―그런 설명에 대해 우리는 이렇게 응답하고 싶은 기분이 든다: "음악은 우리에게 그 자신을 전달한다!"

"이 색깔 무늬들 각각은 사람에게 깊은 인상을 준다"와 같은 표현들의 경우도 비슷하다. 우리는 색깔 무늬가 우리가 안에 어떤 인상을 산출하는 수단이라는―색깔 무늬가 약과 같고, 우리는 단지 이 약이 산출하는 효과에만 관심이 있다는―관념에 대해 조심하고 싶다고 느낀다.―우리는 대상이 사람에게 산출한 효과를 지시하는 것으로 보일 어떠한 표현 형식도 피하기를 바란다. (여기서 우리는 관념주의와 실재주의의 문제에, 그리고 미학의 진술들이 주관적인가 객관적인가 하는 문제에 인접하고 있다.) "나는 이것을 보고 깊은 인상을 받는다"라고 말하는 것은 마치 인상이 봄에 동반하는 어떤 느낌인 것처럼, 그리고 그 문장은 "나는 이것을 보고 압박을 느낀다"와 같은 어떤 것을 말한 것처럼 보이게 만들기 십상이다.

나는 "이 색깔 무늬들 각각은 의미를 지니고 있다"라는 표현을 사용할 수 있었을 것이다: 그러나 나는 "의미를 지니고 있다"라고 말하지 않았는데, 왜냐하면 이것은 "의미란 무엇인가?"라는 물음을 유발할 터이고, 이는 우리가 고려하고 있는 경우에는 뜻이 없기 때문이다. 우리는 의미 없는 무늬들과 의미를 지닌 무늬들을 구별하고 있다: 그러나 "이 무늬는 이러이러한 의미를 지니고 있다"와 같은 표현은 우리의 놀이에 없다. 심지어 "이 두 무늬는 다른 의미를 지니고 있다"란 표현도 없다—이 표현이 다음을 말하는 것이 아니라면 말이다: "이것들은 다른 무늬이며, 둘 다 의미를 지니고 있다".

그렇지만 왜 우리가 이행적 표현 형식을 사용하는 경향이 있는가는 이해하기 쉽다. 왜냐하면 "이 얼굴은 어떤 것을 말하고 있다"와 같은 표현을 우리는 어떻게 이용하는가, 즉 우리가 이 표현을 사용하는 상황들은 무엇인가, 어떤 문장들이 그것에 앞서고 뒤따르는가(그것은 어떤 종류의 대화의 일부인가)를 보자. 아마도 우리는 그러한 촌평의 뒤를 이어, "이 눈썹의 선을 바라보라"거나 "그 검은 눈과 창백한 얼굴!"이라고 말할 것인데, 이런 표현들은 어떤 특징들로 주의를 끌 것이다. 같은 연관 속에서 우리는 예를 들면 "그 코는 매부리와 같다"처럼 비교들을 사용할 것이다.—그러나 또한 "그 얼굴 전체는 혼란스러움을 표현하고 있다"와 같은 표현도 사용할 것인데, 여기서 우리는 "표현하고 있다"를 이행적으로 사용했다.

23. 이제 우리는 이를테면 어떤 얼굴에서 우리가 얻은 인상의 분석이라고 말할 수 있을 문장들을 고찰할 수 있다. "이 얼굴의 특정한 인상은 그것의 작은 눈들과 낮은 이마 탓이다"와 같은 진술을 들어 보자. 여기서 "특정한 인상"이란 말은 어떤 명시 사항—예컨대 "우둔한 표정"—을 대리할 수

있다. 또는, 다른 한편으로, 그 말은 '이 표정을 눈에 띄는 표정(즉 별난 표정)으로 만드는 것'을 의미할 수 있다: 또는 '이 얼굴에서 사람 눈을 끄는 것'(즉 '사람의 주의를 끄는 것')을 의미할 수 있다. 또는 다시, 우리의 문장은 "만일 당신이 이 특징들을 조금이라도 바꾼다면, 그 표정은 전적으로 바뀔 것이다(반면에 당신은 다른 특징들은 그 표정을 그렇게까지 바꾸지 않고도 바꿀 수 있을 것이다)"를 뜻할 수 있다. 그렇지만 이 진술의 형식으로 우리가 이 모든 경우에 다음과 같은 형식의 보충 진술이 있다고 생각하는 데로 오도되어서는 안 된다: "처음에 그 인상은 이랬고, 변한 다음에는 저랬다". 물론, 이를테면 스미스의 얼굴에 대한 두 소묘를 가리키면서, 우리는 이렇게 말할 수 있다: "스미스는 얼굴을 찡그렸고, 그의 표정은 이것에서 저것으로 변했다".—(이것과 다음 두 진술을 비교하라: "그는 이 말을 했다"와 "그의 말은 무엇인가를 말했다".)

읽기란 무엇에 있는가를 보려고 시도하면서 내가 어떤 글월을 읽고, 그 독해가 나에게 깊은 인상을 남기도록 하고, 나는 특정한 인상을 받았노라고 말했을 때, 혹자는 나에게, 나의 인상은 그 특정한 필적 탓이 아니었는가 하는 질문을 할 수 있었을 것이다. 이것은, 그 글이 다른 것이었다면, 또는 이를테면 그 문장의 각 낱말이 다른 필적으로 씌어 있다면, 내 인상은 다른 것이 아니었을까를 나에게 묻고 있는 것일 것이다. 이런 뜻에서 우리는 또한, 그 인상은 어쨌든 내가 읽은 그 특정한 문장의 뜻 때문이 아니었는지를 물을 수 있을 것이다. 혹자는 이렇게 제안할 수 있을 것이다: 다른 문장(또는 다른 필적으로 된 같은 문장)을 읽고, 당신은 같은 인상을 받았다고 당신이 여전히 말할 것인지를 보라. 그리고 그 대답은 이러할 수 있을 것이다: "그렇다, 내가 받은 인상은 실제로 그 필적 탓이었다".—그러나 이것이, 그 문장이 나에게 특정한 인상을 주었다고 내가 처음 말했을 때 내가 하나의 인상을 또 하나의 인상과 대조했었다는 것을 함축하거나, 나의 진술이 "이 문장은 그 자신의 성격을 지니고 있다"와 같은 종류가 아니었다는 것을 함축하지는 않는다. 이것은 다음의 예를 고찰함으로써 더 분명해질 것이다: 우리에게 나란히 그려진 세 얼굴이 있다고 하자:

나는 첫 번째 얼굴을 뚫어지게 보고, "이 얼굴은 특이한 표정을 지니고 있다"라고 혼잣말한다. 그다음 나에게는 두 번째 얼굴이 제시되고, 그것이 같은 표정을 지니고 있는가 하는 질문이 주어진다. 나는 "그렇다"라고 대답한다. 그다음에는 세 번째 얼굴이 나에게 제시되고, 나는 "그것은 다른 표정을 지니고 있다"라고 말한다. 나의 두 대답에서 나는 얼굴과 그것의 표정을 구별했다고 말할 수 있을 것이다: 왜냐하면 b)가 a)와 다른데도 나는 여전히 그것들이 같은 표정을 지니고 있다고 말하는 데 반해, c)와 a)의 차이는 표정의 차이에 대응하기 때문이다: 이것이 우리로 하여금, 나는 나의 첫 번째 발화에서도 역시 얼굴과 그것의 표정을 구별했다고 생각하게 만들 수 있다.

24. 이제, 내가 친숙한 대상들을 볼 때 일어나는 친숙함의 느낌이라는 관념으로 되돌아가자. 그런 느낌이 있는지 없는지의 문제에 관해 곰곰 생각하면서, 우리는 어떤 대상을 응시하며 "내가 나의 오래된 코트와 모자를 바라볼 때, 나는 특정한 느낌을 지니지 않는가?" 하고 말하기 쉽다. 그러나 이에 대해 이제 우리는 대답한다: 당신은 어떤 느낌을 이것과 비교 또는 대조하는가? 당신은 당신의 오래된 코트가 당신이 그 모습을 역시 잘 알고 있는 당신의 오래된 친구 A와 같은 느낌을 준다고 말할 것인가? 또는 당신이 우연히 당신의 코트를 바라볼 때마다 당신은 그 느낌을, 이를테면 친밀함과 따뜻함의 느낌을 얻는다고 말할 것인가?

'그러나 친숙함의 느낌과 같은 그런 것은 없단 말인가?'—나는 대단히 많은 상이한 경험들이 있고, 그것들 중 일부는 "친숙함의 경험들(느낌들)"이라고 일컬어질 수 있을 느낌들이라고 말할 것이다.

친숙함의 상이한 경험들: a) 어떤 사람이 내 방에 들어온다, 나는 그를 오랫동안 보지 못했다, 그리고 그를 기대하지 않았다. 나는 그를 보고, "오, 너로구나" 하고 말하거나 느낀다.—이 예를 들면서 나는 왜 내가 그 사람을 오랫동안 보지 못했다고 말했는가? 나는 친숙함의 **경험들**을 기술하는 일에 착수하고 있지 않았는가? 그리고 내가 넌지시 언급한 경험이 무엇이었건, 나는 그 경험을 비록 내가 그 사람을 반 시간 전에 보았더라도 할 수 없었을까? 내 말은, 나는 그 사람을 인지하는 상황들을 인지의 정확한 상황을 기술함이라고 하는 목적을 위한 하나의 수단으로 제시했다는 것이다. 그 경험을 이런 방식으로 기술하는 것에 대해 혹자는, 그것은 무관한 것들을 들여왔으며 사실상 그 느낌의 **기술**이 전혀 아니었다고 말하면서 반대할 수 있을 것이다. 이렇게 말하면서 우리들은 기술의 원형(原型)으로서 이를테면 책상의 기술을 드는데, 그것은 당신에게 그것의 정확한 모양, 치수, 그것을 이루는 재료들, 그리고 그것의 색깔을 말해 준다. 그런 기술은 그 책상을 조각조각 이어 맞춘다고 말할 수 있을 것이다. 다른 한편으로, 책상에 대한 다른 종류의 기술이 존재하는데, 그것은 예컨대 "그것은 끽연자의 필수용품들을 위해 사용되는 종류의, 무어풍으로 장식된 삐걱거리는 작은 책상이었다"와 같이, 당신이 소설 속에서 발견할 수 있을 그런 것이다. 이와 같은 기술은 간접적 기술이라고 불릴 수 있을 것이다: 그러나 그것의 목적이 책상의 생생한 표상을 당신 마음 앞에 한순간에 가져오는 것이라면, 그것은 상세한 '직접적' 기술보다도 비교할 수 없을 정도로 더 잘 그 목적에 봉사할 것이다.—이제 내가 친숙함이나 알아봄의 느낌에 관한 기술을 해야 한다면,—당신은 내가 무엇을 하기를 기대하는가? 나는 그 느낌을 조각조각 이어 맞출 수 있는가? 나의 느낌들이 변한 상이한 많은 단계들과 방식을 당신에게 제시함으로써, 어떤 뜻에서 물론 나는 할 수 있다. 그런 상세한 기술들을 당신은 위대한 소설들 가운데 일부에서 발견할 수 있다. 이제 몇 점의 가구들에 대해 당신이 소설 속에서 발견할 수 있을 그런 기술들을 생각한다면, 당신은 이런 종류의 기술에 대해 가구 제작자에게 주어질 소묘들이나 척도들을 이용하는 다른 하나의 기술을 대립시킬 수 있다는 것을 본다. 이 후자의 종류가 유일하게 직접적이고 완전한 기술이라고 일컬어지는 경향이 있다(그렇지만 우리의 생각을 이런 식으로 표현하는 것은 '진정한' 기술이 충족시키지 못하는 어떤 목적들이 있다는 것을 우리가 잊고 있음을 보여 준다). 이러한 고찰들은, 이를테면 알아봄의 느낌에 관한 나의 '간접적' 기술에 대립되는 하나의 진정하고 직접적인 기술이 있다고 생각하지 말라고 당신에게 경고할 것이다.

b) a)와 같지만, 그 얼굴은 나에게 즉시 친숙하지가 않다. 조금 후에, 나는 '알아보기 시작한다'. 나는 "오, 너로구나" 하고 말한다: 그러나 그 억양은 a)에서와는 전적으로 다르다. (어조, 억양, 몸짓들을 의사소통의 비본질적 동반물이나 단순한 수단으로 생각하지 말고, 우리 경험의 본질적인 부분들로서 생각하라.(239~242쪽과 비교하라.)) c) 우리가 매일 보는 사람들과 사물들에 대해 문득 우리가 그(것)들을 '오랜 친지들'이라고 또는 '오래된 좋은 친구들'이라고 느낄 때의 경험이 있다: 그 느낌은 또한 따뜻함의 느낌으로, 또는 그(것)들과 함께하면 편한 느낌으로 기술될 수 있을 것이다. d) 내 방은 그 속에 있는 모든 대상과 함께 나에게 완전히 친숙하다. 내가 아침에 내 방에 들어갈 때, 나는 친숙한 의자들, 책상들 등에게 "오, 헬로!" 하는 기분으로 인사하는가? 또는 c)에서 기술된 것과 같은 그런 느낌을 지니는가? 그러나 내가 내 방 안에서 걸어 다니고, 서랍으로부터 어떤 것을 꺼내고, 앉고 등등을 하는 방식은, 내가 모르는 방 안에서의 나의 행동과 다르지 않은

가? 그리고 따라서, 나는 이들 친숙한 대상들 가운데에서 생활할 때는 언제나 친숙함의 경험을 한다고 내가 말해서는 왜 안 되는가? e) "이 사람은 누구인가?" 하고 질문을 받았을 적에 내가 곧바로(또는 얼마간의 숙고 후에) "그건 아무개이다"라고 대답할 때, 그것은 친숙함의 경험이 아닌가? 이 경험을 f) "느낌"이라고 적힌 낱말을 바라보고 "이것은 A의 필적이다"라고 말하기의 경험과 비교하라: 그리고 다른 한편으로는 g) 친숙함의 경험이기도 한, 그 낱말을 읽기의 경험과 비교하라.

　e)에 대해서 혹자는, 그 사람의 이름을 말하기의 경험은 친숙함의 경험이 아니라고 말하면서, 우리가 그의 이름을 알 수 있으려면 그는 우리에게 친숙해야 하고, 우리가 그 이름을 말할 수 있으려면 우리는 그의 이름을 알아야 한다고 이의를 제기할 수 있을 것이다. 또는 우리는 이렇게 말할 수 있을 것이다: "그의 이름을 말하는 것은 충분하지 않다, 왜냐하면 틀림없이 우리는 그 이름이 그의 이름인지를 알지 못하면서 그 이름을 말할 수 있을 것이기 때문이다". 그리고 우리가 이 단평은 그 이름을 아는 것이 그 이름을 말함에 동반되거나 선행하는 과정임을 함축하지 않는다는 것을 깨닫기만 한다면, 이 단평은 확실히 참이다.

　25. 이러한 예를 고찰하라: 기억 표상, 기대와 함께 오는 표상, 그리고 이를테면 백일몽의 표상 사이의 차이는 무엇인가? "그 표상들 사이에는 본래적인 차이가 존재한다", 당신은 이렇게 대답하는 경향이 있을 수 있다.—당신은 그 차이를 알아차렸는가, 또는 당신은 그런 차이가 있어야 한다고 생각하기 때문에 그런 차이가 있다고 말했을 뿐인가?

　그러나 틀림없이 나는 기억 표상은 기억 표상으로, 백일몽의 표상은 백일몽의 표상으로서 알아본다!—당신이 어떤 사건이 일어나는 것을 실제로 보았는지, 또는 그것을 꿈꾸었는지, 또는 그저 그것을 듣고는 그것을 생생하게 상상했는지에 대해 당신이 때때로 의심스러워한다는 것을 기억하라. 그러나 그것을 제쳐놓고라도, "하나의 표상을 표상으로서 알아본다"로 당신은 무엇을 의미하는가? 어떤 표상이 당신 마음속의 눈앞에 있는 동안에는 당신은 그것이 기억 표상인지 등에 관해 의심하는 상태에 있지 않다는 것에 나는 (적어도 대부분의 경우에) 동의한다. 또한, 당신의 표상이 기억 표상인지를 묻는다면, 당신은 (대부분의 경우) 주저 없이 그 질문에 대답할 것이다. 자, 그런데 "그것이 어떤 종류의 표상인지를 당신은 언제 아는가"라고 내가 당신에게 묻는다면 어떠할까? 그것이 어떤 종류의 표상인가를 앎을 당신은, 의심의 상태에 있지 않음이라고, 그것에 관해 미심쩍어하지 않음이라고 부르는가? 그 표상이 기억 표상이라는 것을 앎이라고 당신이 부를, 그리고 그 표상이 당신 마음 앞에 있는 동안 일어나는, 마음의 상태 또는 활동을 당신이 보게 하는 것은 내성(內省)인가?—더 나아가, 당신이 지닌 것이 어떤 종류의 표상인가 하는 물음에 대해 당신이 대답한다면, 당신은 말하자면 그 표상을 바라보고 그 속에 있는 어떤 특징을 발견함으로써 그렇게 대답하는가(마치 당신이 어떤 그림이 누구에 의해 그려졌느냐는 질문을 받고는, 그 그림을 바라보고, 그 양식을 알아보고, 그것은 렘브란트라고 말하는 것처럼 말이다)?

다른 한편으로, 기억함, 기대함 등에 특징적인, 표상들을 동반하는 경험들을 지적하고 그것들의 직접적이거나 더 먼 주위 상황 속의 그 밖의 차이들을 지적하기는 쉽다. 가령 우리는 틀림없이, 상이한 경우에 상이한 것들을 말한다. 예를 들면, "나는 그가 내 방에 들어오는 것을 기억한다", "나는 그가 내 방에 들어오는 것을 기대한다", "나는 그가 내 방에 들어오는 것을 상상한다".—"그러나 분명 이것이 거기 있는 차이의 전부일 수는 없다!" 그것이 전부는 아니다: 이 진술들을 둘러싼, 이 세 낱말을 가지고 하는 세 가지 다른 놀이가 있다.

"기억하다"란 낱말 등을 우리가 이해하는가, 단순한 언어적 차이 외에 그 경우들 사이에 실제로 차이가 있는가 하고 도전받을 때, 우리의 사고는 우리가 지녔던 표상이나 우리가 사용한 표현의 직접적인 주위 상황들 속에서 움직인다. 나는 학교 식당에서 T와 식사하는 표상을 지니고 있다. 이것이 기억 표상이냐고 물으면, 나는 "물론"이라고 말하며, 내 생각들은 이 표상으로부터 출발하는 길들 위를 움직이기 시작한다. 우리 옆에 누가 앉았는가, 대화는 무엇에 관한 것이었는가, 그것에 관해 나는 무엇을 생각했는가, 나중에 T에게 무슨 일이 생겼는가 등등을 나는 기억한다.

둘 다 체스판 위에서 체스 말들을 가지고 하는 상이한 두 놀이를 상상하라. 그 두 놀이의 초기 위치들은 비슷하다. 그 놀이 중 하나는 언제나 붉은색 말들과 초록색 말들을 가지고 하고, 다른 하나는 검은색 말들과 흰색 말들을 가지고 한다. 두 사람이 놀이를 시작하고 있다. 그들 사이에는 초록색 말들과 붉은색 말들이 제 위치에 있는 체스판이 놓여 있다. 어떤 사람이 그들에게, "당신들은 당신들이 어떤 놀이를 하려 의도하고 있는지 아는가?" 하고 묻는다. "물론이다: 우리는 2번 놀이를 하고 있다" 하고 참가자 하나가 대답한다. "그런데 2번 놀이를 하는 것과 1번 놀이를 하는 것의 차이는 무엇인가?"—"자, 그 판 위에는 붉은색 말들과 초록색 말들이 있고 검은색과 흰색 말들은 없다. 또한 우리는 우리가 2번 놀이를 하고 있다고 말한다." —"그러나 이것이 유일한 차이일 수는 없을 것이다: 당신은 '2번'이 무엇을 의미하며 붉은색 말들과 초록색 말들이 무슨 놀이를 나타내는지 이해하지 못하는가?" 여기서 우리는 "물론 나는 이해한다"라고 말하고 싶어지며, 이를 증명해 보이기 위해 실제로 그 말들을 2번 놀이의 규칙들에 따라 움직이기 시작한다. 이것이 내가 우리의 초기 위치의 직접적인 주위 환경에서 움직이기라고 부르는 것이다.

그러나 기억 표상들로서의 표상들에 특징적인, 과거성이란 특이한 느낌들이 또한 존재하지 않는가? 비록 내가 어떤 것을 기억할 때 언제나 이 느낌들 중의 하나가 현존하지는 않지만, 과거성의 느낌들이라고 내가 부르고 싶어질 경험들은 확실히 있다.─이 경험들의 본성에 관해 분명히 하기 위해서는, 과거성의 경험들을 나타내고 있는 것으로 우리가 간주할 수 있는 과거성의 몸짓들과 억양들이 존재한다는 것을 기억하는 것이 또다시 매우 유익하다.

나는 하나의 특정한 경우, 즉 '오랜 옛날'의 느낌이라는 말로 내가 대충 기술하는 느낌의 경우를 검토하겠다. 그 말을 할 때의 그 낱말들과 어조는 과거성의 한 몸짓이다. 그러나 나는 내가 뜻하는 경험을, 그것은 어떤 곡(다윗 동맹군의 춤[39]─"멀리서처럼(Wie aus weiter Ferne)")에 대응하는 것이라는 말로 더 명시할 것이다. 나는 이 곡이 올바른 표현으로 연주되고, 그래서 이를테면 축음기를 위해 녹음되는 것을 상상하고 있다. 그렇다면 이것은 과거성의 느낌에 대해 내가 상상할 수 있는 가장 정교하고 정확한 표현이다.

이제 나는 이 곡이 이러한 표현으로 연주되는 것을 듣는 것이 그 자체로 과거성의 특정한 경험이라고 말해야 할까, 아니면 그 곡을 듣는 것은 과거성의 느낌이 일어나게 하는 원인이고, 이 느낌은 그 곡에 동반된다고 말해야 할까? 즉 나는 과거성의 이 경험이라고 내가 부르는 것을 그 곡을 듣는 경험으로부터 분리할 수 있는가? 또는, 나는 어떤 몸짓으로 표현된 과거성의 경험을 이 몸짓을 하는 경험으로부터 분리할 수 있는가? 그 느낌을 표현하기의 경험들이라고 우리가 부를 수 있을 그 모든 경험을 추상한 후에 남는, 과거성의 본질적 느낌이라는 어떤 것을 나는 발견할 수 있는가?

나는 경험 대신에 우리의 경험의 표현으로 바꿔 놓으라고 당신에게 제안했으면 한다. '그러나 이 둘은 같지가 않다.' 이는 물론 참이다, 적어도 열차

---

39 (옮긴이주) '다윗 동맹군의 춤(Davids Bündler Tänze)': R. 슈만의 피아노 연곡집, op.6.

와 열차 사고가 같은 것이 아니라고 말하는 것이 참인 그런 뜻에서는 말이다. 그렇지만 표현 "'오랜 옛날'이란 몸짓"과 표현 "'오랜 옛날'이란 느낌"이 같은 의미를 지닌 것처럼 말하는 것에 대해 정당화가 존재한다. 가령 나는 체스의 규칙들을 다음과 같은 방식으로 줄 수 있을 것이다: 나는 내 앞에 체스 말들 한 벌이 놓여 있는 체스판 하나를 가지고 있다. 나는 이 특정한 판 위의 이 특정한 체스 말들(이 특정한 나뭇조각들)을 움직이기 위한 규칙들을 준다. 이 규칙들은 체스놀이의 규칙들일 수 있는가? 그것들은 "임의의(any)"란 낱말과 같은 단일 연산자의 사용법에 의해 체스놀이의 규칙들로 전환될 수 있다. 또는 나의 특정한 한 벌의 체스 말들을 위한 규칙들은, 있는 그대로 있으면서, 그것들에 대한 우리의 관점을 바꿈으로써 체스놀이의 규칙들로 될 수도 있다.

이를테면 과거성의 느낌은 마음이란 장소에 있는 무정형의 어떤 것이며, 이 어떤 것은 우리가 감정의 표현이라고 부르는 것의 원인이거나 결과라는 관념이 존재한다. 그러면 감정의 표현은 감정을 전달하는 간접적인 한 방법이다. 그리고 사람들은 의사소통의 외적 매개물을 불필요하게 할, 감정의 직접적 전달에 관해 종종 이야기해 왔다.

내가 당신에게 어떤 색깔을 혼합하라고 말하고, 내가 그 색깔을 기술하여 말하기를, 그것은 당신이 황산을 구리에 반응하게 하면 얻는 것이라고 한다고 상상하라. 이것은 내가 뜻한 색깔을 전달하는 간접적인 방법이라고 불릴 수 있을 것이다. 어떤 상황들 속에서는 구리에 대한 황산의 반응이 내가 당신이 혼합하기를 원한 그 색깔을 산출하지 않고, 그래서 나는 당신이 얻은 색깔을 보고, "아니, 이 색깔이 아니야"라고 말하고는 당신에게 견본을 하나 주는 일이 생각될 수 있다.

자, 몸짓에 의한 감정의 전달이 이런 뜻에서 간접적이라고 우리는 말할 수 있는가? 간접적인 전달에 대립되는 직접적 전달에 관해 이야기하는 것이 뜻이 있는가? "나는 그의 치통을 느낄 수 없지만, 만일 내가 느낄 수 있다면 나는 그가 느끼는 게 어떠한지를 알 것이다"라고 말하는 것이 뜻이 있는가?

내가 어떤 느낌을 다른 사람에게 전달하는 것에 관해 말한다면, 나는 내가 말하는 것을 이해하기 위해, 무엇을 전달하기에 성공했음의 기준으로 부를 것인지 알아야 하지 않는가?

우리는 이렇게 말하는 경향이 있다, 즉 우리가 어떤 사람에게 어떤 느낌을 전달할 때 우리가 결코 알 수 없는 어떤 것이 다른 쪽 끝에서 일어난다고. 우리가 그 사람으로부터 받을 수 있는 것은 또다시 표현이 전부라고 말이다. 이것은 피조[40]의 실험에서 광선이 언제 거울에 도달하는지 우리는 결코 알 수 없다고 말하는 것과 정확히 유사하다.

---

40 (옮긴이주) 피조(Armand-Hyppolyte-Louis Fizeau, 1819~1896) : 빛의 속도를 결정하는 믿을 만한 실험적 방법을 최초로 개발한 것으로 알려진 프랑스의 물리학자.

비트겐슈타인 연보

1889	4월 26일 저녁 8시 30분, 합스부르크 제국의 수도였던 오스트리아의 빈에서 출생하다. 루트비히 요제프 요한(Ludwig Josef Johann)이란 이름으로 세례 받다. 집안은 외할머니를 제외하고는 모두 유태계였으나, 부계(父系)는 개신교로 개종했고 어머니는 가톨릭을 믿었다. 아버지 카를(Karl)은 자수성가하여 철강 재벌이 된 사업가였고, 어머니 레오폴디네(Leopoldine)는 음악 후원자이자 그 자신도 재능 있는 피아니스트였다. 루트비히는 5남 3녀의 막내였다.
1903	가을에 린츠 국립실업고등학교에 입학하다. (같은 학교에 그와 동갑인 히틀러가 1년 후에 입학한다.) 그때까지는 아버지의 교육 방침에 따라 학교에 다니지 않고 여러 명의 가정교사에게 개인 교수를 받았다. 고등학교 시절, 급우들과 잘 어울리지 못했으며 성적도 종교 과목을 제외하고는 좋지 않았다. 이 시절에 카를 크라우스의 풍자적 잡지인 《횃불》, 쇼펜하우어의 《의지와 표상으로서의 세계》, 바이닝거의 《성과 성

격》, 헤르츠의 《역학 원론》, 볼츠만의 《대중적 저술들》 등을 읽은 것으로 알려져 있다.

1904   음악에 재능이 있었으나 아버지와의 갈등으로 집을 나갔던 맏형 한스 (Hans)가 1902년 미국 체사피크 만에서 실종(자살로 추정됨)된 데 이어, 연극에 관심이 있던 셋째 형 루돌프(Rudolf)가 베를린에서 청산염을 마시고 자살하다.

1906   가을. 고등학교 졸업과 함께 기계공학 공부를 위해 지금의 베를린 공대의 전신인 베를린-샤를로텐부르크 기술전문대학에 등록하다. (원래는 빈에서 볼츠만에게 물리학을 공부하려 했으나 이 해 여름 볼츠만이 자살하는 바람에 계획을 변경했다.) 이 시절부터 철학 노트를 작성하기 시작한 것으로 알려져 있다.

1908   봄. 아버지의 권고에 따라 영국의 맨체스터 대학으로 유학 떠나다. 연을 이용한 항공학 실험들을 하다가, 가을에 기계공학부 연구생으로 등록하여 비행기 제트엔진과 프로펠러 제작을 연구하다. (그 연구 결과는 1911년 8월에 특허를 취득한다. 그리고 이 연구에 나타난 엔진 방식은 약 30년 후 헬리콥터 개발로 이어진다.) 동시에, 연구와 관련된 수학 문제들, 특히 수학 기초의 문제들에 점점 더 강한 흥미를 가지게 되어, 러셀의 《수학의 원리들》과 프레게의 《산수의 근본 법칙》을 읽게 되다.

1911   여름. 나름대로의 철학적 구상을 가지고 예나의 프레게를 방문하다. 아마도 이때 프레게의 권유로, 가을 이후에는 러셀과 함께 공부하기 위해 (맨체스터 대학에 등록된 상태에서) 케임브리지 대학으로 옮기다. 러셀의 강의를 청강하며 그와 논리-철학적인 문제들을 토론하기 시작하다. 첫 학기가 끝난 후, 자신이 철학적 재능이 있는지를 고민하던 비트겐슈타인은 러셀에게 판단을 요청했고, 러셀은 방학 동안 글을 써서 제출해 볼 것을 요구한다. 러셀은 제출된 논문의 첫 문장에서 비트겐슈타인의 천재성을 확신하고, 그에게 철학자의 길을 가도록 권한다.

1912	2월에 케임브리지 대학교 트리니티 칼리지에 정식 입학하다. 러셀 외
	에도 무어 등의 강의를 들었고, 제임스의 《종교적 경험의 다양성》을
	읽다. 또 러셀과 함께 《수학 원리》를 쓴 화이트헤드, 경제학자 케인즈,
	그리고 나중에 《논리-철학 논고》를 헌정하게 되는 친구 핀센트를 알
	게 되다. 케임브리지 대학 도덕학 클럽의 멤버가 되어 활동하고, 11월
	에는 '사도들'이라는 모임의 회원으로 뽑히다. 12월에 도덕학 클럽에
	서 '철학이란 무엇인가?'라는 주제로 발표하고, 빈으로 돌아가는 길에
	예나에 있는 프레게를 방문하다.
1913	1월. 부친이 사망하다. 그리고 막대한 유산을 상속받다. 3월. 코피의
	《논리의 과학》에 대한 비판적 서평을 《케임브리지 리뷰》에 기고하다.
	이후 프레게의 《산수의 근본 법칙》의 부분들을 주르댕과 함께 영역하
	다. (이 번역은 후자의 이름만을 번역자로 하여 나중에 《모니스트》지
	에 발표되었다.) 9월. 방해받지 않고 논리학을 연구할 수 있는 곳을 찾
	기 위해 핀센트와 함께 노르웨이를 방문하다. 10월 초. 노르웨이로 이
	주하기 전 러셀과 핀센트를 각각 만나 그동안의 연구를 구술하다. (이
	것의 속기본과 타자본이 나중에 《노트북 1914~1916》의 부록인 〈논
	리학 노트〉로 출판된다.) 10월 말. 노르웨이의 베르겐 근처 작은 마을
	로 이주하다.
1914	3월 29일~4월 14일. 노르웨이의 비트겐슈타인을 방문한 당시 지도교
	수 무어에게 그동안 작업한 '논리학'의 핵심 내용을 구술하다. (무어가
	받아 적은 내용은 《노트북》의 두 번째 부록으로 출판된다.) 비트겐슈
	타인은 자신의 글 '논리학'으로 학사 학위를 취득할 수 있기를 바랐으
	나, 통상적인 논문 형식을 갖추지 않으면 안 된다는 규정이 있음을 알
	리는 무어의 편지에 감정적으로 대응하고 학사 학위를 포기하다. (이
	일로 둘의 우정은 금이 가고 15년 동안 회복되지 못한다.) 6월. 빈에
	돌아와 있던 중 1차 대전 발발하다. 7월. 당시로서는 거액인 10만 크
	로네를 재능이 있으나 가난한 오스트리아의 예술가들에게 지원할 것

을《점화(點火)》지 편집인 루트비히 폰 피커에게 일임하여 기부하다. (수혜자는 트라클, 릴케, 달라고, 코코슈카 등이었다.) 8월. 자원입대하여 크라카우의 한 초계정에서 복무하다.《논리−철학 논고》를 위한 노트 작성을 시작하다. 한 서점에서 발견한 단 한 권의 책인 톨스토이의《성경》에 매혹되어 늘 품고 다니다. 그 외 니체의《안티크리스트》를 구입해 읽다. 12월. 크라카우 요새 포병공창 사무소에서 복무하다.

1915   7월. 포병대 정비소에서 일어난 폭발 사고로 가벼운 부상을 입다. 8월 소속 부대 이동으로, 르보프 근처 소콜에 있는 포병공창 열차에서 복무하다.《논리−철학 논고》작업 계속하다.

1916   3월 초. 최전선에 보내 달라는 본인의 계속된 희망에 따라 러시아 쪽 갈리치아 전선에 착탄관측병으로 배치되다. 여러 번 훈장을 받은 끝에 9월에는 하사로 진급하다. 곧이어 올뮈츠 포병사관학교에 입교하다. 여기서 로스의 제자인 건축가 엥겔만을 알게 되다.

1917   1월. 소위로 연대 복귀하다. 7월. 전투에서의 뛰어난 공로로 훈장을 받다.

1918   2월. 중위로 진급하다. 3월. 이탈리아 전선으로 이동하여, 아시아고에서 전투하다. 5월. 영국에서 핀센트가 비행기 사고로 사망하다. 7월. 이전 달 전투에서의 공로로 훈장을 받다. 그 이후 두 달 동안의 휴가 중《논리−철학 논고》의 최종 원고를 완성하다. 9월 말. 전선으로 귀환하다. 10월. 둘째 형 쿠르트(Kurt)가 전선에서 자살하다. 11월 초. 이탈리아군의 포로가 되다.

1919   6월. 포로수용소 생활 중,《논리−철학 논고》의 원고 사본을 러셀과 프레게에게 보내다. 8월. 포로 석방으로 빈의 집으로 귀환하다. 9월. 자신이 상속받은 막대한 재산 전부를 포기하고 첫째 누이와 둘째 누이, 그리고 전쟁에서 오른팔을 잃은 막내 형 파울(Paul)에게 양도하다. (파울은 피아니스트였는데, 그를 위해 M. 라벨이 '왼손을 위한 피아노협주곡'을 써 준다.) 교사가 되기 위해 교원 양성소에 등록하다. 12월. 헤

이그에서 러셀과 만나 《논고》에 대해서 설명하다. 러셀은 출판에 어려움을 겪고 있는 이 작품에 서론을 써주기로 하다.

1920   7월. 교원 양성소 졸업하다. 4월에 받은 러셀의 서론에 결국 실망하고 그것을 자신의 작품에 싣기를 거부하는 바람에, 《논고》의 출판이 무산되다. 이후 비트겐슈타인은 출판 문제를 러셀에게 위임하다. 8월. 빈 근처의 한 수도원에서 보조 정원사로 일하다. 9월. 오스트리아 동북부에 있는 시골 마을 트라텐바흐의 초등학교 교사로 부임하다.

1921   여름. 노르웨이를 여행하다. 11월. 오스트발트가 편집자로 있는 잡지 《자연철학 연보》의 최종호에 《논리−철학 논고》가 교정이 매우 불충분한 상태로, 러셀의 서론과 함께 출판되다.

1922   8월. 인스부르크에서 러셀과 만나 《논고》 등에 관해 논의하다. 둘의 우정에 금이 가다. 가을. 잠시 하스바흐라는 작은 시골 마을을 거쳐 역시 작은 시골 마을인 푸흐베르크로 근무지를 옮기다. 영국의 케건 폴 출판사에서 《논리−철학 논고》의 독영 대역본이 무어가 제안한 라틴어 제목 "*Tractatus Logico-Philosophicus*"로 출판되다.

1923   9월. 《논고》의 영어 번역 작업에서 실질적 역할을 한 당시 케임브리지 대학생 램지가 푸흐베르크의 비트겐슈타인을 방문하다. 둘이 《논고》를 같이 읽으며 대화하다.

1924   3~10월. 케임브리지 대학의 교수로 예정된 램지가 빈에 머물면서 정기적으로 푸흐베르크의 비트겐슈타인을 방문하다. 9월. 오터탈이란 마을로 근무지를 옮기다. 12월. 빈 대학의 교수 슐릭이 만남을 원하는 편지를 보내다.

1925   4월. 《초등학교 낱말사전》을 위한 서문을 작성하다. (비트겐슈타인이 교사가 된 이후 학생들과 함께 작업한 이 사전은 1926년에 빈에서 출판된다.) 7월. 프레게가 사망하다. 8월. 영국을 방문하여 케인즈 등을 만나다.

1926   4월. 한 학생을 체벌한 사건으로 인해 스스로 교사직을 포기하다. 휘

텔도르프의 수도원 보조 정원사로 일하다. 6월. 모친이 사망하다. 가을. 막내 누이 마르가레테(Margarethe)를 위한 집의 건축에 엥겔만과 공동 작업하게 되다.

1927   2월. 슐릭과 처음 만나다. 이후 바이스만, 카르나프, 파이글 등 빈 학단의 일부 회원들과도 접촉하다. 철학적 성찰을 다시 시작하다. 그리고 틈틈이, 골턴에 의해 고안된 합성사진의 방법을 실험하다.

1928   3월. 수학의 기초에 관한 브라우어의 강연들을 듣고 철학에 몰두할 새로운 자극을 얻다. 가을. 누이의 집을 완성하다. (이 집은 현재 '비트겐슈타인 하우스'로 불리며, 1970년대에 빈의 문화재로 지정되었다.)

1929   1월. 공부를 계속하기 위해 케임브리지로 돌아가다. 2월. 약 300쪽짜리 대형 노트 18권을 구입해 철학적 사유들을 써넣기 시작하다. (이 일은 1940년까지 계속되며, 그 기록들은 현재 15권으로 기획되어 《빈 판본》(*Wiener Ausgabe*)으로 출판되고 있다.) 6월. 《논고》의 영역본을 학위논문으로 하여 박사 학위를 취득하고, 연구를 위한 장학금을 받다. 7월. 〈논리적 형식에 관한 몇 가지 소견〉이 《아리스토텔레스 학회보》에 발표되다. 《논고》를 제외하면 비트겐슈타인 생전에 출판된 유일한 글인 이 논문은 영국 철학자들의 연례 합동 모임에서의 발표를 위해 제출되었으나, 이 논문에 만족하지 못한 비트겐슈타인은 실제 모임에서는 수학에서의 일반성과 무한성이라는 다른 주제로 발표하였다.) 이탈리아 출신의 경제학자 스라파와 알게 되어 정기적으로 토론을 하게 되다. 11월. 케임브리지의 이교도 협회에서 윤리학에 관한 강의를 하다. (이 강의는 비트겐슈타인의 유일한 대중적 강의로, 사후에 〈윤리학에 관한 강의〉로 출판된다.) 크리스마스 이후 빈의 슐릭을 만나 자신의 생각들을 구술하다. (이것과 그 이후 비트겐슈타인이 빈을 방문할 때 슐릭과 바이스만에게 구술한 견해들이 바이스만에 의해 기록되어 비트겐슈타인 사후에 《비트겐슈타인과 빈 학단》으로 출판된다.)

1930	1월. 램지가 26세의 나이로 요절하다. 케임브리지에서 철학 강의 시작하다. 아울러 언어, 논리, 수학의 문제들에 관한 세미나 진행하다. 무어가 회장인 도덕학 클럽의 모임에도 다시 참여하여, 〈타자의 마음의 존재에 관한 증거〉라는 짧은 논문을 발표하다. 12월. 그동안의 작업을 토대로 봄에 제출한 《철학적 소견들》을 근거로 5년 기한의 연구교수로 선출되다.
1931~32	강의와 세미나, 그리고 나중에 《철학적 문법》 등으로 출판되는 원고의 작성과 수정 작업을 수행하다. (이때까지의 강의 기록들은 사후 편집되어 《비트겐슈타인의 강의 : 케임브리지, 1930~1932》로 출판된다.)
1933~34	《청색 책》과 《갈색 책》을 학생들에게 강의 대용으로 구술하다. 또 그동안의 작업을 바탕으로 이른바 《큰 타자 원고》를 작성하다. (이 원고의 수정된 부분과 수정되지 않은 일부로부터 《철학적 문법》이 구성된다. 《큰 타자 원고》는 최근에 따로 출판되었다.)
1935	가을. 연구교수 기간 만료 이후의 일자리를 알아보기 위해 소련을 방문하다. 레닌그라드 대학, 카잔 대학, 모스크바 대학에서의 철학 강의를 제의받았으나, 노동자로 살아가기를 원했던 비트겐슈타인은 포기하고 되돌아오다. 철학적 심리학에 관한 최초의 세미나를 하다. 이 해의 강의를 위해 '사적 경험'과 '감각 자료'에 관한 강의 노트들을 작성하다. (1933년부터의 강의 기록들은 사후 편집되어 《비트겐슈타인의 강의 : 케임브리지, 1933~1935》로 출판된다.)
1936	연구교수 기간 만료 후 더블린을 방문하다. 이 기간(6월) 중 슐릭이 사망했다는 소식을 듣다. 8월. 노르웨이에 있는 자신의 오두막집으로 가서 수개월 동안 머물다. 이 기간 중 《갈색 책》을 독일어로 개작하다 포기하고, 《철학적 탐구》에 착수하여 대략 지금의 1~188절에 해당하는 부분을 집필하다.
1937	케임브리지, 빈 등을 거쳐 8월에 다시 노르웨이의 집으로 돌아가 《수학의 기초에 관한 소견들》의 일부, 〈원인과 결과〉 등이 포함된 철학적

작업을 계속하다.

1938   3월. 오스트리아가 나치 독일에 합병됨으로 인해 독일 국민이 되기를 거부하고 영국 국적을 신청하다.《수학의 기초에 관한 소견》과《철학적 탐구》등의 작업을 계속하다. 여름. 미학과 종교적 믿음에 관한 강의들을 하다. (이 강의들은 그 후의 관련 강의들과 대화들과 합쳐져 사후에《미학, 심리학, 종교적 믿음에 관한 강의와 대화》로 출판된다.) 9월.《철학적 탐구》의 초기 형태를 독영 대역으로 케임브리지 대학 출판부에서 출판하기로 했으나, 몇 가지 문제로 출판을 보류하다. 10월. 무어의 퇴임으로 공석이 될 교수직에 지원하다.

1939   2월. 무어의 자리를 이어받아 케임브리지 대학 철학교수가 되다. 4월. 영국 시민권을 얻다. 6월. 여권이 나오자 유태 혈통으로 곤란에 처한 가족들의 문제를 해결하기 위해 빈, 베를린, 뉴욕으로 동분서주하다. (결국 비트겐슈타인 가족의 재산이 문제를 해결한다.) 이 해에 3학기에 걸쳐 수학의 기초에 관한 강의를 하다. (이 강의 기록은 사후 편집되어《수학 기초에 관한 비트겐슈타인의 강의 : 케임브리지, 1939》로 출판된다.) 10월부터《철학적 탐구》에 관한 세미나를 하다.

1940   2월. 도덕학 클럽과 수학 협회에서 논문 발표와 강의. 가을.《철학적 탐구》에 관한 세미나.

1941   10월. 비트겐슈타인의 인생에서 큰 의미가 있었던 제자이자 친구인 스키너가 병사하다. 11월부터 런던의 가이 병원에서 잡역부를 거쳐 실험실 조수로 일하다. (그는 2차 대전 발발 이후 줄곧, 학교에서 가르치는 일 말고 전쟁과 관련된 의미 있는 노동을 하고 싶어 했다.) 이때부터 1944년까지 교수로서의 정규 강의는 중단하고 주말에 케임브리지에서 사적인 세미나만 계속하다.

1942   4월. 담석 제거 수술을 받다.

1943   4월 이후 뉴캐슬의 병원 의학연구실로 옮겨 일하다. 9월.《철학적 탐구》를《논리−철학 논고》와 합쳐 출판하려고 하다. (이 계획은 케임브

리지 대학 출판사에서 승인받지만,《논고》를 발행한 케건 폴 출판사와의 저작권 문제로 결국 실행되지 못한다.)

1944 2월. 케임브리지로 돌아가다. 3~9월. 스완시에 있는 제자이자 친구인 리스의 집에서 대부분의 시간을 보내며《철학적 탐구》를 다듬다. (지금의《탐구》189~421절이 추가되었다.) 10월. 케임브리지 대학 교수로 복귀하다. 11월. 무어에 이어 도덕학 클럽의 회장이 되다.

1945 1월.《철학적 탐구》의 머리말을 새로 쓰다. 그리고 이 해에 현재《탐구》의 421~693절을 이루는 부분을 추가하여 제1부를 완성하다. 또 심리학의 철학에 관한 2시간짜리 세미나를 매주 2회 진행하고, 사후《심리학의 철학에 관한 소견들》제1권으로 출판되는 타자 원고들을 작성하다.

1946 심리철학에 관한 고찰들을 계속하며 사후《심리학의 철학에 관한 소견들》제2권으로 출판되는 내용들을 작성하기 시작하다. 아울러 수학 기초에 관한 세미나와 심리학의 철학에 관한 세미나를 진행하다. (후자의 세미나는 사후에《철학적 심리학에 관한 비트겐슈타인의 강의 1946~1947》로 출판된다.) 10월. 철학적 문제의 존재 여부를 놓고 도덕학 클럽에서 포퍼와 충돌하다. 11월. 도덕학 클럽에서 '철학이란 무엇인가?'에 관해 강의하다. 이 해에 벤 리처즈라는 의대 학부생에게 사랑을 느끼다.

1947 5월. 옥스퍼드의 조웨트 학회에서 초청받아 토론하다. 여름. 이전부터 염증을 내던 교수직(특히 영국에서의 교수직)을 그만두고《철학적 탐구》의 완성에 전념하기로 결심하다. 종전 후 처음으로 오스트리아를 방문하다. 10월. 사직서를 제출하다. (사직서는 12월에 수리된다.) 12월. 아일랜드에서의 1년 반 동안의 체류를 시작하다.

1948 아일랜드의 외진 시골에서 절대적 고독 속에서 생활하며 철학에 몰두하다. 9월. 암에 걸린 큰누이 헤르미네(Hermine)를 만나기 위해 빈을 방문하다. 10월. 케임브리지에서 그동안 아일랜드에서 작업한 원고들

을 구술하다. 11월. 더블린에 머물며 사후 《심리학의 철학에 관한 마지막 글》로 출판되는 글들을 쓰다. 12월. 유언장을 작성하다.

1949   4월. 임종이 가까운 큰누이를 보기 위해 빈을 방문하다. 7월. 제자이자 친구인 맬컴의 오래전부터의 초청으로 미국을 방문하다. 확실성에 관한 토론과 대화들을 나누다. 이 기간 동안 심한 병을 앓다. 10월. 영국으로 되돌아가 전립선암으로 진단받다. 12월. 크리스마스 무렵에 빈의 가족들을 방문하다. 이 해에 《철학적 탐구》 제2부 최종판에 해당하는 내용을 구술해 타자 원고를 만들다.

1950   1월. 괴테의 색채론을 읽고 사후 《색채에 관하여》의 일부로 출판되는 소견들을 쓰다. 2월. 큰누이가 숨지다. 3월. 영국으로 돌아와 런던에 머물다. 4월 초에 케임브리지에서 제자이자 그의 후임자인 폰 브리크트의 집에 머물다가, 4월 말부터는 옥스퍼드에 있는 제자 앤스콤의 집으로 옮겨 머물다. 여름. 확실성의 문제에 관한 고찰을 재개하다. 10월. 벤 리처즈와 몇 주간 노르웨이를 여행하다. 11월. 케임브리지에 있는 주치의 베반 박사의 집으로 거처를 옮기다. 12월. 크리스마스를 빈의 가족들과 함께 보내다.

1951   1월. 옥스퍼드에서 리스를 유언집행관으로 하고, 리스, 앤스콤, 폰 브리크트를 문헌관리자로 하는 새 유언장을 작성하다. 2월 8일 이후 케임브리지의 베반 박사 집에서 지내며 색채의 문제와 확실성의 문제에 관하여 작업하다. 4월 27일에 《확실성에 관하여》의 마지막 부분을 쓰고 다음 날 의식을 잃다. 4월 29일 아침에 사망하다. 5월 1일. 케임브리지의 성(聖) 자일즈 교회 묘지에 묻히다.

찾아보기

비트겐슈타인 선집 3

청색 책 • 갈색 책

초판 1쇄 펴낸날 | 2006년 10월 20일
개정1판1쇄 펴낸날 | 2020년 5월 1일
개정1판3쇄 펴낸날 | 2024년 2월 22일

지은이 루트비히 비트겐슈타인
옮긴이 이영철

펴낸이 김준성
펴낸곳 책세상
등록 1975년 5월 21일 제2017-000226호
주소 서울시 마포구 동교로23길 27, 3층(03992)
전화 02-704-1251
팩스 02-719-1258
이메일 editor@chaeksesang.com
광고·제휴 문의 creator@chaeksesang.com
홈페이지 chaeksesang.com
페이스북 /chaeksesang   **트위터** @chaeksesang
인스타그램 @chaeksesang   **네이버포스트** bkworldpub

ISBN 979-11-5931-481-0 04100
      979-11-5931-476-6 (세트)